राजनीति
और
नैतिकता

राजनीति और नैतिकता

(डॉ. अनुग्रह नारायण सिंह के लेख-भाषणों का संकलन)

संपादन

आशुतोष पार्थेश्वर

प्रभात प्रकाशन, दिल्ली
ISO 9001:2008 प्रकाशक

प्रकाशक • **प्रभात प्रकाशन**
4/19 आसफ अली रोड,
नई दिल्ली-110002

संस्करण • प्रथम, 2017
मूल्य • पाँच सौ रुपए
मुद्रक • आर-टेक ऑफसेट प्रिंटर्स, दिल्ली

RAJNEETI AUR NAITIKTA
(Selected Articles & Speeches of Dr. Anugraha Narayan Singh)
Ed. Ashutosh Partheshwar ₹ 500.00
Published by Prabhat Prakashan, 4/19 Asaf Ali Road, New Delhi-2
e-mail: prabhatbooks@gmail.com ISBN 978-93-86300-99-7

माँ-पापा को

दो शब्द

अनुग्रह बाबू सच्चे जननेता थे। संपन्न परिवार से आते तो थे, किंतु अपनी संपन्नता को अपने ऊपर कभी हावी नहीं होने दिया। मैट्रिक फर्स्ट डिवीजन में पास करने के बाद, जब उन्होंने आगे पढ़ने का फैसला किया तो घरवाले दुःखी हुए, क्योंकि उनकी ख्वाहिश थी कि वे दारोगा बनें। आखिर अंग्रेजी शासन में पुलिस की बड़ी अहमियत थी और मैट्रिक फर्स्ट डिविजन में पास करनेवालों के लिए पुलिस की नौकरी आसानी से मिल जाती और घरवालों को मिलती इज्जत।

पर अनुग्रह बाबू ने कुछ और ही सोच रखा था। विद्यार्थी जीवन में ही उनका रुझान समाज सेवा की तरफ था। लॉ पास करने के बाद पटना हाई कोर्ट में प्रैक्टिस शुरू की, पर स्वदेश प्रेम उनमें कूट-कूटकर भरा था और बापू के आह्वान पर कानून की प्रैक्टिस छोड़कर वे स्वतंत्रता संग्राम के एक सेनानी बन गए। 1917 में नील के किसानों के पक्ष में चलाए गए आंदोलन में बापू ने उन्हें अपने साथ रखा और तभी शुरू हुआ उनका राजनीतिक जीवन। 40 साल का उनका राजनीतिक जीवन सादगी और कुरबानी, लोक-कल्याण, सामाजिक न्याय और देश की आजादी के प्रति समर्पण की दास्तान है।

उनका जीवन आम आदमी के लिए समर्पित था। अपना मंत्रित्व काल उन्होंने एक आम आदमी की तरह बिताया और उनके दरवाजे हर किसी के लिए हमेशा खुले रहते थे। इसीलिए लोग उन्हें सच्चे मायने में जननेता मानते थे और उन्हें 'बिहार विभूति' की उपाधि से अलंकृत किया था। उनका जीवन हम सबके लिए प्रेरणा का स्रोत है और इसलिए यह पुस्तक 'राजनीति और नैतिकता', जो उनके लेखों और भाषणों का संकलन है, अनुग्रह बाबू के व्यक्तित्व और उनके कृतित्व से लोगों को परिचित कराने में कारगर होगी।

पुस्तक के संपादक और प्रकाशक को मैं हार्दिक बधाई देता हूँ और मेरी उनको शुभकामनाएँ हैं कि उनकी यह पहल सफल हो।

—निखिल कुमार

भूमिका

अनुग्रह नारायण सिंह को याद करते हुए हम उस पीढ़ी को याद कर रहे होते हैं, जिसने देश की स्वतंत्रता के लिए अपना सबकुछ होम कर दिया था; जिसने व्यक्तिगत सुख और स्वार्थ की कभी परवाह नहीं की और अनेकानेक कष्टों को झेलते हुए अंग्रेजो से देश की मुक्ति के सपने को अपनी आँखों में बसाए रखा। वे उस पीढ़ी के थे, जो बेहतर देश और दुनिया का सपना देखती थी और इस हेतु जनता का राजनीतिक-सामाजिक-बौद्धिक प्रशिक्षण आवश्यक समझती थी एवं इस कार्य में सदैव तत्पर भी रहती थी। सो, अनुग्रह बाबू को याद करते हुए यह प्रश्न बार-बार उभरता है कि वे मूल्य, वह त्याग, वह समर्पण तथा देश-दुनिया को बेहतर बनाने का वह सपना हमने कहाँ खो दिया, और क्यों ?

अनुग्रह नारायण सिंह आत्मप्रशंसा और प्रदर्शनप्रियता से सदैव दूर रहे। राजनीति में उन्होंने लोकनीति को महत्त्व दिया, कूटनीति को नहीं। चाहे स्वतंत्रता आंदोलन के एक सिपाही के रूप में उनकी भूमिका हो या फिर प्रदेश-शासन में एक मंत्री के रूप में उनका कार्यकाल—उनका दरवाजा सभी के लिए सदैव खुला रहा। जनता ही उनकी शक्ति थी और उसी की समृद्धि के लिए वे आजीवन संघर्ष करते रहे। यही कारण है कि उन्हें लोगों का अतुल्य आदर और प्रेम प्राप्त हुआ।

एक योग्य राजनेता और विरल व्यक्तित्व के धनी के रूप में अनुग्रह बाबू का मूल्यांकन समय-समय पर किया जाता रहा है। 'राजनीति और नैतिकता' शीर्षक यह पुस्तक उनके इन पक्षों के पुनरावलोकन के साथ-साथ उनके लेखकीय रूप को समझने और उसके महत्त्व को उद्घाटित करने का एक प्रयास है। हिंदी साहित्य में उनकी पहचान एक संस्मरण लेखक के रूप में है। उनकी पुस्तक 'मेरे संस्मरण' हिंदी की एक महत्त्वपूर्ण संस्मरणात्मक कृति के रूप में समादृत है। एक स्वर से इस रचना को बिहार के राजनीतिक-सामाजिक जीवन के लगभग पचास वर्षों का बोलता हुआ इतिहास माना गया है।

इस पुस्तक की रचना हजारीबाग जेल में हुई थी। अनुग्रह नारायण सिंह दिसंबर, 1940 में व्यक्तिगत सत्याग्रह के सिलसिले में वहाँ थे। जेल में उनके साथ लक्ष्मीनारायण सुधांशु भी थे। सुधांशुजी ने उनसे किसी पुस्तक के लिखने का आग्रह किया और इसका वचन भी लिया। अनुग्रह बाबू 'साहित्यिक' न थे, पर 'साहित्य सेवा की इच्छा' अवश्य रखते थे। वे साहित्य और राजनीति के लक्ष्य में अंतर भी न करते थे। अत: अपनी पुस्तक का विषय उन्होंने बिहार को ही चुना। बिहार के नए राज्य के रूप में उभरने से लेकर तब तक का बिहार का राजनीतिक जीवन, जिसे उन्होंने देखा था और जो उनकी जानकारी में था, उसे अपनी पुस्तक 'मेरे संस्मरण' का विषय बनाने का निश्चय किया। जेल में न तो साधन थे और न सुविधाएँ; फिर भी पूरे मनोयोग से इस कार्य में जुटकर रिहाई के पूर्व इसे पूरा कर लिया। इस तरह 1942 में 'मेरे संस्मरण' का पहली बार प्रकाशन हुआ। यह पुस्तक शीघ्र अप्राप्य हो गई 1956-57 में अनुग्रह बाबू ने इसे फिर से नया रूप देना शुरू किया। सन् 1957 में इसका पहला भाग छपकर तैयार हो गया। किंतु इसे प्रकाशित देखने के लिए अनुग्रह बाबू ही नहीं रहे। 5 जुलाई, 1957 को उनका निधन हो गया। इस पुस्तक की 'भूमिका' लिखने हेतु राजेंद्र बाबू से आग्रह किया गया था। राष्ट्रपति पद पर राजेंद्र बाबू की व्यस्तता और फिर अस्वस्थता ने यह होने न दिया और 1961 में वे भी यह दुनिया छोड़कर चले गए। उनके निधनोपरांत इस दायित्व को बाबू जगजीवन राम ने निभाया। उनकी लिखी भूमिका के साथ यह पुस्तक 1961 में पुन: प्रकाशित हुई।

अनुग्रह बाबू के लेखकीय कर्म को प्राय: 'मेरे संस्मरण' पुस्तक तक सीमित माना जाता है। किंतु ऐसा नहीं है। सन् 1950 के आस-पास विभिन्न पत्र-पत्रिकाओं में उनके कई लेख, भाषण, संस्मरण आदि प्रकाशित हुए। उनमें बिहार सरकार के जनसंपर्क विभाग की मासिक पत्रिका 'बिहार' को विशेष महत्त्व प्राप्त है। जनवरी 1948 में इसका पहला अंक प्रकाशित हुआ था। इस पत्रिका के संपादन के लिए नंदकिशोर तिवारी की सेवाएँ ली गई थीं। 'चाँद' पत्रिका से जुड़ाव के कारण तिवारीजी को हिंदी में विशेष रूप से याद किया जाता है। उनके द्वारा संपादित 'बिहार' के अंक जवाबदेह और स्वतंत्र संपादन-कला के सुंदर उदाहरण हैं। इसके कुछ ही अंक उपलब्ध हो पाए हैं। जिनमें अनुग्रह बाबू लगभग स्थायी रूप से मिलते हैं। इस पुस्तक में संकलित 'मेरे श्रीबाबू,' 'युगपुरुष महात्मा गांधी,' 'गांधीजी के सच्चे अनुयायी' शीर्षक लेखों एवं 'राष्ट्रभाषा हिंदी' तथा 'हमारे बजट की रूपरेखा' शीर्षक व्याख्यानों के अतिरिक्त शेष सभी रचनाएँ 'बिहार' पत्रिका से ही संकलित हैं।

अनुग्रह बाबू का लेखन 'लिखने' की मर्यादा से युक्त है। यह 'लिखना' उस अर्थ में नहीं है, जिस अर्थ में 'स्वान्त: सुखाय' लिखा जाता है। उनके 'लिखे हुए' को 'पढ़ने' का सीधा अर्थ है—अनेक जवाबदेहियों को महसूसने और निबाहने के लिए स्वयं को

तैयार करना। व्यक्तिगत ईमानदारी और देश—चिंता इसके दो अनिवार्य पहलू हैं। अनुग्रह बाबू उन राजनेताओं में से थे, जो मानते थे कि आजादी उनका लक्ष्य नहीं, बल्कि एक मोड़ है, जहाँ से देश के निर्माण का विशाल कार्यक्षेत्र खुलता है। यह काँटों भरा ताज है। वास्तविक आजादी तब होगी, जब इस राजनीतिक आजादी के साथ सामाजिक बदलाव की शुरुआत हो।

अनुग्रह बाबू की स्मृतियाँ बहुत जीवंत हैं। 'मेरे संस्मरण' की बात करें तो असंदिग्ध प्रामाणिकता के साथ इस पुस्तक में इतिहास की ऐसी आवाज मिलती है, जिसमें शब्दों की संयत गूँज मात्र नहीं है, बल्कि साँसों का आना-जाना भी सुनाई पड़ता है। यह समूचा लेखन तथ्यपरक है, सादा है। लेखक को रंगों से परहेज हो, ऐसी बात नहीं; पर उन्हें पढ़ते हुए बार-बार यह खयाल उभरता है कि उनके लेखन का, उनके व्यक्तित्व का यदि कोई रंग हो सकता है तो वह केवल 'सादा' ही हो सकता है। सादा जो पवित्र है, शुभ्र है और जिसमें निर्मल आत्मा का उजास मौजूद है।

अनुग्रह बाबू को पढ़ते हुए आप उत्तेजित हो जाएँ, ऐसा अवसर कभी नहीं मिलता। उत्तेजना का कोई संबंध उनके व्यक्तित्व से न था। उनका लिखा उनके व्यक्तित्व के अनुरूप एक धीर, शांत और छोटी-छोटी ऊर्मियों वाली नदी के समान है, जो शोर तो नहीं करती पर उसे जितना कहना होता है, जितना सुनाना होता है; वह बहुत साफ तरीके से बिना हिचकिचाए-हकलाए और बिना कुछ गोपन रखे कह जाती है। आप चाहें तो उसके साथ बह सकते हैं; किसी को डुबो देना उसका स्वभाव नहीं! वह आपको अपने साथ बहाकर, लंबी दूरी तक तैरना—देर तक बहना सिखाएगी।

उनके लेखन और व्यक्तित्व में फाँक नहीं है। विनम्रता और संकोच उसके ताना-बाना की तरह हैं। 'संकोच' का उल्लेख इसलिए किया जा रहा है कि वे अपने दायित्वों से मुँह छिपाने, पीछे हटने या उसे किसी और कंधे पर डाल देनेवाले नहीं थे; बल्कि इसलिए कि वे सदैव अपने हिस्से का यश लेने में अनमने रहे। पीछे रहे। जो स्वीकारा वह 'संकोच' से। वे 'मनुष्य' के 'मनुष्य' होने की निशानी थे! आचार्य शिवपूजन सहाय ने उनके लिए उचित कहा था, 'सादगी और मिलनसारी ऐसी है कि उनके पास बैठने पर उनकी महत्ता का आतंक नहीं व्यापता।'

यहाँ दो प्रश्न उठते हैं पहला, 'इतिहास' की यह यात्रा क्यों? बीते हुए वक्त को निहारकर हम क्या पा लेंगे? दूसरा, इन लेखों में क्या विशेष है, जो दूसरी जगह से नहीं पाया जा सकता। क्या इन्हें केवल इसलिए पढ़ा जाए कि इसके लेखक अनुग्रह नारायण सिंह हैं? तो 'राजनीति और नैतिकता' के रास्ते इतिहास की यह 'यात्रा' एक आवश्यक संवाद है। ताकि हम गुजरे हुए वक्त से कुछ सीख सकें और जिन मौजूदा खतरों-दबावों के बीच हमारा जीवन है, उन्हें अपनी नियति न मान लें! इनसे जूझने और सफल होने

का एक अमोघ-मार्ग हमारे पास है और वह है—गांधीमार्ग। 'राजनीति और नैतिकता' का यह 'पाठ' स्मृतियों की वर्तमान अकाल-बेला में कुछ सोचने, कुछ गुनने, हमारे भीतर हिलोर पैदा करने और इस मार्ग पर प्रवृत्त करने में सक्षम है। इन रचनाओं में वे सूत्र उपस्थित हैं, जिनके सहारे बेहतर देश-दुनिया के निर्माण की बहस को ही नहीं; कोशिशों को भी शुरू किया जा सकता है।

इस पुस्तक के अंत में अनुग्रह बाबू के निधनोपरांत समाचार-पत्रों में प्रकाशित शोक-संदेशों एवं रपटों को भी संकलित किया गया है। उनकी अस्वस्थता की खबरें अखबारों में पहले से ही प्रकाशित हो रही थीं। उन खबरों और निधनोपरांत प्रकाशित अन्य समाचारों और रपटों से गुजरते हुए, हम उन्हें तनिक और अच्छे से समझ पाते हैं। राजनीति के शिखर पुरुषों से लेकर बिहार की सामान्य जनता तक—सभी उनके निधन से दु:खी थे। बल्कि यह कहना अधिक सही है कि बिहार की अवाम को उनका जाना अधिक खला था। पटना से लेकर पाकुड़ तक, डाल्टेनगंज से लेकर जमशेदपुर तक, दरभंगा से लेकर सहसराम तक, घोघरडीहा से लेकर तेघड़ा तक; बिहार का कोना-कोना उनके जाने से दु:खी था। ये खबरें बताती हैं कि उनकी लोकप्रियता का मूल कहाँ था! राजनीति में उनके विरोधी थे, पर शत्रु कोई नहीं। गांधीमार्ग के इस पथिक ने आजीवन लाभ और लोभ की राजनीति से स्वयं को दूर रखा। उनका सद्‌भाव, उनकी निष्ठा, ईमानदारी और लोभरहित व्यवहार को उभारनेवाली ये खबरें यकीनन आजादी के बाद और समकालीन राजनीति के स्वार्थ-कपट और छल-छद्‌म पर एक टिप्पणी है।

'राजनीति और नैतिकता' का प्रकाशन संभव न हो पाता, यदि अनुग्रह बाबू के सुपौत्र श्री निखिल कुमारजी इसकी अनुमति न देते। उन्होंने इसके प्रकाशन की अनुमति दी, साथ ही इस पुस्तक के लिए 'दो शब्द' लिखना भी स्वीकार किया। उनके प्रति मैं हृदय से आभारी हूँ।

अनुग्रह बाबू और उनकी पीढ़ी को समझना प्रो. रामबुझावन सिंह के बिना संभव न हो पाता। अनुग्रह बाबू के निधन के पचासेक वर्ष बाद भी उनकी स्मृतियाँ रामबुझावन बाबू के हृदय पर अमिट थीं, उनके व्यक्तित्व के वे गुण, जो उन्हें इतने वर्षों बाद भी जस-के-तस याद थे, वे गुण थे—उनकी सादगी और मिलनसारिता। रामबुझावन बाबू भी अब हमारे बीच नहीं हैं। इस पुस्तक को प्रकाशित होते देख, उन्हें अवश्य प्रसन्नता होती! उनके प्रति मैं अपना प्रणाम निवेदित करता हूँ।

विगत कुछ दशकों से भारतीय इतिहास के कुपाठ का खतरा बढ़ा है। पूँजीवादी और सांप्रदायिक राजनीति के संयुक्त अभियान ने इस देश की बहुरंगी संस्कृति एवं उच्चतर मानवीय मूल्यों के लिए संकट खड़ा कर दिया है। आजादी के संघर्ष में, जिनका नामलेवा तक न था, आज वे तर्कहीन एवं थोथे गप्प के सहारे हमारे नायकों की पहचान

धूमिल करना चाहते हैं। उनके 'भारत' में उनसे इतर और विरोधी विचारों के लिए कोई जगह नहीं है। वे विवेक को कुंठित कर देना चाहते हैं। उन्हें एक ऐसा 'राष्ट्र' बनाने की जिद और हड़बड़ी है, जिसमें हर चेहरा एक जैसा दिखाई दे और हर कंठ से एक सी आवाज आए; मानव जीवन की निजता और गरिमा को इस विचारधारा ने संकटग्रस्त कर दिया है। इस मानवद्रोही विचारधारा की गिरफ्त पिछले दो-तीन दशकों में अधिक मजबूत हुई है। इस पूरे वक्त में भारत को एक ओर बड़ी तीव्र गति से आकर्षक बाजार में बदलते देखा गया तो दूसरी ओर 'अयोध्या' और 'गुजरात' को व्यक्तिवाचक संज्ञा से 'भाववाचक' संज्ञा के रूप में पसरते हुए भी देखा गया। इस विस्तार का प्रभाव सबसे अधिक हमारी ही पीढ़ी पर है। झूठ के घटाटोप से निकलना और अपने सही नायकों की पहचान करना हमारी पीढ़ी के लिए आसान नहीं, बल्कि यह कहें कि काफी कठिन और जोखिम भरा रहा है। ठीक आजादी के समय भी इसी भयावहता को महसूस किया गया था। वर्ष 1949-50 का बजट पेश करते हुए अनुग्रह बाबू ने खुले तौर पर कहा था, ''उग्र सांप्रदायिकता के कारण, जिसका नग्न 'नृत्य राष्ट्रीय स्वयंसेवक संघ' के आंदोलन में देखा गया—न केवल शांति भंग की आशंका थी, बल्कि जनतंत्र के आधार के ही मिट जाने का खतरा था।'' आज यह संकट जितना बड़ा यथार्थ है, उतना ही बड़ा सच है कि यह विचारधारा अपराजेय नहीं है। इस विचारधारा की हार इस पर निर्भर है कि हम गांधी के कितने करीब पहुँच पाते हैं। ऐसे में, यह मेरा सौभाग्य है कि मुझे श्री सफदर इमाम कादरी जैसे शिक्षक मिले; जिन्होंने गांधी, उनकी पीढ़ी और उस पीढ़ी की राजनीति से परिचित कराया। अनुग्रह बाबू के संबंध में गांधीजी ने कहा था, ''सांप्रदायिक एकता में उनका उतना ही विश्वास है, जितना मेरा।'' अनुग्रह बाबू के व्यक्तित्व के दूसरे तमाम पहलुओं के साथ इस पक्ष के मर्म को समझने का मौका सफदर सर से मिला। उनके प्रति हृदय से कृतज्ञ हूँ।

इस पुस्तक की सामग्री जिन पत्र-पत्रिकाओं एवं पुस्तकों से संकलित की गई है, उनके संपादकों एवं प्रकाशकों का मैं कृतज्ञ हूँ। यह सामग्री बिहार राष्ट्रभाषा परिषद् (पटना), हिंदी साहित्य सम्मेलन (इलाहाबाद) और नागरी प्रचारिणी सभा (बनारस) के पुस्तकालयों से संकलित की गई है। इन पुस्तकालयों के कर्मियों ने सामग्री-संकलन में मेरी सोत्साह मदद की, उनका आभार।

पटना

—आशुतोष पार्थेश्वर

अनुक्रम

अनुग्रह बाबू का जीवन : हैं दिए हुए मेरे प्रमाण

अनुग्रह नारायण सिंह का जन्म 18 जून, 1887 को गया जिला (अब औरंगाबाद जिला) के पोइआवाँ गाँव में हुआ था। ठाकुर विश्वेश्वर दयाल सिंह उनके पिता थे। पाँच वर्ष की अवस्था में गाँव के लोअर-प्राइमरी स्कूल में उनकी पढ़ाई शुरू हुई। इसके बाद कुछ दिनों के लिए उनकी पढ़ाई का सिलसिला रुक गया। कुछ दिनों बाद वे औरंगाबाद मिडल स्कूल में दाखिल हुए। यह 1900 का साल था। पढ़ाई-लिखाई में वे मेधावी थे और उनकी यह मेधा केवल परीक्षाएँ पास करने तक ही सीमित न थी। वे अधिक-से-अधिक सीखने के लिए उत्सुक रहते थे। सन् 1904 में उन्होंने मिडल की परीक्षा पहले स्थान के साथ पास की और गया के जिला-स्कूल में आठवीं कक्षा में दाखिल हुए। वहाँ उनके एक शिक्षक बैजनाथ सिंह थे। वे छात्रों को पढ़ाई के अतिरिक्त सामाजिक कार्यों के लिए प्रेरित करते थे। अनुग्रह बाबू के प्रति उनका विशेष सद्भाव था। अब तक यह तरुण 'उग्रह नारायण सिंह' नाम से जाना जाता था, उन्होंने यह नाम बदलकर 'अनुग्रह नारायण सिंह' कर दिया। 1908 में अनुग्रह बाबू ने मैट्रिक की परीक्षा प्रथम श्रेणी से पास की। वे गया जिला में अव्वल आए थे। मैट्रिक तक की पढ़ाई घरवालों की नजर में पर्याप्त थी, पर अनुग्रह बाबू आगे पढ़ना चाहते थे, इसके लिए वे उसी साल पटना आए और पटना कॉलेज के छात्र बने।

अनुग्रह बाबू एक होशियार छात्र तो थे ही, राजनीतिक और सामाजिक कार्यों में भी अग्रणी रहते थे। उन्होंने 1910 में प्रथम श्रेणी में इंटरमीडिएट की परीक्षा पास की और 1912 में अंग्रेजी ऑनर्स के साथ बी.ए. की। इससे आगे की पढ़ाई के लिए वे कलकत्ता गए। कलकत्ता विश्वविद्यालय से उन्होंने 1914 में इतिहास में एम.ए. तथा 1915 में बी.एल. की पढ़ाई पूरी कर पटना लौट आए। 1915 की जुलाई में वे भागलपुर के टी.एन. जे. कॉलेज में इतिहास के शिक्षक नियुक्त हुए। भागलपुर में रहते हुए गंगा में आई बाढ़

से प्रभावित लोगों की मदद के लिए उन्होंने आगे बढ़कर काम किया। वहाँ शिक्षक के रूप में उन्होंने मात्र सोलह महीना काम किया और 1916 में जब पटना में हाईकोर्ट खुला तो वे अध्यापन-कार्य छोड़कर वकालत के लिए पटना आ गए।

बिहार और देश के हालात इस समूचे दौर में बहुत तेजी से बदले। स्वदेशी आंदोलन और अंग्रेजी राज के विरोध की उग्रपंथी राजनीति ने देश को एक अपूर्व ऊर्जा से भर दिया, देश अब वहाँ खड़ा था, जहाँ से केवल स्वाभिमान और स्वाधीनता का रास्ता दिखाई देता था। इस चेतना को विस्तार और स्थायित्व देने के लिए 1906 में पटना में 'बिहारी छात्र सम्मेलन' आयोजित हुआ। राजेंद्र प्रसाद इस आयोजन के प्राण थे। बिहारी छात्रों के बीच उनकी ख्याति फैली हुई थी। सैयद सर्फुद्दीन पटना में आयोजित इस सम्मेलन के अध्यक्ष थे। राजेंद्र बाबू और अनुग्रह बाबू का संपर्क इसी सम्मेलन से आरंभ हुआ। अनुग्रह बाबू गया जिला के छात्रों के प्रतिनिधि के रूप में इसमें सम्मिलित हुए थे। पटना आने के बाद उनकी यह सक्रियता और भी बढ़ी। पटना कॉलेज में तब उनके साथ विष्णुदेव नारायण सिंह, विंध्येश्वरी प्रसाद वर्मा, विंध्यवासिनी प्रसाद, रामनवमी प्रसाद, रघुनंदन पांडेय, रामचरित्र सिंह, शंभुशरण वर्मा, वृजनंदन प्रसाद आदि थे। इनमें से कुछ उनसे वरिष्ठ भी थे। अपने व्यवहार और कर्मठता से वे शीघ्र ही अपने साथियों के स्नेहभाजन और विश्वासपात्र बन गए।

पटना कॉलेज के मिंटो हॉस्टल में रहते हुए उन्होंने आंदोलनों की भी शिक्षा प्राप्त की। छात्रहित के मुद्दे पर 1909 में तब के कॉलेज प्राचार्य मि. जैक्सन को झुकाने में उन्हें और उनके साथियों को सफलता मिली थी। 1910 से वे 'बिहारी छात्र सम्मेलन' के मंत्री चुने जाने लगे। इसी वर्ष इलाहाबाद में हुए कांग्रेस-सम्मेलन में उन्होंने पहली बार भाग लिया। उनकी राजनीतिक-सामाजिक सक्रियता धीरे-धीरे गहरी तथा प्रखर होती जा रही थी। 1913 के दिसंबर में पटना में कांग्रेस का अधिवेशन आयोजित था। उन्होंने इस अधिवेशन में स्वयंसेवकों के संगठन के संचालन का पूरा भार अपने कंधों पर उठा लिया था।

कलकत्ता प्रवास अनुग्रह बाबू के जीवन में विशेष महत्त्व का है। वे और उनके अभिन्न मित्र शंभुशरण वहाँ साथ रहकर पढ़ाई करते थे। यहीं रहते हुए राजेंद्र बाबू से उनकी प्रगाढ़ता बढ़ी। राजेंद्र बाबू लॉ कॉलेज में उनके शिक्षक भी थे।

इस समय समूचे देश में गरमपंथी राजनीति युवाओं को आकर्षित कर रही थी। तिलक, खुदीराम बोस, मदनलाल ढींगरा आदि युवाओं के आदर्श थे। अनुग्रह बाबू बेहद संजीदगी से यह सब देख रहे थे, किंतु उनके युवा मन को एक दूसरा रास्ता ही अधिक भाता था। उत्तेजक भाषणों से अधिक तत्कालीन स्थिति में बदलाव के लिए ठोस काम को वे अधिक महत्त्व देने लगे थे। युवावस्था के उत्साह और आवेग की जगह गंभीरता

और जवाबदेहियों की दुनिया उन्हें अधिक रास आने लगी थी। भावुक वे कम न थे, पर उन्होंने सदा से ही कोशिश की कि भावुकता उच्छ्‌वास के रूप में व्यर्थ न हो, बल्कि प्रेरक-शक्ति के रूप में साथ रहे।

देश की व्यथा से दु:खी होकर 1916 में वे राजेंद्र बाबू के साथ होमरूल आंदोलन में सम्मिलित हुए और आगे 1917 में चंपारण आंदोलन में भी शरीक हुए। चंपारण में उन्होंने भूखी-दु:खी, निराश और निराधार जनता की आँखों में अंग्रेजी राज का भय देखा और अपने तारणहार के लिए टकटकी देखी; चंपारण में उन्होंने गांधी की राजनीति देखी, उनका धैर्य देखा, उनकी निडरता देखी, जीवन की सादगी देखी और उस सादगी की महत्ता देखी। चंपारण में उन्होंने जनता को निर्भय बनते देखा। और फिर गांधी एवं इस निर्भय जनता के सामने बिना अस्त्र-शस्त्र, बिना बंदूक-तोप, बिना लाठी-भाला के अंग्रेजी राज को झुकते देखा। अनुग्रह बाबू ने इस तरह चंपारण में राजनीति का विधिवत् पहला पाठ सीखा।

चंपारण में उन्होंने गांधी की राजनीति ही नहीं, उनकी आत्मा का बड़प्पन भी देखा था। 'मेरे संस्मरण' में वे लिखते हैं, ''एंड्रूज साहब तुरंत जाने को थे, इसलिए उनका भोजन तैयार करना था। यह काम मेरे ऊपर था। सूखी रोटियाँ और उबले आलू मैंने उनको खिलाना शुरू कर दिया। उस समय महात्माजी स्नान करने गए थे। स्नान कर चुकने के बाद जब गांधीजी चौके में आए, तब उन्होंने एंड्रूज साहब को खाना खाते देखा। भोजन देखते ही वे बिगड़े कि मैं उन्हें कच्ची रोटियाँ क्यों खिला रहा हूँ। मैंने कहा, रोटियाँ तो कच्ची नहीं हैं। वैसी रहतीं तो एंड्रूज साहब बोलते क्यों नहीं? महात्माजी ने कहा, इसे तो कैसी भी रोटियाँ खाने को दे दो, यह थोड़े ही बोलनेवाला है। यह कहकर उन्होंने अपने हाथ से रोटी सेंकना और एंड्रूज साहब को खिलाना शुरू कर दिया। मैं बड़े संकोच में पड़ गया। रोटियाँ सेंकने की तालीम कभी पाई न थी, पर अपनी अयोग्यता पर ग्लानि तो हो ही रही थी। इस छोटी सी घटना के पीछे कितना मर्म, कितना प्रेम, कितनी आत्मीयता का भाव छिपा हुआ था, इसे समझकर हम लोग आनंद से प्रफुल्लित हो उठे। उस समय से कहीं ज्यादा आनंद आज उस घटना को याद कर हो रहा है। संसार के एक महान् पुरुष ने दूसरे महान् आत्मा के प्रति जो व्यवहार किया, उसके सौंदर्य को समझने की मेरी शक्ति उस समय अधिक विकसित नहीं हो पाई थी।''

बहुत विनम्रता और सादगी से अनुग्रह बाबू ने 'मेरे संस्मरण' में भले लिखा हो कि इस 'सौंदर्य' को समझने की उनकी 'शक्ति उस समय अधिक विकसित नहीं हो पाई थी' किंतु समय साक्षी है कि वे स्वयं इस सौंदर्य से आपूरित थे। चंपारण की यह यात्रा उनके लिए इस कारण से महत्त्वपूर्ण रही कि इसने उन्हें एक ओर अंग्रेजी राज के कटु यथार्थ से परिचित कराया तो दूसरी ओर सच्चे जन-संघर्ष का ककहरा भी सिखाया। यहाँ

वे यह जान सके कि न्याय एवं हक के लिए लड़ रही जनता की ताकत के आगे अनीति और अन्याय पर आधारित कोई व्यवस्था अधिक दिन टिक नहीं सकती।

चंपारण की खास बात यह भी रही कि गांधी ने इस आंदोलन से कार्यकर्ताओं के मन से अलग चौका, अलग खाना, छुआछूत आदि का भेद खत्म कर दिया। वहाँ कार्यकर्ताओं को अपना छोटे से बड़ा, हर प्रकार का काम स्वयं करना पड़ता था, चंपारण ने ही अनुग्रह बाबू और दूसरे कार्यकर्ताओं को यह सिखाया कि बड़े लक्ष्य की प्राप्ति छोटी-छोटी साधना के बिना नहीं हो सकती।

अनुग्रह बाबू अगस्त 1917 में चंपारण से पटना वापस आकर हाईकोर्ट में वकालत की जगह वे प्रसिद्ध बर्मा केस में डुमराँव महाराज के वकील हो गए। 1920 के अक्तूबर-नवंबर तक वे इस केस से जुड़े रहे। इस केस के सिलसिले में श्रीनिवास आयंगर, चितरंजन दास प्रभृति वकीलों से उनका संपर्क बढ़ा। इस केस की एक रोचक बात यह भी रही कि डुमराँव महाराज के विपक्षी खेमे ने इस केस के लिए राजेंद्र बाबू की सेवाएँ ली थीं।

देश में रॉलेट ऐक्ट का विरोध अपने चरम पर पहुँच गया था। जगह-जगह विरोध-सभाएँ हो रही थीं, जिसे दबाने के लिए अंग्रेजी राज ने दमन का रास्ता अख्तियार कर लिया। जालियाँवाला बाग का वीभत्स हत्याकांड इसी का एक उदाहरण था। गांधीजी इस समय तक कांग्रेस के एक मान्य नेता के रूप में स्वीकृत हो चुके थे। उन्होंने सरकारी नीतियों के विरोध में 'असहयोग' का नारा दिया। 1920 में कलकत्ता में कांग्रेस का एक विशेष अधिवेशन हुआ, जिसमें इस प्रस्ताव को स्वीकृति दी गई। अनुग्रह बाबू सीधे तौर पर इन गतिविधियों से तनिक दूर ही थे, किंतु बर्मा केस में बहस समाप्त होते ही उन्होंने पुनः पटना की राह पकड़ ली। 'मेरे संस्मरण' में इस केस के संबंध में उन्होंने लिखा है—''तीन वर्षों तक लगातार एक ही मुकदमे में सारा समय देते-देते मैं एक प्रकार का कूप मंडूक होता जा रहा था।'' उसी समय 'बिहारी छात्र सम्मेलन' का अधिवेशन डाल्टेनगंज में होनेवाला था। सम्मेलन में भाग लेकर उन्होंने स्वयं को फिर से देश-पथ पर चलने के लिए तैयार कर लिया। उसी साल दिसंबर के अंत में नागपुर में हुए कांग्रेस के वार्षिक अधिवेशन में भी वे सम्मिलित हुए। 'असहयोग' और 'स्वराज्य' का मार्ग उनके मन में जगह बना चुका था और 1921 में अपने कुछ दूसरे वकील साथियों के साथ वकालत का पेशा छोड़कर पूर्णकालीन देशसेवा का कार्य स्वीकार लिया। राजेंद्र बाबू को इससे अतिरिक्त खुशी हुई थी। सरकार से असहयोग के तहत सबसे अधिक उत्साह छात्रों में था। सरकारी स्कूल खाली हो चुके थे। एक वर्ष में स्वराज्य-प्राप्ति का नारा उन्हें दिया गया था। इसी समय 'बिहार विद्यापीठ' की स्थापना हुई। अनुग्रह बाबू इतिहास के शिक्षक के रूप में इससे जुड़े। 1921 के अंत में अहमदाबाद में कांग्रेस का

अधिवेशन हुआ। उस दौर के उत्साह का चित्र खींचते हुए उन्होंने लिखा है, "स्वराज्य अभी नहीं हुआ, पर स्वराज्य के लक्षण दिख पड़ने लगे। भयानक संग्राम होने की तैयारी का बिगुल बजने लगा। प्रत्येक कार्यकर्ता के हृदय में उमंगें उठती थीं। अपने इलाके में लौटकर जोर-शोर के साथ काम करने में लग जाएँगे, इस दृढनिश्चय के साथ लोग अपने-अपने प्रांत को लौटने लगे। महात्मा गांधी की वह मुख-मुद्रा, जो ब्रिटिश सरकार को चुनौती देते समय थी, लोगों को हृदयंगम हो गई। तर्जनी उठाकर, जो उस दिन महात्मा गांधी ने किया था, वह क्या कोई दर्शक और श्रोता भूल सकता है ? बिजली का संचालन जिस प्रकार शरीर को कंपित कर देता है, उसी प्रकार सारी कांग्रेस कंपित-चकित हो गई।"

'असहयोग' से उपजे उत्साह को चौरी-चौरा की घटना ने ठंडा कर दिया और महात्मा गांधी ने इस सत्याग्रह को स्थगित करने की घोषणा कर दी। आगे की रणनीति क्या हो, कौंसिल प्रवेश के संबंध में कांग्रेस का आधिकारिक पक्ष क्या हो, जैसे प्रश्नों पर विचार करने के लिए गया में कांग्रेस का वार्षिक अधिवेशन निश्चित हुआ। राजेंद्र बाबू इसकी स्वागत समिति के मंत्री थे और अनुग्रह बाबू सहायक मंत्री। कौंसिल प्रवेश के प्रश्न पर कांग्रेस विभाजित हो गई तथा मोतीलाल नेहरू और चितरंजन दास के नेतृत्व में स्वराज पार्टी का गठन हुआ।

सन् 1923 में जब म्यूनिसिपल चुनाव हुए तो कांग्रेस पार्टी ने भी इसमें भाग लिया। पटना म्यूनिसिपलिटी के अध्यक्ष राजेंद्र बाबू और उपाध्यक्ष अनुग्रह बाबू चुने गए। बाद में अनुग्रह बाबू गया बोर्ड के अध्यक्ष बने। उनकी सक्रियता और लोकप्रियता—दोनों बढ़ रही थी। कौंसिल ऑफ स्टेट्स के चुनाव में वे डुमराँव महाराज को हराकर चुने गए। कार्यदक्षता और संगठन-निर्माण की क्षमता से देश भर के कांग्रेसजनों में उनकी प्रतिष्ठा स्थापित हो गई थी। कांग्रेस का ऑफिस जब पटना में था और राजेंद्र बाबू उसके प्रधानमंत्री थे तो अनुग्रह बाबू उनके सहायक मंत्री थे और जब कांग्रेस का ऑफिस पटना से इलाहाबाद गया और जवाहरलाल नेहरू प्रधानमंत्री हुए तो उन्होंने भी अनुग्रह बाबू को अपने साथ रोक लेने की इच्छा प्रकट की। पर वे भला बिहार किस तरह छोड़ सकते थे!

चुनाव चाहे म्यूनिसिपल बोर्ड का रहा, स्टेट एसेंबली का या फिर केंद्रीय एसेंबली का—अनुग्रह बाबू सदा अपराजेय रहे। उनके विरोधी भी कम न थे। विरोधियों में कुछ ऐसे भी थे, जो नीतियों और कार्यक्रमों के कारण उनसे अलग न थे, बल्कि व्यक्तिगत और जातिगत द्रोहों के कारण खार खाते थे। 'मेरे संस्मरण' में ऐसे प्रसंगों का उल्लेख है, किंतु यह भी इतनी सचेतनता के साथ है कि उनका 'सत्य' किसी के लिए 'अप्रिय' न हो जाए!

तीस के दशक में देश भर में मचे उथल-पुथल से बिहार भी अछूता न था। साइमन कमीशन के बहिष्कार से शुरू हुए आंदोलन ने देश में एक नई जागृति ला दी। 31 दिसंबर, 1929 को बारह बजे रात को लाहौर कांग्रेस में पूर्ण स्वतंत्रता की घोषणा कर दी गई। 26 जनवरी को समूचे देश में स्वतंत्रता दिवस मनाया गया। कौंसिल और एसेंबलियों से कांग्रेस ने अपने को वापस कर लिया और महात्मा गांधी के नेतृत्व में सत्याग्रह का आंदोलन चल पड़ा। गांधीजी कभी गिरफ्तार होते, कभी छूटते! अंग्रेजी राज उनकी शक्ति और धैर्य को थाहना चाहता था तो गांधी हमेशा उसके कुचक्रों को काटते हुए विजयी होते जा रहे थे। 1932 में गोलमेज सम्मेलन से लौटने पर उन्हें फिर गिरफ्तार किया गया और कांग्रेस को अवैध घोषित कर दिया गया। इस समय बिहार कांग्रेस के प्रधानमंत्री और कोषाध्यक्ष अनुग्रह बाबू ही थे। 26 जनवरी, 1933 को वे भी गिरफ्तार हुए; किंतु जेल जाने से पूर्व बाहर रहकर उन्होंने आंदोलन को विस्तार देने के लिए खूब मेहनत की।

1934 में बिहार में प्रलयंकारी भूकंप आया; अनुग्रह बाबू तब हजारीबाग जेल में थे। राजेंद्र बाबू जेल से बाहर आ चुके थे और भूकंपग्रस्त क्षेत्रों में रिलीफ के काम में जी-जान से लगे हुए थे। उनके साथ एक पूरी टीम थी, टीम में कमी थी तो केवल अनुग्रह बाबू की। इस भूकंप में अनुग्रह बाबू का मकान भी नष्ट हो चुका था, जेल से छूटकर उन्होंने अपने टूटे हुए घर को देखा और अगले ही दिन राजेंद्र बाबू के पास पहुँच गए। धीरे-धीरे रिलीफ के काम को उन्होंने पूरी तरह अपनी देख-रेख में ले लिया और समूचे प्रांत में घूम-घूमकर लोगों की मदद के लिए कोई कसर न उठा रखी।

1935 में केंद्रीय एसेंबली का चुनाव आयोजित हुआ। अनुग्रह बाबू पटना-शाहाबाद क्षेत्र से कांग्रेस के उम्मीदवार थे और उनके प्रतिद्वंद्वी थे—सेठ रामकृष्ण डालमिया और जगतनारायण लाल। रामकृष्ण डालमिया स्वतंत्र उम्मीदवार थे तो जगतनारायण लाल हिंदू महासभा के। एक के पास धन की ताकत थी तो दूसरे के पास हिंदू-हित का वाक्जाल! इसके विपरीत अनुग्रह बाबू के पास लोगों के विश्वास की ताकत थी, वे इससे उन दोनों की घेरेबंदी काटने में सफल रहे।

1936 में शासन-सुधार के अंतर्गत प्रांतीय एसेंबली के चुनाव हुए और चुनावों में कांग्रेस पार्टी ने बिहार में अपार सफलता प्राप्त की। बिहार में मि. यूनुस के नेतृत्व में एक अस्थायी सरकार बनी। जनता इस सरकार के बनने से खुश नहीं थी। इधर कांग्रेस का नेतृत्व कौन करे, यह प्रश्न गहराने लगा था। श्रीकृष्ण सिंह और अनुग्रह नारायण सिंह में से कौन—यह प्रश्न राजनीतिक और सामाजिक माहौल में विभाजक रेखा खींचने लगा था। कुछ इसमें अपना स्वार्थ भी देखने लगे थे। इससे पहले कि यह विभाजन और गहरा होता, अनुग्रह बाबू ने खुद आगे बढ़कर श्रीबाबू को नेता के रूप

में प्रस्तावित किया और ऐसे मंसूबों पर विराम लगा दिया। 22 जुलाई, 1937 को पहली बार कांग्रेस पार्टी शासन में आई और श्रीबाबू ने नेतृत्व सँभाला। अनुग्रह बाबू वित्त, राजस्व और स्वायत्त शासन विभाग के मंत्री हुए। इस सरकार की चुनौतियाँ अनेक थीं और सुविधाएँ कम। जनता की उम्मीदों के अनुरूप उन्हें शासन-व्यवस्था देनी थी। अनुग्रह बाबू ने 'मेरे संस्मरण' में लिखा है, ''उन दिनों हम लोगों को दम लेने की भी फुरसत नहीं रहती थी।'' श्रीबाबू को उन पर 'अटूट विश्वास' था। वे लिखते हैं कि ''पारस्परिक विश्वास की आधारशिला पर गुत्थियों को सुलझाने की आवश्यकता के कारण मेरी बुलाहट प्राय: प्रत्येक दिन उनके यहाँ होती रहती थी। हम लोग इस समय एक-दूसरे से काफी फासले पर रहते थे, फिर भी आवश्यकता पड़ने पर या तो मैं ही उनके यहाँ चला जाता था या कभी-कभी वे स्वयं भी मेरे यहाँ आ जाने का कष्ट कर लेते थे—दोनों ओर से कोई हिचकिचाहट नहीं रहती थी।''

एक मंत्री के रूप में अनुग्रह बाबू ने अहर्निश कार्य किया; किंतु शासन और सत्ता के रोग कुछ अलग ही होते हैं! पार्टी के भीतर और बाहर—दोनों जगह एक तबका उनसे असंतुष्ट रहता था, दूसरी ओर पार्टी में भी आपसी खींचतान, वैरभाव और स्वार्थभावना धीरे-धीरे बढ़ने लगी थीं।

1939 में द्वितीय-विश्वयुद्ध के शुरू होने पर देश भर से कांग्रेसी मंत्रिमंडल ने इस्तीफा दे दिया। यह पदत्याग अनुग्रह बाबू के लिए बहुत बड़ी राहत की तरह था। उन्होंने लिखा है, ''इन बाधाओं से कांग्रेसी मंत्रिमंडल को कम धक्का न पहुँचा, परंतु ये बाधाएँ बाह्य थीं और उनसे सँभल जाना संभव था। दुर्भाग्य की बात तो यह थी कि हम कांग्रेसजन नैतिक दृष्टि से नीचे खिसकते जा रहे थे। शुरू-शुरू में जो परस्पर सद्भाव था, वह स्वार्थ के चक्कर में पड़कर वैमनस्य का रूप धारण करने लगा। हम लोगों के बीच एक खाई उत्पन्न हो गई थी, जो दिन-दिन चौड़ी होती जा रही थी। उधर कांग्रेस कार्यकर्ताओं में भी पदलोलुपता बढ़ती जा रही थी, जिसके कारण उनका प्रभाव क्षीण होता गया।''

मार्च 1940 में रामगढ़ में कांग्रेस का अधिवेशन तय था। कांग्रेस के अंदरूनी हालात से अनुग्रह बाबू अनमने हो गए थे और इस अधिवेशन से दूर रहना चाहते थे। किंतु ऐसा न हो सका। राजेंद्र बाबू का आग्रह कहें या आदेश—उसे टालना उनके लिए संभव न था। अस्वस्थता की स्थिति में भी उन्होंने इसे सफल बनाने का बीड़ा उठा लिया। गया कांग्रेस की सफलता में उनकी बड़ी भूमिका थी, सबकी यही अपेक्षा रामगढ़ कांग्रेस से भी थी। अनुग्रह बाबू की खासियत यह थी कि वे केवल इस बात की चिंता नहीं करते थे कि कांग्रेस के आयोजन के लिए, कार्यकर्ताओं और प्रतिनिधियों के रहने के लिए नगर कैसे बसाया जाए, उनका स्वागत कैसे हो आदि-आदि; बल्कि घर के

जवाबदेह मुखिया की तरह वे इसके लिए भी प्रयासरत रहते थे कि आयोजन के बाद सारा सामान सही जगह पहुँच जाए। वे आद्यांत कुशल प्रबंधक थे।

कांग्रेस की गुटबाजी उन्हें निराश और उदासीन करती जा रही थी। इसे दूर करने के लिए की जानेवाली कोशिशों की असलियत भी उनसे छिपी नहीं रहती थी। ऐसी मिथ्या कोशिशें उन्हें अधिक उद्विग्न करती थीं। 'मेरे संस्मरण' में उन्होंने लिखा है, "ऐसा जान पड़ता था कि कांग्रेसियों का दिमाग इतना दूषित हो गया था कि किसी-न-किसी स्थान को प्राप्त करने अथवा प्राप्त स्थान की रक्षा करने के सिवा देशसेवा, स्वराज्य, पूर्ण स्वतंत्रता आदि ध्येय उनके लिए गौण-पदार्थ हो गए हों।"

द्वितीय-विश्वयुद्ध के समानांतर देश में व्यक्तिगत सत्याग्रह का आंदोलन भी बलवती होता जा रहा था। इस आंदोलन में 3 दिसंबर, 1940 को अनुग्रह बाबू जेल गए। पहले उन्हें पटना में रखा गया, फिर हजारीबाग भेज दिया गया। 'मेरे संस्मरण' की रचना यहीं हुई। यह जेल-प्रवास अगस्त 41 में समाप्त हुआ। किंतु रिहाई के साथ ही दूसरी यात्रा की भी तैयारी शुरू हो गई। सन् 42 का साल शुरू होते ही देश भर में नए आंदोलन की हवा बहने लगी। गांधीजी ने देश को 'करो या मरो' का नारा दिया। वे 9 अगस्त को गिरफ्तार हुए और 10 अगस्त को अनुग्रह बाबू। पूरा देश आंदोलित था। दूसरे स्वतंत्रता सेनानियों के साथ अनुग्रह बाबू फिर से पटना जेल से हजारीबाग जेल भेजे गए। अबकी बार जेल में उन्हें लगभग दो साल तक रहना पड़ा।

अनुग्रह बाबू के लिए जवाबदेहियों और व्यस्तता का एक नया अध्याय जेल के बाहर इंतजार कर रहा था। दरभंगा में मलेरिया ने भीषण रूप अख्तियार कर लिया था और कांग्रेस पार्टी रिलीफ के काम में लगी हुई थी। इसी सिलसिले की 16 जनवरी, 1945 को पटना में आयोजित एक मीटिंग में अंग्रेजी राज की आलोचना हुई तो सरकार बौखला गई। अनुग्रह बाबू इस बैठक के बाद नागपुर चले गए थे, वहीं उन्हें मालूम हुआ कि बिहार सरकार ने श्रीबाबू, प्रजापति मिश्र, प्रो. अब्दुल बारी और मुरलीमनोहर प्रसाद सहित उनकी नजरबंदी का आदेश निकाल दिया है। अनुग्रह बाबू ने जब इसकी चर्चा गांधीजी से की तो उन्होंने कहा कि यदि वे "पकड़ते हैं, तो इसमें जरा भी हतोत्साह नहीं होना है। हम उनकी दया पर जीना नहीं चाहते हैं। जिधर सही सामना करना है, करते ही रहेंगे। मंत्र तो यह है न कि करना है या मरना है—मरेंगे तो हमारा काम जिंदा रहेगा।"

समय का चक्र चलता जा रहा था। केंद्र और प्रांतों में फिर से चुनाव की तैयारियाँ होने लगी थीं। इस बार चुनाव का माहौल पूर्व के चुनाव से अधिक विषाक्त था। एक ओर मुसलिम लीग की सांप्रदायिक राजनीति से टक्कर थी तो दूसरी पार्टी के भीतर गुटबंदी की समस्या थी। चुनाव-संग्राम के नेतृत्व का जिम्मा राजेंद्र बाबू ने पुनः अनुग्रह बाबू के कंधों पर डाल दिया। चुनाव में कांग्रेस को बहुमत मिला। बिहार का

मुख्यमंत्री कौन हो, यह प्रश्न धीरे-धीरे जटिल होता जा रहा था। राजेंद्र बाबू ने खुद उम्मीदवार होने से इनकार कर दिया, माहौल अनुग्रह बाबू बनाम श्रीबाबू का होता जा रहा था। श्रीबाबू पीछे हटने को तैयार नहीं थे। इस टकराव को टालने की भगीरथ जवाबदेही आगे बढ़कर अनुग्रह बाबू ने उठाई। नेता पद के लिए उन्होंने स्वयं श्रीबाबू का नाम प्रस्तावित किया और इस तरह 2 अप्रैल, 1946 को बिहार में फिर से कांग्रेसी मंत्रिमंडल कायम हुआ।

देश विभाजन की दिशा में अग्रसर हो चुका था। मुसलिम लीग सांप्रदायिक एजेंडे के सहारे पाकिस्तान की माँग जोर-शोर से उछालने लगी। देश भर में दंगों का एक सिलसिला चल पड़ा। नोआखली के दंगों के बाद बिहार में भी भीषण रक्तपात हुआ। बिहार के दंगों की खबर, जब गांधीजी को मिली तो उन्होंने राजेंद्र बाबू को लिखा कि "यदि फसाद बंद नहीं होगा, तो भोजन की मात्रा ही कम करने से मुझे तो संतोष नहीं होगा, बल्कि मुझे बिल्कुल ही भोजन त्याग देने को बाध्य होना पड़ेगा।" गांधीजी के लिए शांति और एकता का महत्त्व देश की आजादी से रत्ती भर कम नहीं था। और यही आदर्श अनुग्रह बाबू ने अपने लिए भी चुन रखा था।

दोनों समुदाय के बीच फिर से भरोसा पैदा करने और हिंसा के तांडव को रोककर लोगों की आँखें खोलने के लिए अनुग्रह बाबू ने उस संकट में स्वयं को झोंक दिया। वे बयानवीर होकर नहीं रहे, सरकारी आदेश निकालकर संतुष्ट नहीं हुए, बल्कि जहाँ से भी उन्हें खबर मिलती, वहाँ पहुँचकर उस आग को बुझाने का, लोगों को समझाने का और उन्हें सही राह दिखाने का प्रयास करते। तभी गांधीजी जैसे पारखी ने उनके लिए कहा था, "सांप्रदायिक एकता में उनका उतना ही विश्वास है, जितना मेरा।"

उर्दू के मशहूर शायर कलीम आजिज ने उस समूचे दौर का बड़ा मार्मिक वर्णन अपनी आत्मकथा 'जहाँ खूशबू-ही-खूशबू थी' में किया है। युवा कलीम आजिज दंगों में बरबाद हो चुके अपने गाँव तेलहारा जाना चाहते थे। पर जाते तो किस तरह—कोई साधन नहीं, कोई रास्ता नहीं। खून और आग के सिवा कहीं कुछ न था। कांग्रेसी सरकार के एक मंत्री से मदद की उनकी गुहार खाली जा चुकी थी। तभी अचानक अनुग्रह बाबू से उनकी भेंट हुई। वे लिखते हैं, "सुबह हुई और हम दोनों आई.जी. साहब की तरफ जा रहे थे कि लॉन के मैदान में बड़ी भीड़ नजर आई। मालूम हुआ कांग्रेस कमेटी का कोई हंगामी जलसा हो रहा है। मैं उस भीड़ में डूब गया और आलमे-वहशत में आगे बढ़ने लगा। सामने से कुछ लोग नजर आए। एक साहब पचास-पचपन साल की उम्र, खद्दर की धोती-कुरता, टोपी और सदरी तथा ऐनक, बार-बार सर नीचे और ऊपर करते, इधर-उधर लोग आगे-पीछे, मेरी नजर उठी और उनकी नजर भी उठी; और मुझे कुछ देर तक देखती रही। मेरे कदम बेअख्तियार उनकी तरफ उठ गए—

कुछ कहना है ?
आप कौन हैं ?
मेरा नाम अनुग्रह नारायण सिंह हैं ?
आप मेरे लिए कुछ कर सकते हैं ?
जो हो सकेगा, करूँगा ?
मुझे अभी फौरन तेलहारा जाना है।
तेलहारा जाना है ?

और मेरे जवाब का इंतजार किए बगैर उन्होंने किसी से कागज माँगा, उस पर कुछ लिखा और कहा—फौरन, सीनियर एस.पी. से मिल लो। सीनियर एस.पी. ने फौरन ही ट्रक का इंतजाम कर दिया, ऐसा मालूम हुआ कि आज दुनिया ही बदली हुई है। हवा का रुख ही फिर गया, मौसम कुछ और हो गया जैसे निगाहे-नामेहरबाँ अचानक मेहरबाँ हो गई हो और आसमाने-जंग जू ने यक-बयक दोस्ती और सुलह का हाथ बढ़ा दिया हो।''

दंगों को शांत करने के लिए पहले नेहरू, फिर गांधी बिहार आए। नेहरू ने लोगों का गुस्सा झेला, अपमान सहा; पर सबकुछ निर्लेप भाव से। गांधी आए तो तब तक टिके रहे, जब तक बिहार शांत न हो गया।

फिर वह दिन भी आया, जब देश आजाद हुआ और विभाजित भी। और वह दिन भी आया, जब गांधीजी की हत्या हुई। शवयात्रा में शामिल होने अनुग्रह बाबू दिल्ली गए। 'मेरे संस्मरण' में वे लिखते हैं, ''सारी दिल्ली रो रही थी; लाखों की संख्या में सारे देश से लोग उनके अंतिम दर्शन को उमड़ पड़ रहे थे; सबकी आँखें गीली, सब बदहवास, क्यों नहीं सारे देश पर नहीं-नहीं सारी दुनिया पर यह अनहोना वज्रपात था!''

आजादी के बाद 1952 में पहला आम चुनाव हुआ। कांग्रेस को बहुमत मिला। नेता पद का विषय इस बार फिर उलझ गया और मामला दिल्ली तक गया। नेहरू ने अनिर्णय की स्थिति में तत्कालीन कांग्रेस अध्यक्ष लक्ष्मीनारायण सुधांशु को पद सँभालने के लिए कहा। दिल्ली से लौटकर उन्होंने यह बात श्रीबाबू और अनुग्रह बाबू दोनों को बताई। श्रीबाबू ने दिल्ली की राय से अलग सुधांशुजी को शिक्षामंत्री बनने और स्वयं मुख्यमंत्री होने का प्रस्ताव दे दिया। दूसरी ओर अनुग्रह बाबू को सुधांशुजी के मुख्यमंत्री होने से कोई आपत्ति न थी। वे उनके नेतृत्व में कार्य करने के लिए तैयार थे। मगर सुधांशुजी ही इस जवाबदेही के लिए तैयार न हुए। नेता पद के लिए अनिर्णय बना हुआ था। इस शून्य को पुनः अनुग्रह बाबू ने ही भरा। उन्होंने कहा, ''खाएँ श्रीबाबू चार रोटियाँ, मैं ही तीन खा लूँगा।'' पद का अकाट्य और दुर्निवार-मोह उनके भीतर न था। राज्य की जवाबदेहियाँ उनके लिए पद और पदनाम से कहीं अधिक महत्त्वपूर्ण थीं।

सन् 1952 तक नेता पद के लिए चुनाव की नौबत को अनुग्रह बाबू ने टाल दिया

था। पर 1957 में वे इसके लिए तैयार हो गए। श्रीबाबू अब भी पीछे हटने के लिए तैयार न थे। फलतः चुनाव हुआ और चुनाव में श्रीबाबू सफल रहे। अनुग्रह बाबू को उनका अपना कहनेवालों ने भी मत नहीं दिया। उन्होंने कुछ भी गाँठ बाँधकर न रखा। न अपनी हार और न ही 'अपनों' का यह व्यवहार। 'मेरे संस्मरण' में उन्होंने लिखा है, "कांग्रेस विधायक दल के नेता निर्वाचन में अपनी पराजय पर मुझे जरा भी पश्चात्ताप नहीं हुआ। हाँ, जब मुझे बताया गया कि अपना कहलाने का दावा करनेवाले लोगों ने भी मुझे मत नहीं दिए, तब मानसिक क्लेश अवश्य हुआ। फिर भी, जब ऐसे हमारे शुभचिंतक मुझसे मिलने आए, तब मैंने उन्हें क्षमा कर दिया। चुनाव-फल की घोषणा होते ही सबसे पहले मैं बाबू श्री कृष्ण सिंह को बधाई देने के लिए उनकी कोठी पर दौड़ा आया। हम दोनों गले-गले मिले। दोनों की आँखों से स्नेहाश्रु उमड़ चले।"

पद और सत्ता की चिंता उनके लिए अब बेमतलब की थी। उन्हें चिंता इस बात की थी कि "क्या इस अश्रुभार में राज्य कांग्रेस पर गहराई से जमी हुई काई को धो डालने की क्षमता नहीं?"

कांग्रेस पार्टी को इस दलदल में आगे और भी धँसना शेष था। किंतु यह सब देखने के लिए अनुग्रह बाबू ही नहीं रहे। 28 जून, 1957 को रात्रि में टेलीफोन के तार में पाँव फँसने के कारण वे गिर गए और अस्पताल में भरती कराए गए। उनकी जाँघ की हड्डी टूट गई थी। वे पहले से भी अस्वस्थ थे। उनका स्वास्थ्य बिगड़ता ही गया। उन्हें देखने और उनसे मिलने के लिए लोगों का बड़ा हुजूम हर घड़ी अस्पताल के पास रहता। उनकी किडनी ने काम करना बंद कर दिया और अंततः 5 जुलाई, 1957 को उन्होंने अपनी आँखें हमेशा के लिए मूँद लीं।

उनके निधन की खबर जंगल की आग की तरह पूरे प्रांत में फैल गई। समूचा बिहार शोकमग्न हो गया। उनकी अस्वस्थता की खबरें पहले से ही प्रकाशित हो रही थीं। उनकी अस्वस्थता की खबर जान राजेंद्र बाबू दिल्ली से उन्हें देखने के लिए आए थे। दोनों का संग-साथ लगभग आधी सदी का था। राजेंद्र बाबू के प्रति अनुग्रह बाबू के मन में अकाट्य आदर था तो अनुग्रह बाबू के प्रति राजेंद्र बाबू के मन में असीमित भरोसा। अनुग्रह बाबू बिस्तरे पर थे और राष्ट्रपति राजेंद्र प्रसाद उनके सामने। इस मार्मिक पल में डॉक्टर ने अनुग्रह बाबू से पूछा, "आप इन्हें पहचान रहे हैं?" जीवन के न जाने कितने पड़ाव जिनके साथ उन्होंने गुजारे थे, हार-जीत के न जाने कितने वसंत साथ-साथ देखे थे, जिनसे कितना कुछ उन्होंने सीखा था, जिनसे उनका संबंध औपचारिकता के रेशे से नहीं बँधा था; और वह संबंध एक मुल्क के राष्ट्रपति और एक सूबे के वरिष्ठ मंत्री के नाते निबाहा नहीं जा रहा था; उसे यह सवाल न जाने स्मृतियों के किन-किन दरवाजे तक ले गया होगा! वह संबंध, वह पहचान शब्दों की सीमा में

बाँधा नहीं जा सकता था; केवल महसूसा जा सकता था। सो, अनुग्रह बाबू ने बिस्तरे पर से कहा, "हम पहचानते हैं।" इस 'पहचान' के आगे शब्द लाचार हो जाते हैं। कहना न होगा, हमारी राजनीति ही नहीं, बल्कि सामाजिक जीवन भी इस तरह की 'पहचान' की अभाव-बेला में है।

बनारस से प्रकाशित 'आज' ने 7 जुलाई, 1957 के अंक में उनके निधन पर लिखा, 'बिहार का 'मास्टर पॉलिटिशियन' उठ गया।' राजेंद्र बाबू और ब्रजकिशोर बाबू के बाद वे कांग्रेस पार्टी ही नहीं, बल्कि व्यापक तौर पर पूरे समाज को प्रभावित करनेवाले सबसे बड़े नेता थे। यह फिर-फिर याद रखनेवाली बात है कि वे अतिशय आभामंडित नेता नहीं थे। बल्कि यह कहना अधिक सही होगा कि वे संकोची ही अधिक थे। फल और प्रतिष्ठा के लोभ से कोई काम करना—उनके स्वभाव में नहीं था। वे जननेता थे और जनता ही उनकी ताकत थी। अपने कर्ममय जीवन से उन्होंने जनता का भरोसा और आदर—दोनों अर्जित किए थे।

उनके निधन से बिहार के राजनीतिक और सामाजिक जीवन ने गहरे अभाव का अनुभव किया। बिहार सरकार में श्रीकृष्ण सिंह उनके वरिष्ठ थे। मुख्यमंत्री पद को लेकर इन दोनों नेताओं की महत्त्वाकांक्षाएँ आमने-सामने भी हुई थीं। दोनों के स्वभाव और व्यवहार में भिन्नताएँ भी थीं। दोनों एक से न थे। इस प्रतिद्वंद्विता की कहानी तब भी और आज भी छोटी बुद्धि के लोग दुहराते रहते हैं। जबकि दोनों ही नेताओं में पद को लेकर जितनी महत्त्वाकांक्षा थी, उससे कई गुना अधिक एक-दूसरे के प्रति आदर, प्रेम और विश्वास था। ये बड़े लोग थे और इनकी महत्त्वाकांक्षाएँ राष्ट्रहित या समाजहित के रास्ते में खड़ी नहीं होती थीं। श्रीबाबू की हीरक जयंती पर प्रकाशित होनेवाले अभिनंदन ग्रंथ के लिए अनुग्रह बाबू ने जो लेख लिखा, उसका शीर्षक दिया—'मेरे श्रीबाबू'। इस संबोधन में अपनत्व उपस्थित है और आदर भी। श्रीबाबू के व्यक्तित्व के ओजस्वी पहलुओं को उन्होंने इस लेख में उद्घाटित किया है। यह उद्घाटन औपचारिकता के तकाजे से नहीं था, बल्कि संघर्ष-पथ पर साथ-साथ चलते हुए, एक-दूसरे को जानते-समझते और थाहते हुए उपजा था। 'मेरे संस्मरण' में भी जहाँ-जहाँ वे श्रीबाबू का उल्लेख करते हैं; उनकी लेखनी से सम्मान और आदर का भाव रत्तीभर स्खलित नहीं होता है। अनुग्रह बाबू के निधन ने श्रीबाबू को अकेला कर दिया। इस प्रसंग में 7 जुलाई, 1957 के 'आर्यावर्त' में प्रकाशित यह रिपोर्ट बेहद भावुक करनेवाली है, "मुख्यमंत्री डॉ. श्रीकृष्ण सिंह ने आँखों में आँसू भरकर कहा कि उनकी अवस्था उसी राम की तरह है, जो सीताहरण के बाद पंचवटी में लौटकर आते हैं तो वहाँ उन्हें वही लता, वही कुंज, सबकुछ वैसा ही मिला; लेकिन एक सीता नहीं थी। श्रीबाबू ने कहा कि आज सदाकत आश्रम का सबकुछ वैसा ही है—वही आम्रकुंज भी है, लेकिन उनके साथ सदाकत आश्रम में हमेशा बाबूसाहब

रहा करते थे, वे ही नहीं हैं। इतना कहते-कहते श्रीबाबू का कंठ रुँध गया और रूमाल से आँखें पोंछने लगे।''

श्रीबाबू और अनुग्रह बाबू के साथ का बिहार कांग्रेस और बिहार राज्य के लिए क्या महत्त्व था, इसे राष्ट्रपति राजेंद्र प्रसाद भली-भाँति समझते थे; इसीलिए मुख्यमंत्री को प्रेषित शोक-संदेश में उन्होंने कहा, ''मातृभूमि की सेवा में पचास वर्षों का, जो हमारा आत्मीय सहकार्य रहा, उसका आज अंत हो गया और यह हम लोगों को और विशेषकर बिहार को न केवल शोक में छोड़ दिया, बल्कि त्याग एवं सेवा के उदाहरणस्वरूप, पुनीत एवं महान् कार्यों की एक विरासत भी रख छोड़ी। आप तो, अन्यों से भिन्न, एक विशेष प्रकार की मार्मिक क्षति का अनुभव करेंगे, कारण (उनके रूप में) एक गहरा मित्र ही नहीं, बल्कि आपका एक मूल्यवान सहकर्मी भी चला गया।''

अस्पताल में भरती अनुग्रह बाबू को देखने के लिए देश के कई वरिष्ठ राजनेता पटना आए। गुलजारीलाल नंदा, लालबहादुर शास्त्री, जगजीवन राम आदि-आदि। शास्त्रीजी तो उनकी अंतिम यात्रा के भी साक्षी रहे। जवाहरलाल नेहरू, गोविंदवल्लभ पंत, बी.बी. गिरि, पुरुषोत्तमदास टंडन, बलवंतराय मेहता प्रभृति अनेक महानुभावों ने उनके निधन पर दु:ख प्रकट किया। इसमें औपचारिकता के निर्वाह का बोध नहीं था। बल्कि, जो भी उन्हें जानता था, बिहार और बिहार कांग्रेस के लिए उनके श्रम और संघर्ष से परिचित था।

अनुग्रह बाबू को चाहने और आदर देनेवालों में देश का राजनय वर्ग ही सम्मिलित नहीं था, बल्कि बिहार के सुदूर गाँव-देहात के लोगों ने भी उनके निधन को व्यक्तिगत क्षति माना। 'आयावर्त्त' के 7 जुलाई, 1957 के अंक में ऐसी ही एक मार्मिक रपट प्रकाशित हुई, ''विगत पाँच जुलाई के प्रात: काल जब सामान्य रूप से यह खबर फैल चुकी थी कि वित्त मंत्री की अवस्था चिंताजनक हो गई है, एक सत्तर वर्ष का वृद्ध लाठी टेकते हुए कॉटेज के द्वार की ओर चला आ रहा था। उसके कंधे पर एक मटमैला गमछा था और कमर में एक मटमैली धोती। कमर झुकने की तैयारी कर रही थी, जिसका सामना अपने दाहिने हाथ की लाठी के सहारे वह करता आगे बढ़ रहा था। चेहरे पर झुर्रियाँ आ गई थीं और शरीर का चाम मांस को छोड़ने लगा था। वृद्ध कह रहा था, ''मैं अनुग्रह बाबू को देखना चाहता हूँ।'' लोगों ने कहा कि आप वहाँ नहीं जा सकते। डॉक्टर लोग वहाँ किसी को जाने नहीं देते। ''मैं अलग से ही देख लूँगा। कई मील से पैदल चलकर आ रहा हूँ। सुना है, वे बीमार हैं। उनकी हालत खराब है। चाहकर भी अपने को मैं रोक नहीं सका। इतनी दूर चला आया हूँ, तब देखकर ही लौटूँगा। बिना देखे मुझे संतोष नहीं होगा''—वृद्ध ने आग्रह भरे शब्दों में कहा। पर सभी की ओर से उसे वही पुराना उत्तर मिला। वह चकित होकर सबकी ओर देखने लगा। भीड़ की खामोशी और सभी

के चेहरे पर उदासी तथा चिंता की स्पष्ट छाप देखकर उसका हृदय अनेक आशंकाओं से विचलित हो गया। लाठी उसके हाथ से छूट गई। वह सिर थामकर वहीं बैठ गया। यह कहकर रोने लगा कि अनुग्रह बाबू इस दुनिया में नहीं हैं। आप सभी हमें भुलावा दे रहे हैं। मैं इतनी दूर चलकर आया, पर कैसा अभागा हूँ कि उनका अंतिम दर्शन तक नहीं कर सका। बड़ी मुश्किल से उसे सारी स्थिति समझाई जा सकी। वह चुप हो गया, पर उसके हृदय का संदेह मिट नहीं सका।''

अनुग्रह बाबू को आदर देनेवालों में जयप्रकाश नारायण का नाम प्रमुख है। जे.पी. उन्हें पूरे मन से आदर देते थे। 'अनुग्रह अभिनंदन ग्रंथ' के लिए उन्होंने लिखा था कि ''अनुग्रह बाबू का स्वभाव अंग्रेजों के जैसा है। उनमें स्नेह भी है और भावुकता भी, लेकिन प्रदर्शन नहीं है। इसलिए उनका व्यवहार ऊपर से रूखा लगता है। फिर भी, उनके जैसा दृढ और निस्स्वार्थ मैत्री बरतनेवाले संसार में कम होंगे। शंभुबाबू के साथ जैसा भ्रातृत्व और मैत्री उन्होंने निबाहा है, वह किसी महाकाव्य का विषय बनने योग्य है। आज अनुग्रह बाबू बिहार प्रांत के दो उच्चतम शासकों में एक हैं। फिर भी उनकी सादगी और सरलता में कोई अंतर नहीं पड़ा है। शायद उनके अनेक गुणों में, जो सर्वाधिक हृदयग्राही है, वह उनकी यही सरलता है। अदना-से-अदना आदमी भी उन तक पहुँच सकता है। शासकों में यह गुण विरले ही पाया जाता है।''

जे.पी. अनुग्रह बाबू को बिहार की धरोहर मानते थे, वे उन्हें अपने बचपन से जान रहे थे, ऐसे कई अवसर आए थे, जब उन्होंने अनुग्रह बाबू और कांग्रेसी सरकार की नीतियों की आलोचना की थी; किंतु वे जानते थे कि अनुग्रह बाबू की सेवाभावना में लोभ-मोह के लिए कोई स्थान नहीं है। अनुग्रह बाबू के निधन पर जे.पी. ने कहा, ''डॉ. अनुग्रह नारायण सिंह के देहावसान ने सारे बिहार को असीम शोक सागर में डुबो दिया है। एक-एक दिन जो बीतता है, वह उनके प्रति उस गहन प्रेम एवं श्रद्धा का ही परिचय देता है, जो उन्हें जनता के हर वर्ग, नीचे से ऊँचे वर्ग तक से मिलती रही थी। आधुनिक समय में ऐसे बहुत थोड़े लोग हुए हैं, जिनके प्रति बिहार उतना ऋणी रहा हो, जितना कि अनुग्रह बाबू के प्रति। वे बिहार के अग्रगण्य निर्माताओं में थे और वर्षों तक बिहार को उनका नेतृत्व मिला। बिहार की भूमि के इस महान् पुत्र के प्रति इस राज्य की जनता ऋणी है।''

जयप्रकाश नारायण ने अनुग्रह बाबू के योगदान एवं स्मृतियों को जीवित रखने के लिए एक संस्थान के निर्माण का प्रस्ताव दिया। पटना का ए.एन. सिन्हा इंस्टीट्यूट उनके उसी प्रस्ताव का मूर्त रूप है।

मुख्तसर कि अनुग्रह बाबू का समूचा जीवन देश और समाज के लिए था। व्यक्तिगत लाभ और महत्त्वाकांक्षाओं को किनारे रखकर उन्होंने अहर्निश सेवा और समर्पण के

रास्ते को स्वीकारा था। प्रशंसा और प्रदर्शन से दूर कर्ममय पथ ही उनका अभीष्ट था। रामधरी सिंह दिनकर ने उनके जीवन को उचित ही इस रूप में आँका था, ''दीवारों पर अनुग्रह बाबू के नाम नहीं चमकते; कंगूरों पर उनकी तसवीर नहीं दिखाई देती और इसीलिए अखबारों में भी उनको लेकर शोर नहीं मचाया जाता। लेकिन महल बनानेवाले मजदूर जानते हैं कि नींव का गारा बराबर अनुग्रह बाबू के पसीनों से तैयार होता है।''

□

अनुग्रह बाबू का लेखन : लिखे और जिए का अभेद

अनुग्रह नारायण सिंह के लेखन का बहुधांश संस्मरणात्मक है। उनका स्मृति प्रदेश, जितना विस्तृत और व्यापक है, उतना ही गंभीर भी। भारत के सबसे संघर्षशील दिनों की उनकी स्मृतियाँ हमें निरंतर अपनी जवाबदेहियों को महसूस करने के लिए प्रेरित करती हैं। ये व्यक्तिगत और सामाजिक उपलब्धियों से अधिक अपनी भूलों और जवाबदेहियों की पहचान के लिए प्रेरित करती हैं। एक सहृदय और लोकप्रिय राजनेता के संघर्ष की यादों से गुजरते हुए हम अपने देश की संघर्ष-यात्रा पर तो होते ही हैं, साथ ही उन मूल्यों के भी करीब होने का मौका पाते हैं, जिसे इस देश ने अपने संघर्ष के दिनों में आदर्श के रूप में स्वीकारा था। और फिर एक हूक ही उठती है कि क्या वे मूल्य और आदर्श हमारे पास शेष हैं ? क्या भारतीय आजादी और लोकतंत्र के सपनों को हम पूरा कर पाए हैं ? यह सफलताओं और असफलताओं को तराजू पर तौलने का उद्योग नहीं है, पर इतना तो अकाट्य सत्य है कि व्यक्तिगत और सामाजिक—दोनों ही स्तरों पर अपनी भूलों को पहचानने और आत्मालोचन का अभ्यास हमने इन दिनों खो दिया है।

अनुग्रह बाबू के संस्मरण जीवनधर्मी हैं। यह जीवन न तो गूढ़-दर्शन में उलझता चलता है और न ही छलछलाती हुई भावुकता में बहता चलता है। 'मज्झय निकाय' इसका ध्येय है। उनके संस्मरणों का पाठ सादगी और सच्चाई के साथ कर्ममय जीवन का बहुत स्पष्ट संदेश देता है, पर वह संदेश उपदेश या प्रबोधन की शक्ल में नहीं होता है। जिन मूल्यों के साथ उन्होंने जीवन जिया, उन्हीं मूल्यों के साथ रचना-पथ पर भी सक्रिय रहे। अपनी स्मृतियों को शब्दों में उतारते हुए, उन्होंने दो रचनात्मक मूल्य निर्धारित किए थे। पहला, उनके लिखे हुए में वे चीजें ही जगह पाएँगी, जो उनकी 'जानकारी' में हों। दूसरा, उनके लिखे हुए में सत्य तो हो पर वही सत्य 'जो सबको प्रिय हो'। उन्होंने ईमानदारी से

इन दोनों मूल्यों का निर्वाह भी किया। उनके संस्मरण में सुनी-सुनाई बातों या कोरा गप्प के लिए कोई जगह नहीं है। उनके द्वारा लक्षित 'प्रिय सत्य' का महत्त्व समझने के लिए यह याद रखना चाहिए कि वे बिहार का प्राचीन या मध्यकालीन राजनीतिक इतिहास नहीं लिख रहे थे, बल्कि वे उस समय को दर्ज कर रहे थे, जो उनकी आँखों के सामने घटा था और जिसमें उनकी उपस्थिति एक दर्शक की नहीं, अपितु एक सक्रिय भोक्ता की थी। अनुग्रह बाबू उस 'सत्य' को अपने शब्दों में स्थिर करने का प्रयास कर रहे थे; जिसमें त्याग, निष्ठा, संघर्ष और समर्पण के मूल्य अंतर्निहित थे तो दूसरी ओर कपट, वैमनस्य, अविश्वास और स्वार्थ की क्षुद्रताएँ भी उपस्थित थीं। उनके सामने एक ओर अंग्रेजी राज का प्रकट शोषण-अत्याचार और छल-छद्म था तो दूसरी ओर नाना प्रकार की समस्याओं से जूझता देशी समय-समाज भी। इस समूचे परिदृश्य के जाने-पहचाने अंश को 'मेरे संस्मरण' में जगह देने के क्रम में उन्होंने 'अप्रिय सत्य' को संभवतः इसलिए दूर रखा कि जिन जवाबदेहियों और उम्मीदों के रास्ते पर वे चल रहे थे और आगे चलना चाहते थे, वह पूर्वाग्रह या नकारात्मकता के साथ संपन्न नहीं किया जा सकता था।

अनुग्रह बाबू के संस्मरण विवरणात्मक हैं। किंतु वह केवल ब्योरों का समुच्चय भी नहीं है, उन ब्योरों में समाई लेखक की भावना, विचार और चिंता सहज ही पाठकों को महसूस होने लगती है। लेखक के व्यक्तिगत एवं सामाजिक अनुभवों की बेहद ऊर्वर जमीन से उपजे हुए इन ब्योरों का लक्ष्य अपने पाठक को केवल सूचना संपन्न बनाना नहीं है, बल्कि उससे अधिक भावप्रवण और समाज के लिए जवाबदेह बनाना है। स्वतंत्रता आंदोलन के परिप्रेक्ष्य में उनके संस्मरणों से यह बात बहुत स्पष्ट रूप से उभरती है कि प्रत्यक्ष संघर्ष के काल में हमारी राजनीति जितनी ऊर्ध्वमुखी रही, शासन और सत्ता के गलियारे में वह उतनी ही पतनशील प्रवृत्तियों से ग्रस्त रही। बिहार में मुख्यमंत्री पद को लेकर श्रीबाबू और अनुग्रह बाबू के बीच जितनी दूरी थी, उससे अधिक का प्रचार अपना स्वार्थ साधनेवालों ने किया। 1952 के चुनावों में कांग्रेस की सफलता के पश्चात् नेता पद के चुनाव में श्रीबाबू पीछे हटने को तैयार नहीं हुए तो अनुग्रह बाबू ने स्वयं को यह कहते हुए पीछे कर लिया कि 'खाएँ श्रीबाबू चार रोटियाँ, मैं ही तीन खा लूँगा—वे ही नेता बनें!' वे आगे यह भी कहते हैं, "इसी बीच जगजीवन बाबू पटना आए और उनके ही नेतृत्व में मेल-मिलाप का स्वाँग रचा गया, जहाँ हम दोनों गले-गले मिले, यद्यपि अब तक कभी बिछड़े नहीं थे!' निश्चय ही 'स्वाँग' शब्द का यह प्रयोग अनुग्रह बाबू ने हास्यबोध से नहीं, बल्कि गहरी पीड़ा और पूरे प्रकरण की विडंबना को उभारने के लिए किया है। वे जानते थे कि वे और श्रीबाबू 'अब तक कभी बिछड़े नहीं थे'—पर यदि राजनीति में इस 'स्वाँग' की आवश्यकता पड़ रही है तो आनेवाले समय में यह और भी विद्रूप होगा!

अनुग्रह बाबू के संस्मरण में अनुभवों के प्रति ईमानदारी को स्पष्ट रूप से लक्ष्य किया जा सकता है। अपनी भावनाओं, सुख-दु:ख, विस्मय, उधेड़-बुन, कशमकश, पछतावे—इन सब को संस्मरण में दर्ज करने में अनुग्रह बाबू हिचके नहीं हैं। इस लेखकीय ईमानदारी ने उनकी रचना की महत्ता को बढ़ाया है। उनके संस्मरण इस बात की गवाही देते हैं कि अनुग्रह बाबू एक व्यक्ति और एक राजनीतिक कार्यकर्ता के रूप में जीवन भर कुछ नया सीखने के लिए तत्पर और उत्सुक रहे। इस तैयारी ने देश और काल की उनकी समझ को अधिक ठोस बनाया, साथ ही उन्हें अधिक संवेदनशील भी किया। चंपारण में एंड्रूज साहब के भोजन के प्रसंग का उल्लेख पूर्व में किया जा चुका है। इसी तरह गया डिस्ट्रिक्ट बोर्ड के चेयरमैन के रूप में काम करते हुए उत्पन्न विवाद को संस्मरण में दर्ज करने में भी उन्होंने लेखकीय ईमानदारी का निर्वाह किया है, 'चुनाव के बाद ही मुझे इस तरह की परिस्थिति का सामना करना पड़ा, जिससे चुनाव की मुनासिब खुशी भी मुझे न मिल सकी। कुछ तो पद का लोभ हो गया था और कुछ चुने जाने के बाद निकाल दिए जाने की संभावना पर क्षोभ और भय। चेयरमैन चुने जाने के पहले उस पद की लालसा को छोड़ देना सरल था, लेकिन चुने जाने के बाद पद के मोह के साथ ही प्रतिष्ठा का सवाल आ खड़ा हुआ था। उस समय मेरी मन:स्थिति विचित्र हो रही थी।'

ये मानसिक उथल-पुथल 'मेरे संस्मरण' को अधिक प्रामाणिक और विश्वसनीय बनाते हैं। 'मेरे संस्मरण' से ही एक अन्य प्रसंग द्रष्टव्य है। अनुग्रह बाबू तब हजारीबाग जेल में थे। वे लिखते हैं, 'जेल में मुझे कबूतर पालने का शौक हुआ। पहले कबूतर के दो बच्चों को पालना शुरू किया; मगर जब वे बड़े हुए, तब उड़कर भाग गए। इसी प्रकार कई कबूतर पाले और वे उड़ते गए। अंत में पं. छविनाथ पांडेय ने कबूतर के दो बच्चे मुझे दिए और उड़ने लायक हो जाने पर उनके पंख काट देने की सलाह भी दी। इस प्रकार एक जोड़ा कबूतर मैं स्नेहपूर्वक पालने लगा और प्रतिदिन अपने हाथ से उन्हें दाने चुगाता रहा। पंखों के छाँट देने से वे उड़कर भाग नहीं सके। मेरे कमरे में ही चक्कर काटते रहते थे। लेकिन एक दिन अचानक एक बिलाड़ उन पर झपटा और उन्हें ले भागा। यह दृश्य देखकर मैं अवाक् रह गया। मुझे इससे भारी सदमा पहुँचा। मैं दिन भर उनके शोक में फूट-फूटकर रोता रहा। यदि उनके पंख नहीं काटते, तो वे बिलाड़ के चंगुल में नहीं पड़ते। अतएव, इस हत्या का दोषी तो मैं ही हुआ—यह विचार कई दिनों तक मेरे दिल को विह्वल करता रहा।'

इस प्रसंग से यह भी स्पष्ट है कि भावना का ज्वार उत्पन्न करना उनके लेखन का अभीष्ट नहीं है, क्योंकि तब वह क्षणिक होता। वे तो उसे अंत: सलीला होते देखना चाहते हैं।

संस्मरण से इतर उनके लेखन और व्याख्यानों की अंतर्वस्तु पर यदि गौर करें तो मालूम पड़ेगा कि अनुग्रह बाबू के विचारों में 'समाज' का दखल किताबी शक्ल वाला नहीं था। महात्मा गांधी के नेतृत्व में जिन मूल्यों के साथ आजादी के संघर्ष में वे और उनकी पीढ़ी सक्रिय थी, जिस भारत का सपना उनकी आँखों में बसता था; वह दुनिया के किसी भी मुल्क या समाज के लिए स्वीकार्य है। उनकी राजनीति सत्ता के गलियारे में, नहीं, बल्कि जनता के इर्द-गिर्द घूमती थी। इसलिए राज और समाज के संबंधों की बुनावट को समझने में उन्हें कोई कठिनाई नहीं थी। वे मानते थे कि यह संबंध तब अधिक उलझावपूर्ण और जटिल हो जाता है, जब शासन अपनी 'नैतिकता' खो देता है। और यदि 'नैतिकता' को किनारा करने की प्रवृत्ति व्यक्तिगत और सामाजिक व्यवहार बन जाए तो पतन का रास्ता ही शेष रहता है। इससे भी जटिल स्थिति वह है, जिसमें अपनी सुविधा से सामाजिक मूल्यों और नैतिकता की व्याख्या करने की कोशिश की जाती है। और चूँकि 'राजनीति' से परे कुछ भी नहीं है, इसलिए 'राजनीति और नैतिकता' के अंतर्संबंध पर अपनी बात रखते हुए अनुग्रह बाबू 'नैतिकता' को परिभाषित करते हुए कहते हैं, 'न्याय, दया, सहानुभूति, परदुःखकातरता, सौहार्द, प्रेम इत्यादि मानवोचित गुणों को ही समवेत रूप से नैतिकता की अभिधा दी गई है।' इस नैतिकता का निर्वाह हर स्तर पर आवश्यक है। महत्त्वपूर्ण यह भी है कि ये गुण हमारे भीतर स्वाभाविक रूप से उपस्थित हैं कि नहीं; हममें आत्मालोचन की प्रवृत्ति है या नहीं, अपनी भूलों को—दोषों को पहचानने और सुधारने की इच्छा है या नहीं; और यदि 'राजनीति' इस 'नैतिकता' से विलग हो जाए तो लोकतंत्र की असफलता निश्चित है। जब राजसत्ता 'बहुरंगी दाँव-पेंचों' में फँस जाती है तो उससे इन 'मूल्यों का निर्वाह' नहीं हो पाता। अनुग्रह बाबू कहते हैं कि ''शासन केवल एक व्यक्ति के लिए नहीं, समस्त जनता अर्थात् समष्टि के लिए होता है। समष्टि के हितों का यदि ध्यान न रखा गया, तो वह शासन कालांतर में असफल हो जाएगा और परिणाम होगा देश का पतन।'

वे मानते थे कि शासक को आदर्श होना ही चाहिए। वह 'बुद्धिमान, चतुर, कुशल' हो, पर उसमें 'हृदय के गुण' भी होने चाहिए। यदि उसमें हृदय के गुण न होंगे तो वह कभी भी लोकप्रिय न हो पाएगा। वे कहते हैं कि 'मस्तिष्क से संबंध रखनेवाले गुणों में पारंगत होते हुए भी एक शासक हृदय के गुणों से रहित होने के कारण निरंकुश की उपाधि धारण करता है।' यही नहीं, वे यह भी मानते हैं कि यदि नैतिकता राजनीति का साथ छोड़ देती है तो राजनीति 'उच्छृंखल हो उठती है और लाभ-हानि का विवेक खोकर देश को रसातल की ओर घसीट ले जाती है।'

इस पुस्तक में संकलित चार लेखों—'मंगल पांडे,' 'बिहार और 1857 की

जनक्रांति,' 'महाराजा कुँवर सिंह,' 'राजा अमर सिंह' का संबंध 1857 के संघर्ष से है। 'मंगल पांडे,' 'महाराजा कुँवर सिंह,' 'राजा अमर सिंह'—ये लेख सन् 1857 के संघर्ष में इन नायकों की वीरता का आख्यान है। गौरतलब है कि अनुग्रह नारायण सिंह मंगल पांडे को बिहार का मानते थे। चौथा लेख 'बिहार और 1857 की जनक्रांति' इस संघर्ष में बिहार की भूमिका को रेखांकित करने का प्रयास है। इस लेख में वे एक अन्य नायक—पीर अली को उपस्थित करते हैं। 1857 का संघर्ष अनुग्रह बाबू की चेतना में स्थायी रूप से उपस्थित रहता है। यह गौर करनेवाली बात है कि विचार और व्यवहार में एक गांधीवादी और अहिंसक व्यक्ति उस रक्तरंजित संघर्ष के प्रति इतना आकर्षित क्यों होता है और इन लेखों के जरिए अपने पाठकों को क्या संदेश देना चाहता है?

अनुग्रह बाबू गांधी की अहिंसक राजनीति के पक्षकार थे, किंतु गांधी का रास्ता किसी मजबूरी या कमजोरी का रास्ता नहीं है, इसे उन्होंने चंपारण आंदोलन के समय ही जान लिया था। वे जानते थे कि यह रास्ता कष्ट देने का नहीं, कष्ट सहने का रास्ता है। वे जानते थे यह रास्ता पराजित या भीरू आस्था के साथ तय नहीं किया जा सकता। निर्भय होना इस राह के पथिक के लिए बुनियादी जरूरत है। तात्पर्य यह है कि 1857 के संघर्ष को 1950 के आस-पास याद करने का उनका उपक्रम कुछ दूसरी आवश्यकताओं से उपजा हुआ था! स्मरण रहे कि अनुग्रह नारायण सिंह 1857 के संघर्ष को 'जनक्रांति' के रूप में संबोधित करते हैं। अंग्रेज लेखकों और इतिहासकारों की व्याख्याओं से इतर 1857 के संघर्ष को एक जनसंघर्ष के रूप में 1950 के आस-पास कम ही लोगों ने देखा था। यह संघर्ष कुछ जमींदारों और भूपतियों का संघर्ष नहीं था, बल्कि विदेशी ताकतों को देश से भगाने के निमित्त था। पूर्व के संघर्षों से इतर यह केवल एक वर्ग, एक समुदाय या एक क्षेत्र तक ही सीमित न था; जिस व्याप्ति के साथ यह आकार ग्रहण करता है, वह पहले कभी न हुआ था। अनुग्रह बाबू के लेखों के दो नायक—कुँवर सिंह और अमर सिंह—समाज के कुलीन तबके से आते हैं तो मंगल पांडे और पीर अली आम लोगों के बीच से। ओज और शौर्य की गूँज इन सभी से समान रूप से सुनाई देती है, लेकिन जिस बोध का संचरण अनुग्रह बाबू चाहते हैं, वह पीर अली के शब्दों में कुछ इस प्रकार है, "तुम मुझे फाँसी दे सकते हो, मेरी तरह अन्य व्यक्तियों को भी तुम फाँसी दे सकते हो, पर तुम हमारे आदर्श को फाँसी पर नहीं चढ़ा सकते। यदि मैं मर जाऊँ तो मेरे रक्त से हजारों वीर उत्पन्न होकर तुम्हारे राज्य का विनाश कर देंगे।" त्याग और प्राणोत्सर्ग का यह व्यक्ति केंद्रित पाठ नहीं है, बल्कि संघर्ष-चेतना का लोककेंद्रित पाठ है। अपने मूल्यों और आदर्शों के लिए अथाह कष्ट सहते हुए भी उन पर अडिग रहने की यह जिद और मजबूती अनुग्रह बाबू को गांधी में भी दिखाई देती है। और इस तरह वे गांधी के संघर्ष और

सन् 1857 के आंदोलन में एक तारतम्य स्थापित कर पाते हैं। प्राणों के मोह और भयभीत मन से विजय तो दूर, लड़ाई की योजना भी नहीं बनाई जा सकती, इसीलिए इन नायकों के प्राणोत्सर्ग को उत्फुल्ल भाव से अंकित करते हुए अनुग्रह नारायण सिंह यह इंगित करना नहीं भूलते कि बलिदान और त्याग के इस जज्बे में समस्त भारतीय जनता की उपस्थिति थी। इस प्रसंग में बिहार की भूमिका का उल्लेख भी महत्त्वपूर्ण है। इस उल्लेख के द्वारा वे स्थानीयता या क्षेत्रीय गौरव बोध को उभारना नहीं चाहते थे, इन नायकों को क्षेत्र विशेष तक सीमित करना उनका उद्देश्य भी न था; बल्कि उनकी मंशा यह बताने की थी कि संघर्ष के इतिहास में बिहार की कहानी 1917 से नहीं, बल्कि उसके पहले से ही शुरू होती है।

अनुग्रह बाबू हिंदीप्रेमी थे। बिहार में हिंदी से जुड़ी दोनों बड़ी संस्थाओं—बिहार हिंदी साहित्य सम्मेलन और बिहार राष्ट्रभाषा परिषद् से उनका गहरा लगाव था। बिहार राष्ट्रभाषा परिषद् की स्थापना एवं उसे राष्ट्रीय महत्त्व का संस्थान बनाने में उन्होंने उल्लेखनीय भूमिका निभाई थी। राष्ट्रभाषा के रूप में हिंदी के उत्थान और विकास के लिए वे सतत चिंतित रहते थे। किंतु उनकी यह चिंता 'हिंदी, हिंदू और हिंदुस्तान' वाली न थी। वे चाहते थे कि हिंदी दिलों पर राज करती हुई आगे बढ़े; उनका मानना था कि 'केवल विधान के ही बल पर हिंदी को इस देश के 40 करोड़ निवासियों की जिह्वा पर आसीन नहीं कर सकेंगे। हमें तो उनके हृदयों में हिंदी के प्रति श्रद्धा का अजस्र स्रोत प्रवाहित करना होगा।' और यह तभी संभव है, जब हिंदी प्रांत के निवासी "हिंदी के स्वरूप तथा उसके साहित्य का भंडार का विकास इस प्रकार करें कि वह अन्य भाषा-भाषियों के लिए भी सुगम और सुग्राह्य बन सके।"

अनुग्रह नारायण सिंह हिंदी की शक्ति और महत्ता उसके राजभाषा या राष्ट्रभाषा होने में ही नहीं मानते थे; उनके अनुसार हिंदी के लोकभाषा बने बिना, लोकजीवन से संपृक्त हुए बिना उसके विस्तार का कोई भी प्रयास निरर्थक होगा, क्योंकि "कोई भी भाषा, चाहे वह कितनी भी शक्ति-संपन्न एवं समृद्ध क्यों न हो, लोकजीवन से दूर होकर बहुत दिनों तक जीवित नहीं रह सकती।" हिंदी अधिक-से-अधिक लोगों तक पहुँचे, लोग हिंदी को व्यवहार में लाएँ और यह सब प्रेमवश हो। वे चाहते थे कि हिंदी का व्यवहार संवादधर्मी हो। वह स्थानीय भाषाओं-बोलियों से संवाद करे, साथ ही दूसरे क्षेत्र की भाषाओं से भी। इस तरह उसकी जड़ें गहरी होंगी और अविरोधी रूप में वह आगे बढ़ती जाएँगी। उनका लक्ष्य हिंदी को सभी भाषाओं में ऊँचे स्थान पर स्थापित करना नहीं था, बल्कि हिंदी को लोगों के हृदय में स्थापित करना था; राष्ट्रभाषा का लक्ष्य इसी रूप में पूरा हो सकता था, "मैं हिंदी को उस विशाल वृक्ष के रूप में देखना चाहता हूँ, जिसका मूल तो हो हिंदी भाषा-भाषी प्रांत में, किंतु जिसकी

जड़ें अन्य सभी प्रांतीय भाषाओं से रस सींचकर उस वृक्ष का पोषण कर रही हों, तभी हिंदी भारतीय राष्ट्र की सच्ची राष्ट्रभाषा हो सकेगी।''

हिंदी के विकास और सशक्तता के लिए अनुग्रह बाबू दो अन्य क्षेत्रों की ओर भी संकेत करते हैं। पहला, हिंदी शिक्षा की माध्यम भाषा बने; दूसरा इसमें ज्ञान के विविध विषयों की रचनाएँ प्रकाशित की जाएँ। इन क्षेत्रों में कार्य करके ही हिंदी की विकास-यात्रा को ठोस बनाया जा सकता है।

भाषा के साथ-साथ साहित्य के संबंध में भी उनके कुछ आग्रह थे। वे साहित्य की स्वायत्तता के हामी थे। उनके विचार में साहित्य को किसी खास राजनीतिक या वैचारिक खाँचे में बाँधकर नहीं रखा जाना चाहिए। वह तो 'नदी की उस धारा की तरह' है, 'जो अपनी शक्ति के प्रवाह के सामने किसी बाँध या रुकावट को टिकने नहीं देती'। साहित्य को 'स्वच्छंद' होना चाहिए और अपनी मर्यादा का निर्धारण स्वयं ही करना चाहिए, क्योंकि वह ''अपनी स्वच्छंदता में बरसात की बाढ़ की तरह उमड़कर कहीं वह कूल-किनारे को न डुबा डाले।''

लेकिन इसका अर्थ यह नहीं है कि साहित्य केवल वाक्‌विलास है। अगर साहित्य और राजनीति का लक्ष्य एक है तो अनुग्रह बाबू के अनुसार, 'राजनीति सतह की लहर है और साहित्य तल में उठनेवाली तरंग।' वे मानते थे कि भारतीय साहित्य ने स्वतंत्रता आंदोलन में बखूबी अपनी भूमिका निभाई है, किंतु इतने मात्रा से उसकी जवाबदेही समाप्त नहीं हो जाती। उसका लक्ष्य सदियों से गुलाम रही जनता की मानसिक जड़ता को तोड़ना है। यह साहित्य का दायित्व है कि वह जनता को विवेकसंपन्न बनाए। इस प्रसंग में अनुग्रह बाबू ने एक जरूरी टिप्पणी की है, ''विदेशी सत्ता ने जिस राजनीतिक पराधीनता की जंजीरों में हमें बाँध रखा था, उन्हें तोड़कर तो हमने मुक्ति की साँस ली है। किंतु मानसिक पराधीनता की जो जंजीर उसने हमारे चिंतन और विचारों पर डाल दी थी, वह आज भी उसी तरह पड़ी है। उसके फलस्वरूप आज हम आँख मूँदकर बिना विचारे या तो पश्चिम से आई विचारधाराओं का अंधानुकरण कर रहे हैं, या अपनी प्राचीन सभ्यता और संस्कृति की दुहाई देकर उसी को हू-ब-हू अपनाने का दुराग्रह कर रहे हैं। ये दोनों स्थितियाँ मानसिक पराधीनता की निशानी हैं।''

वे इन दोनों अति मार्ग से इतर स्थानीय आवश्यकताओं के अनुसार विवेक की कसौटी पर किसी भी मत को कसने का न्यौता देते हैं। वे मानते हैं कि न तो पुराना सबकुछ अच्छा था और न नया सबकुछ बुरा है। वे मानते हैं कि न तो अपनी परंपरा, अपना ज्ञान, अपनी संस्कृति पूरी तरह त्याज्य है और न ही पश्चिम का सबकुछ पूरी तरह स्वीकार्य।

अनुग्रह नारायण सिंह के संस्मरणों एवं अन्य लेखों से गुजरते हुए यह बात पुनः

पुनः पुष्ट होती है कि उनके लिखे और जिए हुए में कोई भेद नहीं है। जिस तरह व्यक्तिगत लाभ एवं सुखों की चिंता का उनके जीवन में कोई स्थान नहीं था, उसी तरह अर्थहीन कल्पना और वायवीयता का उनके लेखन में कोई स्थान नहीं है। वे एक बेहद संवेदनशील और सहृदय व्यक्ति थे और जीवन में स्थायी कार्यों को महत्त्व देते थे; इसी के अनुरूप उनके लेखन में क्षणिक उत्तेजना के स्थल नहीं मिलते, बल्कि स्थायी प्रभाव छोड़नेवाले कई प्रेरक और मार्मिक प्रसंग अवश्य मिलते हैं। जीवन को सादगी से बरतने का यह अभ्यास उनकी रचनाओं में भी मुखर है। इस तरह देश-काल की चिंता को उनके लेखन की केंद्रीय प्रवृत्ति के रूप में स्थिर किया जा सकता है। अपने लेखन के जरिए वे एक ओर अनुभवों को साझा कर रहे थे तो दूसरी ओर बहुत स्पष्ट तरीके से अपने पाठकों का प्रशिक्षण भी कर रहे थे।

अनुग्रह नारायण सिंह ने अपने घर-परिवार के जीवन और उसकी स्मृतियों को 'संस्मरण' का विषय नहीं बनाया है। उनके संस्मरण में, जहाँ कहीं घर या परिवार का तनिक उल्लेख है, वह निश्चय ही किसी दूसरे प्रसंग में है। यह उनके लेखन की उपलब्धि है और सीमा भी! आखिरकार, वह कौन सी बात है, जिसने लेखक को इतना अनुशासित रखा कि घर-परिवार, मित्रों-साथियों की कहानी दर्ज होने से बची रह गई। अनुग्रह बाबू संबंधों को निबाहने से अधिक जीनेवाले व्यक्ति थे, फिर वह सबकुछ उनके संस्मरण में क्यों न आ सका! जिस तरह गांधी अपनी आत्मकथा में 'सत्य' की विविध छवियों को उभारने में संकोच नहीं करते, वह मुखरता अनुग्रह बाबू में क्यों नहीं आ पाई!

शायद, अनुग्रह बाबू यह मानते हों कि कभी भी कोई रचना, कोई कहानी, कोई किताब इनसानी जिंदगी को पूरी तरह से व्यक्त नहीं कर सकती। 'मेरे संस्मरण' में उनका पूरा जीवन नहीं है; लेकिन जितना है वह सच है, और वह भी पूरा-पूरा न कि आधा-अधूरा। जैसा कि पहले भी उल्लेख किया गया है; 'संकोच' अनुग्रह बाबू के व्यक्तित्व में एक विशेष गुण के रूप में उपस्थित है, वे आत्मालोचन, अपनी उधेड़बुन और असफलताओं को दरशाने में पीछे नहीं रहते, किंतु उनके पूरे लेखन में आत्मप्रशंसा या आत्ममुग्धता की हलकी झलक भी नहीं मिलती। निस्संदेह, उनका लेखन 'स्व' के विज्ञापन अथवा प्रचार के लिए नहीं, बल्कि जवाबदेहियों और चुनौतियों के संसार में अपनी सफलताओं और चूकों के मूल्यांकन के लिए एक खुला निमंत्रण है।

प्रसंगवश, अनुग्रह नारायण सिंह के लेखन के भाषिक पक्षों पर भी विचार अपेक्षित है। उन्हें पढ़ते हुए भवानीप्रसाद मिश्र की ये काव्य पंक्तियाँ बरबस याद आती हैं, "जिस तरह तू बोलता है, उस तरह तू लिख/उसके बाद अपने से बड़ा तू दिख।" अनुग्रह बाबू की गद्य में इस कवि-आग्रह का बेहद सुंदर निर्वाह देखा जा सकता है।

लेकिन यह निर्वाह और इस प्रकार का अनुशासन आसानी से उपलब्ध नहीं होता। जटिल होना आसान है और सहज होना कठिन! विचार और व्यवहार के पार्थक्य से यह 'सहजता' उपलब्ध नहीं हो सकती। अनुग्रह बाबू की राजनीति, जनता से लगाव और उसकी चिंता ने उनके गद्य को पारदर्शी और जीवनधर्मी बनाया। उनका गद्य चामत्कारिक या घुमावदार शिल्प में नहीं है, बल्कि ऐसे किसी भी लक्षण से कोसों दूर वह सामाजिक जवाबदेहियों को पूरा करनेवाला अर्थगर्भी और सादा है।

अनुग्रह बाबू का लेखन निरंतर एक सचेतनता से उपजा हुआ लेखन है। उनके लिखे का क्या अर्थ और संदेश पाठकों तक पहुँचेगा, इस चिंता को उनकी गद्य से गुजरते हुए अनुभव किया जा सकता है। उनके अनुभव इतने विस्तृत और गहरे हैं कि उन्हें स्वयं को दुहराने की आवश्यकता नहीं होती। उनका हर वाक्य अपनी प्रांजलता के साथ पाठकों की समझ में उतरनेवाला वाक्य है। इसी कारण से हर वाक्य में वे कुछ नया या आगे की बात कहते मिलते हैं। पिछली बात की व्याख्या अथवा स्पष्टीकरण की उन्हें आवश्यकता नहीं होती। अनुग्रह बाबू की गद्य का यह संस्कार उस ठेठ भारतीय परंपरा से अभिन्न रूप से जुड़ा हुआ है, जिसकी उत्कृष्ट उपलब्धियों के रूप में पंचतंत्र और हितोपदेश आदि का उल्लेख किया जाता है। उनकी गद्य उस 'कहन' शैली की गद्य है, जिसका निदर्शन आधुनिक काल में देवकीनंदन खत्री और प्रेमचंद ने किया है।

उनके वाक्य न तो बहुत छोटे हैं और न बहुत लंबे। जहाँ उनके वाक्य लंबे हैं, वहाँ विराम चिह्नों एवं योजकों का बहुत कुशलता से प्रयोग देखा जा सकता है। इससे भाषा का प्रवाह अबाधित रहता है और भाव-संप्रेषण में कठिनाई नहीं आती है। 'युगपुरुष महात्मा गांधी' से यह उदाहरण द्रष्टव्य है—"उन्होंने असंख्य कठिनाइयों के बीच गुलामी और निराशा के भावों को हटाकर हमारे अंदर आशा, स्वाधीनता और स्वाभिमान के भावों का संचार किया, आत्मविश्वास और आत्मनिर्भरता की वृत्ति पैदा की, हमारे नैतिक-स्तर को बहुत ऊँचा उठाया और भारतवर्ष को संसार के राष्ट्रों के बीच आदर और प्रतिष्ठा का स्थान दिलवाया।"

यह पूरा उद्धरण एक वाक्य में है, जिसमें कई बातों को विराम चिह्नों के द्वारा जोड़ा गया है। इसमें व्यक्तिगत निराशा का उल्लेख है और राष्ट्रीय हताशा का भी। अनुग्रह बाबू शब्दों के ठाठ को तत्समता की जमीन पर खड़ा करते हैं, पर यह भी किसी खास आग्रह से नहीं। वे अपनी बातें सीधे-सीधे पाठकों के दिलों में उतार देना चाहते थे, इसलिए उनके वाक्य इस सधव से गढ़े होते थे कि अभीष्ट अर्थ से इतर कुछ अन्य की संभावना न रहे। 'युगपुरुष महात्मा गांधी' में ही उन्होंने लिखा है, "सर्वप्रथम चंपारण के किसानों को संकट से छुड़ाने के लिए बापू का आगमन हुआ।

फिर हमारे सूबे में जिस समय भयंकर भूकंप ने सूबे के चंद हिस्सों को हिला ही नहीं दिया था, बल्कि उन्हें तहस-नहस कर दिया था, उस समय बापू हमारे बीच आ गए। महीनों हमारे साथ रहकर उन्होंने हमें हिम्मत बँधाई और उजड़े हुए भागों को, फिर से बसाने में मदद पहुँचाई। उस बार 1946 में जब हम पागल होकर एक-दूसरे का सिर काट रहे थे, हिंदू, मुसलमानों को नेस्तनाबूद करने पर तुले हुए थे, बापू की आवाज हमारे कानों में पहुँची और हम चौकन्ने हो गए, हमारा पागलपन फौरन जाता रहा। समय-समय पर जब कभी हम कमजोर होने लगते थे; बापू बराबर अपने तपोबल से हमें ऊपर उठाते रहे और बराबर अपनी तपस्या की प्रेरणा से हमारा मनोबल जगाकर हमारी शक्ति बढ़ाते रहे। हम उनके कितने ऋणी हैं।'' इस अंश का पहला वाक्य बिना किसी विराम-चिह्न के है और दूसरे वाक्य में एक विराम-चिह्न है। तीसरे वाक्य में योजक का प्रयोग है, किंतु कोई विराम चिह्न नहीं है, जबकि चौथे वाक्य में तीन-तीन विराम चिह्न का प्रयोग हुआ है। पाँचवें वाक्य में पुनः एक विराम-चिह्न और एक योजक का प्रयोग है। पहले दो वाक्यों में भूकंप की आपदा का उल्लेख है, जबकि तीसरे वाक्य में सांप्रदायिक दंगे का। भूकंप से उजड़े हुए घरों को, जिंदगियों को बसाना निश्चय ही एक कठिन कार्य है, पर उससे कहीं अधिक दुष्कर और कठिन है दंगों की आग में जल चुके परस्पर विश्वास को फिर से हरा करना। यह अधिक विचलित करनेवाली आपदा है। सो, अनुग्रह बाबू मानो इसकी बेचैनी और दुःख से मुक्ति पाने के लिए एक लंबी साँस में, एक लंबे वाक्य में सबकुछ व्यक्त कर देना चाहते हैं।

इसी प्रसंग में एक अन्य उदाहरण द्रष्टव्य है, ''जो घटनाएँ देश में घट रही थीं, उनके समझने-बूझने में ही 1922 का पूर्वार्द्ध व्यतीत हो गया। हम लोग किंकर्तव्यविमूढ़ बन रहे थे। क्या किया जाए, क्या न किया जाए, इस पर कोई निश्चयात्मक विचार नहीं हो सकता था। बड़े-बड़े नेता जेलों के अंदर थे। जहाँ-तहाँ सत्याग्रह की बातें चलती थीं, पर वायुमंडल दिन-प्रतिदिन दूषित होना शुरू हो गया था। जैसे-तैसे महीने बीतते गए, बड़े-बड़े नेताओं की रिहाई होती गई।'' अनुग्रह बाबू को अपनी बातें कहने की जल्दबाजी नहीं रहती। वे इतने इत्मिनान से अपनी बातें रखते हैं कि किसी के लिए कोई संशय, कोई भ्रम या न समझ पाने की संभावना न रहे। पूरा-का-पूरा हाल पाठकों तक पहुँच जाए, इसलिए वे बातचीत की शैली में भी उतर आते हैं। स्वभावतः वाक्य छोटे होते जाते हैं या विराम-चिह्नों का प्रयोग दिखाई देने लगता है। यह पूर्व के उदाहरण में देखा जा सकता है और इस उदाहरण में भी—''अर्थाभाव की जटिलता सुलझाने के लिए अस्थायी स्वागत समिति की एक विशेष बैठक गया में बुलाई गई। निश्चय यह हुआ कि हम लोग छह-सात जने मिलकर अपनी व्यक्तिगत जवाबदेही पर बैंक से पचास हजार रुपए कर्ज ले लें और इसी के द्वारा प्रारंभ में काम चलाया जाए। जब

आगे चलकर रुपए आने लगेंगे, तब यह कर्ज अदा कर दिया जाएगा। सभी ने यह बात स्वीकार की और बैंक भी रुपए देने को राजी हो गया। फिर क्या था, काम तेजी से आगे बढ़ने लगा। राजेंद्र बाबू, ब्रजकिशोर बाबू आदि प्रांत के सभी बड़े-बड़े नेता प्रत्येक जिले में घूम-घूमकर धन-संग्रह के काम में जुट गए। राजेंद्र बाबू तो कभी हाथी पर, कभी इक्के पर, कभी खटोली पर बैठकर गया जिले के गाँवों में जाने लगे और धनी-मानी लोगों से मिलकर उनसे वादे लेने लगे।''

यहाँ उनके शब्द-प्रयोग पर भी विचार अपेक्षित है। तत्सम, तद्‌भव, देशज, विदेशज में से किसी को भी उन्होंने त्याज्य नहीं समझा और न ही किसी के प्रति विशेष आकर्षण ही प्रकट किया। यह ऊपर उद्धृत अंशों में देखा जा सकता है। इसी तरह एक अन्य उदाहरण भी द्रष्टव्य है—''चुनाव के बाद ही मुझे इस तरह की परिस्थिति का सामना करना पड़ा, जिससे चुनाव की मुनासिब खुशी भी मुझे न मिल सकी। कुछ तो पद का लोभ हो गया था और कुछ चुने जाने के बाद निकाल दिए जाने की संभावना पर क्षोभ और भय। चेयरमैन चुने जाने के पहले उस पद की लालसा को छोड़ देना सरल था, लेकिन चुने जाने के बाद पद के मोह के साथ ही प्रतिष्ठा का सवाल आ खड़ा हुआ था। उस समय मेरी मन:स्थिति विचित्र हो रही थी।'' इसमें तत्सम प्रयोग है और विदेशज भी। उन्होंने संप्रेषणीयता की कसौटी पर अपनी लेखन शैली को विकसित किया था। निस्संदेह, यह वही भाषा थी, जिसकी पैरवी गांधी ने 'हिंदुस्तानी' नाम से की थी।

अनुग्रह बाबू का गद्य 'कहन' शैली का है। इस शैली के सामर्थ्य और सुंदरता को बिंब-निर्माण में देखना चाहिए। उनके लेखन में ऐसे कई प्रसंग मिलते हैं, जहाँ अपनी बात पूरेपन के साथ पहुँचाने के लिए वे बिंब गढ़ते हैं। 'महाराजा कुँवर सिंह' से यह अंश द्रष्टव्य है—''डनवर की विचारधारा यही नहीं रुकी। वह आगे सोचने लगा...आरा की विजय के बाद जगदीशपुर और जगदीशपुर पर कब्जा कर लेने पर विजय...सर्वत्र विजय और कंपनी राज का दृढसिक्का! चारों ओर से उसे विजय का ही स्पर्श होने लगा। उसे लगा जैसे समस्त वायुमंडल विजयश्री से काँप उठा हो। इतने में अचानक चारों ओर से गोलियों की बौछार होने लगी। दाहिने-बाएँ, आगे-पीछे, चारों ओर से गोलियों का आक्रमण और आक्रमणकारी का कहीं पता भी नहीं। डनवर आम के बगीचे के मध्य में था। चारों ओर अंधकार-ही-अंधकार, आकाश में तारागण और पृथ्वी पर आम के भयानक काले पेड़, और चारों ओर से गोलियों की बौछार! बेचारा डनवर क्या करे, यह समझ न सका।''

इसी तरह मंगल पांडे का चित्र खींचते हुए वे लिखते हैं, ''मंगल पांडे बिहार प्रांत के रहनेवाले थे। वे बहुत कर्मनिष्ठ ब्राह्मण थे। साथ-ही-साथ उनमें क्षत्रियोचित

गुण का अभाव न था। लंबा कद, चौड़ी छाती, गठी हुई भुजाएँ, यौवन का उठान, यह गौरवर्ण नवयुवक बंगाल की 34वीं रेजीमेंट का एक वीर सैनिक था।''

ऐसे स्थलों पर उनकी शैली पर्याप्त आलंकारिक हो जाती है। लेकिन स्मरण रहे कि इस तरह के प्रयोग वे अपने पाठकों को भरमाने या कल्पना लोक में ले जाने के लिए नहीं करते; बल्कि विषय को अधिक स्पष्टता एवं चारुपूर्ण रूप में प्रस्तुत करने के लिए करते हैं। 'मेरे संस्मरण' से ऐसा एक अन्य अंश द्रष्टव्य है—''रोम से उड़कर हमारा हवाई जहाज सीधे लंदन के हवाईअड्डे पर उतरा। 246 मील प्रति घंटे की चाल से हवाई जहाज बादलों के ऊपर उड़ रहा था। ऊपर से समुद्र का जल दृष्टिगोचर नहीं हो पाता था। मालूम होता था, उमड़ती हुई जल राशि के ऊपर किसी ने बादलों की श्वेत चादर का आवरण ढक दिया है। और चूँकि इस आवरण के भीतर समुद्र का जल ज्वार-भाटे का खेल करता था, कूद-फाँद मचा रहा था, इसलिए ऊपर का घन-आवरण ऊपर-नीचे लहराता दृष्टिगोचर हो रहा था, मानो बादल समुद्र के वक्ष पर उधम मचाकर उसके जल का शोषण कर रहा हो! और जिस तरह मशक में पानी भरकर दूसरों को तृप्त किया जाता है, उसी प्रकार बादल भी समुद्र का पानी सोखकर दूसरे स्थान में छोड़ आता है।''

अनुग्रह नारायण सिंह के लेखन का एक लक्ष्य भारतीय जनता का प्रशिक्षण और जागरण भी था। वे स्वयं इतिहास के विद्यार्थी थे। इसलिए इतिहास को सही परिप्रेक्ष्य और सही दृष्टि में लोगों तक पहुँचाना उन्हें आवश्यक जान पड़ता था। इसके अभाव में उसके कुपाठ का खतरा पैदा हो जाता है। उन्होंने एक ओर कुँवर सिंह और अमर सिंह जैसे ख्यात, कुलीन और जमींदार योद्धाओं की वीरता को अपने लेखों में जगह दी तो दूसरी ओर मंगल पांडे और पीर अली जैसे अज्ञात या अल्पख्यात योद्धाओं को भी। स्मरण रहे कि 1857 के प्रथम स्वतंत्रता आंदोलन को उन्होंने 'जनक्रांति' की संज्ञा दी है। इस 'जनक्रांति' में मातृभूमि के लिए प्राणोत्सर्ग करना एक बहुत ही मामूली बात थी! क्या कुँवर सिंह और क्या पीर अली—इसके नायकों की तसवीर खींचते हुए अनुग्रह बाबू की गद्य भी फड़क उठती है। अंग्रेज अधिकारियों को पीर अली का यह जवाब देखना चाहिए, ''जीवन में कभी ऐसे अवसर भी आते हैं, जबकि प्राणों की रक्षा आवश्यक प्रतीत होती है, पर जीवन में ऐसे भी अवसर उपस्थित होते हैं, जबकि प्राणों की रक्षा के बदले उसका बलिदान अधिक आवश्यक एवं श्रेयष्कर होता है। आज का अवसर प्राणों के बलिदान का है, जबकि मृत्यु का शीघ्र आलिंगन करने से शाश्वत जीवन की प्राप्ति हो जाएगी।'' तथा ''तुम मुझे फाँसी दे सकते हो, मेरी तरह अन्य व्यक्तियों को भी तुम फाँसी दे सकते हो, पर तुम हमारे आदर्श को फाँसी पर नहीं चढ़ा सकते। यदि मैं मर जाऊँ तो मेरे रक्त से हजारों वीर उत्पन्न होकर तुम्हारे

राज्य का विनाश कर देंगे।''

तात्पर्य यह है कि अनुग्रह नारायण सिंह को अपनी बातें कहने में कभी दुविधा या कठिनाई का सामना नहीं करना पड़ा। संप्रेषणीयता उनके लेखन का गुण है। चाहे छोटे-छोटे वाक्यों में उन्होंने अपनी बातें कहीं या लंबे वाक्यों में—उनका अभीष्ट पाठकों तक सीधे पहुँचता है। वे भाषिक जॉर्गन में नहीं फँसते, बल्कि भाषा की अभिधात्मक संभावनाओं को चरम पर ले जाते हुए अपनी बातें कहते हैं। निस्संदेह, बोली हुई भाषा की भंगिमा और वैभव दोनों से युक्त उनकी गद्य सुथरी हुई हिंदी का एक उत्कृष्ट नमूना है।

□

मेरे श्रीबाबू

मैंने 1908 में पटना कॉलेज में नाम लिखाया और उसके बाद श्रीबाबू से मेरी जान-पहचान हुई। श्रीबाबू से मेरी जान-पहचान करानेवाले थे स्व. शंभुनाथ वर्मा, जो हम दोनों के समान रूप से मित्र थे और जिनके बच्चों-सा सरल तथा प्रसन्न स्वभाव भुलाए भी नहीं भूलता। उस समय के नौजवानों पर बंग-भंग आंदोलन का स्थायी प्रभाव पड़ा था। तिलक और पाल उस समय के नौजवानों के प्रिय नेता थे। श्रीबाबू की श्रद्धा बालगंगाधर तिलक के प्रति थी और वे उनकी तथा उनके लेखों की बड़ी प्रशंसा किया करते थे। श्रीबाबू तिलक के पक्के भक्त थे। वह संघर्ष का जमाना था। उग्रवादी समझे जानेवाले छात्रों के उत्साह को दबाने के लिए कॉलेज के अधिकारी विशेष रूप से सचेष्ट रहते थे, क्योंकि ऐसे छात्र स्वदेशी आंदोलन का समर्थन करते और उनमें भाग लेते थे। उन दिनों छात्रावास जीवन में अनेक परिवर्तन हुए। कॉलेज अधिकारियों से बराबर संघर्ष चलता रहता था। एक बार तो आम हड़ताल भी हो गई, जो पटना की शिक्षा-संस्थाओं के इतिहास में पहली आम हड़ताल थी। स्वर्गीय मजहरूल हक तथा स्वर्गीय हसन इमाम जैसे तत्कालीन नेताओं के हस्तक्षेप करने पर हड़ताल समाप्त हुई, मगर तत्कालीन साम्राज्यवादी शासन के खिलाफ उठती हुई विद्रोह की भावना किसी प्रकार भी दबाई न जा सकी। हालाँकि उस समय खुलकर कानून की अवज्ञा नहीं की जा रही थी, मगर श्रीबाबू और उनके साथी उग्रवादी साहित्य के अध्ययन में डूबे रहते थे। वे आगे चलकर विदेशी सरकार के खिलाफ चलनेवाली लड़ाई की तैयारी कर रहे थे। छात्र जीवन समाप्त होने के बाद श्रीबाबू वकालत करने लगे और कुछ समय के लिए हम दोनों के बीच का संपर्क टूट गया। थोड़े ही समय में श्रीबाबू की वकालत चमक उठी और प्रमुख वकीलों में उनकी गणना होने लगी।

चंपारण में महात्मा गांधी के आगमन और बिहारी छात्र सम्मेलनों से राष्ट्रवादी आंदोलन और भी जोरदार हो उठा। नौजवानों के दिलों में धीरे-धीरे देशभक्ति की भावना भर रही थी और वे उस महान् स्वतंत्रता संग्राम की तैयारी कर रहे थे, जो महात्मा गांधी

के कांग्रेस में आने के परिणामस्वरूप सामने पहुँच गया था। उस समय की एक घटना मुझे याद आती है। 1916 में गंगा नदी में बड़ी भीषण बाढ़ आई थी। मैं उस समय भागलपुर टी.एन.जे. कॉलेज में प्रोफेसर था। मैंने सहायता कार्य अपने हाथों में लिया। छात्रों के एक दल के साथ जगह-जगह जाकर चंदा इकट्ठा करता और बाढ़पीड़ितों को सहायता प्रदान करता। इसी सिलसिले में मैं मुंगेर पहुँचा। मुंगेर में मैं अपने पुराने दोस्त से मिल सकूँगा, इस बात से मैं बहुत खुश हुआ था। जब मैं उनसे मिला, उन्होंने मेरा हार्दिक स्वागत किया और हँसते हुए कहा कि मैं पेड़ेगाग (घुमक्कड़) हूँ। उत्तर में मैंने कहा कि आप भी तो डेमेगाग (व्याख्यानों के जरिए लोगों को गुमराह करनेवाले) ही हैं। अनेक वर्षों के बाद दो साथियों का यह बड़ा ही सुखमय मिलन था।

जब भारतीय राष्ट्रीय कांग्रेस ने असहयोग आंदोलन शुरू किया तो श्रीबाबू उसमें कूद पड़े। उन्होंने अपनी वकालत स्थगित कर दी और नए मतवाद का डटकर प्रचार करने लगे। मुंगेर जिले का शायद ही कोई गाँव ऐसा हो, जहाँ वे नहीं जा सके। उस समय आज के समान तेज चलनेवाली कोई सवारी नहीं मिलती थी। पैदल, बैलगाड़ी या ऐसी कोई दूसरी सवारी पर उन्हें दौरा करना पड़ता था, जो उस समय मिल जाती थी। मगर इतनी असुविधाओं के बावजूद श्रीबाबू ने तब तक चैन नहीं लिया, जब तक अपने मुंगेर जिले के एक-एक गाँव का उन्होंने दौरा नहीं कर डाला।

1921 में नागपुर कांग्रेस अधिवेशन के प्रस्तावानुसार सभी प्रांतों में प्रांतीय कांग्रेस कमेटियों का संगठन किया गया। उसी वर्ष बिहार प्रांतीय कांग्रेस कमेटी का जन्म हुआ। श्रीबाबू बराबर प्रांतीय कांग्रेस कमेटी की बैठकों में भाग लेते थे, जिसके सदस्यों के बीच पूर्ण सहयोग की भावना थी और मुझे हर कार्यक्रम में श्रीबाबू की सहायता का विश्वास रहता था। देश के लिए अपने महान् बलिदान, अटूट साहस और राष्ट्रीयता के प्रति अद्भुत भक्ति के कारण श्रीबाबू जनता के सबसे प्यारे नेता हो गए। बिहार के राजनैतिक जीवन में श्रीबाबू का सबसे आगे आना निश्चित था। बिहार के प्रमुख राजनीतिज्ञों में उनका निराला स्थान है। 1921 के बाद बिहार का इतिहास श्रीबाबू के जीवन का इतिहास है। 1921 के बाद बिहार में एक भी ऐसे काम का नाम बताना कठिन है, जिसमें प्रमुख रूप से उनका हाथ नहीं रहा हो। तब से वे बराबर अखिल भारतीय कांग्रेस कमेटी के सदस्य रहे हैं और श्रीबाबू उन विरल लोगों में हैं, जिन्होंने बिहार को उन्नति की इस सीढ़ी पर पहुँचाया है।

कांग्रेस ने जब पहले-पहल चुनाव लड़ने का फैसला किया तो श्रीबाबू लेजिस्लेटिव कौंसिल के सदस्य चुने गए और कांग्रेस पार्टी का नेता भी उन्हें ही निर्वाचित किया गया। जिला बोर्ड के चुनाव में उन्होंने कांग्रेस के लिए बहुत काम किया। अगर वे चाहते तो आसानी से मुंगेर जिलाबोर्ड के चेयरमैन हो सकते थे, मगर उनकी आत्मनियंत्रण और

आत्मबलिदान की भावना प्रबल हो उठी और उन्होंने अपने परम मित्र स्वर्गीय शाह मुहम्मद जुबैर साहब को चेयरमैन बना दिया और स्वयं उनके मातहत वाइस चेयरमैन बनना पसंद किया।

सन् 1934 में बिहार में प्रलयंकारी भूकंप आया, जिसने मुंगेर और बिहार के दूसरे अनेक शहरों को विनष्ट कर दिया। श्रीबाबू अभी जेल से रिहा ही हुए थे, मगर वे पुनर्निर्माण के कार्यों में सारी शक्ति के साथ जुट गए और उन्होंने तब तक आराम की साँस न ली, जब तक उजड़ा बिहार फिर से बस नहीं गया। मुंगेर जिले के यूरोपियन अफसरों के साथ उनका संघर्ष होता रहा। मगर उन्होंने उनकी परवाह किए बिना अपना काम जारी रखा। उन्होंने उन यूरोपियन अफसरों के क्रोध के परिणामों की कभी भी चिंता नहीं की। उनसे श्रीबाबू ने बराबर लोहा लिया और जहाँ उनके सामने अन्य व्यक्ति दब जाते थे, वहाँ श्रीबाबू ने हमेशा अपना सिर ऊँचा रखा। जब-जब कांग्रेस ने देश के सामने लड़ाई का कार्यक्रम रखा, चाहे वह असहयोग आंदोलन हो या 1930 का नमक सत्याग्रह, चाहे वह 1940 का व्यक्तिगत सत्याग्रह हो या 1941 का भारत छोड़ो आंदोलन, श्रीबाबू हमेशा मोरचे पर आगे रहते और नौकरशाही तुरंत उन्हें चुन लेती और जेल भेज देती।

बार-बार जेल जाने से उनका स्वास्थ्य खराब हो गया। भूकंप के बाद कांग्रेस ने धारासभा में अपने प्रतिनिधियों को भेजने का फैसला किया। श्रीबाबू मुंगेर निर्वाचन क्षेत्र से बहुत बड़े बहुमत से चुने गए और जब उन्हें प्रांतीय असेंबली में आने का आह्वान किया गया तो वे कांग्रेसदल के नेता निर्वाचित किए गए और बिहार के प्रधानमंत्री हुए। उनके ढाई वर्षों के शासनकाल में बिहार के गौरव और स्थान में महत्त्वपूर्ण वृद्धि हुई और 1938 में राजनीतिक बंदियों की रिहाई के प्रश्न पर जब गवर्नर से उनका मतभेद हुआ तो उन्होंने बिना किसी हिचकिचाहट के इस्तीफा दे दिया। 1946 में वे फिर प्रांतीय असेंबली के सदस्य चुने गए और फिर बिहार के प्रधानमंत्री के उसी प्रमुख पद को सुशोभित कर रहे हैं।

प्रांत की जनता इस महीने में उनकी हीरक जयंती मना रही है। मेरी कामना है कि ऐसे पवित्र अवसर पर उनके एक तुच्छ सहकर्मी और मित्र द्वारा आँका गया, उनका यह रेखाचित्र अनुपयुक्त न होगा।

(श्री रामधारी सिंह दिनकर एवं अन्य द्वारा संपादित 'श्रीकृष्ण अभिनंदन ग्रंथ,' संवत् 2005 से साभार)

□

युगपुरुष महात्मा गांधी

महात्मा गांधी का नाम संसार की सभ्यता में एक नए युग के आरंभ का परिचायक है। इस युगपुरुष ने मानव संस्कृति को अपनी नवीन विचारधारा और कार्य-पद्धति के रूप में इतनी बड़ी देन दी है कि जिनका मूल्य आँकना असंभव-सा है। यों तो कोई भी विचार पूर्णतया नवीन नहीं होता, विश्लेषण करने पर उसका अंकुर अतीत के विचार सागर में छिपा हुआ मिल जाएगा, किंतु महापुरुषों की यही विशेषता होती है कि समाज को ऊपर उठानेवाली कुछ ऐसी चीजें वे उसे दे देते हैं, जो उनके पहले इस रूप में किसी ने भी उसे नहीं दिया हो, और इससे भी बड़ी बात यह कि वे समाज को उस अनोखी चीज को ग्रहण करने के योग्य बना डालते हैं। महात्माजी ने उन महान् आदर्शों को फिर से नए रूप में हमारे सामने रखा, जो भारतीय जीवन के आधार थे, और जिन्हें हम अपने पतन के कारण भूल से गए थे। उन्होंने हमें इस लायक बनाया कि हम उन आदर्शों को पहचान सकें तथा उनकी ओर बढ़ने का प्रयत्न करें। उन्होंने संसार को सत्याग्रह का मार्ग दिखाया, अहिंसा की क्रियात्मक शिक्षा दी और मनुष्य को मनुष्य की तरह रहना सिखाया। महात्माजी अपने उपदेशों और कार्यों के द्वारा संसार के इतिहास पर अपनी अमिट और प्रभावकारी छाप डाल गए। हम हिंदुस्तानियों के लिए उन्होंने जो कुछ किया, उसका अंदाज किसी भी मापदंड से नहीं लगाया जा सकता। उन्होंने असंख्य कठिनाइयों के बीच गुलामी और निराशा के भावों को हटाकर हमारे अंदर आशा, स्वाधीनता और स्वाभिमान के भावों का संचार किया, आत्मविश्वास और आत्मनिर्भरता की वृत्ति पैदा की, हमारे नैतिक स्तर को बहुत ऊँचा उठाया और भारतवर्ष को संसार के राष्ट्रों के बीच आदर और प्रतिष्ठा का स्थान दिलवाया। और बापू ने यह सब एक त्रिलक्षण साधन के द्वारा किया, जो भारतीय प्रतिभा की खास उपज है। पग-पग पर उनकी कार्य पद्धति सर्वथा मौलिक और उसका परिणाम एक चमत्कार-सा दिख पड़ता था। हम चाहे चंपारण की अभूतपूर्व घटना का इतिहास देखें अथवा देशव्यापी सत्याग्रह के प्रयोगों के पन्ने उल्टें; हर जगह बापू एक नवीन शक्ति के रूप में, नवीन अस्त्र के सहारे, नवीन मार्ग पर चलते और चलाते नजर आते हैं।

महात्माजी ने दक्षिण अफ्रीका में हिंदुस्तानियों की अत्यंत गिरी हुई दशा को उठाने का प्रयत्न किया। आरंभ में कुछ सफलता भी मिली, पर वहाँ के हिंदुस्तानियों के प्रति जो व्यवहार गोरे लोगों का था, उसमें बहुत परिवर्तन नहीं हो सका। स्वर्गीय गोखले महोदय ने दक्षिण अफ्रीका के अपने भ्रमण के सिलसिले में बापू को यह सलाह दी कि उनका कार्य-क्षेत्र भारतवर्ष होना चाहिए; कारण कि जब तक भारत देश आजाद नहीं हो जाता तब तक हिंदुस्तानियों को कहीं भी किसी तरह की आजादी मिलने की पूरी सहूलियत नहीं प्राप्त हो सकती। अतएव बापू भारतवर्ष लौट आए और यहाँ की अवस्था की जानकारी प्राप्त करने के लिए देश का दौरा एक छोर से दूसरे छोर तक उन्होंने किया। सन् 1916 की लखनऊ कांग्रेस में चंपारण निवासी राजकुमार शुक्ल ने बापू का दर्शन किया और निलहे लोगों के अत्याचार से वाकिफ कराया। बापू को यह विश्वास नहीं हुआ कि अंग्रेजी राज्य के अंदर हिंदुस्तानियों पर इतना जुल्म हो सकता है। निलहे लोग इतना अत्याचार करते रहे और भारत सरकार कुछ नहीं करे! अतएव असलियत का पता लगाने के लिए उन्होंने चंपारण आना कबूल कर लिया। ईस्टर के दिनों में बापू कलकत्ता आ गए थे। उसी समय राजकुमार शुक्ल वहाँ पहुँच गए और उन्हें चंपारण आने के वचन की याद दिलाई। बापू राजी हो गए और पटना होते हुए चंपारण के लिए प्रस्थान किया। अपने सिद्धांत के अनुसार अंग्रेज हाकिमों से मिलना जरूरी समझकर, कुछ करने के पहले तिरहुत के कमिश्नर से मिलने गए। कमिश्नर ने उन्हें चंपारण नहीं जाने की सलाह दी। इस सलाह से बापू को बड़ा संदेह हुआ। आखिर क्या बात है कि किसी को अपने मुल्क की दशा जानने से रोका जाए। इसलिए उन्होंने चंपारण जाने का और भी निश्चय कर लिया। मोतिहारी ज्यों ही गए, त्यों ही उन पर 144 धारा लगा दी गई। बापू ने कानून भंग करने का निश्चय कर लिया और वहाँ के एस.डी.ओ. से वैसा ही कह भी दिया। एस.डी.ओ. घबराया कि क्या ऐसा भी आदमी हो सकता है, जो कानून तोड़ने के लिए तैयार हो। घबड़ाकर अपने ऊपर के अफसरों से हिदायत लेना चाहा कि वह कौन सा रुख अख्तियार करे। प्रांत तथा देश में इस घटना से कुछ सनसनी पैदा हो गई। पीछे सरकार के हुक्म से 144 दफा वापस ले लिया गया। बापू यहाँ एक दिन के लिए आए थे, परंतु उन्हें बहुत दिनों के लिए रह जाना पड़ा। हम लोग तमाशा देखने के लिए गए थे। हुक्म हुआ, मोतिहारी में रहकर वहाँ के पीड़ित किसानों के बयान लेने के काम में लग जाएँ। बयान लिखने का काम तीन महीने तक चलता रहा। बाद में छोटे लाट ने उन्हें राँची बुला भेजा। बापू ने समझा कि सरकार से टक्कर लग सकती है। उन्होंने राँची जाते समय हम लोगों से कहा कि 24 घंटे में अगर तार न मिले तो हम लोग समझेंगे कि बापू नजरबंद हो गए। 24 घंटे के बाद तार आया कि छोटे लाट के साथ समझौता की बात चल रही है। अंत में यह तय हुआ कि चंपारण की अवस्था की जाँच करने के लिए एक कमेटी बनाई जाए। इस कमेटी के सदस्यों में अन्य

लोगों के अलावा निलहे साहबों के प्रतिनिधि और बापू भी थे। इस कमेटी ने चंपारण के किसानों की शिकायतों की जाँचकर एक राय से अपनी रिपोर्ट दी। रिपोर्ट में सुझाया गया था कि निलहों ने किसानों से जो जुरमाने वसूल किए हैं, उनका चौथाई हिस्सा किसानों को वापस कर दिया जाए। इसके अलावा और भी सुधार की बहुत सी बातें रिपोर्ट में सुझाई गई थीं। कुछ लोग कहने लगे कि जुरमाने की पूरी रकम वापस मिल जानी चाहिए। किंतु बापू सत्याग्रही थे। उन्होंने कहा कि यदि एक हिस्सा भी जुरमाना वापस हो जाता है तो लोगों के दिल से आतंक दूर हो जाएगा। फिर निलहों के लिए किसी पर पहले की तरह हुकूमत करना मुश्किल हो जाएगा और किसान मजबूत हो उठेंगे। सत्याग्रह की नीति के अनुसार किसी के प्रति द्वेष न रखकर, जो सबकी राय हो, उस पर चलना ही बापू उचित समझते थे। कानून के जरिए उस कमेटी की सिफारिश कबूल कर ली गई। सत्याग्रह पहले-पहल यहीं शुरू हुआ। हम लोगों को सत्याग्रह का पहला दर्शन हुआ। सत्य और अहिंसा के पुजारी ने जिस शस्त्र का प्रयोग भारतवर्ष में चंपारण के अंदर किया, उसका फल सबों के देखने में आया। यद्यपि निलहे लोगों के प्रति किसी तरह का द्वेष-भाव नहीं उभाड़ा गया, तथापि सत्याग्रह के इस छोटे से स्वरूप ने ऐसा असर पैदा किया कि निलहे लोग एक-एक कर चंपारण छोड़कर चले गए। चंपारण निवासियों के हृदय पर जो आतंक छाया हुआ था, वह कुछ अंश में जुरमाने के रुपए मिलने से दूर हो गया। निलहे लोगों ने समझा कि चंपारण में रहना अब लाभप्रद नहीं रहा। इससे उन्होंने अपना कारोबार समेटकर चंपारण से चले जाना ही अच्छा समझा।

बापू ने देखा कि सारे हिंदुस्तान के रहनेवाले सैकड़ों वर्षों से गुलाम रहने के कारण कायर हो गए हैं। जेल से अभी भी डरते हैं। उन्होंने धीरे-धीरे इस कायरता को दूर कर लोगों में बहादुर बनाने और गुलामी से छुटकारा पाने का भाव पैदा किया। 1919 के सत्याग्रह में जालियाँवाला कांड, पंजाब में मार्शल लॉ इत्यादि जितनी भी घटनाएँ हुईं, उनसे देश आजाद बनने के लिए तथा मर-मिटने के लिए तैयार होता गया।

बापू स्वयं तेजस्वी थे, उन्होंने तपोबल से ही भारतवर्ष को स्वतंत्र करने का निश्चय किया था। अतएव बापू धीरे-धीरे हमें उस पथ पर अग्रसर करते रहे। बीच-बीच में हमारी शक्ति और साहस की जाँच होती और प्रत्येक परीक्षा के बाद हम अधिकाधिक दृढ और मजबूत बनते गए। असहयोग आंदोलन के बाद नमक सत्याग्रह में हमारी एक बड़ी परीक्षा हुई। हिंदू-मुसलमानों ने इसमें भाग लिया। हिंदुस्तान के लोगों के बापू के पीछे चलने के कारण लार्ड इरविन के लिए यहाँ शासन चलाना मुश्किल हो गया। कानून भंग करने की प्रवृत्ति इतनी जोर पकड़ती गई कि प्रत्येक कानून भंग करनेवाले के पास सिपाही रखकर ही कानून बरता जा सकता था। परिणामस्वरूप इरविन साहब ने महात्माजी से संधि करनी चाही। महात्माजी ने सुलह कर ली। यह सुलह गांधी-इरविन

पैक्ट के नाम से विख्यात हुई। फिर 32 की लड़ाई आई जो 34 तक चलती रही। अंत में 1942 का जमाना भी आ गया और बापू ने शंखनाद किया। बस फिर क्या था, बापू के पीछे सारा हिंदुस्तान चल पड़ा। उस समय अंग्रेजी सरकार की ओर से दमन-चक्र जो शुरू हुआ उसे देखकर, हमारे बहुत से ऐसे हिंदुस्तानी थे, जो कहने लगे कि बापू ने बड़ी गलत नीति से काम लिया, हिंदुस्तान 50 वर्ष पीछे चला गया, यह समय अंग्रेजों से लड़ाई छेड़ने का नहीं था। पर बापू अपने संकल्प पर अटल रहे। वे हिंदुस्तान को आजाद करने पर तुले हुए थे। और हम सबने देखा कि आखिर 15 अगस्त, 1947 आ ही गया। एक-एक कर अंग्रेज शासक भारत से चले गए। माउंटबेटन के पीछे कोई ऐसी शक्ति काम करती हुई मालूम होती थी, मानो अंग्रेजी साम्राज्य का अंत करने के लिए ही ब्रिटिश सरकार ने उन्हें भारतवर्ष में भेजा हो।

भारतवर्ष 15 अगस्त को बहुत दिनों की गुलामी से आजाद हो गया। हमारे महान् राष्ट्रपिता ने स्वतंत्रता को हमारे हाथ में लाकर रख दिया। अब आजाद हिंदुस्तान को अपने देश में रामराज्य कायम करने की कोशिश करनी चाहिए। अगर हम इस संकल्प से काम करेंगे तो बापू की आत्मा स्वर्ग से हमारे कामों की निगरानी करती रहेगी और हमें सत्पथ पर चलने में सहायता करेगी। बिहार के लिए बापू प्रिय थे। जब कभी हम पर संकट आता बापू हमारी रक्षा करने के लिए पहुँच जाया करते थे। सर्वप्रथम चंपारण के किसानों को संकट से छुड़ाने के लिए बापू का आगमन हुआ। फिर हमारे सूबे में जिस समय भयंकर भूकंप ने सूबे के चंद हिस्सों को हिला ही नहीं दिया था, बल्कि उन्हें तहस-नहस कर दिया था, उस समय बापू हमारे बीच आ गए। महीनों हमारे साथ रहकर उन्होंने हमें हिम्मत बँधाई और उजड़े हुए भागों को फिर से बसाने में मदद पहुँचाई। उस बार 1946 में जब हम पागल होकर एक-दूसरे का सिर काट रहे थे, हिंदू, मुसलमानों को नेस्तनाबूद करने पर तुले हुए थे, बापू की आवाज हमारे कानों में पहुँची और हम चौकन्ने हो गए, हमारा पागलपन फौरन जाता रहा। समय-समय पर जब कभी हम कमजोर होने लगते थे; बापू बराबर अपने तपोबल से हमें ऊपर उठाते रहे और बर बर अपनी तपस्या की प्रेरणा से हमारा मनोबल जगाकर हमारी शक्ति बढ़ाते रहे। हम उनके कितने ऋणी हैं। अगर हम उनके उपदेशों को अपनाकर उन्हें चिरस्थायी बना सकें तो हम लोग कायम रहेंगे, नहीं तो भारतवर्ष का भविष्य क्या होगा, कहना कठिन है। हम आशा करते हैं कि बापू के आशीर्वाद से हमारी यह कामना फलीभूत होगी। बापू की स्मृति हमेशा कायम रहे, यही हमारी अभिलाषा है।

(बिहार कांग्रेस, अक्तूबर 1948)

□

गांधीजी के सच्चे अनुयायी : राजेंद्र बाबू

सन् 1906 की बात है। उसी वर्ष बिहारी छात्र सम्मेलन का प्रथम अधिवेशन हुआ। मैं भी सम्मेलन में सम्मिलित हुआ। वहीं मुझे पहले-पहल राजेंद्र बाबू के दर्शन हुए। उस समय कलकत्ता विश्वविद्यालय की बी.ए. परीक्षा में उन्हें सर्वोच्च स्थान प्राप्त हुआ था। साथ ही स्वर्ण पदक भी मिला था। उस सम्मेलन में ही मुझे यह भी ज्ञात हुआ कि मैट्रिकुलेशन और इंटरमीडिएट की परीक्षाओं में भी वे कलकत्ता विश्वविद्यालय में सर्वप्रथम हुए थे। उन दिनों बंगाल के साथ बिहार, उड़ीसा तथा असम भी उसी विश्वविद्यालय के अंतर्गत थे। मैं 1908 में पटना कॉलेज में भरती हुआ। वहाँ छात्र संघ के कार्य में मेरी विशेष अभिरुचि थी। दो वर्ष बाद मैं 'बिहार स्टूडेंट्स सेंट्रल एसोसिएशन' का प्रधानमंत्री चुना गया। उन दिनों वे कलकत्ता में रहते थे। बिहार स्टूडेंट्स सेंट्रल एसोसिएशन के वे भी सदस्य थे; एसोसिएशन की बैठक में भाग लेने के लिए समय-समय पर पटना आया करते थे। फलतः उनसे मेरा संपर्क बढ़ गया। जब एम.ए. और बी.एल. पढ़ने मैं 1912 में कलकत्ता गया, तब वहाँ लॉ कॉलेज में वे अध्यापक थे। मैं उनका छात्र बना। मेरी उनसे घनिष्ठता बढ़ी; उनकी बहुमुखी प्रतिभा का परिचय मिला; उनके शांत एवं नम्र स्वभाव तथा दृढ विचार को भी जानने-समझने का सुअवसर प्राप्त हुआ। हाईकोर्ट खुलने पर जब वे पटना चले आए, तब बिहार के युवकों का नेतृत्व ग्रहण करने के लिए उनसे हम लोगों ने आग्रह किया। पर, वे इतने विनम्र थे कि नेता बनना अस्वीकार कर दिया। यों तो विद्यार्थी जीवन में उनकी प्रतिभा का परिचय सबको प्राप्त हो गया था; पर वकालत में उनका यश प्रांत के कोने-कोने में व्याप्त हो गया। हाईकोर्ट के एडवोकेट एसोसिएशन में भी एक या दो व्यक्तियों को छोड़ उनका स्थान सर्वोच्च हो गया। वहाँ के न्यायाधीशों के भी वे प्रिय बन गए। इसी बीच 1917 में बिहार में महात्मा गांधी का शुभागमन हुआ। गांधीजी के साथ वे भी चंपारण पहुँचे। वहाँ वे महात्माजी के इतने विश्वासपात्र बन गए कि उन्होंने चंपारण एग्रेरियन कमेटी के सामने मामला उपस्थित करने का सारा काम उनको ही सुपुर्द किया। महात्माजी से संपर्क होने

के पश्चात् उनका अधिकांश समय सार्वजनिक कार्यों में ही व्यतीत होने लगा। 1919 के सत्याग्रह आंदोलन में महात्माजी ने उनको सत्याग्रह करने की अनुमति दी। सन् 1921 के असहयोग आंदोलन में वे बिहार के अग्रणी नेता बन गए। कांग्रेस के कार्य से उन्होंने संपूर्ण बिहार का दौरा किया। उनके ही प्रयास से 'श्रीतिलक स्वराज फंड' का कार्य भी पूर्णतः सफल हुआ।

सन् 1922-23 की गया कांग्रेस में महात्माजी नहीं शामिल हो सके। उनकी अनुपस्थिति में राजेंद्र बाबू ने अधिवेशन का कार्य सुचारू रूप से चलाया। उसके बाद वे कांग्रेस के प्रधानमंत्री हुए। कांग्रेस द्वारा स्वीकृत प्रस्तावों को कार्यान्वित करने में उन्होंने बड़ी दृढता, तत्परता और प्रतिभा का परिचय दिया।

महात्माजी के आशीर्वाद से सन् 1934 के भारत ऐक्ट के अंतर्गत केंद्रीय तथा प्रांतीय धारासभाओं के चुनावों में बिहार में कांग्रेस का बहुमत हुआ। प्रांतीय मंत्रिमंडल बनाने तथा उसे चलाने का उत्तरदायित्व भी उनके ही मत्थे पड़ा। उसे उन्होंने भली-भाँति निभाया। त्रिपुरी कांग्रेस के बाद श्री सुभाषचंद्र बोस के त्याग पत्र देने पर उस संकट की घड़ी में वे ही राष्ट्रपति बनाए गए। उस कठिन परिस्थिति में वे ही एक ऐसे नेता थे, जिन्होंने काँटों का ताज पहनना स्वीकार किया। सन् 1940 की रामगढ़ कांग्रेस को सफल बनाया। सन् 1942 की अगस्त क्रांति में अंग्रेजी सरकार ने उनको अस्वस्थता की हालत में ही जेल में बंद कर दिया। जेल से मुक्त होने पर उन्होंने 1945 में बिहार प्रांतीय कांग्रेस कमेटी के सभापति की हैसियत से राजनीतिक पीड़ित व्यक्तियों के सहायतार्थ धन-संग्रह करने के निमित्त संपूर्ण बिहार का दौरा किया। उनका दौरा बड़ा सफल रहा। असहाय कांग्रेस कार्यकर्ताओं को उन्होंने यथासंभव आर्थिक सहायता दी। तत्पश्चात् उनको केंद्रीय एवं प्रांतीय धारासभाओं के चुनावों का संचालन करना पड़ा। चुनाव में कांग्रेस को प्रबल बहुमत प्राप्त हुआ। फलस्वरूप प्रांतों में पुनः कांग्रेसी मंत्रिमंडल स्थापित हुए।

सन् 1946 के सितंबर में केंद्र में अस्थायी सरकार की स्थापना होने पर उनको खाद्य-कृषि विभाग का उत्तरदायित्व मिला। उसी साल दिसंबर में विधान-निर्मातृ परिषद् के अध्यक्ष निर्वाचित हुए। भारत के स्वतंत्र होने पर वे खाद्य-कृषि विभागों के मंत्री बनाए गए। पर यह कार्य वे बहुत दिनों तक नहीं कर सके। आचार्य कृपलानी ने कांग्रेस के राष्ट्रपति पद से त्याग पत्र दिया। कांग्रेस संकट में पड़ी। राजेंद्र बाबू ने मंत्री पद छोड़ पुनः कांग्रेस का राष्ट्रपतित्व स्वीकार किया। राष्ट्रपति होने के साथ-साथ वे विधान-निर्मातृ परिषद् के अध्यक्ष भी बने रहे। इन दोनों पदों पर रहते हुए उन्होंने देश के सम्मुख त्याग एवं महान् आदर्श का परिचय दिया, अपना उत्तरदायित्व भली-भाँति निभाया। फलस्वरूप देश उनकी निस्पृह-सेवा पर मुग्ध हो गया। अपनी सेवाओं के बल पर उन्होंने भारत के इतिहास में अपना एक विशिष्ट स्थान बना लिया है। कांग्रेस के इतिहास में तथा महात्मा

गांधी के सिद्धांतों का पालन करनेवाले लोगों में उनका सर्वोपरि स्थान है। महात्माजी के अनन्य भक्त रहकर उनके आदर्शों पर चलने का उन्होंने सदा प्रयास किया और आज भी कर रहे हैं। आज वे ही महात्मा गांधी के सच्चे अनुयायी के रूप में दिख पड़ते हैं। भगवान् उन्हें चिरायु करें, ताकि उनकी छत्रच्छाया में देश और प्रांत दोनों ही उन्नति करें।

(आचार्य शिवपूजन सहाय द्वारा संपादित पुस्तक
'राष्ट्रपति राजेंद्र प्रसाद' से संवत् 2006)

□

चेतना की लहर

अहमदाबाद कांग्रेस के सभापति श्रीयुत चितरंजन दास चुने गए थे, पर उनके कैद हो जाने से हकीम अजमल खाँ सभापति चुने गए। बिहार प्रांत ने गांधीजी के अनुयायियों में बहुत ऊँचा स्थान प्राप्त कर लिया था। दल–बल के साथ हम लोग उत्साह भरे हृदय से अहमदाबाद पहुँचे। उस समय पहले–पहल कांग्रेस की बैठक फर्श पर हुई। लोगों को अपने–अपने जूते रखने के लिए एक–एक झोला लेना पड़ा था। कांग्रेस के सभापति चाहे जो भी रहें, उसका प्रबंध कोई भी क्यों न करे, पर उसके एकमात्र जीवन महात्मा गांधी ही थे। उनके तनिक संकेत पर सारी कांग्रेस उठती–बैठती थी। कांग्रेस के लोग उनकी इच्छा पालन करना अपना पुण्य कर्तव्य समझते थे। अहमदाबाद कांग्रेस में एक ही मुख्य प्रस्ताव पास हुआ, जिसके द्वारा सरकार को चुनौती दी गई कि यदि कांग्रेस के प्रस्तावों को सरकार स्वीकार नहीं करेगी तो उन्हें सरकार के द्वारा स्वीकृत कराने के लिए देशव्यापी सत्याग्रह संग्राम छेड़ा जाएगा। यह भी निश्चित हुआ कि उस संग्राम के एकमात्र संचालक महात्मा गांधी बनाए जाएँगे।

कांग्रेस अधिवेशन में सर्वत्र एक अजीब उत्साह था। लोग देश के लिए अपना सर्वस्व निछावर करने के लिए तैयार थे। अहमदाबाद अधिवेशन अपने ढंग की एक निराली वस्तु था। कहीं गुजराती नाटक का अभिनय, कहीं संगीत की स्वर–लहरी और सर्वत्र ही राष्ट्रीय जनों के तरानों से वायुमंडल परिव्याप्त हो रहा था। विषय समिति की बैठक में मिस्टर मोहम्मद अली जिन्ना अपनी नववधु के साथ आए थे। उन्होंने कांग्रेस की काररवाई में कोई हिस्सा नहीं लिया, पर उनके आगमन से काफी आकर्षण था। महात्माजी प्रत्येक प्रांत के कार्यकर्ताओं और प्रतिनिधियों से अलग–अलग मिलते गए और प्रांत के हालात से परिचित हो, अमुक प्रांत को क्या करना होगा, इसकी नसीहत देते गए।

सन् 1921 समाप्त होने पर आया। स्वराज्य अभी तक न हुआ, पर स्वराज्य के लक्षण स्पष्ट दिख पड़ने लगे। भयानक संग्राम की तैयारी का बिगुल बजने लगा। प्रत्येक कार्यकर्ता का हृदय एक नए उत्साह, नई उमंग से भर गया था। अपने–अपने इलाकों में

पहुँचकर पूरी शक्ति और उत्साह से अपने कार्यों में जुट जाएँगे, इस दृढनिश्चय के साथ लोग अपने-अपने प्रांतों में लौटने लगे। महात्मा गांधी की वह मुख-मुद्रा, जो भारत की ब्रिटिश सरकार को चुनौती देते समय थी, लोगों की आँखों में जैसे गड़ गई थी। उस समय तर्जनी उठाकर, जो गर्जन महात्मा गांधी ने किया था, उसे क्या कोई दर्शक अथवा श्रोता भूल सकता था। बिजली की भाँति वह जैसे प्रत्येक व्यक्ति की रग-रग, नस-नस में परिव्याप्त हो गया। महात्मा के उस दिन के भाषण से सारे देश को एक नवीन पथ पर अग्रसर होने के लिए मानो व्याकुल कर दिया। उनके निर्देशित मार्ग पर चलने के लिए प्रायः समस्त देश आतुर हो उठा।

उस समय तक जेल के संबंध में मेरा निजी अनुभव कुछ न था। बक्सर जेल से जब जगत बाबू अपनी सजा काटकर लौटे तो उनके चित्त पर उसकी जो प्रतिक्रिया हुई, वह जेलों की असह्य अवस्था की द्योतक थी। भागलपुर जेल के राजनीति बंदियों का निरीक्षण करने के लिए श्री (अब डॉक्टर) सच्चिदानंद सिन्हा गए थे। उस समय वे बिहार सरकार के जेल मेंबर थे। सरकार के जेल सदस्य की हैसियत से अपने साथियों को जेल में देखकर, खासकर शाह जुबैर साहब और श्री बाबू (हमारे वर्तमान प्रधानमंत्री) की ओर इशारा कर उन्होंने जेल सुपरिंटेंडेंट को हुक्म दिया था कि उन्हें गरमी में बाहर सोने की स्वतंत्रता रहे। उस समय मिस्टर बनातवाला जेल विभाग के इंस्पेक्टर जनरल थे। इस हुक्म से उन्हें बहुत क्रोध आया। उन्होंने जेल अफसरों को कहा कि जेल सदस्य के हुक्म के मुताबिक उनको बाहर सोने की इजाजत दी जाए, पर एक के पैर एक-दूसरे के साथ जंजीर से बँधे रहें; क्योंकि उन कैदियों के संरक्षण की जवाबदेही उनकी है। इस परिवर्तन के साथ जेल सदस्य के हुक्म का पालन होना असंभव हो गया और श्री सिन्हा ने उसके बाद कुछ दूसरा आदेश निकालना या तो जरूरी नहीं समझा या अपनी ताकत के बाहर की बात समझी।

उन दिनों एक्जिक्यूटिव कौंसिल की मेंबरी बड़ी चीज समझी जाती थी और उससे भी बड़ी चीज थी, अपने अंग्रेज साथियों के द्वारा 'विवेकी' की सर्टिफिकेट पाना। उन दिनों हिंदुस्तानी मेंबरों के अंग्रेज साथी सदस्यों को यह स्वीकार करना पड़ता था कि उनके हिंदुस्तानी साथी 'विवेक' में उनसे दो कदम आगे बढ़े हुए हैं। जब वे ऊँचे पद पहुँच जाते हैं, तब किसी तरह भी वे अपने अंग्रेज साथी अफसरों से कम लायक नहीं रहते। जिस प्रकार अंग्रेज अफसर अपनी जाति और अपने भारतीय साम्राज्य की रक्षा करने के लिए तत्पर रहते हैं, उनके हिंदुस्तानी साथी उनके इस उद्देश्य में उनसे भी अधिक उत्साह प्रदर्शित करते तथा प्रयत्नशील रहते हैं। जब मैं 1921 ई. की बातें याद करता हूँ, मेरे हृदय में उन भारतीय अफसरों के व्यवहार पर कुछ भी आश्चर्य नहीं होता, कारण उनका दृष्टिकोण ही भिन्न था। उस समय का समाज उन पदाधिकारियों को इतनी

अधिक प्रतिष्ठा और सम्मान की दृष्टि से देखता था कि उनके इस प्रकार के कार्यों की आलोचना करना अनुचित समझता था।

असहयोग आंदोलन का प्रभाव देश पर और विशेषकर बिहार प्रांत पर क्या पड़ा, इस संबंध में कुछ निवेदन करना अनुचित न होगा। असहयोग के प्रस्ताव में सरकारी स्कूलों, कॉलेजों और कचहरियों के बहिष्कार के अतिरिक्त उपाधियों और सरकारी नौकरियों के छोड़ने की भी बात थी। इसमें संदेह नहीं कि साधारणतया सारे देश और विशेषकर बिहार में विद्यार्थी समूह ने असहयोग आंदोलन की प्रगति में अत्यंत महत्त्वपूर्ण भाग लिया। स्कूलों और कॉलेजों के विद्यार्थियों ने पर्याप्त संख्या में अपनी पढ़ाई छोड़कर देहातों में प्रचार करना आरंभ कर दिया और साथ ही कांग्रेस कार्यक्रम की पूर्ति में मन, वचन, कर्म से अपने को समर्पित कर दिया। बड़े ओहदेवाले अफसरों ने तो नौकरियों से इस्तीफा नहीं दिया, पर उनके हृदय की वह दुर्बलता उनके कार्यों से प्रकट होती थी। निवारण बाबू जैसे त्यागी पुरुष अलबत्ता अपने पद से अलग हो गए। नीचे दरजे के सरकारी ओहदेदारों पर इसका अधिक प्रभाव पड़ा। पुलिस के कुछ सिपाहियों ने भी नौकरी से इस्तीफा दे दिया। बहुतेरों का इस्तीफा मंजूर नहीं हुआ और कुछ दिनों के बाद उन्हें इस्तीफा वापस ले लेने के लिए राजी कराया गया। डॉक्टर अरुंजय सहाय वर्मा गत युद्ध में सैनिक डॉक्टर थे और कैप्टन की उपाधि से भूषित हो चुके थे। उन्होंने सरकारी नौकरी छोड़कर कांग्रेस का काम करना आरंभ कर दिया। मौलाना खुरशीद हुसैन और जगत बाबू के जेल जाने पर पटना के असिस्टेंट जेलर श्री गणेश प्रसाद ने अपनी नौकरी छोड़ दी थी। कुछ विभागों और दफ्तर के सहायकों ने भी अपनी नौकरियाँ छोड़कर कांग्रेस का काम करना आरंभ कर दिया था। जेल के कुछ वार्डरों ने भी इस्तीफा दे दिया था। इस प्रकार नौकरी छोड़नेवालों की संख्या भले अधिक न हो, पर एक बात ध्रुव सत्य है और वह यह कि सरकारी नौकरियों से लोगों की अरुचि हो चली थी और आंदोलन, यदि दूसरे वर्ष भी कायम रहता तो बहुत संभव था कि ऐसे लोगों पर उसका प्रभाव विशेष रूप से पड़ता।

वकीलों ने भी अपनी वकालतें छोड़कर देश और कांग्रेस के कार्यक्रम में अपने को समर्पित कर दिया। श्रीयुत् सी.आर. दास तथा पंडित मोतीलाल नेहरू जैसे दिग्गज वकील-बैरिस्टरों की दैनिक आमदनी हजारों रुपयों की थी। उनके वकालत छोड़ने का प्रभाव देश के कोने-कोने पर पड़ा। उनके नाम और यश की चर्चा सुदूर देहातों के प्रत्येक व्यक्ति की जिह्वा पर थी। साथ ही उनके आदर्श ने हमारे प्रांत के कितने जिलों में वहाँ के प्रमुख लोगों को असहयोग आंदोलन में सम्मिलित होने के लिए प्रोत्साहित किया। भागलपुर में श्री दीपनारायण सिंह जैसे अमीर और आरामपसंद आदमी बैलगाड़ी पर चढ़कर देहातों के अंदर तिलक स्वराज्य फंड के लिए रुपए वसूल करते थे। श्री ब्रजकिशोर

प्रसाद अपनी सेवाओं और त्याग के लिए दरभंगा जिले के कोने-कोने में विख्यात थे। श्री राजेंद्र प्रसाद प्रधानमंत्री की हैसियत से जिले-जिले का दौरा कर असहयोग के मूल मंत्र का प्रचार करते और अपने त्याग, नैतिक बल और सेवाओं के द्वारा जनता के सम्मुख अपने स्वाभाविक ऊँचे नैतिक स्तर का दृष्टांत उपस्थित करते। इन बातों का प्रभाव सारे प्रांत पर पड़ा और सारे प्रांत में, शहरों अथवा गाँवों में, सर्वत्र ही एक बार असहयोग आंदोलन की प्रगति बड़ी तीव्रता से बढ़ी।

आम जनता के उत्साह एवं स्फूर्ति की लहर बहुत दिनों तक एक तरह की नहीं रहती, और न रखी ही जा सकती है। इस गूढ़ सिद्धांत की शिक्षा हमें असहयोग आंदोलन की भिन्न-भिन्न अवस्थाओं से प्राप्त होती है। कराची प्रस्ताव लेकर जब मौलाना मोहम्मद अली और शौकत अली की गिरफ्तारी हुई, तब सारे देश में जैसे बिजली दौड़ गई। लोगों के उत्साह और जोश की सीमा न थी। जिस फतवा के लिए उनकी गिरफ्तारी और सजा हुई थी, वह फतवा हजारों की संख्या में सभाएँ कर सर्वत्र ही दुहराया गया, पर सरकार ने किसी पर भी मुकदमा न चलाकर लोगों के उत्साह को ठंडा कर दिया। कहना नहीं होगा कि उन सभाओं में हिंदू-मुसलमान का भेदभाव न था। उसी फतवे के कारण जगद्गुरु श्री शंकराचार्य गिरफ्तार होकर मुंगेर जेल में रखे गए थे। असहयोग आंदोलन में हिंदुओं और मुसलमानों के बड़े-बड़े धर्मरक्षक कंधे-से-कंधे मिलाकर भाग लेते थे। उन्होंने सम्मिलित रूप से इसे आगे बढ़ाने में मदद दी। असहयोग आंदोलन का प्रभाव मजदूरों पर भी कम न पड़ा। यहाँ पर गिरीडीह के कोयले की खानों में काम करनेवाले मजदूरों के संबंध में कुछ शब्द कह देना आवश्यक जान पड़ता है। चूँकि कोयले की सरकारी खानें इसी इलाके में पड़ती थीं और सरकार की ओर से मजदूरों के साथ अत्यंत कड़ा व्यवहार किया जाता था, इसलिए वहाँ के मजदूरों में पर्याप्त मात्रा में असंतोष बढ़ा। परिणामस्वरूप मजदूरों के मुलूस पर गोलियाँ चलाई गईं और बहुत से प्रमुख व्यक्ति गिरफ्तार कर लिये गए। प्रांतीय कांग्रेस कमेटी दफ्तर में जब इस घटना की सूचना पहुँची तो गिरीडीह के लोगों को ढाड़स देने के लिए मैं भेजा गया। उस समय का एक दृश्य आज भी मुझे याद है। पुलिस अफसर डाकबँगले में डेरा जमाए हुए थे और एक सब इंस्पेक्टर अपनी वरदी पहनकर बगल में पिस्तौल लगाए शान से डाकबँगले के बरामदे पर एक किनारे से दूसरे किनारे तक चक्कर काट रहा था। मुझे देखकर वह पिस्तौल पर हाथ ले गया और गालियाँ देता हुआ, उसी तरह चहल-कदमी करता रहा। यही सब इंस्पेक्टर आगे चलकर तरक्की कर डी.एस.पी. हो गया। जब 1930-34 का सत्याग्रह चल रहा था, तब इसी ने बिहपुर के सत्याग्रहियों के प्रति बहुत से अमानुषिक कार्य किए थे।

पिछड़े जिलों में असहयोग आंदोलन के फैलने से यहाँ की विदेशी सरकार बहुत घबड़ाती थी। गिरीडीह छोटानागपुर का एक हिस्सा था, इसलिए सरकारी अफसर इस

बात को बरदाश्त नहीं कर सकते थे कि यहाँ आंदोलन बढ़े। संथाल परगने में भी ठीक इस नीति का पालन किया गया। यदि कोई स्वयंसेवक रात में किसी किसान के यहाँ ठहर जाता तो उस पर आपत्ति के बादल टूट पड़ते। उसके खेत छीन लिये जाते और सरकार के द्वारा उसे तरह-तरह की तकलीफें दी जातीं। वहाँ के लोगों में उत्साह कायम रखने के लिए मुजफ्फरपुर के वकील श्री श्यामाचरण भेजे गए, पर कुछ ही दिनों के बाद वे गिरफ्तार हो गए। यह सूचना पाते ही मैं दुमका गया और उनसे जेल में मैंने मुलाकात की। लोगों में इतना अधिक आतंक फैल गया था कि मुझे मोटर में जगह पाने में भी दिक्कत हुई। कुछ देर के लिए एक धर्मशाला में बैठने के लिए जगह मिल गई थी। वहाँ से जब मैं जाने को ही था कि दुमका छोड़ने के लिए मुझे 144 दफा की नोटिस दे दी गई।

डाल्टेनगंज के बहुत से कार्यकर्ता भी गिरफ्तार किए गए। वहाँ भी मुझे जाना पड़ा स्वर्गीय देवकी बाबू की वजह से वहाँ के जेल सुपरिंटेंडेंट ने मुझे सत्याग्रहियों से मिलने के लिए जेल के अंदर जाने दिया। यह बात जब वहाँ के डिप्टी कमिश्नर को मालूम हुई तो जेल के अधिकारियों पर वह बहुत बिगड़ा। देवकी बाबू से भी उसका झगड़ा हो गया था, पर उन दिनों कौंसिलों के मेंबरों की इज्जत की जाती थी और देवकी बाबू केवल कौंसिल के मेंबर ही न थे, वरन् उनकी पहुँच उस समय के गवर्नर लार्ड सिन्हा तक भी थी, इसलिए यह झगड़ा आगे न बढ़ सका।

(बिहार, अगस्त-दिसंबर 1948)

□

संशय के क्षण

महात्मा गांधी के नेतृत्व में बारदोली में लगानबंदी की तैयारी होने लगी। यह निश्चय हुआ कि बारदोली के लोग लुट जाएँ, उनकी जमीन उनके हाथों से निकल जाए और उनके बच्चे दाने-दाने के लिए भूखों तड़पें; पर लगान में एक पैसा भी न दिया जाए। जिस समय महात्मा गांधी इस प्रकार बारदोली की जनता को तैयार कर रहे थे, उस समय हमारे सूबे में भी उसकी प्रतिक्रिया हो रही थी। अहमदाबाद से लौटने के बाद प्रांतीय कांग्रेस समिति की बैठक हुई, जिसमें बिहार के सभी जिले के लोगों ने उत्साहपूर्ण बातें कहीं। जगत बाबू का एक प्रस्ताव इस आशय का था कि विक्रम के इलाके में हमारे प्रांत में लगानबंदी का आंदोलन प्रारंभ किया जाए। सारण जिले के श्री नारायण प्रसाद सिंह ने अपने जिले के बसंतपुर थाने को सत्याग्रह के लिए उपयुक्त बतलाया। सत्याग्रहवाले इलाकों में रहनेवाले लोगों के लिए तीन बातें अनिवार्य थीं—1. पूर्ण अहिंसा का पालन, 2. चरखा चलाना, 3. केवल खादी का ही व्यवहार करना। इसी दृष्टिकोण को सम्मुख रखकर प्राय: प्रत्येक जिले में ऐसे स्थानों के नाम रखे गए, पर कोई भी उस कसौटी पर टिकने योग्य नहीं पाया गया। बाद में यह निश्चित हुआ कि जब बारदोली में लगानबंदी का सत्याग्रह छिड़े तो अपने प्रांत में शांति कायम रखने के लिए अधिक-से-अधिक प्रयत्न किया जाए।

बारदोली में सरकार ने दमन-चक्र प्रारंभ कर दिया। वहाँ के लोगों को डराने और उनसे जबरदस्ती कर वसूल करने के लिए पठान सिपाही भरती किए गए। उनके अत्याचारों की खबरें अखबारों के द्वारा सारे देश में फैल जातीं और लोगों के दिलों में एक भीषण बेचैनी घर कर जाती। बारदोली पर किए गए अत्याचारों की प्रतिक्रियाएँ जैसे सारे देश में बिजली की तरह एक साथ ही फैल जातीं और लोग मन मसोसकर रह जाते। महात्माजी बारदोली में व्यस्त थे और ऐसी आशा बँध ही रही थी कि अब सारे देश में नए रूप से सत्याग्रह शीघ्र ही प्रारंभ कर दिया जाएगा, परंतु इसी बीच में चौरीचौरा (गोरखपुर जिला) का हत्याकांड हो गया। चौरीचौरा में जनता के एक दल ने पुलिस थाने

पर चढ़ाई की और उस समय वहाँ पुलिस के जितने लोग मौजूद थे, उन्हें किरोसन तेल की सहायता से आग लगाकर जला दिया गया। यह भयानक समाचार जब महात्माजी के पास पहुँचा, उन्होंने शीघ्र ही आंदोलन बंदी की घोषणा कर दी। कांग्रेस कार्यकारिणी की एक बैठक बारदोली में ही बुलाई गई और उसमें चौरीचौरा के हत्याकांड पर खेद प्रकट करने तथा सत्याग्रह स्थगित करने के प्रस्ताव स्वीकृत किए गए। ऐसा होते ही देश का वायुमंडल बदलने लगा। महात्माजी ने अपनी गिरफ्तारी पर लोगों को शांत रहने का आदेश दिया था। उस आदेश का अक्षरशः पालन हुआ, यह कहना कठिन है। शांति कुछ अंशों में महात्मा गांधी के आदेशानुसार अवश्य रही, पर कुछ अंशों में सरकार के बढ़ते हुए दमन के कारण भी बनी रही। देश के जितने बड़े-बड़े नेता थे, सभी जेलों के अंदर दाखिल हो चुके थे। चौरीचौरा कांड और सत्याग्रह का स्थगित होना जेल गए नेताओं को पसंद नहीं आया। विरोधात्मक खबरें भी जेलों से आईं, पर महात्माजी ने उन पर ध्यान नहीं दिया।

कुछ दिनों तक हमारे प्रांत में जैसे सन्नाटा छा गया। मानव प्रवृत्ति में बहुत सी दुर्बलताएँ रहती हैं। वे बहुत अंशों में परिस्थितियों के कारण या तो छिपी रहती हैं, अथवा धीरे-धीरे बाहर निकलती हैं। उन दुर्बलताओं का ज्ञान धीरे-धीरे परिस्थितियों के परिवर्तन की अवस्था में होने लगा। असहयोग आंदोलन जब तक अपने ओज पर था, ऐसा मालूम पड़ता था जैसे हमारी दुर्बलताएँ सदा के लिए नष्ट हो गईं। उस समय जान पड़ा जैसे हिंदू-मुसलिम ऐक्य एवं सद्भावना सदा के लिए कायम हो गई और संसार की कोई भी शक्ति इसे विचलित नहीं कर सकती। सारे राष्ट्र में केवल रामराज्य की कल्पना नहीं, वरन् उसका आभास भी अनुभव होने लगा। पर गांधीजी की कैद के बाद हमें इस बात का प्रत्यक्ष अनुभव होने लगा कि हमारी धारणा कितनी गलत थी।

देश में जो घटनाएँ घट रही थीं, उन्हें समझने-बूझने में ही सन् 1922 ई. का पूर्वार्द्ध समाप्त हो गया। राजनीति के दाँव-पेंच में कौन सा कदम आगे रखा जाए, यह निश्चित करना कठिन हो गया। बड़े-बड़े नेता जेल के अंदर थे। जहाँ-तहाँ सत्याग्रह की बातें चलती थीं, पर वायुमंडल प्रतिदिन क्रमशः दूषित होना प्रारंभ हो गया था। जैसे-जैसे महीने बीतते गए, बड़े-बड़े नेताओं की रिहाइयाँ होने लगीं। मई महीने में लखनऊ में अखिल भारतीय कांग्रेस कमेटी की बैठक हुई। देशबंधु श्री चितरंजनदास, नेहरूजी, हकीम अजमल खाँ साहब प्रभृति सज्जन उसमें सम्मिलित हुए। अपने प्रांत से राजेंद्र बाबू तथा ब्रजकिशोर बाबू के साथ हम लोग भी शामिल होने लखनऊ पहुँचे। सत्याग्रह स्थगित कर देने से कुछ नेताओं के दिलों में बड़ा क्षोभ हुआ और तत्संबंधी उद्गार भी प्रकट किए गए; पर आगे चलकर किस नीति का अवलंबन किया जाए, यह कहना कठिन जान पड़ता था। प्रस्तावों में सत्याग्रह का किसी-न-किसी रूप में कायम रखना

आवश्यक था। लोगों का ध्यान कौंसिल और लोकल बॉडीज की ओर गया। उस समय, जो लोग कौंसिलों में गए थे तथा जिन मंत्रियों के द्वारा राष्ट्र का शासन चल रहा था, उनके द्वारा देश को लाभ न होकर हानि हो रही थी। ऐसी दशा में कुछ नेताओं के मन में यह बात गड़ गई कि उस समय के कौंसिलों के मेंबरों तथा प्रांत के मंत्रियों को हटाकर कौंसिलों की सारी सीटें कांग्रेस अपने हाथ में कर ले। उसका स्वाभाविक परिणाम यह होता कि कौंसिलों के द्वारा देश के शासन का खोखलापन सारे संसार के सामने प्रकट हो जाता और कौंसिलें आप-ही-आप नष्ट हो जातीं। इस विषय को लेकर एक समिति बनी, जिसके अधीन सत्याग्रह के संबंध में जाँचकर एक रिपोर्ट प्रकाशित करने का काम सुपुर्द हुआ। इस समिति के अध्यक्ष हकीम अजमल खाँ साहब और सदस्यगण सर्वश्री दास, नेहरू, विट्ठलभाई पटेल, राजगोपालाचारी और जमनालाल बजाज हुए। बजाजजी ने जब समिति की सदस्यता अस्वीकार की तो उनके स्थान पर मद्रास के प्रसिद्ध अंग्रेजी दैनिक 'हिंदू' के मालिक कस्तूरी रंगास्वामी चुने गए। उपर्युक्त समिति ने सभी प्रांतों का भ्रमण किया और वहाँ के कार्यकर्ताओं की गवाहियाँ लीं। बिहार में भी वह समिति आई। हकीम साहब मि. यूनुस की कोठी में ठहरे और समिति की बैठक बाजाप्ते वहीं हुई। वहीं लोगों की गवाही हुई। गवाहों में मैं भी था। मेरा विचार था कि देश सत्याग्रह के लिए तैयार नहीं है और वायुमंडल भी उसके उपयुक्त नहीं रहा। समिति ने बहुत सी सिफारिशों के साथ अपनी रिपोर्ट पेश की। उस पर वाद-विवाद शुरू हो गया। पहले तो बड़े-बड़े नेताओं के बीच बहसें होती रहीं। बाद कार्यकारिणी समिति के सदस्यों में। फिर अखिल भारतीय कांग्रेस कमेटी के सम्मुख वह रिपोर्ट रखी गई। कमेटी में दो विचार के लोग हो गए। सत्याग्रह समिति ने कौंसिल-प्रवेश के संबंध में दो सिफारिश की, वह सर्वसम्मत न थी। छह सदस्यों में तीन ने कौंसिल-प्रवेश के पक्ष में और तीन ने विपक्ष में राय दी। यहीं से स्वराज्य पार्टी की नींव डाली गई। निश्चित हुआ कि आगामी गया कांग्रेस में इस विषय का निर्णय किया जाए। तब तक और-और प्रस्तावों के अनुसार काम चले। बात यह थी कि कौंसिल का चुनाव 1923 ई. में होनेवाला था, इसलिए कौंसिल-प्रवेश संबंधी कार्य में किसी प्रकार की जल्दबाजी करने की आवश्यकता न थी।

गया कांग्रेस के अधिवेशन की जवाबदेही बिहार प्रांतीय कांग्रेस कमेटी पर थी। पर चूँकि स्वागत-समिति बनाने के पहले बहुत सी बातों की जानकारी आवश्यक थी, इसलिए एक छोटी सी अस्थायी समिति बना दी गई और उसके अधीन प्रारंभिक प्रबंध का भार सौंप दिया गया। मैं सहायक मंत्री की हैसियत से इस समिति में रखा गया। साथ ही विचार यह हुआ कि कांग्रेस की बैठक गया में हो और मैं वहीं जाकर स्वागत समिति का दफ्तर खोल दूँ। इसी प्रस्ताव के अनुसार मैं गया चला गया। कार्यों की सुविधा के अनुसार कुछ दिनों के उपरांत प्रांतीय कांग्रेस कमेटी का ऑफिस भी गया में ही चला गया।

गया में कांग्रेस का अधिवेशन हो, इस निर्णय में मेरा भी हाथ था। बात यह थी कि धन के लिहाज से गया प्रांत का एक प्रमुख जिला था। रेलवे का एक बड़ा जंक्शन होने के कारण समस्त भारत के प्रतिनिधियों को वहाँ आने में काफी सुविधा थी। असहयोग आंदोलन में गया नगर का हाथ भी कम न था। इन बातों के अतिरिक्त गया भारत का एक अत्यंत पवित्र तीर्थस्थान है। वहाँ समस्त भारत के हिंदू प्रतिवर्ष तीर्थ करने के भाव से आते हैं और उनकी संख्या लाखों तक पहुँच जाती है। पुराने गया में यात्रियों के ठहराने के लिए बहुत से ऐसे मकान हैं, जो जाड़े के दिनों में, जबकि कांग्रेस का जलसा होता, खाली रहते। इसके अतिरिक्त नल की वजह से पानी की सुविधा भी मिल जाती। मनोविज्ञान की दृष्टि से भी गया में ही कांग्रेस का अधिवेशन अधिक उचित जान पड़ा। वहाँ भगवान् बुद्धदेव ने दैवी प्रकाश प्राप्त किया था। ऐसे तो मध्यकालीन भारत के इतिहास में बिहार समस्त भारत का अत्यंत वैभवशाली एवं ज्योतिर्मय केंद्र रहा है। मध्यकालीन एशिया के इतिहास में मगध ने एशिया के समस्त राष्ट्रों को संस्कृति, धर्म, ज्ञान एवं प्रकाश दिया था। ऐसे तो कांग्रेस का अधिवेशन पटना में भी बड़ी खूबी के साथ संपन्न हो सकता था। बिहार की राजधानी पटना और सुविधाओं की दृष्टि से भी गया की अपेक्षा कम न था। ऐतिहासिक दृष्टिकोण से भी दिल्ली के अतिरिक्त भारत का कोई भी नगर पटना से होड़ नहीं ले सकता था। पटना की धरती में चंद्रगुप्त, बिंबसार, अशोक के महान् साम्राज्य अनंत निद्रा में सो रहे हैं। पाटलिपुत्र की छाती में समस्त मगध और इसलिए समस्त एशिया के वैभव का इतिहास एवं ज्ञान की धारा विश्राम ले रही है। फिर भी कांग्रेस के अधिवेशन के लिए गया ही अधिक उचित जान पड़ा। कांग्रेस उस समय अनिर्णय एवं असंदिग्धता के भँवर में पड़ गई थी। उसे एक निश्चित कार्यक्रम, एक दैवी-प्रेरणा एवं प्रकाश की आवश्यकता थी; और उस प्रेरणा तथा प्रकाश के लिए अशोक के वैभवशाली पाटलिपुत्र की आवश्यकता नहीं, वरन् उस भूमि की आवश्यकता थी, जिसने भगवान् बुद्धदेव को ज्ञान की ज्योति दी थी। कांग्रेस अधिवेशन के गया में किए जानेवाले हमारे निर्णय के भीतर एक मनोवैज्ञानिक चेतना सर्वथा जाग्रत् थी।

(बिहार, जनवरी 1949)

□

गया कांग्रेस

गया अधिवेशन की तैयारियाँ शुरू हुईं। प्रारंभ में लोगों ने बहुत उत्साह दिखलाया, पर रुपए की कमी बनी रही। रुपए देने के वचन तो नित्य ही मिलते, पर उन वादों के अनुसार रुपए वसूल नहीं हो पाते थे। कितने दिनों तक यह व्यवस्था चलती रही। पर इससे काम तो चलने को न था। कांग्रेस अधिवेशन के लिए कम-से-कम दो-ढाई लाख रुपए इकट्ठा करना आवश्यक था। बहुत तरह के बजट बने, पर चाहे जैसा भी बजट क्यों न हो उपर्युक्त रकम से कम में अधिवेशन की सफलता की संभावना न थी। हमारे सामने अहमदाबाद कांग्रेस अधिवेशन का उदाहरण था। वैसा अधिवेशन चाहे न भी हो, पर उससे निकट पहुँचता हुआ अधिवेशन तो होना ही चाहिए। स्थान का चुनाव हुआ। गया रेलवे स्टेशन से तीन-चार मील की दूरी पर बोधगया के रास्ते में फल्गू नदी के किनारे पर स्थित एक बागीचे में कांग्रेस नगर बसाने का निश्चय हो गया। वह स्थान केंदुई नामक गाँव था। केंदुई के रहनेवाले ग्रामीण भाइयों ने अधिवेशन के लिए जमीन मुफ्त देने का वादा किया। नक्शा तैयार होने लगा। पंडाल और नगर का मानचित्र बना, पर रुपए की कमी के कारण काम तेजी से बढ़ नहीं सकता था। हमारे सामने एक जटिल प्रश्न खड़ा हो गया।

अर्थाभाव की जटिलता सुलझाने के लिए अस्थायी स्वागत समिति की एक विशेष बैठक गया में बुलाई गई। निश्चय यह हुआ कि हम लोग छह-सात जने मिलकर अपनी व्यक्तिगत जवाबदेही पर बैंक से पचास हजार रुपए कर्ज ले लें और इसी के द्वारा प्रारंभ में काम चलाया जाए। जब आगे चलकर रुपए आने लगेंगे, तब यह कर्ज अदा कर दिया जाएगा। सभी ने यह बात स्वीकार की और बैंक भी रुपए देने को राजी हो गया। फिर क्या था, काम तेजी से आगे बढ़ने लगा। राजेंद्र बाबू, ब्रजकिशोर बाबू आदि प्रांत के सभी बड़े-बड़े नेता प्रत्येक जिले में घूम-घूमकर धन-संग्रह के काम में जुट गए।

राजेंद्र बाबू तो कभी हाथी पर, कभी इक्के पर, कभी खटोली पर बैठकर गया जिले के गाँवों में जाने लगे और धनी-मानी लोगों से मिलकर उनसे वादे लेने लगे।

राजाबहादुर अमावाँ और महाराज कुमार टेकारी जिले के धनी लोगों में अग्रगण्य थे। टेकारी का विचार बहुत कुछ राष्ट्रीय प्रवृत्ति का था। एक-दो बार पहले उनसे राष्ट्रीय सभाओं में योगदान भी मिला था, पर उनके हाथ में नकद पैसा रहना मुश्किल था। उनसे वादा मिला कि कांग्रेस अधिवेशन के लिए जितने बाँसों की आवश्यकता हो, राज्य के जंगलों से कटवाकर मँगवा लिये जाएँ। अमावाँ से भी चार हजार रुपए का वादा मिला और वे रुपए आगे चलकर मिल भी गए। छोटे-बड़े सभी जमींदारों ने यथेष्ट रूप से धन देने का वादा किया। अधिवेशन ज्यों-ज्यों नजदीक होता गया, रुपए वसूल होते गए।

नियमानुकूल जब मेंबरों की संख्या पर्याप्त हो गई, तब स्वागत समिति के अधिकारियों का चुनाव कर देने का निश्चय हुआ। जिस दिन बैठक होने को थी, उसके एक दिन पहले गया के रईस राय हरिप्रसादजी ने दो सौ सदस्यों के नाम से पाँच हजार रुपए दिए। उनका विचार था कि इतना अधिक सदस्य बना देने पर स्वागत समिति के अध्यक्ष के चुनाव में उन्हें सहूलियत होगी। यह बात जब राजेंद्र बाबू और ब्रजकिशोर बाबू को मालूम हुई, तब इस बात पर विचार होने लगा कि इस नीयत से चंदा देनेवाले का धन लेना उचित है अथवा नहीं। पाँच हजार रुपए रख लिये गए थे अवश्य, पर अभी रसीद काटी नहीं गई थी। अंत में बहुत सोच-विचार कर यह निर्णय हुआ कि इस प्रकार के धन का लेना जायज नहीं और राय हरिप्रसादजी को उनके पाँच हजार रुपए लौटा दिए गए। स्वागत समिति के चुनाव में ब्रजकिशोर बाबू सर्वसम्मति से स्वागताध्यक्ष चुने गए। राजेंद्र बाबू प्रधानमंत्री तथा श्री मुकुटधरी प्रसाद, मो. बदरुल हक, श्री कृष्णप्रकाश सेन सिंह, श्री गौरीशंकर सिंह और मैं सहायक मंत्री हुए। स्वागत समिति में मेरे इतने साथी थे, पर ऑफिस में रहकर काम करने की जवाबदेही मेरी ही रही। इनमें कुछ तो देहातों में घूमकर रुपए वसूलने लगे और अधिवेशन के दिनों में थोड़ा-बहुत काम भी करते रहे, पर राजेंद्र बाबू के बीमार हो जाने से सारा काम मेरे ही सिर आ गया। इस सिलसिले में महाराज दरभंगा के दान की चर्चा आवश्यक जान पड़ती है। महाराज और ब्रजकिशोर बाबू आपस में खिंचे-से रहते थे। पर चूँकि कांग्रेस का अधिवेशन बिहार में होने जा रहा था, तब महाराज से भी कुछ दान मिलना चाहिए। यह प्रस्ताव लेकर ब्रजकिशोर बाबू उनसे मिले। महाराज ने पाँच हजार देने का वादा किया और शीघ्र ही एक कर्मचारी से रुपए मँगवाए। हजार-हजार रुपए के नोट ब्रजकिशोर बाबू के हाथों में दिए गए। उन्होंने नोटों की गिनती नहीं की। जब वे गया आए तो उसी प्रकार से लिपटे हुए नोट यह कहते हुए कि पाँच हजार रुपयों के नोट दरभंगा महाराज का गुप्तदान है, मुझे दे दिए। दफ्तर में आने पर जब मैंने नोटों को गिना तो पाँच के बदले छह नोट मुझे मिले। शीघ्र ही ब्रजकिशोर बाबू के पास जाकर उनसे मैंने यह बात कह दी। उन्होंने मुझे केवल पाँच हजार रुपयों का हिसाब लिख लेने को कहा, एक हजार का नोट महाराज

को लौटाने के लिए वापस ले लिया। दरभंगा जाने पर जब उन्होंने महाराज को एक हजार रुपए लौटाए तो महाराज ने हँसकर कहा, जब ये रुपए आपके पास चले गए तो इन्हें आप ही रख लें। पीछे मालूम हुआ कि महाराजा के हृदय पर इस घटना का बहुत प्रभाव पड़ा।

रुपए भी मिलने लगे थे और अधिवेशन के दिन समीप पहुँच चुके थे। फिर भी हमारी कठिनाइयाँ कम न थीं। फल्गू के किनारे कांग्रेस नगर बनाने का विचार था। उस समय गया के कलक्टर मिस्टर ब्रेट थे। ब्रेट साहब नौकरशाही के एक जबरदस्त अफसर समझे जाते थे। वे उन सिविलियनों में थे, जो भारत में अंग्रेजी राज्य के जबरदस्त हामी हुआ करते थे। कांग्रेस अधिवेशन के कार्य में बाधाएँ उपस्थित करना उनके लिए स्वाभाविक बात थी। फल्गू नदी के किनारे कांग्रेस नगर बनाने के वे खिलाफ थे। जहाँ पर नगर बना था, उसके नीचे ही गया की पानीकल थी। उनका उज्र यह था कि पानीकल के ऊपर कांग्रेस नगर बसाने से गंदगी फैलेगी, लोग नदी में ही मलमूत्र त्याग करेंगे और वही गंदा पानी पानीकल के कुएँ में चला जाएगा और इससे बीमारी फैलने का डर बढ़ जाएगा। उनका विचार था कि कांग्रेस नगर वहाँ न बने और इस बात की सिफारिश उन्होंने स्थानीय सरकार के पास भेज दी और हम लोगों को सरकारी हुक्म का इंतजार करने को कहा।

बहुत दिन बीत गए। गया शहर के आस-पास दूसरा कोई ऐसा स्थान नजर नहीं आता था, जहाँ कांग्रेस नगर बसाया जाए। स्थान-परिवर्तन पर इस बात का भी भय था कि कांग्रेस का अधिवेशन निश्चित समय के भीतर न हो सकेगा। हम लोग बहुत असमंजस में पड़े थे कि एक दिन बिहार के एक्जिक्यूटिव कौंसिल के मेंबर मिस्टर मैकफर्सन ब्रेट साहब के साथ जमीन देखने के लिए वहाँ पहुँच गए। बहुत कठिनाइयों के बाद अंत में हमारी बात रह गई और उसी स्थान पर कांग्रेस नगर बसाने का निश्चय हो गया।

दूसरी कठिनाई मिस्टर ब्रेट की ओर से पानी के संबंध में पहुँचाई गई। उस समय मौलाना मुख्तार अहमद गया म्यूनिसिपलिटी के चेयरमैन और श्री मुकुटधारी प्रसाद वाइस चेयरमैन थे। ब्रेट साहब का इस बात पर जोर था कि शहर को पानी मिलने में दिक्कत न हो, इसलिए कांग्रेस नगर को पानी पहुँचाने के ऊपर काफी निगरानी रही और पानीकल कुछ ही घंटों तक खुली रहे। मुख्तार अहमद साहब कलक्टर की बातों से काफी प्रभावित हो गए थे और ब्रेट साहब की इच्छा के अनुसार ही काम करना चाहते थे; पर वाइस चेयरमैन हमारी ओर थे और चेयरमैन की इच्छा के खिलाफ पानी के टैंक की चाभी उन्होंने अपने कब्जे में कर ली थी। चेयरमैन साहब की भी हिम्मत खुल्लमखुल्ला हमारे खिलाफ चलने की न थी। इसलिए ब्रेट साहब की इच्छा के विरुद्ध भी पानी के संबंध में कोई भी अड़चन न पड़ी।

उपर्युक्त दो मामलों में जब ब्रेट साहब को मुँह की खानी पड़ी तो उन्होंने तीसरा

पासा फेंका। बात यह थी कि जहाँ कांग्रेस का अधिवेशन होता था, खिलाफत कमेटी की बैठक भी वहीं होती थी। गया में खिलाफत कमेटी के लिए कैंप खड़ा करने का प्रबंध काजी अहमद हुसैन के हाथ में था। म्यूनिसिपलिटी से उनको पानीकल के कंपाउंड में ही कैंप खड़ा करने का हुक्म मिल गया। ब्रेट साहब को जब यह बात मालूम हुई तो उन्होंने इसके विरुद्ध हुक्म निकाला। परिस्थिति गंभीर हो गई। सरकार और खिलाफत कमेटी के बीच में तनातनी हो गई। उस समय काजी अहमद हुसैन की बहादुरी का परिचय हमें मिला। पानीकल के हाते में ही वे कैंप बनाने के लिए तैयार हो गए। चाहे इसका जो भी परिणाम हो, वे सबकुछ सहने को तैयार थे। लिखा-पढ़ी से काम चलते न देखकर उन्होंने सत्याग्रह करने का निश्चय कर लिया। इसके लिए स्वयंसेवकों की तैयारी का काम जोरों से चल पड़ा। जब सरकार को इन बातों का पता चला तो उसने परिस्थिति सँभाल ली और खिलाफत कमेटी का जलसा वहाँ हो, यह बात स्वीकार कर ली।

गया अधिवेशन श्रीयुत देशबंधु चितरंजन दास के सभापतित्व में होनेवाला था। जिस दिन देशबंधु गया पहुँचनेवाले थे, उस दिन एक बहुत बड़ा जुलूस निकालने की तैयारी हो रही थी। सुबह जो मैं इस काम में लगा तो खाना-पीना सब छूट गया। शाम को देशबंधु दास को उनके ठहरने के स्थान पर पहुँचाकर मैं राजेंद्र बाबू के समीप सभी बातों की रिपोर्ट देने आया, कारण उस दिन दमे का जोर हो जाने और बुखार आ जाने के कारण राजेंद्र बाबू अपने कमरे से बाहर निकलने में असमर्थ थे। पहले देशबंधु दास को एक बंगाली जमींदार की कोठी में ठहराया गया था। वहाँ ठहरने में उनको आराम नहीं मिल रहा था, यह बात हम लोगों को शीघ्र ही मालूम हो गई। महाराज कुमार टेकारी का बँगला खाली था। पंडित मोतीलाल नेहरू ने उनका ही आतिथ्य स्वीकार किया था। देशबंधु को भी उन्होंने आमंत्रित किया था। राजनीतिक कारणों से देशबंधु को पंडित मोतीलालजी के साथ ही रहना आवश्यक जान पड़ा; और तब उन्होंने टेकारी के महाराज कुमार का आमंत्रण स्वीकार कर लिया और वे पंडित मोतीलालजी के साथ रहने लगे। उन दिनों श्री सुभाषचंद्र बोस एक नवयुवक सिपाही की हैसियत से देशबंधु के साथ उनके सेक्रेटरी के रूप में थे। देशबंधु की आवश्यकताओं को पूरा करने की जवाबदेही उनके ऊपर थी; और मुझे इस संबंध में उनसे मिलने और उनकी आवश्यकताओं की पूर्ति करने के मौके मिले थे।

देशबंधु दास और पंडित मोतीलालजी इस कोशिश में थे कि उनके विचार का समर्थन हो और इधर चक्रवर्ती श्री राजगोपालाचारी तथा उनके दल के लोग अपनी जीत के लिए प्रयत्नशील थे। महात्मा गांधी उस समय जेल में थे और महात्माजी के विचारों की विजय हो, ऐसा खयाल बहुतों को होता था। हमारे सूबे के भी कुछ लोग, जिनमें भागलपुर के स्वर्गीय श्री दीपनारायण सिंह प्रमुख थे, देशबंधु के विचार के हो गए थे।

सारा झगड़ा केवल इसी बात का था कि कौंसिल में जाया जाए या नहीं। देशबंधु दास तथा मोतीलालजी कौंसिल-प्रवेश के पक्ष में थे; उनके विपरीत श्री राजगोपालाचारी तथा उनका दल कौंसिल के बहिष्कार के पक्ष में था। दो वर्ष तक लगातार काम करने से लोग थक से गए थे। साथ ही कौंसिलों में जो लोग गए थे, उनके काम से असंतोष बढ़ता जा रहा था। यह बात जरूर थी कि कुछ लोगों को कौंसिल-प्रवेश एक नई चीज मालूम होती थी और उसमें जाने के लिए स्वभावतः उनका झुकाव हो गया था।

इसी मतभेद के कारण श्री जयकर जैसे लोग भी अपने प्रांत से प्रतिनिधि नहीं चुने जा सके। बिहार ने अखिल भारतीय कांग्रेस कमेटी के लिए उनको प्रतिनिधि चुन लिया, ताकि देश उनकी सलाहों से लाभ उठा सके। बंगाल, महाराष्ट्र और संयुक्त प्रांत कौंसिल-प्रवेश के पक्ष में झुक रहे थे; परंतु अन्य सूबों के प्रमुख नेता इस विचार के विरोधी थे और इसीलिए उनके सूबों में उनके विचारों के लोगों की संख्या काफी थी। देशबंधु का विश्वास था कि उनकी जीत हो जाएगी, परंतु विपरीत परिस्थिति में भी वे स्वराज्य पार्टी या कौंसिल में प्रवेश होनेवालों की एक पार्टी बनाने पर तुल गए थे। कांग्रेस के खुले अधिवेशन में इस विषय पर बहुत वाद-विवाद हुआ।

सभी सूबों के प्रमुख व्यक्तियों ने इसमें भाग लिया। कौंसिल-प्रवेश के पक्ष और विपक्ष में कितने ही महत्त्वपूर्ण भाषण हुए। प्रतिनिधियों को अपनी ओर खींचने के लिए जिन-जिन साधनों का प्रयोग किया जा सकता था, वे सभी किए गए। राष्ट्रपति ने प्रस्ताव के ऊपर वोट लेने के लिए एक अलग दिन निश्चित किया, ताकि वोट गिनने में गलती न हो। उनका ऐसा भी खयाल था कि सामूहिक रूप से वोट देने में लोग जमात के साथ चले जाते हैं। यदि हर सूबे का अलग-अलग वोट लिया जाएगा तो शायद जिनको डर या लिहाज से वोट देना पड़ता है, उनको कुछ विशेष स्वतंत्रता मिल जाएगी। मेरा अपना विचार कुछ-कुछ कौंसिल-प्रवेश के पक्ष में था; और जब-जब दोनों पक्षों के भाषण सुनता था, तब-तब मेरा विचार अनिश्चित और डाँवाडोल हो जाता था। कौन सा रास्ता सही है, यह समझने में कठिनाई हो जाती थी। यह बात जरूर थी कि उस समय देशबंधु का पक्ष मुझे भी व्यावहारिक जान पड़ा और सोचने लगा कि उनका साथ देना ही उचित होगा; पर अपने प्रांत के लोगों का विचार उनके विरुद्ध देखकर मैं इसी उधेड़ बुन में पड़ जाता कि वह रास्ता शायद ठीक नहीं है। इस तरह के तर्क-वितर्क बराबर ही उस समय मेरे मन में हो रहे थे; पर जब वोट देने का समय आया, तब कौंसिल-बहिष्कार के पक्ष में ही मैंने वोट दिया।

देशबंधु के साथ मैं काम कर चुका था। कितने महीने उनके साथ डुमराँव राज्य के मुकदमे में रहकर उनके सहायक वकील का काम करता रहा। इससे भी उनकी ओर मन स्वाभाविक रूप से खिंच जाता था। श्री श्रीनिवास आयंगर अब कांग्रेस में शरीक

हो गए थे। अपनी सी.आई.ई. की उपाधि छोड़कर एडवोकेट जनरल के पद से इस्तीफा दे, वे कांग्रेस में दाखिल हो गए। उनके साथ भी कितने महीने बहुत नजदीक रहकर मुझे काम करने का अवसर मिला था। उनका भी असर मुझ पर पड़ रहा था। फिर भी राजनीतिक क्षेत्र में पहला पग गांधीजी के नेतृत्व में ही रखने का शुभ अवसर प्राप्त हुआ था। उनकी अनुपस्थिति में और खासकर इस अवस्था में जबकि वे जेल में थे, उनके पक्ष को छोड़कर दूसरे पक्ष में योग देने की हिम्मत मुझमें न थी, चाहे वह पक्ष कितना ही सबल क्यों न हो। जहाँ तक मुझे स्मरण है, इस भाँति का तर्क-वितर्क मेरे मन में हुआ था और इसी से प्रभावित होकर मैंने कौंसिल-प्रवेश के विरोध में अपनी राय कायम की—वोट लेने पर देशबंधु की हार हुई और कांग्रेस का अधिवेशन समाप्त हुआ। राजेंद्र बाबू अगले साल के लिए मंत्री बने और अखिल भारतवर्षीय कांग्रेस कमेटी का दफ्तर पटना में आया। श्री ब्रजकिशोर प्रसाद कार्यकारिणी समिति के सदस्य हुए।

(बिहार, फरवरी 1949)

□

कौंसिल-प्रवेश का प्रश्न

गया कांग्रेस का अधिवेशन समाप्त हुआ और कुछ ही दिनों के भीतर वहाँ से सब सामान हटाकर उचित स्थान पर भेज दिया गया। जितना शीघ्र संभव था आवश्यक सामान रेलगाड़ी से पटना रवाना किया गया और वहाँ का काम समाप्त कर मैं पटना चला आया।

इधर चार-पाँच महीनों तक लगातार गया कांग्रेस के अधिवेशन में व्यस्त रहने के कारण एक दिन भी आराम करने का अवसर नहीं मिला था। इसका बुरा असर मेरे स्वास्थ्य पर पड़ा। राजेंद्र बाबू को अस्वस्थ रहने पर भी बहुत दौड़-धूप करनी पड़ी थी। उससे उनका स्वास्थ्य पहले से भी बिगड़ गया था। सलाह हुई कि हम लोग स्वास्थ्य-सुधार के निमित्त कुछ दिनों के लिए डिहरी चले जाएँ। अंत में ऐसा ही हुआ और पंद्रह दिनों के लिए हम लोग हवा-पानी बदलने के लिए डिहरी चले गए।

असहयोग आंदोलन जैसे-जैसे ढीला पड़ने लगा, वैसे-वैसे आपस में अविश्वास भी बढ़ने लगा। उन दिनों पटना से 'तरुण भारत' नामक हिंदी साप्ताहिक प्रकाशित होता था, जिसमें महात्माजी के 'यंग इंडिया' के लेखों के अनुवाद हिंदी में छपा करते थे। इसके पहले साप्ताहिक 'देश' का प्रकाशन शुरू हो गया था और वह 'सर्चलाइट प्रेस' में छपता था। असहयोग के दिनों में 'सर्चलाइट' का रुख आंदोलन के पक्ष में रहता था। यह बात उसके तत्कालीन डायरेक्टरों में से बहुतों को पसंद न थी। संपादक तथा मैनेजिंग डायरेक्टर में मतभेद हो जाने के कारण कुछ-न-कुछ आपस में संघर्ष हो जाया करता था। एक तरफ जहाँ राजेंद्र बाबू और ब्रजकिशोर बाबू की सारी शक्ति आंदोलन के पक्ष में थी, तो दूसरी तरफ श्री (अब डॉक्टर) सच्चिदानंद सिन्हा जैसे नरम विचारवाले डायरेक्टर भी थे। संपादक सर्वथा आंदोलन के समर्थक थे। अंत में यह बात तय पाई कि संपादक के कामों में हस्तक्षेप न किया जाए और 'सर्चलाइट' की नीति, जहाँ तक संभव हो, बीच के रास्ते से चलते की रहे। हाँ, साप्ताहिक 'देश' राजेंद्र बाबू के सुपुर्द कर दिया गया और उसकी सारी जवाबदेही भी उनके सिर पर थी। कुछ दिनों तक श्री बटुकदेव

शर्मा उसके संपादक रहे, पर किसी बात पर मतभेद हो जाने के कारण संपादक पद से वे हटा दिए गए। उन पर इसका बहुत बुरा असर पड़ा। द्वेष और क्रोध से प्रेरित होकर उन्होंने जैसे 'देश' के संचालकों से बदला लेने की प्रतिज्ञा कर ली। 'तरुण भारत' में वे ऐसे-ऐसे भद्दे लेख लिखने लगे, जिन्हें पढ़कर उनके आंतरिक क्रोध और द्वेष दोनों का ही रूप स्पष्ट झलकने लगता। 'तरुण भारत' का राजेंद्र बाबू तथा उनके साथियों पर विशेष रूप से आक्रमण होता था। श्री गणेशदत्त सिंह तथा उनके अनुयायियों के विरुद्ध रहनेवालों की खबर 'तरुण भारत' में बुरी तरह से ली जाती थी। यहाँ तक कि विरोधियों को गालियाँ तक दी जाती थी। 'तरुण भारत' के मालिक श्री नागेश्वर प्रसाद सिंह (उर्फ लाल बाबू) ऐसा करने का प्रोत्साहन दिया करते थे। प्रांत में प्रचलित जातिगत भेदभाव बढ़ाने का श्रेय यदि 'तरुण भारत' के मालिक और संपादक को दिया जाए तो अनुचित नहीं कहा जा सकता। आगे चलकर 'तरुण भारत' में एक लेख छापने के अपराध में श्री नागेश्वर प्रसाद सिंह को जेल की सजा भी मिली। दुर्भाग्य और शोक की बात यह हुई कि खूब स्वस्थ तथा अल्पवयस्क रहने पर भी नागेश्वर बाबू की असामयिक मृत्यु जेल में ही हो गई। उनके देहांत के बाद 'तरुण भारत' का चलना भी असंभव हो गया। किंतु श्री बटुकदेव शर्मा के आघात किसी-न-किसी प्रकार चलते रहे।

कौंसिल-प्रवेश का प्रश्न उग्र रूप धारण कर चुका था। स्वराज्य पार्टी की स्थापना के बाद कुछ महीने तक कौंसिल-प्रवेश के पक्ष में तीव्र आंदोलन चलता रहा। देशबंधु दास और नेहरूजी के प्रभावशाली व्यक्तित्व का व्यापक प्रभाव पड़ता जा रहा था। अखिल भारतीय कांग्रेस कमेटी की, जब कभी भी बैठक होती कौंसिल-प्रवेश के प्रश्न पर किसी-न-किसी रूप में वाद-विवाद चलता ही रहता था। राजाजी उसका विरोध करने के लिए तुले हुए थे; और अपने पक्ष में जनमत तैयार करने के लिए उन्होंने सारे देश का दौरा कर डाला। उनका भाषण कुछ इतना ओजपूर्ण होता था कि लोग प्रभावित हो ही जाते थे। कौंसिल-प्रवेश का समर्थन करना बड़ा आसान था। और स्वभावतः उसकी ओर हम लोगों का झुकाव हो जाता था। हमारे प्रांत में इस पक्ष के लोगों की संख्या बहुत कम थी। स्वराज्य पार्टी का प्रभाव जोर पकड़ता जा रहा था और जैसे-जैसे कौंसिल का चुनाव नजदीक आता गया, स्वराज्य पार्टी के सदस्यों की संख्या बढ़ती गई। हमारा प्रांत इससे अछूता न रहा; शफी साहब जैसे प्रभावशाली व्यक्ति भी उसके पक्ष में हो गए, और उनका साथ देनेवाले भी बहुतेरे थे।

खिलाफत आंदोलन हिंदू-मुसलिम एकता के लिए बड़ा लाभदायक सिद्ध हुआ था। जब तक कि आंदोलन अपने ओज पर रहा, हिंदू-मुसलमानों में एकता बनी रही। 'लासेन' के सुलहनामे के बाद खलीफा का अंत हो गया और अब खिलाफत की लड़ाई का भी कोई अर्थ नहीं रह गया। यों तो देश के नेता बराबर कोशिश करते रहे कि हिंदू-

मुसलमानों में मेल बना रहे; पर उनको सफलता के नाम पर कोई चीज मिली भी तो थोड़े ही दिनों के लिए। इधर-उधर से हिंदू-मुसलमानों में दंगे की खबरें अब आने लग गई थीं, और दंगों की संख्या उत्तरोत्तर बढ़ती ही गई।

गया कांग्रेस के बाद देशबंधु दास ने कांग्रेस के अध्यक्ष पद से इस्तीफा दे दिया; पर वह मंजूर नहीं हुआ और दोनों दलों ने आपस में तय कर लिया कि वह अप्रैल तक स्थगित रखा जाए। साथ ही यह भी तय पाया कि कौंसिल संबंधी वाद-विवाद भी बंद रखे जाएँ।

अप्रैल बीतने के बाद फिर अध्यक्ष के इस्तीफा का सवाल उठा। मई महीने में बंबई में अखिल भारतीय कांग्रेस कमेटी की बैठक हुई। अखिल भारतीय कांग्रेस कमेटी का दफ्तर पटना में चला आया था; और चूँकि राजेंद्र बाबू कांग्रेस के मंत्री थे, इस समय दफ्तर उनकी ही देख-रेख में था। श्री राजाराव सहायक मंत्री थे। उन्होंने कुछ महीनों की छुट्टी ली और अपना काम मेरे जिम्मे कर दिया था। प्रांतीय कांग्रेस कमेटी के काम के साथ ही मैं यह काम भी करता रहा। राजाजी के साथ दौरे पर राजेंद्र बाबू भी बाहर चले गए थे और बंबई के अधिवेशन में कार्यकारिणी समिति के सामने उन्होंने अपने दौरे की रिपोर्ट पेश की थी। उसी बैठक में स्वराज्य पार्टी ने एक प्रस्ताव रखा कि कांग्रेस के काम कुछ विभागों में बाँट दिए जाएँ। समिति ने यह प्रस्ताव स्वीकार नहीं किया। इसलिए अब अखिल भारतीय कांग्रेस कमेटी के सामने फिर यह प्रस्ताव पेश हुआ और वह मंजूर भी हो गया। मैं बड़े पशोपेश में था, किस ओर अपनी राय दूँ। खैर, स्थिति पर विचार करते हुए मैंने तटस्थ रहना उचित समझा। दोनों दलों में खींचतान बढ़ती जाती थी, पर मुझे देखते इस संघर्ष में कोई तथ्य नहीं था। हमारा प्रांत कौंसिल-विरोधी समझा जाता था। मुझे ऐसा लगा कि मेरा तटस्थ रहना कुछ लोगों को अखर गया था। अस्तु, प्रस्ताव स्वीकृत होने का प्रत्यक्ष परिणाम यह निकला कि कार्यकारिणी समिति से छह सदस्यों ने इस्तीफा दे दिया। वे सदस्य थे—सर्वश्री राजगोपालाचारी, ब्रजकिशोर प्रसाद, वल्लभभाई पटेल, गंगाधर देशपांडे और सेठ जमनालाल बजाज। पं. जवाहरलाल नेहरू ने बहुत कोशिश की थी कि लोग इस्तीफा वापस ले लें, पर जब लोग राजी न हुए तब मजबूर होकर इस्तीफा मंजूर कर दिया गया। देशबंधु दास का भी त्याग पत्र स्वीकार कर लिया गया।

नई कार्यकारिणी के अध्यक्ष हुए डॉ. अंसारी और नए सदस्यों में पं. जवाहरलालजी मंत्री, श्री पुरुषोत्तम दास टंडन और श्री ओमर शोमानी खजांची चुने गए। मैं तटस्थ रह गया था। इसलिए बिहार प्रांत की ओर से कार्यकारिणी समिति की बैठक हुई; नए सदस्यों का रुख मुझे पसंद नहीं पड़ा। श्री जमनालालजी के अधीन खद्दर विभाग था। खादी में जो रुपए लगे थे, उनका हिसाब नए खजांची ने लेना चाहा। इस बात का भी प्रस्ताव समिति के सामने रखा गया। समिति में कुछ ऐसी बातें हुईं, जो मुझे पसंद न आईं, पर

मैं किसी निश्चय पर नहीं पहुँच सका। कोई खास फैसला तो करना था नहीं, बैठक स्थगित हो गई। सहायक मंत्री के रूप में मैंने जो रिपोर्ट तैयार की थी, उसे इलाहाबाद जाकर पं. जवाहरलालजी को समझा दिया। अखिल भारतीय कांग्रेस कमेटी का नया दफ्तर हिवेट रोड पर एक किराए के मकान में रखा गया। पं. जवाहरलालजी ने वह दफ्तर मुझे दिखलाया। उन्होंने मुझे इलाहाबाद में ठहर जाने का बड़ा आग्रह भी किया, पर मैं अपना प्रांत छोड़ने के लिए तैयार न था। इसलिए जो कुछ कागज मेरे पास थे, उनके सुपुर्द कर मैं पटना वापस चला आया।

(बिहार, मार्च 1949)

□

नमक-सत्याग्रह

अब देश एक नए वातावरण में प्रवेश कर रहा था। हम यह देख चुके हैं कि कौंसिल-प्रवेश का लक्ष्य सिद्ध होते न देख कांग्रेस ने 1930 ई. के शुरू में ही कौंसिलों से इस्तीफा दे दिया था। अब तक देश में कांग्रेस की ओर से जितने भी आंदोलन चले थे, चाहे वे सक्रिय हों अथवा असहयोगात्मक, उनमें बहुत विश्वास न रखते हुए भी मैं बराबर शामिल होता आया था। कांग्रेस की निर्णय शक्ति और कार्यशक्ति में मुझे इतना अटूट विश्वास था कि उसके आदेशों को तर्क पर तौलने की मैंने कभी चेष्टा ही नहीं की। कौंसिल-प्रवेश का भी प्रश्न उठने पर मैं अपनी ओर से उसकी उपयोगिता अथवा अनुपयोगिता के संबंध में कोई निर्णय नहीं कर पाया था; वह तो कांग्रेस का जो भी निर्णय हुआ, उसी के पालन के लिए मैं मैदान में कूद पड़ा था। अब कौंसिलों से इस्तीफा देने के बाद महात्मा गांधी ने नमक-सत्याग्रह की घोषणा की। इस बार भी, नमक सत्याग्रह की घोषणा होने पर, मेरे मन में यह बात जमती न थी कि यह आंदोलन कोई विशेष रूप धारण कर सकेगा अथवा देश में ऐसी कोई स्थिति उत्पन्न कर सकेगा कि क्रांतिकारी परिवर्तन की आशा की जा सके। पर यह संकल्प-विकल्प मन तक ही सीमित रहा; यह आगे बढ़कर मेरे कार्यक्षेत्र में कोई बाधा नहीं दे सका। तो पिछले दिनों की ही तरह नमक-सत्याग्रह में जी-जान से पिल पड़ा।

सन् 1930 ई. का नमक-सत्यागह! किसे पता था कि यह आंदोलन एक दिन देशव्यापी रूप धारण कर लेगा और जनता को अंतिम संघर्ष के लिए तैयार कर देगा। शुरू-शुरू में स्वयं महात्मा गांधी ही नमक बनाकर नमक कानून तोड़नेवाले थे, और तब उनका आदेश मिलने पर ही अन्यत्र नमक कानून तोड़ा जा सकता था। अब नमक कानून तोड़ने के लिए गांधीजी का प्रसिद्ध डांडी-अभियान शुरू हुआ। पहले तो देश पर इसकी कोई खास प्रतिक्रिया नहीं हुई; परंतु ज्यों-ज्यों गांधीजी समुद्र की ओर बढ़ते गए, चारों ओर एक विचित्र उत्साह, एक विचित्र जागृति उत्पन्न होती गई। देश में उत्साह की एक ऐसी लहर दौड़ गई कि शहर-देहात सब जगह की जनता नमक कानून तोड़ने के लिए

उतावली हो उठी। और तभी महात्मा गांधी की स्वीकृति आई कि देश के सभी जिलों में नमक कानून तोड़ा जा सकता है।

महात्मा गांधी का आदेश मिलते ही नमक बनाने और इस प्रकार नमक कानून तोड़ने का काम चारों ओर शुरू हो गया। देखते-देखते यह आंदोलन हमारे प्रांत में सब जगह फैल गया। हमारे प्रांत में इस आंदोलन के संचालक थे राजेंद्र बाबू। वे चारों ओर घूम-घूमकर लोगों को सलाह-मशविरा देने लगे और सत्याग्रह में शामिल होने के लिए प्रोत्साहित करने लगे। गया जिले में नमक-सत्याग्रह कुछ देर में शुरू हुआ। परंतु एक बार शुरू होने पर उसने ऐसा व्यापक रूप पकड़ा कि छोटे से लेकर बड़े तक सभी उसके रंग में रँग गए। इस सत्याग्रह की सफलता का इससे बढ़कर और प्रमाण क्या हो सकता है कि गया जिले के अनेक जमींदारों ने, जो अब तक देश के स्वाधीनता आंदोलनों से बराबर अलग ही रहते आए थे, इस नमक-सत्याग्रह में जी खोलकर भाग लिया और इसके लिए जेल की सजा भी भोगी।

इस नमक-सत्याग्रह के सिलसिले में दो घटनाएँ तो आज भी कभी याद आ जाती हैं। एक घटना तो पटना नगर की है। कुछ लड़कों की एक टोली 'नमक कानून तोड़ दो' के नारे लगाते हुए शहर की ओर जा रही थी। बीच में सुलतानगंज थाने के पास पुलिस ने रोक दिया और पीछे लौट जाने को कहा। पर लड़के पीछे हटने के लिए किसी भी हालत में तैयार न थे। उधर लड़के तुले हुए थे और इधर पुलिस के अधिकारी भी तुले हुए थे कि आगे न बढ़ने देंगे। समस्या गंभीर होती गई। राजेंद्र बाबू के नाम जिला मजिस्ट्रेट का पत्र आया कि वे लड़कों को वहाँ से हट जाने के लिए कहें; उन दिनों आचार्य कृपलानी भी पटना आए हुए थे। सबकी राय हुई कि लड़के तिल भर भी पीछे क्यों हटें; और जिला मजिस्ट्रेट के पास लिखकर भेज दिया गया कि लड़के अपने स्थान पर डटे रहेंगे। खैर, घटनास्थल पर घुड़सवार सिपाही जा चुके थे। लड़कों को दबते न देख अंत में उन पर घोड़े दौड़ाने का आदेश दे दिया गया। सिपाहियों ने घोड़े दौड़ाए; पर लड़कों पर से होकर नहीं, बाहर से ही घोड़े दौड़ाते हुए वे निकल गए। अब इसका जनता पर इतना प्रभाव पड़ा कि चारों ओर लोग नमक बना-बनाकर कानून तोड़ने लगे। दूसरी घटना भागलपुर जिलांतर्गत बिहपुर की है। बिहपुर के लोगों पर कांग्रेस का प्रभाव अधिक था और वहाँ के निवासी कांग्रेस के आंदोलनों में सदा से ही भाग लेते आए थे। इस बार नमक-सत्याग्रह के अवसर पर सरकार ने वहाँ के कांग्रेस आश्रम को जब्त कर लिया और स्वयंसेवकों को बाहर निकाल दिया। सरकार के इस आचरण से चारों ओर क्षोभ फैल गया और बिहपुर के कर्मठ एवं देशभक्त निवासियों ने आश्रम पर फिर से कब्जा करने के लिए सत्याग्रह करने का निश्चय किया। इसके संबंध में प्रांतीय कांग्रेस कमेटी की राय माँगी गई थी। हम लोग वहाँ पहुँचे, और देखा कि सत्याग्रह के लिए लोग तैयार बैठे हैं। सत्याग्रह शुरू हुआ।

स्वयंसेवकों के जत्थे आश्रम पर जाते और वहाँ उन्हें पुलिस की लाठियों का शिकार होना पड़ता। इसी प्रकार सत्याग्रह चलता रहा। पटना अकर मैंने वहाँ की सारी हालत ब्रजकिशोर बाबू से कही। कुछ दिनों बाद राजेंद्र बाबू प्रोफेसर बारी को लेकर बिहपुर पहुँचे। इन लोगों के पहुँचने से वहाँ की जनता की अपार भीड़ एकत्र हो गई थी। भीड़ को हटाने के लिए पुलिस ने लाठियाँ चलाई थीं। राजेंद्र बाबू और प्रोफेसर बारी को भी पुलिस की लाठियों से चोट लगी थी, और प्रोफेसर बारी के सिर में तो ऐसी चोट लगी कि उनके सिर से खून निकलने लग गया था। वहाँ के सत्याग्रहियों पर अंग्रेजी सरकार ने ऐसे निर्मम अत्याचार किए थे कि उनके स्मरण से आज भी रोंगटे खड़े हो जाते हैं।

बिहपुर में ही राजेंद्र बाबू गिरफ्तार कर लिये गए थे। उनकी गिरफ्तारी के बाद वहाँ के सत्याग्रह के संचालन के लिए भागलपुर के श्री दीपनारायण सिंह नियुक्त किए गए थे। उन्हीं दिनों भारत सरकार ने एक ऑर्डिनेंस निकालकर अखिल भारतीय कांग्रेस समिति को गैर-कानूनी घोषित कर दिया था। जब दिल्ली में कार्यसमिति की बैठक हुई तो उसके सभी सदस्य गिरफ्तार कर लिये गए, जिनमें श्री दीपनारायण सिंह भी थे। बिहपुर के सत्याग्रह के शुरू-शुरू में जब बिहपुर से पटना लौटा तो पिताजी के गाड़ी से गिरकर चोट लगने की खबर मिली थी। वह खबर पाकर मैं घर पहुँचा और वहाँ जाकर बीमार पड़ गया। दो महीने बाद अच्छा होकर और इधर-उधर हवा-पानी बदलकर मैं पटना आया। बीमारी से अच्छा तो हो गया था, पर इस लायक नहीं हुआ था कि कुछ परिश्रम कर सकूँ। खैर, वहीं से मैं प्रांत के सत्याग्रह को चलाते रहने की कोशिश करता रहा।

नमक-सत्याग्रह देश भर में व्याप्त हो चुका था। देश के एक छोर से लेकर दूसरे छोर तक उत्साह की ऐसी लहर दौड़ पड़ी थी कि उसमें युगों की सोई अकर्मण्यता बह गई थी। तत्काल तो इस सत्याग्रह का जो परिणाम हुआ, वह तो हुआ ही, पर इसकी सफलता यह थी कि इसने जनता में राष्ट्रीय चेतना को भरपूर जगा दिया था। सरकार की ओर से भी खूब अत्याचार हुए थे। इस सत्याग्रह में देश की महिलाओं ने अपनी अपूर्व वीरता एवं सहनशीलता से यह स्पष्ट कर दिया था कि मातृभूमि की स्वतंत्रता के लिए कष्ट सहने और त्याग करने में वे पुरुषों से तनिक भी पीछे नहीं।

सरकार ने सभी प्रांतों के स्वयंसेवकों को पकड़-पकड़कर जेलों में डाल दिया। सत्याग्रह अब कुछ धीमा पड़ गया। पर इसका मतलब यह नहीं कि उत्साह भी फीका पड़ गया था। सरकार ने भी जी खोलकर अत्याचार किए थे; और प्रत्यक्षतः इस दमन से सतह पर कुछ शांति भले ही दिख पड़ने लगी थी, पर अंतर में उसने प्रतिशोध की एक ऐसी ज्वाला सुलगा दी, जो आगे चलकर भड़की, और ऐसी भड़की कि उससे भारत में ब्रिटिश सत्ता सदा के लिए नष्ट हो गई। सन् 1942 का अगस्त आंदोलन उसी ज्वाला का उग्र रूप था।

सन् 1930 का साल खत्म हो चला था। सरकार और कांग्रेस में सुलह की लोग कोशिश करने लगे थे। सर तेज बहादुर सप्रू और श्री जयकर ने सुलह के लिए महात्मा गांधी और पंडित मोतीलाल नेहरू से बातें शुरू कर दीं। महात्मा गांधी यरवदा जेल में थे और पंडित मोतीलालजी नैनी जेल में। अतः पंडित मोतीलाल को यरवदा जेल पहुँचाया गया। नैनी जेल से साथ-साथ पं. जवाहरलालजी और डॉक्टर सैयद महमूद भी यरवदा जेल गए। यहाँ विचार-विमर्श के बाद यह निर्णय हुआ कि कांग्रेस कार्यसमिति के सभी सदस्यों की सम्मिलित बैठक के बिना किसी अंतिम निर्णय पर पहुँचना कठिन है। अस्तु, सरकार से बातचीत कर सर सप्रू ने कार्यसमिति के सभी सदस्यों को रिहा कराने की व्यवस्था कर ली और एक-एक कर सभी सदस्य रिहा हो गए। इस सुलह की घोषणा 1931 ई. की 25 या 26 जनवरी को हुई थी। और तभी आ पहुँची 26 जनवरी अर्थात् स्वतंत्रता दिवस। उन दिनों मैं पटना में था। 26 जनवरी को स्वतंत्रता दिवस के अवसर पर पटना में तिरंगा झंडा फहराने का विचार हुआ। मैं ही झंडा फहरानेवाला था; और लोगों को आशंका थी कि इस बार मैं अवश्य ही गिरफ्तार कर लिया जाऊँगा। मैंने झंडा फहराया। पुलिस के अधिकारी भी वहाँ पर थे; परंतु मैं गिरफ्तार नहीं किया गया। लोगों को आश्चर्य हुआ, पर तुरंत ही पता चला कि सरकार और कांग्रेस में सुलह की बातचीत चल रही है तथा अब नेताओं की गिरफ्तारी न होगी।

महात्मा गांधी और तत्कालीन वाइसराय लार्ड इरविन में समझौते की बात शुरू हुई। कांग्रेस कार्यसमिति सत्याग्रह स्थगित करने का प्रस्ताव स्वीकार कर चुकी थी। लार्ड इरविन से जितने दिनों समझौते की बातचीत चलती रही थी, उतने दिनों कांग्रेस कार्यसमिति की भी बैठकें बराबर होती रहीं। अंत में सरकार और कांग्रेस के बीच सुलह हो गई, जो गांधी-इरविन पैक्ट के नाम से मशहूर है। अब सभी सत्याग्रही जेलों से छोड़ दिए गए।

सत्याग्रहियों के छोड़े जाने से चारों ओर हर्षोल्लास का वातावरण फैल गया और स्वभावतः ही लोगों ने यह समझा कि समझौता कांग्रेस की ही शर्तों के अनुकूल हुआ है। जनता की दृष्टि में कांग्रेस की यह जीत थी। और अपने उत्साह-प्रदर्शन में जनता ने कुछ ऐसे कार्य कर दिए, जो सरकार की दृष्टि में खटके और आगे चलकर उनकी प्रतिक्रिया बहुत अच्छी नहीं हुई।

गांधी-इरविन समझौते की शर्तों के पालन का जब प्रश्न आया, सरकारी नीति कुछ ऐसी रही कि कांग्रेस और सरकार में मतभेद होने लगा। शर्तों के अनुसार सभी राजनीतिक बंदी छोड़े जानेवाले थे। अनेक राजनीतिक बंदी ऐसे भी थे, जो कानून की दूसरी-दूसरी धाराओं के अनुसार दंडित हुए थे; और वे नहीं छोड़े जा रहे थे। इसी प्रकार राजनीतिक बंदी छोड़ना, जुरमाना वसूल करना और अन्य शर्तें थीं, जिनके पालन न होने के कारण

असंतोष हो चला था। सन् 1931 के ही मार्च महीने में कराची में कांग्रेस का अधिवेशन हुआ। कराची कांग्रेस के अध्यक्ष थे सरदार वल्लभभाई पटेल। समझौते की शर्तों के पालन में आनाकानी करने के कारण असंतोष तो हो ही चला था। इसी बीच एक ऐसी घटना हुई, जिसने असंतोष को और उत्तेजित कर दिया। महात्मा गांधी बहुत कोशिश करने पर भी सरदार भगत सिंह को नहीं बचा सके थे और भगत सिंह को फाँसी हो गई थी। इस घटना से देश क्षुब्ध हो गया था। इस असंतोष का कराची कांग्रेस में खूब प्रदर्शन हुआ। इसी कराची कांग्रेस में मैंने अब्दुल गफ्फार खाँ के लाल कुरतीवालों को कांग्रेस में शामिल होते पहली बार देखा था।

गांधी-इरविन समझौते के अनुसार आयोजन यह था कि भारत की समस्या सुलझाने के लिए इंग्लैंड में एक गोलमेज सम्मेलन हो और जिसमें कांग्रेस भी शामिल हो। उधर समझौते की शर्तों के न पालन किए जाने के कारण कुछ प्रांतों में असंतोष बहुत बढ़ गया था। परस्पर के पत्र-व्यवहार में सरकारी पत्रों की ध्वनि उत्साहवर्धक नहीं थी। खाई और चौड़ी होती गई। स्थिति ऐसी हो गई कि महात्मा गांधी ने जिन्हें कांग्रेस कार्यसमिति ने गोलमेज सम्मेलन में कांग्रेस की ओर से प्रतिनिधि नियुक्त किया था, सम्मेलन के लिए जाना अस्वीकार कर दिया। सरकार की ओर से कोशिश होने लगी कि गांधीजी सम्मेलन में अवश्य जाएँ। अंत में कुछ संतोषजनक उत्तर पाकर महात्माजी इंग्लैंड जाने के लिए तैयार हो गए। सरकार की नीयत भाँपने में महात्माजी ने तनिक भी गलती नहीं की थी। यह स्पष्ट हो गया था कि सरकार की नीयत साफ नहीं है, और सम्मेलन का यह सारा दिखावा एक पैंतरेबाजी है। गांधीजी इंग्लैंड गए, सम्मेलन हुआ; पर उसका कुछ परिणाम न निकला, बात जहाँ थी, वहीं-की-वहीं ठप पड़ी रह गई। और, इधर युक्तप्रांत और सीमाप्रांत की स्थिति यह रूप पकड़ने लगी थी कि अब आग भड़की, अब आग भड़की। गांधीजी इंग्लैंड से लौटकर बंबई आनेवाले थे कि इसी बीच पं. जवाहरलाल नेहरू बंबई जाते हुए नैनी स्टेशन पर पकड़ लिये गए। महात्मा गांधी भी गोलमेज सम्मेलन से लौटते ही 4 जनवरी, 1933 ई. को पकड़ लिये गए। इन लोगों की गिरफ्तारी ने सरकार के भावी कार्यक्रम को प्रत्यक्ष कर दिया। गांधीजी के बंबई पहुँच जाने के बाद कांग्रेस कार्यसमिति की बैठक हुई। भारत के तत्कालीन वाइसराय लार्ड विलिंगटन की बातों से पता चला कि वे युक्तप्रांत और सीमाप्रांत की स्थिति पर गांधीजी से बातें करने को तैयार नहीं हैं। इन कुछ बातों ने स्पष्ट कर दिया कि सरकार बस 'युद्धं देहि' चाहती है।

कांग्रेस का भी कर्तव्य स्पष्ट हो गया। सत्याग्रह के सिवाय अब उसके सामने कोई चारा नहीं था। कांग्रेस यह भी समझ रही थी कि अब सरकार जल्द-से-जल्द कांग्रेसी नेताओं को गिरफ्तार करना चाहेगी, ताकि वे आंदोलन का भावी कार्यक्रम निश्चित न कर सकें। कांग्रेस ने सभी कांग्रेस कमेटियों के पास परिपत्र भेजकर ये सूचित कर दिया

कि सत्याग्रह छिड़ने पर क्या-क्या काम किए जाएँगे। उधर सरकार ने पहला वार कर दिया। एक ऑर्डिनेंस निकालकर सभी कांग्रेस कमेटियाँ गैर-कानूनी घोषित कर दी गईं। कांग्रेसी नेताओं की गिरफ्तारी शुरू हो गई और एक ही दिन के भीतर शायद ही ऐसा कोई प्रमुख नेता था, जो जेल के बाहर हो।

हमारे प्रांत में भी गिरफ्तारियों की धूम थी। पटना में बिहार प्रांतीय कांग्रेस कार्यसमिति की बैठक का आयोजन किया गया था। उसमें शामिल होने के लिए मैं गया से पटना आ रहा था। बीच में मुझे खबर मिल गई कि सदाकत आश्रम जब्त कर लिया गया है और बैठक में शामिल होने के लिए जितने लोग आए थे, सब गिरफ्तार कर लिये गए हैं। प्रांत के विभिन्न जेलों में जो एक-आध नेता गिरफ्तार होने से बच रहे थे, वे ही सत्याग्रह चला रहे थे। सरकार कांग्रेस के आंदोलन को कुचलने के लिए तुल गई थी। बैंकों में कांग्रेस के जो रुपए थे, उनकी जब्ती का आदेश दे दिया गया था। कांग्रेसकर्मियों पर जुरमाना लगने लगा और उनका माल जब्त कर लिया जाने लगा। सरकार की इस नीति से चारों ओर आतंक छा गया था। फिर भी हममें से जो लोग बाहर थे स्वयंसेवकों को प्रोत्साहित कर जेल भेज रहे थे। हम लोगों का यही उद्देश्य था कि जेल कांग्रेस के स्वयंसेवकों से भर जाए। सरकार की दमन नीति का इतना जोर था कि प्रेसों में हम लोगों की नोटिसें नहीं छपती थीं। अभी तक मैं गिरफ्तार नहीं हुआ था। चोरी से हम लोग नोटिसें छपवाया करते थे। एक स्थान से दूसरे स्थान तक समाचार भेजने के लिए हम लोगों ने गुप्त व्यवस्था कर ली थी। यद्यपि ये सब बातें कांग्रेस की नीति के विरुद्ध पड़ती थीं, पर अपने लक्ष्य तक पहुँचने के उत्साह में हम लोग थोड़ी देर के लिए नीति की उपेक्षा कर बैठे थे। हाँ, बाद में अपनी इन काररवाइयों पर अवश्य कुछ खेद हुआ था।

इसी बीच 1933 ई. की 26 जनवरी को स्वतंत्रता दिवस के अवसर पर पटना की एक सभा में प्रतिज्ञापत्र को दुहराने का आयोजन था। मैं ही प्रतिज्ञापत्र पढ़नेवाला था। ज्यों ही मैं प्रतिज्ञापत्र पढ़ने लगा और अन्य साथी उसे दुहराने लगे, हम सब लोगों को गिरफ्तार कर लिया गया। और इस प्रकार मैं भी अपने साथियों के बीच पहुँच गया।

सभी नेताओं के गिरफ्तार हो जाने के बाद सत्याग्रह आंदोलन एक प्रकार से दबने-सा लगा था। अंत में विचार-विमर्श के बाद सामूहिक सत्याग्रह स्थगित कर दिया गया। इतनी लंबी अवधि तक सत्याग्रह चलने और लाखों की संख्या में लोगों के जेल जाने पर भी कुछ परिणाम निकलते न देख लोगों का उत्साह फीका पड़ता जा रहा था। अब लोग ऊब से गए थे और मन-ही-मन यह भी सोचने लगे थे कि सरकार से किसी प्रकार का समझौता हो जाए तो अच्छा हो।

इसी बीच और समस्याएँ तो थीं ही, पर हरिजनों को लेकर भी कुछ समस्याएँ खड़ी हो गई थीं। गोलमेज सम्मेलन में ही हरिजनों के लिए चुनाव की अलग व्यवस्था का

प्रश्न उठने पर महात्मा गांधी ने उसका घोर विरोध किया था। पर सरकार ने इस पर ध्यान नहीं दिया और तत्कालीन ब्रिटिश प्रधानमंत्री मैकडोनल्ड ने अपना 'सांप्रदायिक निर्णय' प्रकाशित किया, जिसमें हरिजनों के लिए पृथक् निर्वाचन की व्यवस्था थी। महात्माजी क्षुब्ध हो गए और उन्होंने ब्रिटिश सरकार के पास लिख भेजा कि इसमें परिवर्तन न करने पर वे आमरण अनशन करेंगे। इस पर ब्रिटिश सरकार ने कहा कि सवर्ण हिंदू और हरिजन परस्पर कुछ योजना निश्चित करें तो सरकार उसे स्वीकार कर लेगी। इसके लिए सर्वदल सम्मेलन हुआ। परस्पर विचार-विमर्श द्वारा प्रसिद्ध पूना समझौता हुआ। देश में चारों ओर हरिजनों को मंदिर-प्रवेश इत्यादि की सुविधाएँ मिलने लगीं और हरिजनों के प्रति उच्चवर्गीय हिंदुओं के विवेकपूर्ण एवं उदार व्यवहार ने परस्पर सौहार्दपूर्ण वातावरण तैयार कर दिया। पूना समझौता को सरकार ने भी स्वीकार कर लिया।

(बिहार, सितंबर 1949)

□

किसान आंदोलन

कृषि प्रधान भारत के जीवन स्रोत–किसानों के हित की ऐसी निर्मम उपेक्षा होती रही कि वे अंदर–ही–अंदर असंतोष और क्षोभ की आग में तप रहे थे। हमारे बिहार प्रांत की भी यही स्थिति थी। परंतु बात यह न थी कि असंतोष की आग कहीं भड़की नहीं। अनुकूल अवसर और प्रोत्साहन पाकर वह असंतोष कहीं–कहीं सतह पर भी फूट पड़ा था; और वह आगे चलकर बहुत प्रेरक सिद्ध हुआ था। असंतुष्ट किसानों को अपने अधिकारों के प्रति जागरूक करने में कांग्रेस आंदोलन नाममात्र के लिए ही सही, बहुत पहले से चला आ रहा था। कांग्रेस ने उसे एक नई प्रेरणा दी। तिरहुत के जिलों में कांग्रेस का अधिक प्रचार होने के कारण किसानों में खूब जागृति थी। साथ ही चंपारण के किसानों का उदाहरण भी प्रेरणा और साहस दे रहा था।

दक्षिण बिहार के किसानों की स्थिति अपेक्षाकृत अधिक दयनीय थी। पटना और गया जिले में जमींदारों का बड़ा दबदबा था। उनका प्रभुत्व इस प्रकार छाया हुआ था कि किसान सामूहिक आंदोलन करने की बात सोच ही नहीं सकते थे। यदि वातावरण तनिक भी अनुकूल होता तो किसानों का असंतोष कुछ कर दिखाता; परंतु किसानों को दो बड़ी ताकतों का सामना करना था और इस कारण वे दबे–दबे से ही रहे। जमींदार तो उनके जन्मजात शत्रु थे। वे अपने स्वार्थ–साधन के लिए किसानों को खूब सताया करते थे। दूसरी तरफ शांति और व्यवस्था के ठेकेदार सरकारी कर्मचारी भी उनका शोषण करते थे। पुलिस और अन्य सरकारी कर्मचारियों को जमींदारों के घूस के रूप में रकम मिला करती थी और जमींदार के अत्याचार से ऊबकर कोई किसान कचहरी–कानून की शरण लेने का साहस भी करता था तो उसे उलटे और परेशानी उठानी पड़ती थी। वकील वगैरह की फीस और अन्य खर्च इतने अधिक थे कि किसान भरपूर पैरवी भी नहीं कर सकता था। किसानों के लिए बड़ी विषम परिस्थिति थी। शायद ही कोई किसान कानून की मदद लेने का साहस करता हो; और जो साहस करता था, वह घर से गँवाकर और अधिक मुसीबतों का शिकार होता था।

किसानों की स्थिति धीरे-धीरे और खराब होती गई। पश्चिमी सभ्यता के प्रभाव ने जमींदारों को व्ययसाध्य नागरिक जीवन की ओर प्रेरित किया था। अब वे धीरे-धीरे नगरों में रहने के अभ्यस्त हुए जा रहे थे। शान-शौकत और तड़क-भड़क की चीजों का चस्का बढ़ता जा रहा था। और इन सब खर्चों का बोझ पड़ा बेचारे किसानों के ऊपर। जमींदारों ने अपने कर्मचारियों को किसानों से नकद पैसे वसूल करने का आदेश दिया। जमींदार के ये कर्मचारी तनख्वाह कम होने के कारण पहले ही किसानों से नोचते-खसोटते थे; अब अपने मालिकों का सह पाकर वे पूरी मनमानी करने लग गए। 'एक तो बाघ, दूसरे बंदूक बाँध'; इन कर्मचारियों का पूछना ही क्या था!

जमींदारों के इन अत्याचारों की कभी-कभी प्रतिक्रिया भी होती थी; परंतु कोई सहारा देनेवाला जो नहीं था! जो रक्षक था, वही भक्षक निकला! कुछ इसी ढंग की प्रतिक्रिया का परिणाम था कि गया जिले में बंगाल टेनेंसी कानून की 40वीं धारा के अनुसार नकदी लगान तय की जाने लगी। एक सरकारी अधिकारी ने एक खेत का लगान सवा रुपया या ढाई रुपया निश्चित किया। उस खेत में एक बीघा में 20 मन धान होता था; और नहर के किनारे होने के कारण उस खेत में फसल मारे जाने की भी कोई आशंका नहीं थी। इस व्यवस्था से किसानों के दिन पलटते नजर आए। परिणाम यह हुआ कि जिले के सभी किसानों ने दरख्वास्तें देना शुरू किया कि भावली खेत को नकदी कर दिया जाए। जमींदारों के कान खड़े हो गए; उन्होंने तत्कालीन गवर्नर से प्रार्थना की कि नकदी को ऐसी सस्ती व्यवस्था बंद की जाए। फलतः सरकारी अधिकारियों को तुरंत आदेश दे दिया गया कि इस तरह से लगान न निश्चित किया जाए। हवा का रुख बदला; लगान की दर आसमान छूने लगी। इन सब व्यवस्थाओं के परिणामस्वरूप सन् 1929 ई. में जब गल्ले का भाव गिरने लगा तो किसान लुट गए। लगान की दर इतनी ऊँची थी कि वे उसे देने में सर्वथा असमर्थ थे; और इसका फल यह हुआ कि किसानों की हजारों बीघा जमीन बकाश्त बन गई।

यह कहा जा चुका है कि प्रांत के किसानों में सर्वत्र असंतोष और क्षोभ था। इसी समय 1929 ई. के दिसंबर महीने में सरदार वल्लभभाई पटेल को बिहार प्रांत का दौरा करने के लिए आमंत्रित किया गया। किसानों की हित-रक्षा के सिलसिले में सरदार पटेल बहुत प्रसिद्धि पा चुके थे। अभी हाल में ही बारदोली में उन्होंने किसानों के अधिकारों की रक्षा के लिए, जो आयोजन किया था, उसमें उनको पूरी सफलता मिली थी। साथ ही बारदोली के उस सफल सत्याग्रह ने देश के किसानों में एक नई चेतना को उभार दिया था। और उस सत्याग्रह के नेता सरदार पटेल के बिहार आने की, जब बात फैली तो प्रांत के कोने-कोने से उनके पास निमंत्रण आने लगे। सरदार पटेल आए और प्रांत का दौरा करने की बात निश्चित हुई। हम लोगों में से किसी व्यक्ति का उनके साथ जाना आवश्यक था। राजेंद्र बाबू बीमार थे, अतः यह काम मुझे ही सौंपा गया।

सरदार पटेल ने बहुत से जिलों का दौरा किया; और जहाँ-जहाँ वे गए, उन्होंने किसानों में एक नई जान फूँक दी। सरदार पटेल अपने भाषणों में किसानों को उनकी कायरता के लिए फटकारा करते थे और बहादुर बनने तथा जमींदारों के अत्याचारों का डटकर मुकाबला करने का परामर्श दिया करते थे। उन्होंने तो किसानों को यहाँ तक प्रोत्साहित किया कि आवश्यकता पड़ने पर कायरता को तिलांजलि दे हिंसा का सहारा लेने में भी नहीं हिचकना चाहिए। सरदार पटेल के भाषणों का किसानों पर बहुत प्रभाव पड़ा और किसान-आंदोलन एक रूप पकड़ने लगा।

कांग्रेस किसानों के आंदोलन में बहुत दिलचस्पी लेने लग गई थी। फलतः गांधी-इरविन समझौते के बाद जमींदारों के विरुद्ध किसानों की शिकायतें अधिकाधिक संख्या में कांग्रेस के पास पहुँचने लगीं। हम लोगों ने कई स्थानों पर जा-जाकर किसानों पर किए जानेवाले अत्याचारों की जाँच भी की। गांधी-इरविन समझौते के बाद इस काम के लिए हम लोगों को दान में कुछ रुपए भी मिले। 'मैजिक लालटेन' के सहारे किसानों के बीच प्रचार का काम शुरू कर दिया गया। किसानों की मनोवैज्ञानिक स्थिति पर इसका बहुत असर पड़ा। पहले हालत यह थी कि जाँच होने पर किसानों में यह साहस नहीं था कि सामने आकर जमींदारों के खिलाफ कुछ कह सकें। परंतु अब स्थिति बिल्कुल बदल गई थी। किसान सामने आकर बिना हिचक के अपना बयान दे जाते थे। किसानों की शिकायतों की जाँच करने के बाद जमींदारों से मिलकर उन्हें दूर कराने की कोशिश की गई; और कहीं-कहीं सफलता भी मिली। किसानों की शिकायतें दूर कराने का यथाशक्य प्रयत्न किया जा रहा था। 1932 ई. का सत्याग्रह शुरू हो गया। फिर भी जेल जाने से बचे-खुचे स्वयंसेवक कांग्रेस कमेटियों के सहयोग से किसानों के लिए काम करते रहे। इसी बीच 1933 ई. में सरकार ने ऑर्डिनेंस निकालकर सभी कांग्रेस कमेटियों को गैर-कानूनी करार दिया। इसके कारण देहातों में काम करना असंभव हो गया। परंतु तब तक एक नई संस्था जन्म ले चुकी थी, जो एकांत भाव से किसानों के ही हित-साधन का काम कर रही थी। कांग्रेस कमेटियों के गैर-कानूनी घोषित होने के पहले ही सोनपुर में एक सभा हुई थी, जो कि किसान सभा के नाम से प्रसिद्ध हुई। इस सभा में श्री रामदयालु सिंह आदि कांग्रेसी नेता भी शामिल हुए थे। हम कह सकते हैं कि उनके ही जैसे कांग्रेसकर्मियों ने ही किसान-सभा को जन्म दिया था। कांग्रेस कमेटियों के गैर-कानूनी करार दिए जाने के बाद यही किसान-सभा किसानों को संघटित करने का काम कर रही थी। कांग्रेस कार्यकर्ताओं को भी इस संस्था में शामिल होकर काम करने का आदेश दे दिया गया; क्योंकि कांग्रेस की हैसियत से कुछ काम करना अब नामुमकिन था। स्वामी सहजानंद 1932 ई. के सत्याग्रह में शामिल न होकर किसान-सभा के ही काम में लग गए। आगे चलकर वे किसान-सभा के एक प्रकार से प्राण हो गए और

उन्होंने आंदोलन को एक निश्चित रूप दे दिया।

किसान-आंदोलन के प्रसंग में चंपारण जिले के रामनगर राज की एक घटना याद आती है, जिसमें श्री प्रजापति मिश्र (बिहार प्रांतीय कांग्रेस कमेटी के वर्तमान अध्यक्ष) ने व्यावहारिक अहिंसा का बड़ा सुंदर उदाहरण उपस्थित किया था। रामनगर राज के अंतर्गत एक 'थारू' जाति (एक प्रकार के आदिम निवासी) नेपाल की तराई में रहती है। राज के कर्मचारियों की ओर से इस 'थारू' जाति के लोगों पर कुछ अत्याचार हुआ था। उसी का पता लगाने के लिए श्री प्रजापति मिश्र अपने दो-तीन साथियों के साथ वहाँ जा रहे थे। रास्ते में एक बहुत बड़ा जंगल पड़ता था। उसी जंगल से होकर जाते समय कुछ लठधर व्यक्तियों ने उन पर आक्रमण कर दिया। मिश्रजी इससे तनिक भी विचलित नहीं हुए। अहिंसा का व्यावहारिक अभ्यास होने के कारण उन्होंने बड़े साहस और प्रेम के साथ उस आक्रमण को सहन किया। उनके इस आचरण का आक्रमणकारियों पर बड़ा प्रभाव पड़ा। अपने अगुआ के बार-बार कहने पर भी उन लठधरों ने फिर आक्रमण नहीं किया। अहिंसा का यह सफल प्रयोग था। अहिंसात्मक आचरण का ही परिणाम था कि मिश्रजी और उनके साथियों की जान बच गई।

मैं यह कह चुका हूँ कि 1933 ई. की 26 जनवरी को मैं गिरफ्तार हो गया था। 1933 ई. का पूरा साल मेरा जेल में ही बीता। मेरे लिए जेल का यह प्रथम अनुभव था। जेल में रहकर मैंने बहुत सी नई बातें सीखीं, नई विचारधाराओं का अध्ययन किया और साथ ही अपने सहकर्मियों के गुण-दोष को बहुत समीप से परखने का अवसर मिला।

मुझे हजारीबाग जेल में रखा गया। प्रांत के लगभग सभी नेता इसी जेल में थे। साथ ही प्रांत के बाहर के भी कुछ नेता थे। जेल जीवन का कार्यक्रम यह था कि गीता-अध्ययन, संध्या-प्रार्थना, चरखा चलाना, इत्यादि नियमित कार्यों से जो समय मिलता उसमें हम लोग ताश-शतरंज खेलते थे और जो कुछ नई किताबें मिलती थीं, उनका अध्ययन करते थे। जेल में कभी-कभी समाजवादी पुस्तकें मिल जाया करती थीं। रूस की सफलता के कारण समाजवाद धीरे-धीरे प्रतिष्ठा पाता जा रहा था। भारत पर भी उसका कुछ प्रभाव पड़ा था और राजनीतिक विचार-विमर्श के प्रसंग में कभी-कभी रूस का उदाहरण उपस्थित करते हुए समाजवाद का गुणगान किया जाता था; परंतु भारतवर्ष में गांधीवाद का ऐसा व्यापक प्रभाव था कि उसके सामने किसी भी वाद की पूछ नहीं थी।

तो इसी ढंग से जेल का जीवन बीत रहा था। 1934 ई. की 15 जनवरी का दिन! दिन में एक बजे भोजन के बाद हम लोग एक पेड़ के नीचे बैठे हुए थे कि बड़े जोरों की आवाज हुई। पहले तो ऐसा मालूम पड़ा कि ऊपर हवाई जहाज आ गया हो। तब तक छत और दीवारें हिलती नजर आईं, पृथ्वी के अंदर से गड़गड़ाहट के शब्द सुनाई पड़ने लगे, जैसे पृथ्वी अब फटी, अब फटी। हमें यह समझते देर न लगी कि यह भूकंप का प्रकोप

है। भूकंप की तीव्रता से ही उसकी भयंकरता लक्षित हो गई थी; पर उस दिन हमें कोई समाचार न मिल सका कि बाहर क्या क्षति हुई है। दूसरे दिन समाचार-पत्र देखने के बाद हम जान पाए कि इस भूकंप ने बिहार को तबाह कर दिया है। अपने-पराए, सब का हाल जानने के लिए हम सब लोग मन-ही-मन उद्विग्न हो उठे। भूकंप से इतनी अधिक क्षति हुई थी कि पीड़ितों के सहायतार्थ संघटित प्रबंध आवश्यक हो गया। सरकार ने यह समझ लिया कि देश के नेताओं के सहयोग के बिना यह कार्य संभव नहीं। फलत: धीरे-धीरे सभी नेता जेल से रिहा कर दिए गए। जेल से निकलते ही राजेंद्र बाबू ने पीड़ितों की सहायतार्थ अपनी अपील निकाली। महात्मा गांधी उस समय दक्षिण भारत का दौरा कर रहे थे। बिहार के प्रलयंकारी भूकंप का समाचार पाकर उन्होंने भी सहायतार्थ देश से अपील की।

महात्मा गांधी और राजेंद्र बाबू की अपील के फलस्वरूप प्रांत और प्रांत के बाहर से सहायता के लिए काफी रकम मिली। इसके प्रबंध के लिए एक बिहार केंद्रीय सहायता समिति कायम की गई और इसी के अधीन प्रांत के विभिन्न भागों में सहायता समितियाँ काम करती रहीं। प्रांत के भूकंप-पीड़ित भागों में काम करने के लिए भारत के लगभग सभी भागों से लोग आए हुए थे। सब के संघटित प्रयत्न का ही परिणाम था कि हम विपत्ति का सामना कर सके थे।

भूकंप के कारण प्रांत में आगे चलकर कई मुसीबतों की आशंका की जाती थी। भूकंप के फलस्वरूप नदी की सतह में कहीं-कहीं बहुत परिवर्तन हो गया था और यह डर था कि अगली बरसात में कुछ जिलों को भयंकर बाढ़ का सामना करना पड़ेगा। और बाढ़ के फलस्वरूप महामारी इत्यादि की भी आशंका की जाती थी। फलत: सहायता समितियों ने सरकार के सहयोग से नावों और दवाओं की पूरी व्यवस्था कर रखी थी।

सत्याग्रह का कार्यक्रम तो स्थगित हो गया था, परंतु कांग्रेस कमेटियों पर से अभी प्रतिबंध नहीं हटाया गया था। श्वेतपत्र के अनुसार ब्रिटिश सरकार, जो विधान तैयार कर रही थी, उसका विरोध करने के लिए पंडित मदनमोहन मालवीय और डॉक्टर अंसारी फिर से स्वराज्य पार्टी को कायम कर कौंसिल-कार्यक्रम को चलाना चाहते थे। इन सब बातों पर विचार करने के लिए 1934 ई. के ही मई महीने में पटना में अखिल भारतीय कांग्रेस कमेटी की बैठक करने का निश्चय हुआ। बैठक हुई और उसमें कौंसिल कार्यक्रम के संचालन का भार स्वराज्य पार्टी को दे दिया गया। उसी बैठक में एक प्रस्ताव यह भी रखा गया था कि कांग्रेस की नीति में परिवर्तन किया जाए, क्योंकि सत्य और अहिंसा की नीति सफल नहीं हो सकी है। परंतु बहुत विचार-विमर्श के बाद यही निश्चय हुआ कि सत्य और अहिंसा को अपनाए रखा जाए।

(बिहार, अक्तूबर 1949)

□

प्रथम कांग्रेसी मंत्रिमंडल

मैं यह कह चुका हूँ कि महात्मा गांधी के प्रस्ताव पर कांग्रेस ने मंत्रिमंडल बनाने के पहले सरकार से आश्वासन माँगा था कि गवर्नर अपने विशेषाधिकार का प्रयोग न करेंगे, और वह आश्वासन मिल भी गया था। परंतु वह आश्वासन मिला बहुत हीला-हवाला के बाद। पहले तो कांग्रेस की शर्त सरकार को मंजूर नहीं हुई। मंजूरी मिली बहुत वाद-विवाद और टीका-टिप्पणी के बाद। कांग्रेस की शर्त और सरकार की स्वीकृति के बीच काफी समय लगा, और तब तक के लिए भारत के उन सभी प्रांतों में, जहाँ कांग्रेस की विजय हुई थी, अस्थायी मंत्रिमंडल स्थापित कर दिए गए थे। हमारे बिहार प्रांत में भी ऐसा ही एक मंत्रिमंडल बना था।

बिहार में मि. यूनुस ने मंत्रिमंडल बनाया था। सर गणेशदत्त सिंह भी इस कोशिश में थे कि अधिकांश सदस्यों को अपने पक्ष में कर मंत्रिमंडल संघटित करें और इसके लिए छोटानागपुर के कुमार अजित प्रसाद सिंह को, जिनका साथ छोटानागपुर के सदस्य दे रहे थे और वे जिधर जाते, उधर ही का पलड़ा भारी पड़ता, अपनी ओर मिलाने का प्रयत्न भी किया था। परंतु एक तो मि. यूनुस का मुसलिम सदस्यों की एक बड़ी संख्या साथ दे रही थी और दूसरे, कुमार अजित सिंह के भी उन्हीं के पक्ष में मिल जाने के कारण यूनुस साहब को ही मंत्रिमंडल बनाने का भार सौंपा गया। मंत्रिमंडल बना। परंतु साधारण जनता को यह व्यवस्था रुचि नहीं। कांग्रेस की व्यापक विजय ने जनता के हृदय में बहुत सी आशाओं और आकांक्षाओं का संचार कर दिया था। वह मन-ही-मन कांग्रेसी सरकार के लिए तैयार हो गई थी। कांग्रेस को शासनारूढ़ न होते देख जनता क्षुब्ध हो उठी और वह नवस्थापित अस्थायी सरकार के विरुद्ध यत्र-तत्र प्रदर्शन करने लगी। ऐसे ही विरोध प्रदर्शन में एक जुलूस मि. यूनुस के बँगले तक पहुँच गया था। उस जुलूस में श्री जयप्रकाश नारायण भी थे, जो गिरफ्तार कर जेल भेज दिए गए थे।

चुनाव में कांग्रेस की विजय के बाद जब एक ऐसा विषय सामने आया, जिसको लेकर बात बढ़ती सी नजर आ रही थी। प्रांत में असेंबली का लीडर कौन हो, इसी बात

का निर्णय करना था। इसमें दो दल थे। एक दल चाहता था कि श्री श्रीकृष्ण सिंह लीडर बनें, और दूसरा दल मुझे लीडर बनाना चाहता था। मेरे समर्थकों में से मुख्य थे श्री कृष्णबल्लभ सहाय और श्री अब्दुल बारी। इन्हीं दोनों व्यक्तियों ने मेरे सामने यह विचार रखा था कि मैं ही लीडर बनूँ तो ठीक है। पद का लोभ किसे नहीं होता; परंतु वस्तुतः मैं लीडर होना-बनना चाहता नहीं था। मैं अपनी सीमाओं से अनभिज्ञ नहीं था। मुझे ऐसा लगा कि मैं इस पद के योग्य नहीं हूँ; क्योंकि लीडर के लिए जो एक गुण भाषण करना होता है, उसका मुझे अभ्यास नहीं था। और सबसे बड़ी बात यह थी कि श्री बाबू के प्रति मेरे हृदय में इतना अधिक सम्मान एवं प्रेमभाव था कि लीडरी के लिए उनके मुकाबिल खड़ा होने की मैं कल्पना ही नहीं कर सकता था। फलतः मैंने मन-ही-मन पक्का कर लिया था कि मैं लीडर नहीं बनूँगा।

और किसी से तो नहीं, किंतु राजेंद्र बाबू से मैंने अपना दृढनिश्चय प्रकट कर दिया था। राजेंद्र बाबू भी मेरी बात से सहमत थे। लीडर चुनने के लिए कांग्रेस पार्टी की बैठक का आयोजन किया गया। कार्यकारिणी समिति के भी सदस्य उस बैठक में उपस्थित थे। लोगों में तरह-तरह की बातें चल रही थीं। इसी बीच मैंने श्री बाबू का नाम लीडर पद के लिए प्रस्तावित कर दिया। मेरे प्रस्ताव का समर्थन हुआ और इस प्रकार सर्वसम्मति से श्री बाबू ही लीडर चुन लिये गए। यह सब बातें कुछ ऐसे अप्रत्याशित ढंग से हुईं कि उपस्थित व्यक्ति स्तंभित रह गए। चारों ओर सन्नाटा छा गया, जैसे यह क्या बात हो गई। इस प्रकार वह चिरविवादित और चिरप्रतीक्षित निर्णय चुटकी बजाते हो गया। इस प्रसंग में यह कह देना अनुपयुक्त न होगा कि उक्त प्रश्न को लेकर कुछ लोगों में परस्पर मनोमालिन्य भी हो गया था और इस राजनीतिक पहलू को जाति की कसौटी पर चढ़ाकर वातावरण को दूषित करने की चेष्टा की जा रही थी। परंतु सौभाग्यवश वह षड्यंत्र सफल न हो सका।

1937 ई. में ही बिहार प्रांतीय राजनीतिक सम्मेलन सारण जिलांतर्गत मशरक में हुआ था, जिसके सभापति थे प्रो. अब्दुल बारी। उस समय देश के सामने बड़ी समस्या किसानों और जमींदारों के परस्पर संबंध की थी। जमींदारी प्रथा को उठा देने के लिए किसानों का आंदोलन बहुत व्यापक और उग्र रूप धारण कर चुका था। 1936 ई. में प्रांतीय राजनीतिक सम्मेलन वारसलीगंज (गया) में राजेंद्र बाबू के सभापतित्व में हुआ था। उस सम्मेलन में मैंने यह प्रस्ताव रखा था कि जमींदारों को उचित मुआवजा देकर उनकी जमींदारी सरकार के अधिकार में ले ली जाए। वस्तुतः किसान आंदोलन का रूप इतना उग्र हो चला था कि जमींदारी प्रथा को उठा देने के अतिरिक्त और कोई उपाय नहीं दिख पड़ता था कि वह आंदोलन रोका जा सके। हाँ, तो वारसलीगंज सम्मेलन में मेरा उक्त प्रस्ताव बहुमत से स्वीकृत हो गया था। इस बार मशरक सम्मेलन के सभापति थे

बारी साहब, जिनके विचार कुछ उग्र पड़ते थे। मशरक सम्मेलन में पुनः जमींदारी प्रथा के संबंध में प्रश्न उठा, और श्री रामनंदन मिश्र ने यह प्रस्ताव रखा कि बिना मुआवजा दिए ही जमींदारों की जमींदारी सरकार के अधिकार में ले ली जाए। यद्यपि इस प्रस्ताव के विरुद्ध अनेक दलीलें दी गईं, परंतु बहुमत मुआवजा न देने के ही पक्ष में था, और प्रस्ताव स्वीकृत हो गया। उधर सरकार ने गवर्नरों के विशेषाधिकारों के प्रयोग न किए जाने का आश्वासन दे दिया था। फलतः विभिन्न प्रांतों में विजयी पार्टियों को सरकार संघटित करने के आमंत्रण-पत्र भेजे जा रहे थे। मशरक में प्रांतीय राजनीतिक सम्मेलन हो ही रहा था कि श्री बाबू के नाम बिहार के गवर्नर का पत्र पहुँचा। मशरक से लौटते हुए रात में हम सभी लोग छपरा में ठहरे। वहीं पर एक आपसी बैठक हुई, जिसमें राजेंद्र बाबू, रामदयालु बाबू, बारी साहब, श्री बाबू और मैं थे। विचारणीय विषय था कि प्रांत में निकट भविष्य में ही संघटित होनेवाले कांग्रेस मंत्रिमंडल की रूपरेखा कैसी हो और उसमें कितने मंत्री रहें। अब तक हमारे प्रांत की शासन परिषद् और मंत्रिमंडल में चार व्यक्ति रहते आए थे। अतः हम लोगों ने यह विचार किया कि नए मंत्रिमंडल में भी चार ही व्यक्ति रखे जाएँ। अब प्रश्न यह था कि कौन-कौन मंत्री हों। इधर-उधर की बातें चल ही रही थीं कि बारी साहब ने कह दिया कि मंत्रिमंडल में श्री बाबू, डॉ. महमूद, अनुग्रह बाबू और कोई हरिजन रहें, और रामदयालु बाबू स्पीकर रहें। बारी साहब की यह बात सबको जँची, पर तत्काल उस प्रश्न पर कोई निर्णय न कर बात स्थगित कर दी गई। उस समय बातें यहीं तक हुईं और श्री बाबू प्रांतीय गवर्नर से मिलने राँची चले गए।

कांग्रेस मंत्रिमंडल संघटित होने में तो अब कोई संदेह नहीं रह गया था; क्योंकि मद्रास प्रांत में अस्थायी मंत्रिमंडल ने इस्तीफा दे दिया था और चक्रवर्ती राजगोपालाचारी (भारत के अंतिम गवर्नर जनरल) नया मंत्रिमंडल संघटित भी कर चुके थे। श्री बाबू की लाट साहब से क्या बातें होती हैं, यह जानने के लिए हम लोग उत्सुकतापूर्वक प्रतीक्षा कर रहे थे। बातें संपन्न हुईं, और सफलतापूर्वक। वह 1937 ई. के जुलाई का महीना था। श्री बाबू ने शीघ्र ही मंत्रिमंडल बनाने के लिए गवर्नर से अनुरोध किया था।

मंत्रिमंडल में कौन-कौन व्यक्ति रहें, यह बात सामने आई। छपरा में बारी साहब ने सहसा जो बात कह डाली थी, वही पक्की रही। तीन व्यक्तियों के नाम तो उन्होंने दे ही दिए थे; अब चौथे हरिजन मंत्री के लिए जाने का प्रश्न था कि किस व्यक्ति को रखा जाए। यों तो कुछ लोगों की यह राय भी थी कि मंत्रिमंडल में हरिजन को न रखकर दो हरिजन पार्लियामेंटरी सेक्रेटरी बना दिए जाएँ। परंतु श्री जगलाल चौधरी ने राजेंद्र बाबू के पास एक पत्र लिखा था कि मंत्रिमंडल में हरिजनों को भी अवश्य स्थान दिया जाए। फलतः यह बात पक्की रही कि एक हरिजन मंत्री अवश्य रहेंगे। दो व्यक्ति में जिनमें से किसी एक को चुनना था; एक थे श्री जगलाल चौधरी और दूसरे थे श्री जगजीवन

राम। दोनों व्यक्तियों की देशसेवा स्पृहणीय रही थी। श्री जगजीवन राम को तो प्रांत के अस्थायी मंत्रिमंडल में भी स्थान देने का प्रलोभन सरकार ने दिया था, परंतु उन्होंने उसे ठुकरा दिया था। तो बाद में यही निश्चय हुआ कि श्री जगलाल चौधरी मंत्री बनें और श्री जगजीवन राम को पार्लियामेंटरी सेक्रेटरी बनाया जाए। यही हुआ भी।

मंत्रियों की नियुक्ति के प्रश्न को लेकर वातावरण बहुत सजीव हो उठा था। छोटानागपुर का एक प्रतिनिधिमंडल भी पहुँचा था कि छोटानागपुर का भी कोई व्यक्ति मंत्री पद पर अवश्य नियुक्त किया जाए। छोटानागपुर के प्रसिद्ध नेता श्री रामनारायण सिंह, और वे वस्तुत: मंत्री पद के लिए इच्छुक भी थे। आखिर-आखिर तक उन्होंने राजेंद्र बाबू से इस बात की कोशिश की भी कि एक स्थान उन्हें दे दिया जाए; परंतु एक निर्णय हो चुका था और उसमें अकारण परिवर्तन करना वांछनीय नहीं समझा गया। कुछ लोग तो यह भी कहने लगे थे कि आगे चलकर बारी साहब के मन में भी मंत्री पद के लिए लालसा जग पड़ी थी। खैर, जो भी हो, बारी साहब डिप्टी स्पीकर नियुक्त कर दिए गए थे।

कांग्रेस मंत्रिमंडल के शासनाधिकार ग्रहण करने का समय आ गया था। 1937 ई. की 22वीं जुलाई को मंत्रिमंडल विधिवत् संघटित हो गया। उसी दिन श्री बाबू, डॉ. महमूद, श्री जगलाल चौधरी और मैंने शपथ ग्रहण की और प्रांत का शासन-सूत्र सँभाला।

मंत्रिमंडल के चारों मंत्रियों के नाम ऊपर दे दिए गए हैं। मंत्रियों के सहायक रूप में आठ पार्लियामेंटरी सेक्रेटरी नियुक्त किए गए थे। उनके नाम ये थे—श्री जगजीवन राम (भारत सरकार के वर्तमान श्रम मंत्री), श्री कृष्णबल्लभ सहाय (हमारे वर्तमान राजस्व मंत्री), श्री शांर्गधर सिंह (पटना विश्वविद्यालय के वर्तमान उप-कुलपति), श्री विनोदानंद झा (हमारे वर्तमान स्वायत्त शासन मंत्री), श्री शिवनंदन मंडल, श्री जीमूत वाहन सेन, श्री जगतनारायण लाल और मो. सईदुल हक। पदग्रहण के पहले ही महात्मा गांधी ने निर्णय कर दिया था कि प्रत्येक मंत्री का वेतन पाँच सौ रुपया मासिक होना चाहिए। अत: हम प्रत्येक मंत्री को पाँच सौ रुपया वेतन, डेढ़ सौ रुपया मोटर खर्च और सौ रुपया मकान किराया मिलने लगा। प्रत्येक पार्लियामेंटरी सेक्रेटरी को ढाई सौ रुपया वेतन, पचास रुपया मोटर खर्च और पचास रुपया मकान किराया मिलने लगा। स्पीकर का वेतन मिनिस्टर के बराबर और डिप्टी स्पीकर का वेतन ढाई सौ रुपया निश्चय हुआ।

विभिन्न विभागों का वितरण इस प्रकार हुआ—कानून और शासन विभाग श्री बाबू को; शिक्षा और विकास विभाग डॉक्टर सैयद महमूद को; आबकारी और स्वास्थ्य विभाग श्री जगलाल चौधरी को; और अर्थ और स्वायत्त शासन विभाग स्वयं मुझे। (इनमें से स्वायत्त शासन विभाग से तो मैं छुट्टी पा गया हूँ, पर अर्थ विभाग का भार आज भी सँभाल रहा हूँ।)

शासन-सूत्र सँभालने के बाद हम लोगों के सामने सबसे बड़ी समस्या थी किसानों

की। किसान-जमींदार के प्रश्न को लेकर पिछले दिनों हम लोगों ने किसानों की स्थिति की जाँच की थी और उसी सिलसिले में किसानों को आश्वासन भी दिया था कि उनकी दशा सुधारने की कोशिश की जाएगी। अब तो शासनाधिकार भी अपने ही हाथों में आ गया था, अत: किसानों की दशा सुधारना हमारा सर्वप्रथम कर्तव्य हो गया। साथ ही, हमारे उन आश्वासनों की याद दिलाकर किसानों की ओर से भी माँग होने लगी कि यथाशीघ्र कुछ किया जाए। जगह-जगह किसान सभाएँ होने लगीं और इस प्रकार एक आंदोलन-सा ही खड़ा हो गया। उसी समय फैजपुर कांग्रेस ने यह प्रस्ताव स्वीकार किया था कि किसानों का लगान 50 प्रतिशत कम हो जाना चाहिए।

स्थिति सुधार की माँग किसान सभा की ओर से हो ही रही थी कि फैजपुर कांग्रेस के उक्त स्वीकृत प्रस्ताव ने किसानों को एक नया सहारा दे दिया। बड़ी जटिल समस्या थी हम लोगों के सामने। शासनाधिकार तो हम लोगों को अवश्य मिले थे, परंतु भारत शासन-विधान के अनुसार हमारे अधिकार कुछ इतने सीमित थे कि लाख चाहते हुए भी हम किसानों की स्थिति में आमूल परिवर्तन नहीं कर सकते थे। हम जानते थे कि 'कायमी बंदोबस्त' के कारण किसानों को क्या-क्या कठिनाइयाँ झेलनी पड़ती हैं, किंतु हम कानूनन उसे उठा नहीं सकते थे। फलत: परिस्थिति पर विचार करते हुए यही निश्चित हुआ कि अपने अधिकारों की मर्यादा की रक्षा करते हुए, जो कुछ संभव हो किया जाए। सबसे बड़ी बात यह थी कि जमींदारों के साथ सुलह, समझौता किए बिना कुछ भी हम लोग नहीं कर सकते थे। किसी भी नए कानून के पास होने की पद्धति यह थी कि पहले वह बिल के रूप में असेंबली में पास होता था और उसके बाद कौंसिल से पास होता था। असेंबली से तो पास होने में कोई दिक्कत नहीं थी, क्योंकि वहाँ हमारा बहुमत था। परंतु कौंसिल में जमींदारों और उनके समर्थकों का बहुमत था। अत: उनसे समझौता किए बिना कोई कानून बना लेना संभव न था।

इसमें तो संदेह की कोई बात ही नहीं कि हम लोगों के सामने सर्वप्रमुख समस्या थी किसानों की। अत: परिस्थिति के अनुसार जमींदारों से राय-बात होने लगी कि किस प्रकार परस्पर मिलकर किसानों की स्थिति सुधारी जाए। यह प्रश्न सीधे जमींदारों के हित से संबंध रखता था। अत: कभी-कभी बड़ी उलझनें पैदा हो जाती थीं। ऐसी उलझनों को सुलझाने के लिए देशरत्न डॉ. राजेंद्र प्रसाद (हमारे वर्तमान राष्ट्रपति) और मौलाना अबुल कलाम आजाद मध्यस्थता करने लगे। क्रमश: स्थिति सुधरती नजर आई। आपस में अब तक लगान के संबंध में कुछ बातें तय पाई गई थीं। इन्हीं तय हुई बातों के आधार पर एक बिल तैयार हुआ, जो विधायिका सभा और परिषद्, दोनों के द्वारा स्वीकृत हो गया।

किसानों के हितार्थ कुछ काम तो हो चुका था; परंतु हमारा उद्देश्य था कि इसमें जहाँ तक संभव हो, काम किया जाए। वस्तुत: किसानों के मसले को हल करने के लिए

हम लोग चारों ओर घूम-घूमकर और जमींदारों-किसानों से मिलकर बातें तय करने की कोशिश करने लगे। यह मैं पहले ही कह चुका हूँ कि जमींदारों से समझौता किए बिना उन परिस्थितियों में किसानों का हितसाधन करना संभव नहीं था। परंतु जमींदारों के साथ हमारी समझौते की बातचीत स्वामी सहजानंद और श्री यदुनंदन शर्मा को बहुत अखरी। इन लोगों ने कांग्रेसी मंत्रिमंडल के विरुद्ध प्रचार करना शुरू कर दिया और किसानों को जमींदारों के विरुद्ध भड़काने लगे। किसान-सभा के ही एक कार्यकर्ता से मुझे मालूम हुआ था कि किसान-सभा ने कांग्रेस सरकार को तंग करना अपना उद्देश्य बना लिया था। अत: उक्त दोनों व्यक्तियों ने यह प्रचार प्रारंभ कर दिया कि किसानों का लगान माफ कर दिया जाए और जमींदारी प्रथा का अंत कर दिया जाए। यह एक प्रकार से विद्रोह का प्रयत्न था। फलत: कांग्रेस कार्यसमिति की एक बैठक में निर्णय लिया गया कि कांग्रेसी कार्यकर्ता किसान-सभा वालों से कोई संपर्क न रखें। इससे स्वामी सहजानंद और उबल पड़े तथा खुलकर विद्रोह फैलाने लगे। इसका परिणाम यह हुआ कि किसान सरकारी आदेशों का उल्लंघन करने लगे। जमींदारों के साथ उनका घोर संघर्ष आरंभ हो गया।

1939 ई. की बात है। विषम परिस्थिति थी। हम यह भी नहीं चाहते थे कि स्वामी सहजानंद और श्री यदुनंदन शर्मा को गिरफ्तार किया जाए, क्योंकि इसकी प्रतिक्रिया अच्छी न होती। परंतु सरकारी अफसर इन्हीं लोगों को गिरफ्तार कर स्थिति बिगाड़ने के पक्ष में थे। उधर हम चाहते थे कि छोटे-मोटे कार्यकर्ता ही गिरफ्तार हों। किंतु सरकारी अधिकारियों ने हमारी इस नीति की उपेक्षा कर दी।

इस प्रसंग में एक 'ब्रेट सर्कुलर' की चर्चा अपेक्षित है। ब्रेट साहब उस समय मुख्य सचिव थे और उन्होंने सभी जिलाधीशों के पास एक गुप्त परिपत्र भेज दिया था कि मुख्य सचिव अथवा सहायक सचिव के हस्ताक्षर के बिना मंत्रियों के किसी भी आदेश का पालन न किया जाए। इससे स्पष्ट हो जाता है कि नौकरशाही के वे अफसर कांग्रेस सरकार को किस प्रकार तंग करना चाहते थे। अस्तु, वही गुप्त परिपत्र 'ब्रेट सर्कुलर' के नाम से प्रसिद्ध हुआ और उसे 'सर्चलाइट' पत्र ने कहीं से पता लगाकर प्रकाशित किया था। हम लोगों ने मुख्य सचिव के विरुद्ध अनुशासन की काररवाई करने की माँग की। अंत में उन्होंने क्षमा माँग ली।

किसान-सभा का आंदोलन जोर पकड़ता जा रहा था। आगे चलकर किसान सभा और समाजवादी दल में मेल हो गया था और दोनों मिलकर कांग्रेस से होड़ कर रहे थे। समाजवादियों को अपनी शक्ति और सफलता का पूरा भरोसा था। बात यह थी कि यों ऊपर से देखने पर वातावरण उनके अनुकूल दिखता था। पं. जवाहरलाल नेहरू अपने समाजवादी रुझान के लिए प्रसिद्ध थे और वे दो वर्षों तक कांग्रेस के अध्यक्ष रह चुके थे। साथ ही क्रांतिकारी विचारधारा के पोषक श्री सुभाषचंद्र बोस हरिपुरा कांग्रेस के

अध्यक्ष निर्वाचित हो चुके थे। ऐसे ही वातावरण में चुनाव की तैयारी होने लगी। चुनाव के ही दौरे के सिलसिले में एक भीषण घटना घटी थी। मैं गया जिलांतर्गत गोह गया था। आरा से प्रकाशित होनेवाले 'पाटलिपुत्र' के संपादक पारसनाथ त्रिपाठी भी मेरे साथ थे। हम लोग गोह से लौट रहे थे कि बीच में ही मोटर उलट गई। त्रिपाठीजी के लिए तो वह घटना घातक ही निकली, तत्काल उनकी मृत्यु हो गई थी। मुझे भी भयंकर चोट आई थी और पाँव बुरी तरह टूट गया था। बिल्कुल स्वस्थ होने में मुझे महीनों लग गए।

प्रथम कांग्रेसी मंत्रिमंडल अपने उद्देश्य और कार्य में पूर्ण सफल रहा था। हम सभी मंत्रियों में पूर्ण सहयोग-भावना थी। हम सब को एक-दूसरे पर विश्वास था और हम लोग अवसर-अनवसर एक-दूसरे की सहायता करने और सहायता माँगने के लिए तैयार रहते थे।

□

पदत्याग

प्रथम कांग्रेसी मंत्रिमंडल बिहार प्रांत में अपने कार्य सुचारू रूप से संपादन कर रहा था। शासन-सूत्र के संचालन का वह प्रथम अवसर था। अतः स्वभावतः ही अनुभव के लिए कुछ समय अपेक्षित था। फिर भी प्रारंभ में अनुभव का अभाव हमारे कार्य में किसी प्रकार का बाधक न बन सका था। कर्तव्य और आदर्श की उच्च भावना से जो प्रेरणा स्फुरित होती थी, वही हमारे लिए संबल का काम दे जाती थी। और बाद में, अनुभव प्राप्त हो जाने पर तो काम का एक सिलसिला ही बँध गया। इस प्रकार पाँच महीने हमें स्थिति और कार्य से पूर्ण परिचय प्राप्त करने में लगे थे। अनुभव हो जाने के बाद हमारा कार्य एक निश्चित योजना के आधार पर सुसंघटित रूप से चलने लगा। हमारे मार्ग में बाधाएँ भी खूब आईं और आगे चलकर उन्होंने हमारी शक्ति काफी दूर तक क्षीण कर दी।

अपनी सरकार की स्थापना पर जनता में उत्साह का संचार स्वाभाविक था। नवचेतना के जागरण से उत्पन्न उल्लास कभी-कभी तो उच्छृंखलता की भी सीमा छू बैठा था। स्वातंत्र्य संघर्ष में छात्रों का अपने ढंग पर बहुत महत्त्वपूर्ण हाथ रहा है। अब कांग्रेस सरकार की स्थापना होने के बाद उनमें अपनी चिरसंचित अभिलाषाएँ पूरी कराने के लिए सहसा उत्साह की एक बाढ़ सी आ गई। उनकी माँगें कुछ इस ढंग की थीं कि उन्हें पूरा करना शिक्षा विभाग के अधिकारियों के लिए सहज संभव न था। विद्यार्थी वर्ग के इस आवेश को किस प्रकार नियंत्रण में रखा जाए, यह एक समस्या उठ खड़ी हुई। इस विषय में राजेंद्र बाबू और पं. जवाहरलाल नेहरू की भी सलाह लेने की आवश्यकता पड़ी थी। स्थिति गंभीर हो चली थी; परंतु कुछ दिनों बाद छात्रों का आवेश ठंडा पड़ता गया और स्थिति सँभलती गई।

अब एक और गंभीर समस्या सामने आई। फैजपुर कांग्रेस ने अपने निर्वाचन के घोषणा-पत्र में राजबंदियों की रिहाई को अपना विशेष उद्देश्य माना था। राजनीतिक

बंदियों के प्रश्न को लेकर बहुत पहले से ही छोटे-मोटे आंदोलन चलते रहते थे। परंतु विदेशी सरकार से इस विषय में किसी सहूलियत की आशा करना व्यर्थ था। अतएव वे आंदोलन बहुत कुछ विचार क्षेत्र तक ही सीमित रहते थे। नए शासन-विधान के अनुसार प्रांतों में मंत्रिमंडलों का संघटन हो जाने के बाद इस आंदोलन ने गंभीर रूप पकड़ा। अब तक अनेक राजबंदी अंडमान भेजे जा चुके थे। उनकी शिकायतें केंद्रीय सरकार के पास समय-समय पर पहुँचती रहती थीं, किंतु वे अनसुनी कर दी जाती थीं। अब कांग्रेस सरकार की स्थापना के बाद उनमें नई आशा और उत्साह का उदय हुआ। अत: उन्होंने अपनी माँगें तत्काल पूरी कराने के लिए अनशन की धमकी दी। ऐसी गंभीर समस्या का तत्काल कोई समाधान करना कुछ सरल न था। देर होती गई। कुछ समय बीत जाने पर राजबंदियों ने अनशन प्रारंभ भी कर दिया। अनशन ने एक जटिल प्रश्न उपस्थित कर दिया। ज्यों-ज्यों वहाँ की परिस्थिति गंभीर होने लगी, त्यों-त्यों राजबंदियों के पक्ष समर्थकों की संख्या बढ़ने लगी और उनकी माँगें पूरी करने के लिए आवाजें उठने लगीं।

प्रांतीय सरकारों पर यह दबाव डाला जाने लगा कि राजबंदियों को अंडमान से भारत वापस बुलाने के लिए केंद्रीय सरकार से कोशिश की जाए। राजबंदियों में अधिकतर संख्या बंगाल, बिहार, युक्त प्रांत (आज का उत्तर प्रदेश) और पंजाब के रहनेवालों की थी। इनमें से केवल बिहार और युक्त प्रांत में ही कांग्रेसी मंत्रिमंडल थे। राजबंदियों को भारत वापस बुलाने का आंदोलन जोर पकड़ता जा रहा था। अंत में विवश होकर केंद्रीय सरकार ने उन्हें अपने-अपने प्रांत में वापस बुलाने की बात स्वीकार कर ली। देश के नेताओं का आश्वासन मिलने पर राजबंदियों ने अनशन समाप्त कर दिया। वे अपने अपने प्रांत में बुला लिये गए। इसने उनके आशा और उत्साह को उकसाया। अब वे मन-ही-मन समझ बैठे थे कि उनकी रिहाई भी शीघ्र ही हो जाएगी। उनको इस बात के लिए भी उत्तेजित किया जाने लगा कि वे रिहाई के लिए अनशन करें। फिर एक बार राजबंदियों के प्रश्न ने जोर पकड़ा और उनकी रिहाई की माँग में बड़े-बड़े शहरों में जुलूस निकालकर 'राजबंदी छोड़ दो' के नारे लगाए जाने लगे।

रिहाई के लिए राजबंदियों ने अनशन कर दिया था। अत: शीघ्रताशीघ्र किसी निर्णय पर पहुँचना अनिवार्य हो गया। अखिल भारतीय कांग्रेस कार्यकारिणी समिति ने इस प्रश्न पर विचार करने के बाद प्रांतीय मंत्रिमंडलों को परामर्श दिया कि गवर्नरों के सामने यह प्रश्न रखा जाए। कांग्रेसी मंत्रिमंडल केवल बिहार और युक्त प्रांत में ही थे, अत: ये ही दोनों मंत्रिमंडल यह प्रश्न उठा सकते थे। कार्यकारिणी समिति के

निश्चयानुसार गवर्नर से बातें हुईं। गवर्नर सभी राजबंदियों को एक साथ छोड़ने के पक्ष में न थे। उनका विचार था कि प्रत्येक राजबंदी के मामले पर अलग-अलग विचार कर छोड़ा जाए। कांग्रेस की ओर से कहा गया कि मंत्रिमंडल की राय मानना गवर्नर के लिए अनिवार्य है, चाहे वह एक राजबंदी की रिहाई के लिए हो या सबकी। कहना न होगा कि राजबंदियों के अनशन के कारण स्थिति की गंभीरता धीरे-धीरे बढ़ती जा रही थी। इसी बीच मौलाना अबुल कलाम आजाद आए। उनसे भी स्थिति पर विचार-विमर्श हुआ। इस बात पर सभी एकमत थे कि राजबंदियों की रिहाई होनी ही चाहिए। बिहार के हमारे प्रधानमंत्री और मौलाना अबुल कलाम आजाद, दोनों व्यक्ति राजबंदियों का अनशन बंद करने के लिए समझाने हजारीबाग गए। राजबंदियों से बातचीत हुई और आश्वासन दिया गया कि उनकी रिहाई न होने पर मंत्रिमंडल पदत्याग कर देगा। यह आश्वासन पाकर राजबंदियों ने अनशन तोड़ दिया।

राजबंदियों की रिहाई का प्रश्न सरकारी स्तर पर अटका हुआ था। बात अब गवर्नर और मंत्रियों के बीच की रह गई थी। इसी बीच पं. जवाहरलाल नेहरू ने मंत्रिमंडल के पास एक परिपत्र भेजकर परामर्श दिया कि राजबंदियों की रिहाई न होने पर पदत्याग कर दिया जाए। इस बात ने प्रांत की राजनीति में एक विचित्र लहर उत्पन्न कर दी। पदत्याग का सवाल उठ खड़ा हुआ था, इसलिए सब लोग यह जानने के लिए आश्चर्यचकित एवं उत्सुक थे कि ऊँट किस करवट बैठता है। नेहरूजी के परिपत्र में यह भी लिखा था कि महात्मा गांधी भी चाहते हैं कि रिहाई न होने पर पदत्याग कर दिया जाए। अब इस प्रश्न पर हमारे लिए सोचने-समझने, तर्क-वितर्क की कोई गुंजाइश ही नहीं थी। प्रधानमंत्री ने सभी राजबंदियों को रिहा कर देने का आदेश लिखा, परंतु गवर्नर ने इस आदेश को कार्यान्वित न होने देने की आज्ञा निकाल दी। हमारा रास्ता साफ था। मंत्रिमंडल ने त्याग पत्र दे दिया। इस घटना ने जनता को बहुत प्रभावित किया। चारों ओर जुलूस निकाले गए थे।

दिन बीतते गए, हम लोग इस प्रतीक्षा में बैठे थे कि त्याग पत्र स्वीकार हो तो आगे की योजना निश्चित की जाए। परंतु त्याग पत्र के स्वीकृत होने का कुछ आभास मिलता नजर नहीं आया। इस विलंब से लोगों को ऐसा मालूम पड़ने लगा कि संभव है त्याग पत्र लौटा दिया जाए और सभी राजबंदी छोड़ दिए जाएँ। इसी समय महात्मा गांधी ने एक वक्तव्य प्रकाशित कर स्थिति पर अपनी सम्मति प्रकट की। अन्य प्रमुख व्यक्तियों ने भी वक्तव्य प्रकाशित किए। अंत में बिहार और युक्तप्रांत के गवर्नरों ने मंत्रिमंडल का त्याग पत्र वापस लेने के लिए आग्रह किया। अस्तु, प्रश्न हल हो गया और धीरे-धीरे राजबंदियों की रिहाई होने लगी।

प्रोफेसर बारी ने अपना कार्यक्षेत्र जमशेदपुर को बना लिया था। वहाँ के मजदूरों को संघटित करने में वे जुट गए थे। अपने अथक परिश्रम के फलस्वरूप कुछ ही दिनों में मजदूरों पर उनका व्यापक प्रभाव हो गया। मजदूरों के वे सर्वमान्य नेता हो चुके थे। उनके प्रयत्न से वहाँ के मिल मालिकों और मजदूरों के कई झगड़े सुलझ चुके थे। बहुत दिनों से दो प्रसिद्ध अंग्रेजी कंपनियों में मजदूरों की हड़ताल चल रही थी। कंपनियाँ शक्तिसंपन्न थीं और मजदूरों की माँगों को कुचलने पर तुली हुई थीं। अंत में हम लोगों के बीच-बचाव के फलस्वरूप हड़ताल समाप्त हो गई। कुछ दिनों के बाद जब मुझे जमशेदपुर जाने का अवसर मिला तो वहाँ की स्थिति से मैं बड़ा प्रभावित हुआ। मजदूरों में एक नई चेतना दिख पड़ रही थी। हड़ताल समाप्त हो जाने के कारण उनका आत्मविश्वास जाग पड़ा था।

बेतिया राज बहुत दिनों से कोर्ट ऑफ वार्ड्स के अधीन चला आ रहा था। प्रांत में दरभंगा के बाद बेतिया राज का ही स्थान आता है। इस राज की अब तक एक विचित्र परंपरा यह चली आ रही थी कि वहाँ कोई भारतीय मैनेजर नहीं नियुक्त हुआ था। इसके कारण अंदर-ही-अंदर सबको क्षोभ था। अब कांग्रेस सरकार स्थापित होने के बाद उस क्षोभ का व्यतिरूप प्रकट होने लगा। धारासभा में इस विषय को लेकर अनेक प्रश्न पूछे गए। अंत में एक अवसर पर प्रधानमंत्री ने धारासभा में प्रश्नों का उत्तर देते हुए कह डाला कि भविष्य में बेतिया राज में भारतीय मैनेजर ही नियुक्त किए जाएँगे। उनके इस आश्वासन से चारों ओर प्रसन्नता की लहर दौड़ गई। अब सामने यह प्रश्न उपस्थित हुआ कि किस व्यक्ति को मैनेजर के पद पर नियुक्त किया जाए। इस पद के लिए कोई अनुभवी व्यक्ति को ही नियुक्त करना उचित था। तत्काल ऐसा कोई व्यक्ति नजर नहीं आ रहा था, जो योग्य जँचे। बहुत विचार-विमर्श के बाद यह तय पाया कि कोई कांग्रेसी ही इस पद पर नियुक्त हो। चंपारण के कांग्रेस कार्यकर्ताओं का आग्रह था कि श्री विपिन बिहारी वर्मा, बार-एट-लॉ मैनेजर बनाए जाएँ। इस पद के लिए उनसे बढ़कर उपयुक्त व्यक्ति कोई दूसरा न था। परंतु समस्या यह थी कि उन्हें यह पद स्वीकार न था। अंत में महात्मा गांधी ने उन्हें आदेश दिया कि पद स्वीकार कर लो। महात्माजी का आदेश भला कौन टाल सकता था! विपिन बाबू ने मैनेजर पद स्वीकार कर लिया। उनको आदेश देते हुए महात्मा गांधी ने जो वाक्य लिखा था, वह इतना आकर्षक और प्रभावशाली था कि आज भी उसकी स्मृति बनी हुई है। उन्होंने लिखा था, ''जाओ, भरत की तरह बेतिया का राज चलाओ।'' इस मोहक-मंत्र की उपेक्षा करना मनुष्य के लिए संभव न था।

किसानों की समस्याओं के प्रसंग में पहले एक स्थान पर कह चुका हूँ कि फैजपुर

कांग्रेस ने किसानों के लगान में 50 प्रतिशत कमी करने का एक प्रस्ताव स्वीकृत किया था। स्थिति की अनुकूलता के अनुसार जो कुछ भी हो सकता था, हम लोग करते जा रहे थे। परंतु यह स्पष्ट था कि किसानों की स्थिति सुधारने के लिए लगान और वकाशत का प्रश्न सुलझाने से अधिक जरूरी था खेतों की सिंचाई का प्रबंध करना। अनावृष्टि अथवा अतिवृष्टि के कारण किसानों को बड़ी क्षति उठानी पड़ती थी। अतः सिंचाई का और चौरों के पानी निकालने का प्रबंध करना आवश्यक था। सालभर पानी जमा रहने के कारण प्रांत में हजारों एकड़ जमीन बेकार सी पड़ी रहती थी। चौरों का पानी निकालकर उन्हें जोत में लाने से किसानों की स्थिति में बहुत कुछ सुधार हो जाने की आशा थी। अतः कांग्रेसी मंत्रिमंडल ने इन दोनों समस्याओं को सुलझाने की ओर ध्यान दिया।

कांग्रेस के कार्यक्रम में मद्य-निषेध का एक मुख्य स्थान रहा है। अतः इस प्रश्न की ओर कांग्रेसी मंत्रिमंडल का ध्यान जाना स्वाभाविक था। परंतु यह कार्य उतना सरल न था, जितना हम समझ बैठे थे। व्यावहारिक कठिनाइयाँ सामने थीं। प्रांत की कुल आय का चतुर्थांश मद्य पर लगाए गए कर से होता था। हमारे सामने सुधार की कई नई-नई योजनाएँ थीं, जिनपर खर्च करने के लिए अतिरिक्त द्रव्य की आवश्यकता थी; परंतु आय के द्वार सीमित थे। ऐसी स्थिति में आय के वर्तमान साधनों में कमी करना व्यावहारिक दृष्टि से कदापि वांछनीय न था। सारे प्रांत में मद्यपान निषेध की योजना लागू करने से एक करोड़ रुपए से अधिक की क्षति उठानी पड़ती। अतः निश्चय हुआ कि किसी एक क्षेत्र में ही यह योजना कार्यान्वित की जाए। इसके लिए सारण जिला चुना गया। इससे करीब सात-आठ लाख रुपए का नुकसान होता था। कुछ तो त्याग आवश्यक था ही। अंत में सरदार वल्लभभाई पटेल और देशरत्न डॉ. राजेंद्र प्रसाद ने सारण जिले में इस कार्य का श्रीगणेश किया।

सभी क्षेत्रों में नई-नई योजनाओं की ओर प्रवृत्ति जाग रही थी। शिक्षामंत्री डॉ. महमूद ने निरक्षरता निवारण की योजना काम में लाने की बात सोची। यह योजना भी ऐसी थी कि प्रांत में व्यापक रूप से कार्यान्वित करने पर काफी पैसे की जरूरत पड़ती और साथ ही योजना के असफल हो जाने की भी आशंका थी। अतः मेरा विचार था कि पहले यह योजना डिस्ट्रिक्ट बोर्ड, म्यूनिसिपलिटियों आदि के ही द्वारा कार्यान्वित कराई जाए और उसमें सफलता मिलने पर धीरे-धीरे उसका क्षेत्र विस्तृत किया जाए। परंतु डॉ. महमूद एकबारगी ही सारे प्रांत में काम शुरू करने के पक्ष में थे। फलतः इसके लिए दो लाख रुपए की स्वीकृति दी गई, जो आशंका थी वही बात हुई। प्रारंभ में तो गाँव-गाँव में अनपढ़ वयस्क व्यक्तियों को पढ़ाने का काम बड़े उत्साह के साथ

शुरू हुआ। बाद में उत्साह ठंडा पड़ता गया और योजना का बस निबाह भर होने लगा। यों तो विभिन्न क्षेत्रों से भेजे गए विवरणों में बड़ी लंबी-चौड़ी हाँकी जाती थी; परंतु वास्तविकता तो कुछ और ही थी तथा वह संतोषजनक न थी।

कांग्रेसी मंत्रिमंडल के अल्प कार्यकाल में अनेक उपयोगी कार्य हुए; परंतु बाधाएँ भी कम न आईं। और बाधाएँ भी ऐसी-वैसी न थीं। उन्होंने कांग्रेस की आंतरिक शक्ति को बहुत दूर तक क्षीण कर दिया। तीन शक्तियों ने ये बाधाएँ उपस्थित की थीं, और वे थीं—किसान-सभा, मुसलिम लीग और बंगाली-बिहारी प्रश्न। उस समय प्रतिकूल परिस्थितियों से कांग्रेस के संघर्ष का परिचय प्राप्त करने के लिए तीनों का अलग-अलग विवरण आवश्यक है।

यह कह चुका हूँ कि जमींदारों के मुकाबले में सरलता से किसानों का हित-साधन करना उस समय संभव न था। यह हमारी शक्ति के बाहर की बात थी। प्रत्यक्ष रूप से तो किसान-सभा किसानों के हित के लिए आंदोलन चला रही थी; परंतु सच पूछा जाए तो उसका मुख्य लक्ष्य था कांग्रेस सरकार को बदनाम करना। इस कार्य में किसान-सभा और समाजवादी दल का परस्पर गठबंधन भी हो गया और दोनों मिलकर कांग्रेस को बदनाम करने की कोशिश कर रहे थे। अपनी सभी समस्याओं को तत्काल हल न होते देख किसानों को तो असंतोष था ही, जो स्वाभाविक भी था। किसान-सभा और समाजवादी दल ने इससे लाभ उठाकर किसानों को कांग्रेस के विरुद्ध उभाड़ा। जमींदार-किसान संघर्ष न रहकर अब कांग्रेस-किसान संघर्ष हो गया। फलतः कई जिलों में बकाश्त-सत्याग्रह चलाया, जो किसी के लिए भी हितकर नहीं हुआ।

मुसलमानों की सांप्रदायिक एवं प्रतिक्रियावादी संस्था मुसलिम लीग ने मुसलमानों को कांग्रेस के विरुद्ध करने में कुछ उठा न रखा। कांग्रेस सरकार को हिंदू सरकार कहकर हिंदू और मुसलमान में वैमनस्य फैलाया गया। सच्ची बात तो यह थी कि हम लोगों ने अनेक अवसरों पर हिंदुओं के हित का त्याग कर मुसलमानों को प्रसन्न करने की चेष्टा की थी, जिसके लिए हमें हिंदुओं का कोपभाजन बनना पड़ा था। परंतु हमारा यह सब करना कुछ काम न आया और आज, जबकि पाकिस्तान बन चुका है, उस बात की चर्चा ही व्यर्थ सी मालूम पड़ती है।

बंगाली-बिहारी प्रश्न भी कम बाधक न था। बिहार में अधिकांश पदों पर बंगाली नियुक्त थे। बिहारियों को इस बात का खटकना बिल्कुल स्वाभाविक था। अतः बिहारियों की माँग हुई कि नई नियुक्तियों में बिहारियों को अधिक स्थान दिए जाएँ। बंगालियों को यह बात पसंद न आई और उन्होंने बिहार सरकार पर पक्षपात इत्यादि का दोषारोपण कर बदनाम करने की पूरी कोशिश की।

इन बाधाओं से कांग्रेसी मंत्रिमंडल को कम धक्का न पहुँचा, परंतु ये बाधाएँ बाह्य थीं और उनसे सँभल जाना संभव था। दुर्भाग्य की बात तो यह थी कि हम कांग्रेसजन नैतिक दृष्टि से नीचे खिसकते जा रहे थे। शुरू-शुरू में जो परस्पर सद्भाव था, वह स्वार्थ के चक्कर में पड़कर वैमनस्य का रूप धारण करने लगा। हम लोगों के बीच एक खाई उत्पन्न हो गई थी, जो दिन-दिन चौड़ी होती जा रही थी। उधर कांग्रेस कार्यकर्ताओं में भी पदलोलुपता बढ़ती जा रही थी, जिसके कारण उनका प्रभाव क्षीण होता गया। कुछ ही जिले बच पाए थे, जहाँ कांग्रेस का अक्षुण्ण प्रभाव था। यही स्थिति थी कि 1939 ई. के अक्तूबर में सभी प्रांत के कांग्रेस मंत्रिमंडलों ने कांग्रेस के आदेश पर पदत्याग कर दिया। पदत्याग का कारण यह था कि यूरोपीय युद्ध के प्रश्न पर कांग्रेस ब्रिटिश सरकार की नीति से सहमत न थी।

(बिहार, मार्च 1950)

□

सत्याग्रह

प्रथम कांग्रेसी मंत्रिमंडल के पदत्याग की चर्चा कर चुका हूँ। देश की लोकप्रिय संस्था के हाथों से देश का शासन-सूत्र हटते देख जनता के मन में क्लेश का भाव आना स्वाभाविक था। किसके मन में इच्छा न होती कि 'अपने देश में अपनी सरकार' रहे। परंतु उन दिनों जो स्थिति हो चली थी, उसके चलते मुझे वस्तुतः प्रसन्नता ही हुई थी कि कांग्रेस सरकार हट रही है। बात यह थी कि वह नैतिक पतन का समय था। पदाधिकार ने अधिकांश के 'अहम्' को जगा दिया था और जिन्हें कोई पद पाने का सौभाग्य, मैं तो दुर्भाग्य ही कहने की धृष्टता करूँगा, नहीं मिल सका था; वे उसके लिए आसमान-जमीन एक कर रहे थे। ऐसी क्षुद्रताएँ मन तक ही सीमिति हों, ऐसी बात नहीं, वे स्पष्ट सतह पर कार्य रूप में लक्षित हो रही थीं।

पदाधिकार के मद ने स्वार्थ को जगा दिया था। देशसेवा की भावना अब स्वार्थ सेवा की चकाचौंध में धूमिल पड़ गई थी। स्वार्थ सिद्धि के लिए एक-दूसरे को नीचा दिखाने की प्रवृत्ति उभरकर उग्र रूप धारण करती जा रही थी। राष्ट्रोत्थान की साधना में तपी-तपाई हमारी सामूहिक शक्ति अब धीरे-धीरे बिखरती जा रही थी। घोर प्रतिकूल परिस्थितियों के सामने भी हमारी जो शक्ति कभी डिगी नहीं थी; वह अब जमीन चूम रही थी। इस पृष्ठभूमि में पदत्याग की बात ऐसी लगी, जैसे कांग्रेस के लिए, समस्त देश के लिए यह वरदान हो। और आज भी कभी उन दिनों की बात सोचता हूँ तो अपने मन की उस प्रतिक्रिया में किसी संशोधन की आवश्यकता नहीं पड़ती।

आज देश स्वतंत्र है। अब वस्तुतः 'अपने देश में अपनी सरकार' है। संभव है, उन दिनों की हमारी भूलें हमें कुछ शिक्षा दे जाएँ, ताकि भविष्य में हमें नीचा न देखना पड़े। उन दिनों शासनाधिकार प्राप्त होने के बाद से धीरे-धीरे ईर्ष्या, द्वेष, स्वार्थपरता इत्यादि कुप्रवृत्तियाँ उभरने लगी थीं। जिस सिद्धांत, जिस आदर्श और जिस विश्वास के साथ कांग्रेस ने शासन-सूत्र सँभाला था; वे सभी जैसे अब बिसरते जा रहे थे। अपनी

स्वार्थ सिद्धि के सामने हम सबकुछ भूले जा रहे थे। हमारी यह अधोगति कब तक चलती और हम कहाँ जाकर टिकते, यह कहना संभव नहीं, परंतु पदत्याग ने एक झटका दिया और हमको गिरने से बचा लिया। वह पदत्याग हमारी राजनीतिक प्रगति में साधक हुआ या बाधक, यह प्रश्न दूसरा है; परंतु यह अवश्य सत्य है कि हमारे नैतिक पतन में उसने रुकावट डाली। और इन्हीं सब बातों पर विचार करते हुए मैंने मन-ही-मन पदत्याग की बात का हार्दिक स्वागत किया था।

कांग्रेसी कार्यकर्ताओं में जो क्षुद्रता प्रवेश कर गई थी, उसका बहुत स्पष्ट रूप उन दिनों जिला-बोर्डों के चुनाव के अवसर पर दिख पड़ा था। 1933 के चुनाव के बाद वस्तुतः पाँच वर्षों पर 1938 में चुनाव होना चाहिए था, किंतु सदस्य मनोनीत करने की प्रथा उठा देने और वयस्क मताधिकार कार्यान्वित करने के विचार से चुनाव 1938 में नहीं हो सका। चुनाव 1939 ई. में ही पदत्याग के कुछ दिनों पहले हुआ था। प्रांत के विभिन्न भागों में चुनाव को लेकर परस्पर प्रतिद्वंद्विता ने, जो भीषण रूप धारण किया, उसे देखते कभी-कभी संदेह होता था कि प्रांत की राजनीति वस्तुतः बहुत ही कलुषित हो जाएगी। कलुषित हो भी गई थी। प्रांत की कांग्रेस समिति दो दलों में बँट गई थी; और दोनों एक-दूसरे को नीचा दिखाने के लिए साधारण शील-संकोच को भी तिलांजलि देने की सीमा तक उतर आए थे। जैसे-तैसे चुनाव का कार्य समाप्त हुआ। समाप्त तो हुआ, परंतु प्रांत की राजनीति में वह जहर बो गया। प्रांत के प्रायः सारे जिलों में दो प्रतिद्वंद्वी दल कायम हो गए। कांग्रेस के आदर्शों की छाया में विकास पाए हुए कांग्रेसकर्मी अब उस कांग्रेस की मान-प्रतिष्ठा की चिंता बिल्कुल भूल बैठे थे। चिंता थी तो केवल एक बात की—स्वार्थ सिद्धि की। इसके चलते अपने प्रतिद्वंद्वी कांग्रेसकर्मियों पर कीचड़ उछाली गई। इस कार्य में कांग्रेस की विरोधी संस्थाओं और व्यक्तियों से भी सहायता लेने में हिचकिचाहट नहीं दिख पड़ी थी। इस बात का प्रभाव प्रत्येक क्षेत्र पर पड़ रहा था। सभी क्षेत्रों का वातावरण दूषित हो गया था। कांग्रेसी मंत्रिमंडल के अंतिम दिन इसी वातावरण में बीत रहे थे। मंत्रिमंडल के पदत्याग का अवसर यदि उन दिनों न आया होता तो बहुत संभव था कि प्रांत की राजनीति घिना उठती। सौभाग्यवश सामने वैसी समस्या न आने पाई। मंत्रिमंडल ने विश्वयुद्ध में भारत के सहयोग देने के प्रश्न पर मतभेद होने के कारण पदत्याग कर दिया। बिहार प्रांत में जो अशांत वातावरण धीरे-धीरे और भी अशांत हुआ जा रहा था, उस पर पदत्याग की घटना ने जैसे एक रोक लगा दी। यह स्वीकार करना पड़ता है कि परस्पर ईर्ष्या-द्वेष एवं मनोमालिन्य से छुटकारा दिलाने में पदत्याग ने बहुत सहायता दी थी।

कांग्रेसी मंत्रिमंडल के पदत्याग से कुछ लोगों को प्रसन्नता हुई और कुछ लोगों

को दुःख भी हुआ था। कांग्रेस के शासन में जो गरीब जनता कुछ लाभ उठा सकी थी, वह तो अवश्य ही कांग्रेस सरकार के हटने के समाचार से दुःखी थी, परंतु जिन बड़े आदमियों की स्वार्थ-साधना में कांग्रेस सरकार के कारण बाधा हुई थी, वे बड़े प्रसन्न थे कि अब पुनः स्वेच्छाचरण का मौका मिलेगा। सरकार से हट जाने के बाद विगत कांग्रेस सरकार के कार्यों की आलोचना-प्रत्यालोचना होने लगी। आक्षेप तो यह किए जा रहे थे कि कांग्रेस सरकार की स्थापना से साधारण जनता को कुछ लाभ नहीं हुआ है। मैं तो यह स्वीकार करने को तैयार नहीं कि उन दिनों की सरकार से जनता की सेवा नहीं हुई थी।

जनसेवा का ही उद्‌देश्य लेकर कांग्रेस ने देश का शासन-सूत्र सँभालना स्वीकार किया था। अतः यह कहना कि जनता का हित-साधन नहीं हुआ था, सर्वथा अनुचित जान पड़ता है। यह मैं अवश्य स्वीकार करता हूँ कि सभी कार्य हमारे मनोनुकूल नहीं हो सके थे। इसके कई कारण थे। सबसे बड़ा कारण तो यह था कि हमें ऐसी मनोवृत्तियों के लोगों के साथ काम करने को मिला कि हमारे विचारों एवं सिद्धांतों के साथ उनकी कोई सहानुभूति नहीं थी। जिस वातावरण में और जिन साधनों को लेकर हमें काम करना पड़ता था, उन पर विचार करते हुए देखा जाए तो हमें अपने जनसेवा के उद्‌देश्य में संतोषजनक सफलता मिली थी। वस्तुतः सबसे बड़ी समस्या किसानों की थी। उनके लिए लगान संबंधी कुछ सुविधाएँ देकर एक कानून बना दिया गया था। सरकार ने यह भी सोचा था कि किसानों के हित के लिए सिंचाई की व्यवस्था इन लगान संबंधी व्यवस्थाओं से कहीं अधिक हितकर एवं उपादेय है। यही विचार कर चारों ओर सिंचाई का कुछ प्रबंध करने की योजना सरकार ने बनाई थी और कहीं-कहीं वह कार्यान्वित भी हो रही थी। परंतु पुनः नौकरशाही के आगमन से हमारी उन लोकहितकारी योजनाओं की उपेक्षा कर दी गई। चौरों में साल भर पानी रह जाने के कारण हजारों एकड़ जमीन जोत में नहीं आ पाती थी और इस प्रकार हजारों-लाखों मन गल्ले से प्रांत वंचित रह जाता था। अतः चौरों का पानी निकालने की योजना भी हम कार्यान्वित कर रहे थे। परंतु हमारे हट जाने के कारण हमारा यह कार्यक्रम भी ठप पड़ गया। जनता की आर्थिक व्यवस्था सुधारने के लिए विचार यह भी किया गया था कि विभिन्न उद्योग धंधों को विकसित किया जाए। प्रांत की जनता को ऋणमुक्त करने के उद्‌देश्य से एक कानून बनाया गया था, परंतु उसमें अपेक्षित संशोधन न हो सका। इस प्रकार हमारे सामने कई योजनाएँ थीं, परंतु हमारे हट जाने के कारण वे पूरी न होने पाईं। मद्य-निषेध की योजना बनी थी; सहकारिता समितियों को समुचित ढंग पर संघटित करने का विचार था; और सबसे बड़ी तो हम लोगों की

योजना ग्राम पंचायतों के बारे में थी। कांग्रेस का लक्ष्य सदा ग्रामोन्नति की ओर रहा है। इतिहास भी इस बात का साक्षी है कि ग्राम पंचायत के आधार पर प्रतिष्ठापित शासन-व्यवस्था दृढ एवं जनहितकारी होती है। अतः ग्राम पंचायतें बनाकर वहाँ कुछ अधिकार संपन्न अधिकारी रखने का विचार था, ताकि शहर के न्यायालय इत्यादि के झंझट से ग्रामनिवासी मुक्त हो जाएँ। भारतवर्ष की 70 प्रतिशत जनता गाँवों में ही रहती है। अतः स्वभावतः ही भारतवर्ष की उन्नति गाँवों की ही उन्नति से हो सकती है। अस्तु; ग्राम पंचायतों को अपने आदर्शानुकूल संघटित करने का हमारा संकल्प तब तो पूरा न हो सका था, किन्तु प्रसन्नता की बात है कि अधिक दिन बीतने के पहले ही स्वतंत्र भारत ने पंचायत राज कानून बनाकर पुनः एक बार ग्राम गणतंत्रों की पुनरावृत्ति की आशा उपस्थित कर दी है।

तात्पर्य यह है कि प्रथम कांग्रेसी मंत्रिमंडल ने अपने 27 महीने के कार्यकाल में अनेक लोकहितकारी कार्य अपने हाथ में लिये थे। शासन-प्रबंध का यह नया-नया अवसर था। कुछ समय तो अनुभव और स्थिति से परिचय ही प्राप्त करने में लगा। बाकी जो कुछ समय मिला, उसमें नौकरशाही की असहयोग नीति कम बाधक न रही। साधनों का भी अभाव ही था। और जो कुछ योजनाएँ कार्यान्वित हो चली थीं, वे बीच में ही हमारे हट जाने के कारण रुक गईं।

उस वर्ष 1940 में रामगढ़ में कांग्रेस का अधिवेशन होनेवाला था। कांग्रेस का अधिवेशन करने में सरकार ने किसी प्रकार की रुकावट न डाली। अधिवेशन के लिए आयोजन होने लगा। अधिवेशन को सफल बनाने के लिए प्रांत के सभी लोग आवश्यक आयोजन में संलग्न थे। देशरत्न डॉ. राजेंद्र प्रसाद (हमारे वर्तमान राष्ट्रपति) स्वागत समिति के अध्यक्ष चुने गए थे। अधिवेशन का दिन आ पहुँचा। महात्मा गांधी भी अधिवेशन में पधारे थे। देश के चारों ओर से लोग आ जुटे थे और लोग आते भी जा रहे थे। जिस दिन अधिवेशन होनेवाला था, उसके एक दिन पहले रात को बड़े जोरों का पानी बरसा। वर्षा की भयंकरता देखकर अधिवेशन के बारे में कई तरह की आशंकाएँ उठती थीं। खैर, दो घंटे के बाद पानी छूट गया। सुबह हुई। हम लोगों ने समझा कि अब अधिवेशन सफल होने में किसी बाधा की आशंका न रही। परंतु हमारी आशा व्यर्थ निकली। पाँच बजे शाम से अधिवेशन सफल होनेवाला था। पंडाल में लोग जमा हो रहे थे। चारों ओर बड़ी चहल-पहल थी। महात्मा गांधी और कांग्रेस के अध्यक्ष मौलाना अबुल कलाम आजाद भी पंडाल में जाने की तैयारी कर रहे थे। तभी जो बारिश शुरू हुई सो बस लगा कि प्रलय की स्थिति आ गई है। पंडाल का दृश्य बड़ा दयनीय था। लोग थर-थर काँप रहे थे। पानी से बचाव के लिए लोगों ने चटाइयाँ

ओढ़ ली थीं, परंतु व्यर्थ। चारों ओर पानी लगा था। कहीं चप्पा भर जमीन सूखी न बची कि लोग शरण ले सकें। अब ऐसी स्थिति में अधिवेशन हो ही क्या सकता था। नियम के निर्वाह के लिए पं. जवाहरलाल नेहरू ने सभापति का नाम प्रस्तावित किया। मौलाना अबुल कलाम आजाद ने सभापति का आसन स्वीकार करते हुए उस दिन अधिवेशन स्थगित कर दिया और उसके लिए अगला दिन निश्चित किया।

यूरोपीय युद्ध धीरे-धीरे व्यापक एवं भयंकर होता जा रहा था। ब्रिटिश सरकार की यह इच्छा थी कि इस युद्ध में भारतवासी ब्रिटेन को हार्दिक सहयोग दें। महात्मा गांधी इस पक्ष में नहीं थे। उनका कहना था कि कांग्रेस अहिंसा-नीति की समर्थक है, अतः वह इस युद्ध में कदापि सक्रिय सहयोग नहीं दे सकती। दूसरी ओर स्थिति यह थी कि देश के अन्य नेता ब्रिटिश सरकार को कुछ शर्तों के साथ सहायता देने के पक्ष में थे। महात्मा गांधी ने इस प्रश्न पर कांग्रेस कार्यकारिणी समिति की राय माँगी। कार्यकारिणी समिति की राय यह थी कि वर्तमान परिस्थिति में विवश होकर शत्रुओं का मुकाबला हिंसा द्वारा भी करने में कोई हानि नहीं है। इस प्रस्ताव को अखिल भारतीय कांग्रेस समिति ने पूना में स्वीकार लिया। कांग्रेस समिति का उक्त प्रस्ताव महात्मा गांधी की अहिंसा-नीति के सर्वथा विरुद्ध था, अतः वे कांग्रेस से अलग हो गए।

पूना प्रस्ताव में यह कहा गया था कि यदि ब्रिटिश सरकार देश में राष्ट्रीय सरकार स्थापित करना स्वीकार करे तो कांग्रेस ब्रिटेन को युद्ध में सहायता कर सकती है। परंतु सरकार ने इस प्रस्ताव के अनुसार कार्य नहीं किया। अब तो कांग्रेस के सामने बस एक ही उपाय था—सत्याग्रह। कांग्रेस ने सत्याग्रह की घोषणा कर दी और इसके नेतृत्व के लिए महात्मा गांधी से प्रार्थना की गई। गांधीजी ने नेतृत्व करना स्वीकार कर लिया। सत्याग्रह के कार्य में यह था कि ब्रिटिश सरकार को सहायता न देकर उसे मजबूर किया जाए कि वह कांग्रेस की माँग—देश की स्वतंत्रता स्वीकार कर ले। सत्याग्रह शुद्ध रूप से अहिंसात्मक होता था।

सत्याग्रह शुरू हो गया था। बिहार प्रांत में 27 नवंबर को श्री बाबू ने सत्याग्रह का श्री गणेश किया और गिरफ्तार कर जेल भेज दिए गए। मैंने 3 दिसंबर को सत्याग्रह किया था, उसी दिन गिरफ्तार कर जेल भेज दिया गया। उस समय तो कोई निश्चय था, नहीं कि निकट भविष्य में रिहाई होगी; अतः जेल-जीवन को कुछ इस तरह से नियमित करने की चेष्टा की कि बाहर के संपर्क का अभाव खटके नहीं। उन दिनों जेल में अनेक राजबंदी थे। वहाँ राजनीतिक विषयों पर पर्याप्त पुस्तकें पढ़ने को मिल जाती थीं। समाजवाद, रूस की क्रांति इत्यादि के संबंध में कई पुस्तकें वहाँ पढ़ने का अवसर मिला। वस्तुतः वहाँ गीता और समाजवाद के ही अध्ययन में ही मैंने अपना

अधिक समय लगाया। राजबंदियों के बीच बड़े अच्छे दिन कट रहे थे। और, तभी जुलाई में कुछ इस तरह की खबर मिली कि हम लोग रिहा कर दिए जाएँगे। अगस्त महीने के आखिर–आखिर में हम लोग छोड़ दिए गए। श्रीबाबू और मैं साथ ही पटना पहुँचे थे। स्टेशन से सीधे सदाकत आश्रम जाकर राजेंद्र बाबू के दर्शन किए। उन दिनों वे बीमार थे। अब सामने समस्या आई कि आगे का कार्यक्रम क्या हो।

(बिहार, अप्रैल 1950)

□

हिंदी का अपेक्षित दृष्टिकोण

साहित्य और राजनीति में आज कभी-कभी जो विरोध दिखाई देता है, वह वस्तुतः संकीर्णता के कारण है। साहित्य सदा से वंदनीय रहता आया है। हर युग में उसे आदर और प्रतिष्ठा मिलती रही है। उसने मुक्त होकर अपना विकास किया है और जब कभी उस पर किसी प्रकार का अंकुश अथवा नियंत्रण डाला गया है, तब-तब उसने उसका विरोध किया है। नदी की उस धारा की तरह, जो अपनी शक्ति के प्रवाह के सामने किसी बाँध या रुकावट को टिकने नहीं देती, साहित्य की धारा प्रवाहित होती आई है। इसीलिए, आज जब राजनीति का कोई संप्रदायविशेष यह कहता है कि साहित्य की धारा को उसके बताए हुए मार्गविशेष से होकर बहना ही पड़ेगा, तो स्वभावतः साहित्य की धारा को प्रवाहित करनेवाले भगीरथों को इस बात की चिंता होनी ही चाहिए कि उनकी तपस्या पर यह अंकुश कैसा? लेकिन, जहाँ एक ओर राजनीति की ओर से साहित्य की स्वतंत्रता पर आनेवाले इस खतरे से साहित्य का आशंकित होना स्वाभाविक है, वहीं दूसरी ओर काल्पनिक आशंकाओं से भयभीत होकर आतंकित होते रहना भी साहित्य के लिए हानिकारक है। संयत राजनीति, और मेरा यह विश्वास है कि स्वतंत्र भारत का गणतांत्रिक विधान संयत राजनीति का प्रतीक है, यह अवश्य स्वीकार करती है कि लोक-कल्याण के उद्देश्य से लिखा गया साहित्य सदा स्वच्छंद रहना चाहिए। किंतु अपनी स्वच्छंदता में बरसात की बाढ़ की तरह उमड़कर कहीं वह कूल-किनारे को न डुबा डाले, इसीलिए उसका यह आग्रह रहता है कि साहित्य की धारा संयम और मर्यादा के किनारों के बीच ही प्रवाहित होती रहे, तभी लोक-कल्याण का उद्देश्य सफल हो सकता है।

स्वच्छंदता का अर्थ उच्छृंखलता नहीं है। मैं स्वच्छंदता का उपासक हूँ; किंतु उच्छृंखलता का विरोधी हूँ, चाहे वह समाज में हो या राजनीति में या साहित्य में। समाज और राजनीति की उच्छृंखलता ही तो साहित्य की उच्छृंखलता बन जाती है, क्योंकि साहित्य समाज की प्रतिच्छाया है। लेकिन साहित्य समाज की केवल प्रतिच्छाया ही नहीं, वह उसका निर्माता भी है। इसलिए साहित्य को इस बात की शंका अवश्य होनी चाहिए

कि कहीं उसकी स्वच्छंदता की ओट में कोई राजनीतिक मतवाद उच्छृंखलता का प्रचार न करने लगे। साहित्य की स्वच्छंदता का लक्ष्य समाज का स्वस्थ निर्माण होता है, घृणा और विद्वेष का प्रचार नहीं। आज जिस प्रकार स्वतंत्र भारत की जनतांत्रिक राजनीति को घृणा, विद्वेष और अराजकता फैलानेवाले मतवादों से खतरा है, उसी तरह स्वतंत्र भारत की राष्ट्रभाषा हिंदी के साहित्य को भी विद्वेष और घृणा का प्रचार करनेवाले उच्छृंखल साहित्यिक मतवादों से भी खतरा है, क्योंकि साहित्य का जामा पहनकर वह राजनीतिक उच्छृंखलता यहाँ भी पहुँच गई है।

हमारे साहित्य और हमारी राजनीति का लक्ष्य एक है। ये दोनों एक-दूसरे के पूरक हैं। राजनीति सतह की लहर है और साहित्य तल में उठनेवाली तरंग। अपने सपनों को साकार बनाने में हमें दोनों को सजग रखना होगा, तभी हमारे देश का, जाति का कल्याण हो सकेगा और हमारी संस्कृति और साहित्य का गौरव भी बढ़ेगा।

निर्माण की चर्चा करते हुए मुझे आपसे कुछ शिकायत भी है। मुझे गौरव के वे दिन याद हैं, जब हिंदी के साहित्यिकों ने पराधीन भारत के क्षुब्ध हुंकार के साथ स्वर मिलाकर आजादी के गीत गाए थे, जब बंदिनी भारतमाता की कड़ियों को गला डालने के लिए उन्होंने अपनी वाणी से आग बरसाई थी। किंतु आज स्वतंत्रता की प्राप्ति के बाद आपकी लेखनी मौन क्यों है? अगर आप आज यह समझ रहे हों कि जब तक आजादी नहीं मिली थी, तब तक आपकी वाणी को आग बरसाना चाहिए, तो आपकी धारणा में कुछ भ्रम है। फूल बरसाना अपने आप में कुछ बुरा नहीं है, बशर्ते कि वह गुलाब का फूल हो, आक या धतूरे का नहीं। परंतु केवल फूल बरसाना ही तो आपकी वाणी का दायित्व नहीं। माना कि आज देश में वैसे तूफानी आंदोलन नहीं चल रहे हैं, इसलिए आपकी वाणी को आग बरसाने की आवश्यकता नहीं है। लेकिन क्या हमारा स्वप्न पूरा हो गया? हमें राजनीतिक स्वतंत्रता तो मिल गई है, लेकिन उसे बुझाने का दायित्व राजनीति पर छोड़कर आप उसके अंदर भड़कते हुए धार्मिक विद्वेष की आग को तो बुझाइए। उसे ज्ञान-विज्ञान की भूख है, नए सिरे से जीवन के निर्माण की आकांक्षा है। उसके मानसिक विकास के लिए स्वस्थ साहित्य तो दीजिए। हमारे बच्चों को स्वावलंबन की शिक्षा की आवश्यकता है, लेकिन आपकी लेखनी यौवन के विलास-मंदिर में बंद है। हमारे देश की धरती रो रही है, लेकिन आपकी वाणी आसमान की रंगीनियों में खो गई है। क्या आपको याद दिलाने की जरूरत है कि आज आपके देश को आपकी वाणी की सबसे ज्यादा आवश्यकता है?

हमारे देश में ज्यों-ज्यों शिक्षा का विकास होता जा रहा है, त्यों-त्यों हमारे साहित्य का दायित्व भी बढ़ता जा रहा है। हमारे सामने नई-नई विचारधाराएँ आती जा रही हैं। ज्ञान के नए-नए क्षेत्र खुलते जा रहे हैं। संस्कृति और सभ्यता की नई मान्यताएँ खड़ी

होती जा रही हैं। और ऐसे समय में रूढ़ियों, परंपराओं और अंधविश्वासों में जकड़ा हुआ हमारा देश मानसिक अस्वस्थता की स्थिति में पड़ा हुआ है। विदेशी सत्ता ने जिस राजनीतिक पराधीनता की जंजीरों में हमें बाँध रखा था, उन्हें तोड़कर तो हमने मुक्ति की साँस ली है। किंतु मानसिक पराधीनता की जो जंजीर उसने हमारे चिंतन और विचारों पर डाल दी थी, वह आज भी उसी तरह पड़ी है। उसके फलस्वरूप आज हम आँख मूँदकर बिना विचारे या तो पश्चिम से आई विचारधाराओं का अंधानुकरण कर रहे हैं, या अपनी प्राचीन सभ्यता और संस्कृति की दुहाई देकर उसी को हूबहू अपनाने का दुराग्रह कर रहे हैं। ये दोनों स्थितियाँ मानसिक पराधीनता की निशानी हैं। माना कि अपनी संस्कृति और सभ्यता की नींव पर ही हम नवीन भारत का निर्माण करने में सफल हो सकेंगे, लेकिन इसका अर्थ यह नहीं कि हम आँख मूँदकर अतीत के पीछे लग जाएँ और जो कुछ आधुनिक है, उसे पाश्चात्य कहकर छोड़ दें। हमारी संस्कृति हर युग में सारग्राहिणी रही है। हर युग में भिन्न-भिन्न विचारधाराओं का सार-तत्त्व ग्रहण करके वह अपना रूप बदलती रही है। इसीलिए वह इतने दिनों तक जी सकी है। इसीलिए यह दायित्व आज के साहित्य का ही है कि वह इस मानसिक परतंत्रता को दूर करके देश को नई दिशा पर ले चलें। देश की स्वतंत्रता के संरक्षण का दायित्व आपकी लेखनी पर है, इसे न भूलें। जिस देश का साहित्य अपने देश, जाति और संस्कृति की स्वतंत्रता का पहरेदार बनकर निरंतर जाग्रत् रहता है, वही अपनी स्वच्छंदता भी कायम रख पाता है। साहित्य की जागरूकता में ही उसकी स्वच्छंदता है; देश, जाति और संस्कृति की स्वतंत्रता है; इसे निरंतर याद रखना होगा।

ऐसी अभूतपूर्व परिस्थिति में भी जब हिंदी स्वतंत्र भारत की राष्ट्रभाषा के रूप में घोषित हो चुकी है, क्या निरंतर जागरूकता की बात याद दिलाने की जरूरत है? भारतवर्ष के इतिहास में न कभी इतने बड़े राष्ट्र की स्थापना हो पाई थी और न कभी किसी भाषा को इतनी महान् राष्ट्रभाषा के पद पर प्रतिष्ठित होने का गौरव प्राप्त हो पाया था। हिंदी का यह गौरव निस्संदेह अभूतपूर्व है। संपूर्ण राष्ट्र ने हिंदी की शक्ति पर मुग्ध होकर ही उसे राष्ट्रभाषा के रूप में स्वीकार किया है। इसलिए अपनी भाषा की उस शक्ति को हमें पहचानना है, उसे और अधिक विकसित करना है। यह शक्ति है, उसकी सहज बोधगम्यता, उसकी सरलता, उसकी स्वाभाविकता और भारतीय संस्कृति के साथ उसकी सबसे अधिक निकटता। हिंदू संस्कृति की तरह हिंदी भाषा भी इतनी सारग्राहिणी रही है कि हजार वर्षों के अपने इस लंबे जीवन में उसने न जाने कितनी भाषाओं के शब्दों को पचा लिया है, न जाने कितने विदेशी प्रयोगों को अपनाकर उसने अपने स्वरूप का निर्माण किया है। उसकी गतिशीलता में उसकी शक्ति है, सरलता है, स्वाभाविकता है। किंतु इधर मुझे कुछ ऐसी प्रवृत्तियाँ दिखाई दे रही हैं, जो हिंदी भाषा की गतिशीलता में

बाधक हैं। यह भी याद रखना चाहिए कि जहाँ हिंदी को सर्वविषयोपयोगी बनाना है, वहाँ इसे सर्वलोकोपयोगी भी होना है, नहीं तो यह संकुचित हो जाएगी। इसलिए, हिंदी के लेखकों पर भाषा की दृष्टि से यह दुहरा दायित्व है। एक ओर तो उसकी हिंदी ऐसी सरल और स्वाभाविक हो, जो आसानी से सबकी समझ में आ जाए और दूसरी ओर उसमें ऐसी शक्ति हो कि राजनीति, अर्थशास्त्र, विज्ञान, दर्शन आदि सभी विषयों को अभिव्यक्त कर सकने में वह पूर्ण समर्थ हो। यह तब तक नहीं हो सकता, जब तक हम हिंदी की स्वाभाविक शक्ति को पहचानते हुए उसका विकास न करें। राष्ट्रभाषा हिंदी को भारतव्यापी भाषा बनाना है। मैं हिंदी को उस विशाल वृक्ष के रूप में देखना चाहता हूँ, जिसका मूल तो हो हिंदी भाषा-भाषी प्रांत में, किंतु जिसकी जड़ें अन्य सभी प्रांतीय भाषाओं से रस सींचकर उस वृक्ष का पोषण कर रही हों। तभी हिंदी भारतीय राष्ट्र की सच्ची राष्ट्रभाषा हो सकेगी।

(बिहार, मई 1950)

□

सरदार पटेल

आज की विषम परिस्थिति में जबकि मानव जाति ज्वालामुखी के उस कंपायमान शिखर पर आरूढ़ है, जो किसी क्षण भी अपने भीषण विस्फोट से संसार में प्रलय का रूप धारण कर सकता है—हमारे बीच से सरदार वल्लभभाई पटेल का उठ जाना कितना घातक है, इसकी हम कल्पना भी नहीं कर सकते। सरदार पटेल का जीवन पिछले तीस वर्षों की भारतीय राजनीति का एक जीवित, जाग्रत्, ज्योतिर्मय एवं ज्वालापूर्ण इतिहास है और इसलिए उस लौह पुरुष का निधन हमारे बीच से उस अग्निमय, संघर्षमय, त्यागमय नाटक का दुःखांत पटाक्षेप है, जो बीसवीं सदी के भारतीय इतिहास का एक अमर अध्याय है। महात्मा गांधी की मृत्यु के तीन वर्ष बाद सरदार पटेल का निधन भारतीय इतिहास की कोमल छाती पर दैव का वह भीषण वज्र-प्रहार है, जिसकी चोट से हम और हमारा राष्ट्रीय जीवन सहसा तिलमिला उठा है और ऐसा जान पड़ता है कि हमारे इतिहास और हमारी राजनीति की इस कमी की पूर्ति होना असंभव है। इसका कारण स्पष्ट है। भारत की राजनीति में आज सरदार पटेल का, जो महत्त्वपूर्ण स्थान था, वह अपने ढंग का निराला और अद्वितीय था, जिसके उदाहरण संसार के इतिहास में इने-गिने हैं। प्रसिद्ध जर्मन राजनीतिज्ञ बिस्मार्क ने जर्मन राष्ट्र को एक सूत्र में बाँधा था; और इसलिए यूरोपीय इतिहास का वह एक अमर व्यक्ति है, पर भारत जैसे महान् राष्ट्र को एकता के सूत्र में बाँधनेवाले सरदार से उसकी तुलना इसलिए नहीं की जा सकती कि जर्मनी का क्षेत्रफल और उसकी जनसंख्या भारत के क्षेत्रफल और उसकी जनसंख्या के मुकाबले में नगण्य है। सरदार पटेल एक महान् निर्माता थे, जिनकी निर्माण-कला की आवश्यकता आज भी भारत को थी। इतना ही नहीं, विश्व के इस अशांत एवं हिंसामय वातावरण में आज हमें उनके नेतृत्व की परम आवश्यकता थी, जिसके तनिक संकेत पर हम संसार के विद्वेषपूर्ण वातावरण में महात्मा गांधी और भगवान् बुद्ध के चरण-चिह्नों पर बिना किसी कठिनाई के सहज ही चल सकते थे। पर आज वे नहीं है। मृत्यु के निर्मम आघात ने उनके मानव शरीर को हमसे छीन लिया है और हम आज अपने को

उस पतवारविहीन नौका की भाँति पाते हैं, जो सागर के मध्य में उसकी भीषण लहरों से खेल रही हो।

आज से लगभग तीन वर्ष पूर्व अचानक बापू के दिवंगत होने से हम वस्तुतः अनाथ हो गए थे। उस समय राजनीति एवं राष्ट्रहित की दृष्टि से उनके ज्येष्ठ पुत्र के रूप में सरदार के सबल नेतृत्व से हमें ढाढ़ड़ बँधा था। अब तो हमारा वह सहारा भी न रहा।

बापू सरदार को अपने पुत्र की तरह मानते थे। आज से पाँच वर्ष पूर्व सरदार की जन्म जयंती के अवसर पर जब बंबई कांग्रेस के कुछ कार्यकर्ता बापू के पास बधाई का संदेश माँगने गए तो बापू ने गद्गद होकर कहा था, "क्या पिता अपने पुत्र के जन्म-दिवस पर बधाई देने की कृत्रिमता कर सकता है? सरदार मेरे पुत्र के समान हैं।" इसी तरह, किसी दूसरे अवसर पर सरदार की सेवा से मुग्ध हो, उनके प्रति अपने स्निग्ध स्नेह को व्यक्त करते हुए गांधीजी ने कहा था, "जिस प्यार से सरदार ने मेरे शरीर को ढक लिया, उससे मुझे अपनी स्नेहमयी माँ की याद आ गई। मुझे यह पता नहीं था कि सरदार में माता की भावना की विभूति भी विद्यमान है।"

बापू के प्रति सरदार के हृदय में भक्ति की भावना अगाध थी और देश के कल्याण के लिए बापू द्वारा प्रतिपादित सिद्धांतों में उनकी प्रतीति पूर्ण! 1948 ई. की 30वीं जनवरी को सायंकाल सरदार के साथ एक घंटे तक देश की गहन समस्याओं पर विचार-विमर्श करने के बाद प्रार्थना-सभा की ओर जाते हुए बापू जब अकस्मात् काल की निर्मम गोलियों के शिकार हुए तो सरदार के कोमल हृदय पर जो गहरी चोट पहुँची, उसकी कल्पना करना भी हमारे लिए कठिन है। फिर भी, सरदार ने राष्ट्र को धैर्य धारण करने का आदेश करते हुए उस दिन रात्रि में दिल्ली रेडियो द्वारा प्रसारित अपने भाषण में कहा था, "क्या कहूँ, क्या न कहूँ! जबान चलती नहीं। मेरा दिल दर्द से भरा हुआ है। मेरी तो कमर ही टूट गई। उनका बड़ा सहारा था। वे चले गए। लेकिन जो वे दे गए हैं, वह तो रहेगा ही। उनकी आत्मा हमारे सामने है। हम ईश्वर से प्रार्थना करें कि जो काम वह बाकी छोड़ गए हैं, उसे हिम्मत से हम एक साथ मिलकर पूरा करें।" और अपने इस कथन के अनुसार उस दिन से अपने जीवन की अंतिम घड़ी तक वे निरंतर बापू द्वारा दिखाए हुए पथ का भक्ति से अनुसरण करते हुए, सभी देशवासियों की सुख-समृद्धि में वृद्धि करने के लिए सचेष्ट रहते थे।

गांधीजी के साथ सरदार का संपर्क पहले-पहल 1916 ई. में अहमदाबाद में बड़े ही मनोरंजक ढंग से हुआ। सरदार इंग्लैंड से बड़े सम्मान के साथ बैरिस्टरी पास कर स्वदेश लौटने के बाद 1913 ई. में अहमदाबाद में बैरिस्टरी करने लगे। उन दिनों सरदार अंग्रेजी वेशभूषा में रहते थे और उन्हें ताश खेलने का बड़ा शौक था। 1916 ई. में एक दिन जब वे वहाँ के किसी क्लब में अपने साथियों के साथ ताश खेल रहे थे, गांधीजी

वहाँ पहुँचे। गांधीजी हाल में ही अफ्रीका में सत्याग्रह का सफल प्रयोग कर स्वदेश वापस आए थे और यहाँ अपने क्रांतिकारी विचारों का प्रचार कर रहे थे। गांधीजी को उस क्लब में कुछ लोगों के साथ बातचीत करते देख ताश के खेल में मग्न विनोदप्रिय वल्लभभाई ने व्यंग्यात्मक हँसी के साथ कहा, "ये व्यर्थ यहाँ ब्रह्मचर्य का प्रचार कर रहे हैं।" परंतु कुछ काल बाद जब गांधीजी स्वयं वल्लभभाई से मिले और उनकी बातचीत हुई तो वल्लभभाई गांधीजी से इतने प्रभावित हुए कि तत्क्षण उनके प्रबल समर्थक एवं सच्चे अनुयायी हो गए और दिन-रात बापू के प्रति उनकी श्रद्धा एवं अनुरक्ति में वृद्धि ही होती गई। उसी वर्ष गोधरा (गुजरात) में जो राजनीतिक सम्मेलन हुआ, उसके अध्यक्ष गांधीजी हुए और प्रधानमंत्री वल्लभभाई बने।

1917 ई. में गांधीजी ने चंपारण में पीड़ित किसानों के उद्धार के निमित्त सत्याग्रह का प्रयोग पहले-पहल भारत में किया और उन्हें स्वर्गीय मौलाना मजहरुल हक, स्वर्गीय ब्रजकिशोर बाबू, पूज्य राजेंद्र बाबू आदि के सहयोग से मनचाही सफलता मिली। इससे आकृष्ट हो, गुजरात के दो प्रमुख जनसेवक श्री मोहनलाल पंड्या और श्री शंकरलाल पारीख ने उन्हें गुजरात आकर खेड़ा नामक स्थान में अकालपीड़ित किसानों के कल्याण के लिए सत्याग्रह-आंदोलन चलाने का आमंत्रण दिया। फलस्वरूप, 1918 ई. में खेड़ा-सत्याग्रह आरंभ हुआ। उस आंदोलन की सफलता के लिए गांधीजी के शब्दों में ही "वल्लभभाई अपनी बड़ी और दिनोदिन बढ़ती हुई वकालत का त्याग करके आए थे।" गांधीजी की इच्छा से उस आंदोलन के प्रधान सेनापति सरदार ही बने और कठिन परिश्रम से उसे सफल बनाया। उसके बाद देश में जितने भी राष्ट्रीय आंदोलन गांधीजी के नेतृत्व में अथवा उनके आदर्शों के आधार पर चलाए गए, उन सबमें सरदार का सक्रिय सहयोग सदैव सुलभ रहा। इस संबंध में 1923 ई. में किए गए नागपुर के सुविख्यात झंडा-सत्याग्रह, 1928 ई. के बारदोली सत्याग्रह, 1930-32 ई. के सविनय अवज्ञा आंदोलन तथा 1942 ई. की अगस्त क्रांति के नाम विशेष रूप से उल्लेखनीय हैं। इन सभी आंदोलनों की सफलता का अधिकांश श्रेय सरदार वल्लभभाई को दिया जाए तो कदाचित् अनुचित न होगा। 1923 ई. में ही गांधीजी के आदर्शों का क्रियात्मक प्रचार करने के लिए, जब 'गांधी सेवा संघ' का देशव्यापी संघटन किया गया तो राजाजी, राजेंद्र बाबू, सेठ जमनालाल बजाज प्रभृति के साथ-साथ सरदार का भी उसमें अत्यंत प्रमुख हाथ था।

1937 ई. में गांधीजी की अनुमति से जब देश के आठ प्रांतों में सर्वप्रथम कांग्रेसी-शासन का आयोजन हुआ, तो उसकी देख-रेख के लिए, जो केंद्रीय पार्लियामेंटरी समिति बनी, उसके अध्यक्ष सरदार ही हुए और उस नवीन एवं गुरुतम उत्तरदायित्व का निर्वाह उन्होंने बड़ी खूबी के साथ किया। 1946 ई. में जब देश में पुनः कांग्रेसी-शासन स्थापित

हुआ और केंद्रीय सरकार का पुन: संघटन राष्ट्रीय आधार पर हुआ, तो सरदार इसके प्रमुख कर्णधार हुए। केंद्रीय सरकार के गृह एवं देशी राज्य विभागों के संचालन के अतिरिक्त देश के विभिन्न प्रांतों के कांग्रेसी मंत्रिमंडलों के नियंत्रण का भार भी आपके सबल कंधों पर सौंपा गया और उसको आपने सम्यक् रीति से निभाया।

आज सरदार के सुयोग्यतापूर्ण नेतृत्व से अचानक वंचित होकर हम स्वभावत: निराधार हो गए हैं। भारतीय प्रजातंत्र के शासन-संचालन में जो सुदृढता क्रमश: सुप्रतिष्ठित हो रही थी, उसे बहुत बड़ा धक्का लगा है। हमारे राजनीतिक भविष्य पर अनेक प्रकार के प्रश्नचिह्न लगाए जा रहे हैं। सरदार के अभाव में जिस हीनता का अनुभव हम कर रहे हैं, उसे दूर करना सहज संभाव्य नहीं है। विगत 31 अक्तूबर को अपनी 75वीं जन्म जयंती के अवसर पर अहमदाबाद में बोलते हुए सरदार ने अपने निश्छल हृदय को इस प्रकार अभिव्यक्त किया था, ''इस कलियुग में 75 वर्षों की आयु बहुत अधिक मानी जाती है। यद्यपि मैं अब उस लोक में पहुँचने को आतुर हूँ, जहाँ बापू और महादेव भाई गए हैं, तथापि मैं इस संसार में उनकी इच्छा से उनका अपूर्ण कार्य पूरा करने के लिए जी रहा हूँ।'' सरदार के ये शब्द हमें अपने भावी कर्तव्य की ओर स्पष्ट संकेत करते हैं। उनकी दिवंगत आत्मा के प्रति श्रद्धांजलि अर्पित करने का सबसे उत्तम साधन यही है कि हम उनके उच्च आदर्शों को हृदयंगम कर, उनके द्वारा अधूरा छोड़े हुए महत्त्वपूर्ण कार्य को पूरा करें।

(बिहार, जनवरी 1951)

□

मंगल पांडे

(सन् 1857 का अज्ञात शहीद)

इतिहास की विडंबनाएँ कभी-कभी निष्ठुर एवं मर्मस्पर्शी होती हैं। इतिहास का क्रम रेल के निर्जीव पहिए की भाँति है, जो अपने पथ पर तीव्र गति से चला जाता है, चला जाता है—इस बात से बिल्कुल अनासक्त एवं निर्विकार होकर कि उसके नीचे पड़कर न जाने कितने प्राणी कुचल जाते हैं, मर जाते हैं। रेल के चक्के को उन कुचले जाने तथा मरनेवाले जीवों से कोई मतलब नहीं, उसे तो अपनी निर्विकार गति से मतलब है। इतिहास की प्रकृति, उसका क्रम, उसकी गति भी प्रायः इसी प्रकार की है। यह ठीक है कि इतिहास अपने भीतर असंख्य वीरों, विद्वानों, कवियों, राजनीतिज्ञों, सम्राटों एवं साम्राज्यों के वैभव और पराभव, उत्थान और पतन के उज्ज्वल एवं धूमिल अतीत को छिपाए हुए हैं, पर साथ ही विश्व में ऐसे राज्यों एवं महान् पुरुषों की संख्या कम नहीं है, जो उसकी सीमा के बाहर हैं, जिनके ज्योतिर्मय विस्तार को वह अपने भीतर छिपा न सका—संभवतः छिपाने से असमर्थ रहा।

मंगल पांडे भी इन्हीं महान् पुरुषों में एक थे। 1857 का युग था। सारे भारत में अंग्रेजी राज्य के विरुद्ध विद्रोह की आग सुलग रही थी। सम्राट् बहादुरशाह और उनकी पत्नी बेगम जीनत महल, महारानी लक्ष्मीबाई, नाना साहब, महाराज कुँवर सिंह और उनके भाई राजा अमर सिंह, ताँत्या टोपे, मौलवी अहमद शाह, अवध के नवाब के वजीर नक्खी खाँ, सरदार अजीमुल्ला खाँ प्रभृति देशभक्त गुप्त रूप से अंग्रेजों के विरुद्ध लोहा लेने की तैयारी कर रहे थे। हिंदू और मुसलमान, धनी और निर्धन, किसान, मजदूर, सेठ-साहूकार, जमींदार, सैनिक, पुलिस तथा छोटे और बड़े सभी प्रकार के सरकारी अफसर और कर्मचारी भारत से अंग्रेजी सत्ता को जड़ से उखाड़ फेंकने को व्याकुल थे। मंगल पांडे ने ऐसे ही समय मातृभूमि के चरणों में अपने रक्त की आहुति दी थी। मंगल पांडे 1857 के सर्वप्रथम शहीद थे। उनकी शहादत की आग इतनी व्यापक हो गई कि देश के एक छोर से दूसरे छोर तक क्रांति की लहर दौड़ गई। क्रांति के अग्रदूत के रूप

में लोग उनकी स्वर्गस्थ आत्मा की पूजा करने लगे। भारतीय सैनिकों ने उनका दृष्टांत अपने सामने रखकर अपने को हँसते-हँसते क्रांति के दावानल को समर्पित कर दिया।

मंगल पांडे बिहार प्रांत के रहनेवाले थे। वे बहुत कर्मनिष्ठ ब्राह्मण थे। साथ-ही-साथ उनमें क्षत्रियोचित गुण का अभाव न था। लंबा कद, चौड़ी छाती, गठी हुई भुजाएँ, यौवन की उठान, यह गौरवर्ण नवयुवक बंगाल की 34वीं रेजीमेंट का एक वीर सैनिक था। यह रेजीमेंट बैरकपुर में रहती थी।

सन् 1857 की फरवरी का महीना था। बंगाल में सैनिकों की जितनी रेजीमेंटें थीं, उनमें क्रांति के लिए सबसे अधीर और उतावली 34वीं रेजीमेंट ही थी। इसका एक और भी कारण था। अवध के नवाब के वजीर नक्खी खाँ उस समय कलकत्ते में ठहरे हुए थे। ऊपर से उनका जीवन सुख और विलास में बीत रहा था। गाजे-बाजे, नाच-रंग में व्यक्त रूप से लीन, उनका जीवन जो देखता वह यही समझता कि इसके जीवन का ध्येय ऐशो-इशरत के अतिरिक्त अन्य कोई भी वस्तु नहीं। पर नक्खी खाँ बहुत ही चतुर राजनीतिज्ञ थे। अपना ऐसा बाहरी जीवन उन्होंने इसलिए बना रखा था, जिससे अंग्रेजों को उन पर किसी प्रकार का संदेह उत्पन्न न हो, अन्यथा उनका परम ध्येय अंग्रेजी राज्य को भारत से जड़-मूल से उखाड़ फेंकना था। 1857 की क्रांति के नेताओं में वे भी एक थे। उनके जिम्मे बंगाल स्थित भारतीय सेना को क्रांति में सम्मिलित करने का भार सौंपा गया था और इसीलिए कलकत्ता में रहकर बाह्य रूप से विलासितापूर्ण जीवन व्यतीत कर वे गुप्त रूप से भारतीय सैनिकों के हृदयों में देशभक्ति तथा अंग्रेजी राज्य के विरुद्ध विद्रोह की भावना भर रहे थे। उनके प्रयास से बैरकपुर स्थित बंगाल की 34वीं रेजीमेंट पूर्ण रूप से क्रांति के लिए तैयार हो गई थी। यहाँ तक कि उस रेजीमेंट के प्रत्येक सैनिक ने भारत को स्वतंत्र करने के लिए अपना सर्वस्व निछावर करने की शपथ ले ली थी। मंगल पांडे भी उसी रेजीमेंट के रत्न थे। देशभक्ति की अपनी भावनाओं के कारण वे केवल उसी रेजीमेंट के नहीं, वरन् बंगाल स्थित अन्य रेजीमेंटों के सैनिकों के नेता हो गए थे, और मरने के बाद तो सारे भारत के सैनिकों के सामने वे देशभक्ति तथा बलिदान के अनुपम दृष्टांत के रूप में माने जाने लगे; और उन्हीं का नाम लेकर सैनिकों ने सन् 1857 की क्रांति का श्री गणेश किया था।

गुप्त रूप से भारतीय नेता अंग्रेजी राज्य की सत्ता के विरुद्ध युद्ध छेड़ने की जबरदस्त तैयारी कर रहे थे। ज्यों ही उनकी तैयारी पूरी होती जाती थी, त्यों ही अंग्रेजी सरकार भारतीय सैनिकों को गाय और सूअर की चरबीवाले कारतूस को काम में लाने को बाध्य करना चाहती थी। अंग्रेजों ने उस प्रकार के कारतूसों का प्रथम प्रयोग बंगाल में ही करना चाहा और संभवतः उस प्रयोग का श्री गणेश उन्होंने बंगाल स्थित 19वीं रेजीमेंट पर ही करना निश्चित किया। परंतु अंग्रेजों के इस निश्चय के पहले ही 34वीं रेजीमेंट के

कुछ सैनिक 19वीं रेजीमेंट के सैनिकों को क्रांति के लिए तैयार करने के लिए भेजे जा चुके थे और उनके सफल प्रयास के परिणामस्वरूप 19वीं रेजीमेंट के सभी सैनिक भी भारतीय क्रांति के लिए अपना सर्वस्व निछावर करने के लिए तैयार हो चुके थे। ऐसे ही अवसर पर सन् 1857 की फरवरी में अंग्रेजों ने बंगाल स्थित 19वीं रेजीमेंट के सैनिकों को चर्बीवाले कारतूस का प्रयोग करने के लिए विवश करना चाहा, पर उक्त रेजीमेंट ने ऐसा करने से साफ-साफ इनकार कर दिया। अंग्रेजी अफसरों ने उन्हें बलपूर्वक दबाना चाहा, पर रेजीमेंट के सभी भारतीय सैनिक अंग्रेजों से लोहा लेने को तैयार हो गए। जब अंग्रेज सैनिक अधिकारियों ने यह देखा कि भारतीय सैनिकों को दबाने के लिए सारे बंगाल में अंग्रेजी सेना की एक भी रेजीमेंट नहीं है, तो उन्होंने 19वीं रेजीमेंट द्वारा अपमानित होकर भी चुप्पी साध ली और साथ-ही-साथ बर्मा से एक अंग्रेजी रेजीमेंट को बंगाल में आने की आज्ञा भेजी। यह आज्ञा मार्च के प्रारंभ में भेजी गई। साथ-ही-साथ अंग्रेज सैनिक अधिकारियों ने यह भी आज्ञा दी कि 19वीं रेजीमेंट तोड़ दी जाए तथा उसके सैनिक बैरकपुर में अपने हथियार रख दें।

यह अपमानजनक आज्ञा थी। बैरकपुर स्थित 34वीं रेजीमेंट को जब इस अपमानजनक आज्ञा की खबर मिली, तो उसके सभी सैनिकों का रक्त उबल उठा। वे 19वीं रेजीमेंट के अपने साथी तथा देशवासी सैनिकों का इस प्रकार का अपमान देखना नहीं चाहते थे। 19वीं रेजीमेंट के सैनिकों की तरह 34वीं रेजीमेंट के सैनिक भी अंग्रेजों की नौकरी छोड़ना चाहते थे, पर इस समस्या पर गंभीरतापूर्वक विचार कर लेने के लिए 34वीं रेजीमेंट के सैनिक नेताओं ने यह निश्चय किया कि एक महीने की अवधि में बंगाल प्रांत स्थित सभी भारतीय सैनिकों से इस समस्या पर भली-भाँति विचार कर लिया जाए और उसके बाद बंगाल प्रांत स्थित सभी भारतीय सैनिक कंपनी सरकार की नौकरी छोड़ दे। इस उद्‌देश्य को कार्यान्वित करने के लिए उसी समय 34वीं रेजीमेंट के सैनिकों ने बैरकपुर से बंगाल के सभी भारतीय सैनिकों को इस आशय का पत्र भेजा कि सभी रेजीमेंटों के सैनिक कंपनी की नौकरी छोड़ने के लिए एक दिन निश्चित कर लें।

पर मंगल पांडे को यह बात स्वीकार न थी। जैसा कि ऊपर कहा जा चुका है, वे एक अत्यंत वीर तथा देशभक्त नवयुवक थे। उन्हें अपने जीवन से बढ़कर अपने धर्म तथा देश की ममता थी। अपना जीवन उत्सर्ग कर देना उनके लिए एक साधारण बात थी, पर उन्हें यह बात असह्य थी कि वे अथवा कोई भी भारतीय सैनिक चरबी मिश्रित कारतूस का उपयोग करें। उनके लिए यह बात असह्य थी कि उनकी आँखों के सामने 19वीं रेजीमेंट के सैनिकों का इस प्रकार अपमान हो। उन्होंने अपनी रेजीमेंट के सैनिकों से इस बात का आग्रह किया कि 19वीं रेजीमेंट के सैनिकों के हथियार छीनने के दिन उनके रेजीमेंट के सैनिक कंपनी सरकार के विरुद्ध मोरचा लेने को तैयार हो जाएँ। पर

जब उन्हें यह मालूम हुआ कि नेताओं को उनकी यह राय मंजूर नहीं है तथा वे इस कार्य को संपन्न करने के लिए एक महीने की अवधि चाहते हैं, तो वे एक प्रकार से उतावले और अशांत हो उठे। उन्होंने चट अपनी बंदूक उठाई और उसे भरकर पैरेड (कवायद) के मैदान की राह ली। वहाँ पहुँचकर उन्होंने अपनी रेजीमेंट के सैनिकों का संबोधन कर कहा, ''भाइयो, उठो, युद्ध के लिए तैयार हो जाओ। तुम्हें अपने-अपने धर्म की शपथ है कि तुम पीछे पैर दो। आगे बढ़ो और देश की स्वतंत्रता के लिए धोखेबाज अंग्रेज शत्रुओं से मोरचा लो।'' इस प्रकार सैनिक बंधुओं को संबोधित करते हुए वे आगे बढ़े और उन्हें अपने बताए हुए पथ का अनुसरण करने को कहा। सार्जेंट मेजर हघसन यह दृश्य देख रहा था। मंगल पांडे को आगे बढ़ते देख उसने सिपाहियों को उन्हें गिरफ्तार करने की आज्ञा दी, पर एक भी सिपाही इसके लिए तैयार न हुआ। अब तक अंग्रेज अधिकारी भारतवासियों को एक-दूसरे के विरुद्ध लड़ाकर ही अपना उल्लू सीधा करते थे, पर अब उनके लिए एक नई समस्या उपस्थित हो गई। एक भी भारतीय सैनिक अपने देशबंधु के विरुद्ध खड़ा होने को तैयार न हुआ। सन् 1857 का भारतीय वातावरण ठीक ऐसा ही था। हघसन ने जब यह देखा कि एक भी भारतीय सैनिक मंगल पांडे को गिरफ्तार करने के लिए तैयार नहीं है, तब उसने स्वयं आगे बढ़ना चाहा। पर वह अभी आगे कदम बढ़ा भी न सका था कि मंगल पांडे की गोली से वह उसी स्थान पर लुढ़क कर ठंडा हो गया। ठीक इसी समय घोड़े पर सवार लेफ्टिनेंट बौघ वहाँ पहुँचा और हघसन को मरते हुए देखकर मंगल पांडे की ओर अपना घोड़ा बढ़ाया। अभी बौघ का घोड़ा कुछ दूर ही था कि मंगल पांडे की एक गोली घोड़े को लगी और घोड़ा तथा उसका सवार लेफ्टिनेंट बौघ, दोनों ही जमीन पर लुढ़क गए। मंगल पांडे अपनी बंदूक भर ही रहे थे कि लेफ्टिनेंट बौघ शीघ्र ही उठ खड़ा हुआ और अपनी पिस्तौल मंगल पांडे पर तानी; पर मंगल पांडे तनिक भी विचलित न हुए। यह देखकर कि अब बंदूक भरने का मौका नहीं है, उन्होंने अपनी तलवार निकाली और बौघ के समीप पहुँच गए। बौघ ने जब यह देखा कि उसकी पिस्तौल का निशाना खाली हो गया तो उसने भी तलवार निकाली। पर अभी वह तलवार से वार करना ही चाहता था कि मंगल पांडे की तलवार से वह धराशायी हो गया। इतने में ही एक-दूसरे अंग्रेज सैनिक ने मंगल पांडे पर आक्रमण किया। यह देखकर एक भारतीय सैनिक ने आक्रमणकारी अंग्रेज सैनिक का सिर अपनी बंदूक के अगले भाग से चूर-चूरकर दिया और चारों ओर से भारतीय सैनिकों की आवाज आई, ''खबरदार अगर किसी ने मंगल पांडे के बाल भी स्पर्श किए!'' इस ध्वनि के बाद चारों ओर सन्नाटा छा गया। इतने में ही कर्नल व्हीलर वहाँ आया और मंगल पांडे को गिरफ्तार करने की आज्ञा दी। चारों ओर से भारतीय सैनिकों ने फिर भी कड़ककर कहा, ''हम लोग इस पवित्र ब्राह्मण का बाल भी नहीं स्पर्श करेंगे।'' तीन अंग्रेज सैनिकों को मरा

हुआ तथा भारतीय सैनिकों को उत्तेजित देखकर कर्नल व्हीलर शीघ्र ही जनरल के बँगले पर भाग गया। इधर परेड के मैदान में मंगल पांडे रक्त से लथपथ अपनी तलवार को आकाश की ओर भाँजते हुए उत्तेजित स्वर में कह रहे थे, "भाइयो उठ खड़े हो, क्रांति के लिए उठ खड़े हो।" जनरल हेयरसे ने जब यह सुना तो अंग्रेज सैनिकों की एक टुकड़ी के साथ घोड़े पर सवार होकर मंगल पांडे की तरफ तेजी से दौड़ा। मंगल पांडे ने जब यह देखा कि वे शीघ्र ही फिरंगियों के हाथ में पड़ेंगे, जीते-जी शत्रु के हाथ पड़ना नहीं चाहते थे, यह विचार कर कि शत्रु के हाथ में पड़ने से अच्छा मृत्यु ही है, उन्होंने स्वयं अपनी बंदूक अपनी छाती में लगाकर घोड़ा दबा दिया। वे घायल होकर जमीन पर गिर गए, पर मरे नहीं। गिरफ्तार होकर वे अस्पताल में लाए गए, जिससे उन्हें जीवित कर फाँसी पर लटकाया जा सके। उस दिन सन् 1857 के मार्च महीने की 29वीं तारीख थी।

कोर्ट मार्शल के द्वारा मंगल पांडे के मुकदमे की सुनवाई आरंभ हुई। मुकदमे की जाँच के समय अंग्रेज अधिकारियों ने बहुत से प्रयत्न किए कि मंगल पांडे अन्य षड्यंत्रकारियों के नाम बतला दे। उन्हें रिहा कर देने के तथा जमीन, जागीर, उच्च पद आदि सभी संभावित बातों के प्रलोभन दिए गए, पर जीवन के इन श्रेष्ठतम प्रलोभनों से वे तनिक भी विचलित न हुए। एक वीर की भाँति जीवन और उसके अनेकानेक आकर्षणों से निस्पृह और निर्विकार होकर किसी का नाम बतलाने से साफ-साफ इनकार कर दिया। अपने जीवन की रक्षा के लिए वे अपने देशवासियों के गले में फाँसी की रस्सी लटकाना नहीं चाहते थे। अपने वक्तव्य में उन्होंने यह भी कहा, "जिन अंग्रेज सैनिकों को मैंने मारा है, उनसे मेरा कोई व्यक्तिगत द्वेष न था। देश तथा धर्म की सेवा के लिए मैंने निर्विकार भाव से केवल अपने पवित्र कर्तव्य का ही पालन किया है और इस पवित्र कर्तव्य के पालन के निमित्त मुझे अपनी मृत्यु का कोई भय, कोई चिंता नहीं है। इससे अधिक मुझे कुछ भी नहीं कहना है।"

कोर्ट मार्शल ने अपना निर्णय शीघ्र ही दे दिया। मंगल पांडे को फाँसी का दंड दिया गया। फाँसी देने की तिथि 8वीं अप्रैल को निश्चित हुई। मंगल पांडे को फाँसी पर चढ़ाने के लिए सारे बैरकपुर में एक आदमी तैयार न था। इस पर अंग्रेज अधिकारियों ने कलकत्ता से चार आदमी मँगवाए। 8वीं अप्रैल के आने में अधिक विलंब न हुआ और प्रार्थना करते हुए मंगल पांडे अत्यंत हर्ष के साथ फाँसी की तख्ती पर लटक गए।

मंगल पांडे की फाँसी के बाद सारे भारत में एक सनसनी फैल गई। प्रत्येक भारतवासी के हृदय में क्रांति की उत्तेजना फैल गई। 34वीं रेजीमेंट के सूबेदार पर यह दोष लगाया गया कि वे रात के समय गुप्त षड्यंत्रकारी सभाएँ करते हैं। इस अपराध में उनका सिर काट लिया गया। बाद ही, अंग्रेजों को ऐसे कागज-पत्र मिले, जिसमें बंगाल की 34वीं तथा 19वीं रेजीमेंटों के विद्रोह की एक योजना मिली। इस पर उन्होंने इन

दोनों रेजीमेंटों को तोड़ देने तथा हथियार रख देने की आज्ञा दी। ये रेजीमेंटें तोड़ दी गईं और इनके सैनिकों ने हथियार भी रख दिए; पर इन सभी कार्यों की प्रतिध्वनियाँ भारत के प्रत्येक कोने में सुनाई पड़ने लगीं। पीछे हम देखते हैं कि मंगल पांडे का रक्त लगभग एक महीने बाद, यानी 10वीं मई को मेरठ में अपना रंग लाने लगा। वह रविवार का दिन था। मेरठ में जैसे रक्त की एक धारा फूट निकली, पर यह एक-दूसरे लेख का विषय है।

(बिहार, फरवरी 1951)

□

बिहार और 1857 की जनक्रांति

सन् 1857 की सशस्त्र भारतीय क्रांति, जिसके रणघोष की प्रतिध्वनियाँ केवल भारतीय आकाश में ही नहीं, वरन् समस्त भूमंडल में परिव्याप्त हो गई थीं, संसार की सशस्त्र क्रांति में अपने ढंग का अपना ही दृष्टांत है। अपने सीमित साधनों के साथ भारतवासियों ने भारत की सुसंगठित एवं अत्यंत पराक्रमी अंग्रेजी शासन का जिस वीरता एवं साहस से मुकाबला किया, उसे देखकर समस्त एशिया खंड में जीवन, जागरण एवं आत्मविश्वास की एक लहर दौड़ गई।

इतिहास अथवा भाग्य के व्यंग्य के कारण सन् 1857 की भारतीय क्रांति में यद्यपि विजयश्री अंग्रेजों के हाथ रही, तथापि यह कहना अनुचित न होगा कि अंग्रेजों की हार तथा भारतवासियों की जीत केवल बाल-बाल से बची। यदि कुछ भारतवासियों ने देशद्रोह का पथ न अपनाकर स्वतंत्रता के सैनिकों एवं शहीदों का साथ दिया होता तो 1857 के फलस्वरूप केवल भारत का ही नहीं, वरन् समस्त एशिया खंड का इतिहास कुछ भिन्न होता। फिर भी, उसी क्रांति के फलस्वरूप जापान को चेतना मिली और वह आत्मविश्वास एवं आत्मनिर्भरता के द्वारा बीसवीं सदी के प्रारंभ में रूस जैसे शक्तिशाली साम्राज्य को पराजित कर संसार का एक महान् शक्तिशाली राष्ट्र समझा जाने लगा।

सन् 1857 की भारतीय क्रांति में जबकि सारा देश जल रहा था, ज़बकि दिल्ली से बंगाल तक की सारी भूमि रक्त की धाराओं की एक अटूट श्रृंखला बन गई थी; रक्तदान एवं जीवन-यश की आहुतियों में बिहार अन्य प्रांतों से पीछे न था। इसका कारण भी था। सन् 1857 की क्रांति के चार श्रेष्ठतम सेनानायकों में बिहार को कुँवर सिंह के रूप में सर्वश्रेष्ठ सेनानायक मिला था। अन्य तीन-ताँत्या टोपे, लक्ष्मीबाई एवं नाना साहब थे।

महाराजा कुँवर सिंह के अतिरिक्त उनके भाई राजा अमर सिंह भी एक कुशल योद्धा एवं सैनिक थे। इन दोनों महान् सैनिकों के अतिरिक्त बिहार की वीर प्रसविनी भूमि की समस्त जनता के हृदयों में फिरंगियों और उनके राज्य के विरुद्ध घृणा की तीव्रतम भावनाएँ थीं। राष्ट्रीय जागरण एवं राजनीतिक चेतना में बिहार उस समय भी भारत के

किसी भी प्रांत से पीछे न था। सच बात तो यह है कि सन् 1857 की क्रांति में पटना भारत के कुछ ही प्रमुख केंद्रों में एक था, जहाँ से क्रांति के संगठन का निर्माण-कार्य एवं उसके संचालन के निर्णय होते थे। सबसे आश्चर्यजनक बात तो यह थी कि पटना में सन् 1857 की क्रांति की तैयारी पाँच वर्ष पहले से ही हो रही थी।

पटना की ऐतिहासिक नगरी में उन दिनों मुसलमानों के वहाबी संप्रदाय का बोलबाला था। यदि यह कहा जाए कि उन दिनों पटना वहाबी संप्रदाय का प्रमुख केंद्र था तो अत्युक्ति न होगी। सन् 1852 में ही, अर्थात् क्रांति के पाँच वर्ष पहले ही पटना में एक अत्यंत प्रबल गुप्त समिति बन चुकी थी, जिसका उद्देश्य 'फिरंगियों' को भारत से निकालकर भारत के अंग्रेजी शासन को निर्मूल करना था। उस गुप्त समिति में धनी-गरीब, सेठ-साहूकार, हिंदू-मुसलमान, पंडित-मौलवी, जमींदार-किसान, राजा-रंक, सरकारी एवं गैर-सरकारी, सभी प्रकार के व्यक्ति एवं नागरिक सम्मिलित थे। यहाँ तक कि उस गुप्त समिति में काफी संख्या में सैनिक भी सम्मिलित थे। पुलिस के बड़े अफसरों से लेकर पटना शहर के पुस्तक-विक्रेता भी उस गुप्त समिति के सदस्य थे और इतने बड़े पैमाने पर होते हुए भी गुप्त समिति का संचालन इतने अच्छे ढंग से होता रहा कि हजार प्रयत्न करने पर भी अंग्रेजों को उसके संगठन एवं कार्य का पता अंत तक न लग सका।

उन दिनों बिहार प्रांत का सैनिक केंद्र दानापुर में था। दानापुर सैनिक केंद्र के बल पर ही समस्त प्रांत की देख-रेख तथा नियंत्रण किया जाता था। सन् 1857 में दानापुर में 7वीं, 8वीं और 40वीं रेजीमेंट भारतीय सेनाएँ रहती थीं और इन भारतीय सेनाओं पर नियंत्रण रखने के लिए एक अंग्रेजी रेजीमेंट और एक अंग्रेजी तोपखाना रहता था। ये सभी सेनाएँ मेजर जनरल लोआयल के अधीन थीं। इन सेनाओं के अतिरिक्त सुगौली में मेजर होम्स के अधीन 12वीं रेजीमेंट भारतीय घुड़सवार सेना रहती थी।

पाँच वर्षों के अनवरत परिश्रम के द्वारा पटना की गुप्त समिति ने सारे प्रांत को क्रांति के लिए तैयार किया। चूँकि समिति में धनी-मानी, राजे-रजवाड़े, सेठ-साहूकार सभी सम्मिलित थे, इसलिए उसे आर्थिक अभाव का सामना नहीं करना पड़ा। बड़े-बड़े लोग अपने पास सैकड़ों क्रांतिकारियों को किसी-न-किसी बहाने रखते थे और उन सभी का खर्च स्वयं समिति देती थी। तात्पर्य यह कि पटना की गुप्त समिति ने प्रांत के कोने-कोने में क्रांतिकारियों को प्रचार के लिए भेजा और उन्होंने सारे प्रांत को स्वातंत्र्य युद्ध के लिए संगठित कर लिया। जब सारे प्रांत की जनता इस प्रकार संगठित हो गई तो गुप्त समिति ने दानापुर के भारतीय सैनिकों को तथा प्रांत के राजा-महाराजाओं को क्रांति के संदेश भेजे और वे सभी पटना की गुप्त समिति में सम्मिलित हो गए। दानापुर के भारतीय सैनिक प्रत्येक रात को एकांत में वृक्षों की ओट में जमा होते और क्रांति के संचालन के लिए नई-नई योजनाओं पर विचार करते। यदि कोई अंग्रेज सैनिक उधर से

गुजरता और उन्हें देख लेता, तो वे उसकी इतिश्री कर देते। इस प्रकार जब जनता क्रांति के लिए पूर्ण रूप से संगठित हो गई, तो पटना की गुप्त समिति ने लखनऊ और दिल्ली की गुप्त समितियों से अपना संबंध स्थापित किया।

सन् 1857 में टेलर पटना का कमिश्नर था। मई महीने में सारे भारत का वातावरण गरम हो चुका था। भारतवासियों ने निश्चित किया था कि एक ही साथ सारे भारत में 31वीं मई को युद्ध आरंभ कर दिया जाए और इस प्रकार भारत स्थित प्रत्येक अंग्रेज की हत्या कर देश को फिरंगी-सरकार की पराधीनता से मुक्त कर दिया जाए। यह बात पूर्णत: गुप्त थी और अंग्रेजों को इस बात की कोई भी खबर न लग सकी थी। परंतु इसी बीच मेरठ स्थित भारतीय सेना ने उतावली से काम कर दिया। 10वीं मई को मेरठ स्थित भारतीय सेना ने अंग्रेज सैनिकों तथा अफसरों का खुलेआम कत्ल प्रारंभ कर दिया। क्रांति की यह सबसे बड़ी भूल थी; कारण, यदि सारा भारत एक ही समय युद्ध के लिए उठ खड़ा होता, तो अंग्रेजों को सतर्क होने का अवसर नहीं मिलता। पर 10वीं मई को केवल मेरठ में ही क्रांति का सूत्रपात हुआ और इस कारण 31वीं मई तक सारे भारत के अंग्रेज मेरठ-कांड की भिन्न-भिन्न पुनरावृत्तियों के लिए सतर्क हो गए।

इधर पटना की गुप्त समिति इस बात का निर्णय करने में व्यस्त थी कि बिहार में किस समय क्रांति को सक्रिय रूप दिया जाए, उधर टेलर को मेरठ के हत्याकांड की खबर लगी। साथ ही, टेलर को इस बात की भी सूचना मिली कि दानापुर स्थित भारतीय सैनिकों में अशांति फैल रही है। टेलर एक चालाक अंग्रेज था। उससे यह बात छिपी न रही कि भारत में सर्वत्र ही क्रांति फैलनेवाली है। इसलिए उसने पटना की रक्षा के लिए पहले दो सौ सिख सैनिकों की टोली रैट्रे नामक अंग्रेज की अधीनता में मँगवाई; कारण, सिख सेना उन दिनों भारत के हित के विरुद्ध अंग्रेजों से मिली थी। दो सौ सिख सैनिक शीघ्र ही पटना में आ गए, पर वे जिधर से गुजरते लोग उनकी छाया स्पर्श करने से भी घृणा करते थे। पटना की सारी जनता उन्हें एक स्वर से देशद्रोही के नाम से पुकार उठी। यहाँ तक कि पटना सिटी के सिख गुरुद्वारे के पुजारी ने उन सिख सैनिकों को गुरुद्वारे में प्रवेश करने से यह कहकर रोक दिया कि तुम देशद्रोही हो और इसलिए गुरुगोविंद सिंह के सच्चे अनुयायी नहीं हो। इधर जनता की ओर से उन दो सौ सिख सैनिकों को भिन्न-भिन्न भर्त्सनाएँ मिल रही थीं, उधर पटना के कमिश्नर टेलर ने उन सिख सैनिकों के बल पर बिहार प्रांत के क्रांतिकारी आंदोलन को निर्मूल कर देने का निश्चय कर लिया। टेलर की आज्ञा से मुजफ्फरपुर के पुलिस जमादार वारिस अली का घर घेर लिया गया; कारण, अंग्रेजों को उन पर क्रांतिकारी होने का संदेह था। वारिस अली गिरफ्तार कर लिये गए। गिरफ्तारी के समय वे गया के क्रांतिकारी नेता अली कराम को एक पत्र लिख रहे थे। उनके घर की तलाशी लेने पर उनके पास क्रांति संबंधी कुछ पत्र मिले। इसी अपराध में

उन्हें फाँसी की सजा दे दी गई। साथ ही, टेलर ने गया के क्रांतिकारी नेता अली कराम को गिरफ्तार करने के लिए भी अंग्रेज सैनिकों की एक टुकड़ी लोविस नामक अंग्रेज अफसर की अधीनता में भेजी, लोविस ज्यों ही गया पहुँचा, अली कराम हाथी पर सवार होकर भाग निकले। अंग्रेज घुड़सवार सैनिकों की टुकड़ी ने उन्हें गिरफ्तार करने के लिए बड़ी तेजी से उनका पीछा किया, पर वे किसी भाँति भी उन्हें गिरफ्तार करने में सफल न हो सके। अंत में, रास्ते की दौड़-धूप से तंग आकर और थककर लोविस लौट आया और अली कराम की गिरफ्तारी का दायित्व अपने भारतीय नौकर पर छोड़ आया। वह नौकर भी अपने देशवासी को गिरफ्तार करना पाप समझता था और इस कारण दूसरे दिन म्लान मुँह बनाकर लोविस के पास लौट आया और अपनी असफलता की सूचना दी।

एक ओर सारे प्रांत में क्रांतिकारी नेताओं की गिरफ्तारियाँ हो रही थीं, दूसरी ओर टेलर को पटना के कुछ नेताओं के संबंध में कुछ सूचना मिली। चट उसने धोखे से उन्हें गिरफ्तार करना चाहा। उसे इस बात का भी पता लग गया कि रात के समय क्रांतिकारियों की सभाएँ उनके नेताओं के घर होती हैं; परंतु उसे निश्चित स्थानों तथा नेताओं का पूरा-पूरा विवरण मालूम न हो सका, फिर भी उसे तीन प्रभावशाली एवं प्रमुख मौलवियों का पता चला, जिनकी गणना पटना के क्रांतिकारी नेताओं में हो रही थी। टेलर ने उन्हें शीघ्र ही गिरफ्तार कर लेना चाहा। पर खुलेआम उनकी गिरफ्तारी से पटना में क्रांति की ज्वाला धधक उठने का भय था, उस क्रांति की ज्वाला के धधक उठने का, जिसे टेलर अपनी चालाकी से दबाना चाहता था। चट उसने एक उपाय सोचा। उसने तत्क्षण ही पटना के बड़े नागरिकों को राजनीतिक मामलों में परामर्श करने के लिए आमंत्रित किया। इन आमंत्रित व्यक्तियों में वे तीन मौलवी भी थे। जब सभी आमंत्रित सज्जन टेलर के बँगले पर आ चुके, तो वह सिखों के साथ वहाँ पहुँचा। थोड़ी देर की बातचीत के बाद सभा समाप्त हो गई। सभा समाप्त होते ही टेलर उक्त तीन मौलवियों के पास गया और मुसकराते हुए कहा—चूँकि इस संकट के अवसर पर आप लोगों का स्वतंत्र रहना खतरे से खाली नहीं है, इसलिए आप लोग गिरफ्तार कर लिये गए।

इस प्रकार पटना के प्रमुख क्रांतिकारी नेताओं को बिना एक बूँद रक्त बहाए गिरफ्तार कर टेलर ने पटना पर वार करना चाहा। उसने शीघ्र ही पटना की जनता से हथियार छीन लेने की आज्ञा दी और साथ ही इस बात की भी आज्ञा दी कि 9 बजे रात के बाद कोई भी व्यक्ति अपने घर से बाहर न निकले। यह एक ऐसी आज्ञा थी, जो पटना के क्रांतिकारी आंदोलन को निर्मूल करने के लिए लागू की गई थी, कारण रात में ही क्रांतिकारी देशभक्तों की सभाएँ होती थीं तथा रात में ही वे अपने पास अस्त्र-शस्त्र एकत्र करते थे। इस प्रकार देश को स्वतंत्र करने के अपने कार्यक्रम पर आघात होते देख उन्होंने प्रकट रूप से युद्ध करने का निश्चय कर लिया। अतः दूसरी जुलाई को मुसलमानों

की एक भीड़ पीर अली नामक क्रांतिकारी नेता के घर में घुसी और थोड़ी देर तक उनसे सलाह कर एक-एक कर बाहर निकलने लगी। बाहर निकलनेवाले व्यक्तियों के हाथों में हरे झंडे थे और वे 'दीन बोलो दीन' के नारे लगा रहे थे। लगभग दो सौ जेहादियों के जुलूस ने एक गिरजाघर पर हमला बोल दिया। थोड़ी देर में लोआयल नामक एक अंग्रेज अफसर सेना की एक टुकड़ी के साथ आता हुआ दिख पड़ा। पीर अली ने अपनी बंदूक से उसे मौत के घाट उतार दिया और उसके अनुयायियों ने उसके शव के इस प्रकार टुकड़े-टुकड़े कर दिए कि उसे पहचानना कठिन हो गया। रैट्रे शीघ्र ही अपने वफादार सिख सैनिकों के साथ घटनास्थल पर पहुँचा और सिख सैनिकों ने जुलूस की टुकड़ी को तितर-बितर कर दिया। इसके बाद पटना के क्रांतिकारी नेताओं को अंग्रेजों ने एक-एक कर गिरफ्तार कर लिया। गिरफ्तार व्यक्तियों में पीर अली भी थे, जिन्होंने लोआयल की हत्या की थी।

पीर अली का इतिहास अत्यंत रोमांचक है। वे मूलतः लखनऊ के रहनेवाले थे, पर पटना में किताबों की उनकी एक दुकान थी और इस दुकान के सिलसिले में वे पटना में बस गए थे। अपनी दुकान की किताबों को वे बड़े चाव से पढ़ते थे और अध्ययन के द्वारा उनके हृदय में देशभक्ति की भावना पराकाष्ठा तक पहुँच चुकी थी। जो भी उनके संपर्क में आता उसके हृदय में देशभक्ति की भावना उत्पन्न करने का उन्हें व्यसन सा हो गया था। यद्यपि वे एक साधारण-पुस्तक विक्रेता थे, फिर भी क्रांतिकारी दल में उनकी बड़ी प्रतिष्ठा थी। जब टेलर के अत्याचारों से पटना की नगरी काँप उठी, तो पीर अली का वीर एवं साहसी हृदय अधीर हो उठा और वे अपने को शांत न रख सके। परिणामस्वरूप उन्हें फाँसी की सजा दी गई। फाँसी के तख्ते के समीप वे पहुँचाए गए। उनके हाथों में इस प्रकार हथकड़ियाँ कस दी गई थीं कि उनसे खून निकल रहा था। फाँसी के तख्ते के निकट वे आकर इस प्रकार मुसकराने लगे, मानो वे पास में खड़ी मृत्यु को चुनौती दे रहे हों। इसके बाद अपने प्रिय पुत्र का नाम लेते ही उनका गला थोड़ा रुँध गया। वहाँ उपस्थित अंग्रेज अफसर ने उनकी इन कोमल भावनाओं का अनुचित लाभ उठाना चाहा। उसने उन्हें संबोधित करते हुए कहा, "पीर अली! अन्य नेताओं के नाम बतलाकर तुम अभी भी अपनी जान की रक्षा कर सकते हो।" शांतभाव से उस अंग्रेज की ओर घूमकर उन्होंने साहसपूर्ण, परंतु भद्र शब्दों में कहा, "जीवन में कभी ऐसे अवसर भी आते हैं, जबकि प्राणों की रक्षा आवश्यक प्रतीत होती है, पर जीवन में ऐसे भी अवसर उपस्थित होते हैं, जबकि प्राणों की रक्षा के बदले उसका बलिदान अधिक आवश्यक एवं श्रेयष्कर होता है। आज का अवसर प्राणों के बलिदान का है, जबकि मृत्यु का शीघ्र आलिंगन करने से शाश्वत जीवन की प्राप्ति हो जाएगी।" इस प्रकार स्पष्ट शब्दों में भारत के प्रति अंग्रेजों के द्वारा किए हुए असंख्य अत्याचारों एवं अन्यायों की चर्चा करते हुए उन्होंने

कहा, ''तुम मुझे फाँसी दे सकते हो, मेरी तरह अन्य व्यक्तियों को भी तुम फाँसी दे सकते हो, पर तुम हमारे आदर्श को फाँसी पर नहीं चढ़ा सकते। यदि मैं मर जाऊँ तो मेरे रक्त से हजारों वीर उत्पन्न होकर तुम्हारे राज्य का विनाश कर देंगे।''

फाँसी के तख्ते से पीर अली ने जो भविष्यवाणी की थी, वह पूरी होकर ही रही; कारण, पीर अली की फाँसी का समाचार सुनते ही दानापुर सैनिक छावनी की सारी भारतीय सेना का रक्त उबलने लगा। उस समय दानापुर छावनी में अंग्रेज सैनिकों की एक रेजीमेंट थी। साथ ही, तोपखाना भी अंग्रेज सैनिकों के अधीन था। इन कठिनाइयों के होते हुए भी वहाँ के भारतीय सैनिकों ने कंपनी के यूनिफॉर्म (सैनिक पोशाक) फाड़ दिए और वे सीधे सोन नदी की ओर बढ़े। दानापुर छावनी का सबसे बड़ा अफसर मेजर जनरल लोआयल था। चूँकि वह बहुत वृद्ध था, इसलिए वहाँ के अंग्रेज सैनिकों का साहस न हुआ कि वे भारतीय सैनिकों का पीछा करें। इस प्रकार भारतीय सैनिक सोन नदी पार कर सीधे जगदीशपुर पहुँचे, जहाँ महाराजा कुँवर सिंह उनकी प्रतीक्षा कर रहे थे।

इसी बीच पटना के कमिश्नर टेलर को इस बात का पता लग गया था कि जगदीशपुर के महाराजा कुँवर सिंह क्रांति के लिए यथोचित तैयारियाँ कर रहे हैं। उसे इस बात का पता लग गया था कि भारत के सभी क्रांतिकारी दलों से तथा साथ ही, दानापुर के सैकड़ों भारतीय सैनिकों के साथ महाराजा कुँवर सिंह का गुप्त रीति से संबंध स्थापित है और उनके साथ गुप्त पत्र-व्यवहार भी चल रहा है। इस पर टेलर ने महाराजा कुँवर सिंह को गिरफ्तार कर लेने की एक चाल चली।

उसने शीघ्र ही महाराजा को इस आशय एक पत्र लिखा, ''आप बहुत वृद्ध हो गए हैं और आपका स्वास्थ्य खराब है। मैं इस बात के लिए चिंतित हूँ कि जीवन के अंतिम दिनों में आप मेरे साथ रहें। यदि आप मेरा आतिथ्य स्वीकार करने की कृपा करें तो मैं आपका बहुत ही आभारी होऊँगा।'' पर महाराजा कुँवर सिंह अत्यंत दूरदर्शी महापुरुष थे। उन्होंने टेलर के पत्र का आशय समझ लिया और उसी ढंग का उत्तर देते हुए लिखा, ''आपके पत्र के लिए बहुत आभारी हूँ। यह सच है, जैसा कि आपने लिखा है, मेरा स्वास्थ्य बहुत खराब है और इसीलिए अभी मैं पटना आने से पूर्णत: असमर्थ हूँ। फिर भी स्वास्थ्य में सुधार होते ही मैं जल्दी-से-जल्दी पटना आने का प्रयत्न करूँगा।'' महाराजा कुँवर सिंह का पत्र पाते ही टेलर के मंसूबों पर पानी फिर गया। उस समय देश का और साथ ही बिहार प्रांत का वायुमंडल काफी गरम हो चुका था। इस प्रकार के निमंत्रणों के द्वारा टेलर बहुत से क्रांति के नेताओं को गिरफ्तार कर चुका था, पर महाराजा कुँवर सिंह इस प्रकार उसके पंजे में आनेवाले न थे। वे ऊँचे दरजे के बुद्धिमान राजनीतिज्ञ और दूरदर्शी पुरुष थे। उनके राजनीतिक दाँव-पेंच के सामने टेलर को मुँह की खानी पड़ी। सेना के बल पर वह महाराजा कुँवर सिंह को गिरफ्तार नहीं कर सकता था। इतना साहस

न तो उसमें था और न बिहार स्थित अंग्रेजी सेना में ही, क्योंकि बलपूर्वक कुँवर सिंह की गिरफ्तारी का अर्थ सारे प्रांत में एक से दूसरे छोर तक प्रकट रूप से युद्ध एवं क्रांति को आमंत्रण देना था—उस क्रांति को आमंत्रण, जिसका परिणाम पूर्णत: असंदिग्ध था और जिसमें भारत की कंपनी सत्ता की विजय से पराजय की संभावनाएँ अधिक स्पष्ट थीं। अत: महाराजा कुँवर सिंह के सम्मुख कूटनीति में बुरी तरह हारकर वह तिलमिला उठा और प्राय: निरुपाय हो गया था कि इसी बीच में राजनीति की निष्ठुर घटनाओं ने उसके सामने एक नई समस्या उपस्थित कर दी। पीर अली की फाँसी और दानापुर स्थित भारतीय सेना की प्रकट क्रांति के रूप में उस घटना-समूह का प्रारंभ हुआ। जिस प्रकट विद्रोह से टेलर तथा भारत स्थित अंग्रेज अधिकारी डर रहे थे, उसका सूत्रपात अन्य स्थानों की तरह बिहार में 25वीं जुलाई को प्रारंभ हो गया। अस्तु।

महाराजा कुँवर सिंह जिस अवसर की प्रतीक्षा कर रहे थे, वह आप-ही-आप अथवा टेलर की नृशंस नीति के कारण स्वयं आ उपस्थित हो गया। दानापुर के देशभक्त भारतीय सैनिकों ने जगदीशपुर पहुँचकर महाराजा कुँवर सिंह से इस बात की प्रार्थना की कि वे उनका नेतृत्व ग्रहण करें और प्रकट रूप से भारत की कंपनी सरकार के विरुद्ध युद्ध जारी कर दें। महाराजा कुँवर सिंह ने उचित अवसर देखकर वैसा ही किया। पहले यह बात तय हुई कि आरा शहर को अंग्रेजी सत्ता से मुक्त किया जाए और इस उद्देश्य से महाराजा कुँवर सिंह ने दानापुर के भारतीय सैनिकों तथा अन्य स्वयंसेवक सैनिकों के साथ जगदीशपुर से आरा के लिए प्रस्थान किया। आरा पहुँचकर उन्होंने खजाना लूट लिया और जेल, ऑफिस तथा अंग्रेजी शासन के स्मारक सभी चीजों को, यहाँ तक कि अंग्रेजी झंडे को भी जला दिया। अंत में उनका ध्यान एक छोटे किले पर गया, जहाँ पच्चीस अंग्रेज सैनिक छिपे थे। उन चालाक अंग्रेज सैनिकों ने पहले से ही किले में काफी रसद और अस्त्र-शस्त्र लिये रखे थे, जिसमें आनेवाली क्रांति के अवसर पर, क्रांतिकारी सेना से घिर जाने पर, वे कुछ काल तक भली-भाँति रक्षा कर सकें। इसके अतिरिक्त पटना के कमिश्नर टेलर ने उनकी रक्षा के लिए पटना से पचास सिख सैनिक भेज दिए थे। इस प्रकार किले में कुल पचहत्तर सैनिक, जिनमें पच्चीस अंग्रेज और पचास सिख सैनिक थे, पूरे अस्त्र-शस्त्र और रसद के साथ जिस अवसर के लिए तैयार बैठे थे, वह आ ही गया। क्रांतिकारी देशभक्तों की सेना ने किले पर घेरा डाल दिया। इस प्रकार, यद्यपि किले पर उस समय आक्रमण कर वहाँ के सैनिकों को कत्ल कर देना कोई कठिन काम न था, फिर भी देशभक्त क्रांतिकारी सेना न जाने क्यों उस पर आक्रमण न कर घेरा ही डाले रही और अपनी शक्ति का प्रयोग इधर-उधर अन्य क्षेत्रों में करती रही। साथ ही, जब उन्हें यह मालूम हुआ कि किले के अंग्रेज सैनिकों की रक्षा का भार पचास सिख सैनिकों ने भी लिया है, तो उनके क्षोभ एवं संताप की सीमा न रही। गुरुगोविंद सिंह के

अनुयायी सिख भारतमाता की छाती पर पद-प्रहार करनेवाले अंग्रेजों का साथ दें, भारत तथा देशभक्त क्रांतिकारी सैनिकों के विरुद्ध मोरचा लें, यह बात उन लोगों के लिए असह्य थी। उन्होंने किले के बाहर से उन सिख सैनिकों से इस बात की अपील की कि वे भारत की स्वतंत्रता का अपहरण करनेवाले देश और धर्म के शत्रु उन फिरंगियों का साथ छोड़कर क्रांति के वीर सैनिकों का साथ दें तथा सिख गुरुओं के सच्चे आदर्श का अनुकरण कर इस स्वर्ण अवसर पर देश-सेवा का व्रत लें। उन्होंने चिल्ला-चिल्लाकर उनसे मर्मस्पर्शी शब्दों में देश, धर्म तथा स्वतंत्रता की शपथ दी कि भारत के उस स्वातंत्र्य संग्राम में वे अपने सिख गुरुओं के आदेशानुसार विदेशी फिरंगियों का साथ छोड़कर देशभक्तों का साथ दें; पर सिख सैनिकों ने उनकी इन प्रार्थनाओं, इन अनुनय-विनयों, इन मर्म छूनेवाली शपथों का उत्तर बंदूकों की गोलियों से दिया। घिरे हुए अंग्रेज सैनिकों को सिखों की उस देशद्रोही नीति से प्रसन्नता की सीमा न रही। अपने देशवासी सैनिकों पर सिख सैनिकों का आक्रमण देखकर वे 'भले-भले' कहकर चिल्ला उठे। यहाँ प्रसंगवश एक बात की चर्चा करना आवश्यक प्रतीत होता है, वह यह कि घेरे की अवधि में किले में सुरक्षित पानी की रसद समाप्त हो गई और अंग्रेज सैनिकों में कुहराम मच गया। फिर क्या था, किले के भीतर के उन पचास सिख सैनिकों ने चौबीस घंटों में एक नया कुआँ खोदकर अपनी अंग्रेज-भक्ति का परिचय दिया। इतना ही नहीं, बारी-बारी से वे कुआँ खोदते और साथ ही घेरा डालनेवाले देशभक्त सैनिकों पर गोलियों की बौछार भी करते और फिरंगियों के 'भले-भले' के नारे पर प्रसन्नता से आत्मविभोर हो उठते। इस प्रकार घेरा डाले तीन दिन हो रहे थे। तीसरे दिन की रात को अर्थात् 29वीं जुलाई को किले में बंद अंग्रेज सैनिकों ने दूरस्थ तोपों के गरजने की आवाज सुनी तो उनके हृदय आनंद से उछल पड़े और उनके मुखों पर संतोष की मुसकराहट आ गई। उन दूरस्थ तोपों की आवाज से वे समझ गए कि घेरा डालनेवाली क्रांतिकारी सेना को विध्वस्त करने तथा उन्हें मुक्त करने के निमित्त अंग्रेजी सेना आ रही है। बात सच थी। कप्तान डनवर के अधीन लगभग चार सौ सैनिक दानापुर से चलकर सोन नदी के किनारे पहुँच चुके थे। इन सैनिकों में एक सौ सिख और शेष अंग्रेज थे। अंग्रेज स्त्री-पुरुष उन्हें सोन के तट पर पहुँचाने आए थे और पहुँचाकर हँसी-खुशी से उन्हें विदा किया और लौट आए। इधर डनवर की सेना भी सोन नदी पार करने लगी। सोन नदी पार कर डनवर लगभग सात बजे आरा की बाहरी सीमा के पास पहुँच गया। आकाश में चमकनेवाला चंद्रमा धीरे-धीरे क्षितिज की ओर जा रहा था और अंग्रेजी सेना को अभी कई मीलों की राह तय करनी थी और वह राह सुगम न थी—उसमें जंगलों और झाड़ियों की भरमार थी। सन् 1857 का आरा और उसके आस-पास की भूमि आज के आरा और उसकी समीपवर्ती भूमि से भिन्न थी।

डनवर अपनी सेना के साथ बढ़ रहा था। उसका हृदय विजय की उमंगों से भरा

हुआ था। सामने जंगल पड़ा। चालाकी से उसने सिख सैनिकों को आगे कर दिया। अंग्रेज सैनिक पीछे थे और सिख उनका पथ प्रदर्शन कर रहे थे। डनवर की सेना जंगल पार कर गई। कई मील का रास्ता आगे भी तय हो गया और आरा का पुल भी आ गया। डनवर को आश्चर्य हुआ कि क्रांतिकारी सेना से अभी तक उसकी मुठभेड़ न हुई। उसे भय था कि कहीं जंगल में ही महाराजा कुँवर सिंह और उनके सैनिक छापा न मारें। पर, उसका आश्चर्य और भय क्षणिक था। उसे अपने भावी विजय में पूर्ण विश्वास था। उस विश्वास से उत्पन्न गर्व से चूर होकर वह आगे बढ़ रहा था और सोच रहा था कि शायद उसके भय से क्रांतिकारी सेना भाग गई। इतने में आरा का पुल आ गया। चंद्रमा डूब चला था। रात अँधेरी और सुनसान हो गई थी। सामने केवल आम का बड़ा बगीचा था और उसे पार कर लेने पर आरा और आरा पहुँचने पर क्रांतिकारी सैनिकों के रक्त से आरा की धरती सींचकर घिरे हुए अंग्रेज और सिखों को मुक्त करना... । डनवर की विचारधारा यहीं नहीं रुकी। वह आगे सोचने लगा...आरा की विजय के बाद जगदीशपुर और जगदीशपुर पर कब्जा कर लेने पर विजय...सर्वत्र विजय और कंपनी राज का दृढसिक्का! चारों ओर से उसे विजय का ही स्पर्श होने लगा। उसे लगा जैसे समस्त वायुमंडल विजयश्री से काँप उठा हो। इतने में अचानक चारों ओर से गोलियों की बौछार होने लगी। दाहिने-बाएँ, आगे-पीछे, चारों ओर से गोलियों का आक्रमण और आक्रमणकारी का कहीं पता भी नहीं। डनवर आम के बगीचे के मध्य में था। चारों ओर अंधकार-ही-अंधकार, आकाश में तारागण और पृथ्वी पर आम के भयानक काले पेड़, और चारों ओर से गोलियों की बौछार! बेचारा डनवर क्या करे, यह समझ न सका। यदि वह तथा उसकी सेना आक्रमण भी करे तो किस पर? शत्रु का कहीं पता न था, केवल उन आम के वृक्षों से, उनकी बड़ी-बड़ी डालियों से आक्रमण हो रहा था। महाराजा कुँवर सिंह की सेना बगीचे के उस अंधकार में नीचे गड्ढे और खाइयों, वृक्ष की डालियों पर से तथा वृक्षों की ओट से और अनेकानेक झाड़ियों में छिपकर आक्रमण कर रही थी। सबसे पहले डनवर को गोली लगी और वह वहीं ठंडा हो गया। आधे से अधिक अंग्रेज सैनिक कुछ ही क्षण के युद्ध में खेत रहे और शेष बचे हुए अंग्रेज तथा सिख सैनिकों के पाँव उखड़ गए। प्राणों की रक्षा के लिए भागते-भागते वे एक खाई में रुके और प्रत्याक्रमण किया, परंतु कुछ ही देर के युद्ध के बाद ही वे वहाँ से भी भाग चले और इस बार केवल अपने मरे हुए साथियों को ही नहीं, वरन् घायल साथियों को भी छोड़कर सोन नदी के तट की राह ली। महाराजा कुँवर सिंह के आदमी लगातार उनपर आक्रमण कर रहे थे। भूखे, प्यासे, रक्त से लथपथ अंग्रेज तथा सिख सैनिक सोन नदी के तट पर वापस लौटे, पर वहाँ उनकी अधिकांश नावें या तो जला दी गई थीं अथवा दूर बालू में गाड़ दी गई थीं और केवल दो-चार ही इस अवस्था में थीं, जो उस पार खेयी जा सकीं। दिन चढ़ आया था। सोन नदी के तट पर घमासान लड़ाई हुई। बचे

हुए अंग्रेज और सिख सैनिकों में बहुत से सोन नदी के तट के युद्ध में खेत रहे और चार सौ पंद्रह सैनिकों में से केवल पचास सैनिक ही सोन नदी पार कर सके, जिनमें सिखों की संख्या भी सम्मिलित थी। सोन के दूसरे तट पर इन अंग्रेज सैनिकों के स्वागतार्थ दानापुर की अंग्रेजी जनता बड़ी उमंगों से आई थी। वे अंग्रेज इस कल्पना में थे कि कप्तान डनवर और उसके सैनिक विजयश्री प्राप्त कर आनंद से युद्ध के गाने गाते आएँगे तथा उन नौकाओं पर अंग्रेजी झंडा फहराता आएगा। पर जब उन्होंने दुःख और लज्जा से मुँह लटकाए, रक्त से लथ-पथ कुल पचास अंग्रेज और सिख सैनिकों को लौटते देखा तो उनके होश उड़ गए। तट पर बहुत सी बहनें, माताएँ, पत्नियाँ अपने प्रियजनों के स्वागतार्थ आई थीं, पर जब उन्होंने उन प्रिय संबंधियों की मृत्यु का समाचार सुना तो छाती पीटकर तथा पागलों की भाँति अपने सिर के बाल नोचती हुई अत्यंत करुण एवं मर्मस्पर्शी स्वर से रोने लगीं। इस दृश्य को देखनेवाले एक अंग्रेज लेखक ने उस घटना के संबंध में लिखा है कि जिन लोगों ने उस दिन अंग्रेज महिलाओं के भीषण चीत्कार एवं करुण रुदन का मर्मस्पर्शी दृश्य देखा था, वे आजीवन नहीं भूल सकते हैं।

दानापुर की अंग्रेज महिलाएँ जिस समय अपने मरे हुए संबंधियों के लिए विलाप कर रही थीं, ठीक उसी समय मेजर इरे आरा में घिरे हुए अंग्रेज सैनिकों की रक्षा तथा उन्हें मुक्त करने के उद्देश्य से आरा के लिए प्रस्थान कर रहा था। मेजर इरे को अभी डनवर की हार की सूचना नहीं मिली थी। इधर महाराजा कुँवर सिंह डनवर के अधीन के अंग्रेज तथा सिख सैनिकों को प्रायः विध्वंस कर 30वीं जुलाई को आरा लौट रहे थे कि बीच में ही उन्हें इस बात की सूचना मिली कि मेजर इरे नए अंग्रेज सैनिकों के साथ आरा पर धावा बोलने के लिए दानापुर प्रस्थान कर चुका है। इस बात की सूचना मिलते ही महाराजा कुँवर सिंह ने अपने सभी सैनिकों को एकत्र किया और इरे के आरा पहुँचने के पहले राह के सभी सैनिक मोरचों पर उसने मुकाबला करने का निश्चय किया। दूसरी अगस्त को दोनों पक्षों के सैनिकों की मुठभेड़ बीबीगंज नामक गाँव के पास हुई। पास में एक घना जंगल था। दोनों दलों के सैनिकों ने उस जंगल पर अपना-अपना अधिकार करना चाहा, परंतु उसमें सफलता कुँवर सिंह तथा उनके सैनिकों को मिली। उन्होंने जंगल पर अपना अधिकार कर मेजर इरे के सैनिकों पर भीषण गोलीबारी की। इरे के पास उच्च कोटि की तीन तोपें थीं, और इन्हीं तोपों के बल पर वह लगातार बढ़ रहा था। महाराजा कुँवर सिंह के पास एक भी तोप न थी। ऐसी परिस्थिति में उनके वीर क्रांतिकारी सैनिकों ने अपनी जान पर खेलकर तीन बार उन तोपों पर आक्रमण किए और वे तीनों बार लगभग उन तोपों के मुँह पर पहुँच चुके थे, परंतु उन तोपों से लगातार आग और गोले बरसते रहे और इस कारण उनपर देशभक्त क्रांतिकारी सैनिकों का अधिकार न हो सका। ठीक ऐसे ही समय कप्तान हेस्टिंग्स दौड़ते तथा हाँफते हुए मेजर इरे के

पास पहुँचा और कहा, ''इरे, हमारी अंग्रेज पैदल सेना भी पीछे खदेड़ी जा रही है। ऐसा जान पड़ता है कि विजय हमारे पक्ष से फिसल चुकी है।'' यदि यह स्थिति आधे घंटे तक बनी रहती तो खेत महाराजा कुँवर सिंह के ही हाथ रहता; पर इरे ने सोचा आखिर हारना ही है तो आखिरी बार क्यों न प्रयत्न कर लिया जाए। अत: अंग्रेज सेना ने अंतिम बार हाथ पर जान लेकर आक्रमण किया। इरे ने अंग्रेज सेना को आज्ञा दी कि वे संगीन से हमला बोल दें। अंग्रेज सैनिक तीर की तरह देशभक्त क्रांतिकारियों के साथ भिड़ गए और दोनों दलों की सेना संगीन की लड़ाई में एक-दूसरे से गुँथ गई। आश्चर्य की बात तो यह है कि महाराजा कुँवर सिंह की वीर क्रांतिकारी सेना, जो तीन बार अंग्रेजों की तोपों के मुँह पर लड़ती रही, इस संगीन की लड़ाई में कुछ ढीली पड़ गई और अंग्रेजों ने उन्हें हराकर जंगल से बाहर कर दिया। जंगल से बाहर होने पर महाराजा कुँवर सिंह के देशभक्त सैनिक पोछे हटने लगे और इरे अपनी बड़ी तोपों की सहायता से आरा पहुँचकर वहाँ के घिरे हुए अंग्रेज और सिख सैनिकों को मुक्त कर दिया।

इस प्रकार आरा का घेरा आठ दिनों तक रहा। इस घेरे के साथ महाराजा कुँवर सिंह को अस्त्र-शस्त्र से सुसज्जित अंग्रेज सेना से दो बार युद्ध करना पड़ा। इरे की सेना से हारकर दूने उत्साह के साथ महाराजा कुँवर सिंह जगदीशपुर पहुँचे और वहाँ सैन्य-संग्रह करना आरंभ किया। परंतु इरे ने उन्हें विशेष अवसर नहीं दिया। एक बड़ी तथा भली प्रकार से सुसज्जित सेना के साथ इरे ने जगदीशपुर पर चढ़ाई की। महाराजा कुँवर सिंह की सेना के पास काफी संख्या में अस्त्र-शस्त्र नहीं थे, अत: उन्होंने इरे के साथ खुले मैदान में युद्ध करना उचित न समझ छापामार तरीके से युद्ध करने का निश्चय किया। इस प्रकार जगदीशपुर में दो भीषण मुठभेड़ों के बाद महाराजा कुँवर सिंह ने अपनी सारी सेना के साथ जगदीशपुर खाली कर दिया और 14वीं अगस्त को इरे ने जगदीशपुर पर अधिकार कर वहाँ अंग्रेजी झंडा खड़ा कर दिया। महाराजा का विशाल गढ़ तथा गढ़ के मंदिर अंग्रेजों के द्वारा नष्ट-भ्रष्ट कर दिए गए; पर इसका प्रभाव महाराजा कुँवर सिंह पर कुछ भी न पड़ा। वे दिन-दूने रात-चौगुने उत्साह से अस्सी वर्ष की अवस्था में अंग्रेजी सेना के साथ लगभग दस महीनों तक लड़ते रहे और इस अवधि में हजारों अंग्रेज सैनिकों को मौत के घाट उतार दिया। उन युद्धों की कहानी एक पृथक् लेख का विषय है। वह महाराजा कुँवर सिंह के वीर एवं तेजस्वी जीवन का एक अंग है। सुविधानुसार हम उसे 'बिहार' के आगामी अंकों में देंगे।

(बिहार, मार्च 1951 एवं अप्रैल 1951)

□

महाराजा कुँवर सिंह

सन् 1857 की भारतीय क्रांति के कुछ ही चोटी के नेताओं में महाराजा कुँवर सिंह का स्थान था, पर आपकी महानता केवल इस नेतृत्व तक ही सीमित न थी। सच बात तो यह है कि महाराजा कुँवर सिंह 1857 की भारतीय क्रांति के सर्वश्रेष्ठ सेनानायक थे और उन अनेक महान् भारतीय सेनानायकों में, जिन्होंने 1857 की भारतीय क्रांति में देश को अंग्रेजी सत्ता से मुक्त करने के लिए अपना सर्वस्व निछावर कर दिया था; रणकौशल, वीरता, दूरदर्शिता एवं युद्ध-संचालन की दृष्टि से केवल ताँत्या टोपे और महारानी लक्ष्मीबाई का ही स्थान इनकी श्रेणी में आ सकता है।

सन् 1857 की भारतीय क्रांति के समय महाराजा कुँवर सिंह अस्सी वर्ष के थे, पर इस अवस्था में भी उनका स्वास्थ्य अद्भुत था। उनका लंबा कद, चौड़ी छाती, पुष्ट माँसल भुजाएँ युवक शत्रुओं के हृदय में भी आतंक उत्पन्न कर देती थीं। अस्सी वर्ष की आयु में भी महाराजा कुँवर सिंह पूर्ण युवक थे और उनकी शक्ति एवं स्फूर्ति युवकों के लिए ईर्ष्या की वस्तु हो गई थी।

सन् 1857 की क्रांति के पहले महाराजा कुँवर सिंह का क्रांति के सर्वश्रेष्ठ नेता नाना साहब से पत्र-व्यवहार था। कहते हैं, आप एक बार नाना साहब से मिलने काल्पी भी गए थे। क्रांति में सहयोग देने का आपने पहले से निश्चय कर लिया था। इस प्रकार सन् 1857 की 25वीं जुलाई को जब दानापुर स्थित भारतीय सैनिकों ने कंपनी राज्य के विरुद्ध क्रांति का झंडा उठाया, उस समय महाराजा कुँवर सिंह ने अपनी सारी शक्ति के साथ न केवल उन सैनिकों का साथ ही दिया; वरन् उनका निरीक्षण, उनकी देखभाल और उनके नेतृत्व का दायित्व भी अपने कंधों पर लिया।

महाराजा कुँवर सिंह ने बाकायदे सैनिक-शिक्षा प्राप्त नहीं की थी, पर युद्ध-विद्या एवं सैन्य-संचालन तथा छापामार युद्ध में वे इतने कुशल थे कि क्रीमिया के युद्ध के अनुभवी बहुत से उच्च कोटि के अंग्रेज जनरलों को भी उनका युद्ध-कौशल देखकर दाँतों तले उँगली दबानी पड़ी। उनका युद्ध-क्षेत्र केवल बिहार प्रांत तक ही सीमित न

था, उत्तर प्रदेश के पूर्वी जिलों में भी उन्होंने प्रसिद्ध अंग्रेज जनरलों को भारी शिकस्त दी और कई बार तो शत्रुदल की प्रायः सारी सेना नष्ट कर दी। कुछ अवसरों पर पश्चिम में बनारस और इलाहाबाद और पूरब में कलकत्ता की स्थिति को भी उन्होंने संकट में डाल दिया था, पर विपरीत परिस्थितियों के कारण इन स्थानों पर आक्रमण करने से उन्हें वंचित रहना पड़ा।

महाराजा कुँवर सिंह जन्मजात ही एक महान् सैनिक थे। सैन्य-संचालन एवं युद्ध-प्रक्रिया में सन् 1857 ई. क्रांति में शायद ही इनकी बराबरी का कोई अंग्रेज जनरल हो; परंतु देश के दुर्भाग्य से महाराजा कुँवर सिंह के पास न तो पर्याप्त मात्रा में सैनिक शिक्षा प्राप्त की हुई सेना ही थी और न उनके पास पर्याप्त अस्त्र-शस्त्र ही थे। यदि इन वस्तुओं का इन्हें अभाव न होता और ये सभी साधन अंग्रेजों की अपेक्षा आधी मात्रा में भी इनके पास मौजूद होते, तो बहुत संभव था सन् 1857 की भारतीय क्रांति का इतिहास आज कुछ और ही होता और भारत से अंग्रेजी हुकूमत उसी समय समाप्त हो गई होती।

सन् 1857 की 25वीं जुलाई को दानापुर की भारतीय सेना ने भारत की अंग्रेजी सत्ता के विरुद्ध क्रांति की आवाज उठाई और सीधे महाराजा कुँवर सिंह से मिलने उनकी जन्मभूमि जगदीशपुर की राह ली। वहाँ पहुँचकर उन्होंने महाराजा कुँवर सिंह से इस बात की प्रार्थना की कि वे उनका नेतृत्व ग्रहण करें और प्रकट रूप से भारत की कंपनी सरकार के विरुद्ध युद्ध जारी कर दिया। 27वीं जुलाई को महाराजा कुँवर सिंह ने आरा पर चढ़ाई की। वहाँ उन्होंने खजाना लूट लिया और जेल, ऑफिस तथा अंग्रेजी शासन के सभी स्मारक चिह्नों को, यहाँ तक कि अंग्रेजी झंडे को भी जला दिया और एक छोटे किले पर, जिसमें पच्चीस अंग्रेज सैनिक तथा उसकी रक्षा के लिए पचास सिख सैनिक थे, घेरा डाल दिया। 29वीं जुलाई की रात में कैप्टन डनवर के अधीन एक अंग्रेजी और सिख सेना महाराजा कुँवर सिंह का सामना करने के उद्देश्य से आरा के समीप प्रायः पहुँच ही चुकी थी कि कुँवर सिंह ने उन्हें बहुत बुरी तरह से हराया। इस युद्ध के फलस्वरूप कैप्टन डनवर मारा गया और केवल पचास अंग्रेज और सिख सैनिक ही भागते हुए अपनी जान बचाकर अंग्रेजी सेना की भीषण हार और संहार का समाचार देने दानापुर वापस आ सके। परंतु ये सैनिक अभी दानापुर वापस पहुँच भी न सके थे कि मेजर इरे नए अंग्रेज सैनिकों तथा तीन बड़ी तोपों के साथ आरा पर धावा बोलने के लिए चल चुका था। दूसरी अगस्त को आरा जिला के बीबीगंज नामक स्थान में इरे की सेना के साथ महाराजा कुँवर सिंह की क्रांतिकारी सेना की मुठभेड़ हुई। महाराजा कुँवर सिंह के पास बड़ी तोपें न थीं, फिर भी इरे तथा उसके अधीनस्थ अंग्रेज सैनिकों को मुँह की खानी पड़ी थी और युद्ध की स्थिति यदि आधे घंटे तक उसी प्रकार रहती, जिस प्रकार चल रही थी, तो मेजर इरे तथा उसकी सेना की वही दशा होती, जो कैप्टन डनवर तथा

उसकी सेना की हो चुकी थी, पर इरे ने यह सोचकर कि आखिर हारना और मरना ही है तो युद्ध करके क्यों न मृत्यु का आलिंगन किया जाए, अंतिम बार अंग्रेज सैनिकों के साथ जान पर खेलकर युद्ध में जुट गया। इस बार दुर्भाग्य से महाराजा कुँवर सिंह की सेना पीछे हटने लगी और इरे ने अपनी बड़ी तोपों के सहारे आरा पर अधिकार स्थापित कर लिया और वहाँ के अंग्रेज तथा सिख सैनिकों को मुक्त कर दिया।

मेजर इरे की सेना से हारकर महाराजा कुँवर सिंह जगदीशपुर पहुँचे और वहाँ सैन्य-संग्रह करना प्रारंभ कर दिया, परंतु इरे ने उन्हें विशेष अवसर नहीं दिया। इरे ने शीघ्र ही एक बड़ी तथा अस्त्र-अस्त्र से पूर्णतया सुसज्जित सेना के पास जगदीशपुर पर इसलिए चढ़ाई कर दी कि महाराजा कुँवर सिंह को तैयार होकर शक्तिशाली होने का अवसर न मिले। चूँकि महाराजा कुँवर सिंह के पास काफी संख्या में अस्त्र-शस्त्र न थे, इसलिए उन्होंने इरे के साथ खुले मैदान में युद्ध करना उचित न समझकर छापामार तरीके से युद्ध करने का निश्चय किया। इस प्रकार मेजर इरे के साथ जगदीशपुर में दो भीषण मुठभेड़ों के बाद महाराजा कुँवर सिंह ने अपनी सारी सेना के साथ जगदीशपुर खाली कर दिया और उनके ऐसा करने पर 14वीं अगस्त को मेजर इरे ने जगदीशपुर पर अपना अधिकार कर वहाँ अंग्रेजी झंडा खड़ा कर दिया।

जगदीशपुर छोड़ने को बाध्य होने पर महाराजा कुँवर सिंह दुःखी न हुए। जगदीशपुर उनकी तथा उनके पूर्वजों की प्यारी जन्मभूमि थी। उसकी प्यारी मिट्टी और सुखद हवा में महाराजा कुँवर सिंह बाल्यकाल से पले थे और अस्सी वर्ष की आयु तक के सुख और संतोष की उनकी असंख्य स्मृतियाँ उस प्यारी जन्मभूमि और उसके विशाल महल से अमिट रूप से बँधी थीं। फिर भी देश की पुकार के सामने, भारत माता की स्वतंत्रता के निमित्त अपने परिवार के साथ जगदीशपुर के विशाल गढ़ का त्याग करते उनके मन में तनिक भी अशांति, थोड़ी भी व्याकुलता न हुई। जगदीशपुर की भूमि उनके हाथों से निकल गई थी। उनके विशाल गढ़ पर अंग्रेजी झंडा फहरा रहा था। पर अब तो उनका दृष्टिकोण पूर्णतः बदल गया था। सारे भारत पर अंग्रेजों का झंडा फहरा रहा था, इसलिए भारत का प्रत्येक कोना उनके लिए जगदीशपुर का रूप धारण करने लगा। जगदीशपुर से अंग्रेजी झंडा तभी उतर सकता था, जब सारे भारत की पवित्र भूमि से अंग्रेजी झंडे का अस्तित्व खत्म हो जाए। अब उनके लिए जगदीशपुर प्रेम और श्रद्धा की वह अमर प्रतिमा थी, जो समस्त देश के कण-कण में परिव्याप्त हो गई थी और समस्त भारत जिसका व्यापक रूप हो गया था।

14वीं अगस्त को महाराजा कुँवर सिंह ने जब अपनी सारी सेना के साथ जगदीशपुर खाली किया, उनके साथ उनके वीर भाई अमर सिंह तथा निसवार सिंह और जवान सिंह नामक दो सरदार भी थे। इन तीनों ने भी कुँवर सिंह की भाँति देश को अंग्रेजी

राज्य से मुक्त करने का आजीवन व्रत ले लिया था। कुँवर सिंह की इच्छा जगदीशपुर अथवा शाहाबाद जिले पर शीघ्र ही अधिकार कर लेने की न थी; कारण जगदीशपुर तथा आरा में पूरे अस्त्र-शस्त्र के साथ काफी संख्या में अंग्रेजी सेना थी। दूसरी ओर इनके पास कुल बारह सौ शिक्षित सैनिक तथा पाँच सौ ऐसे स्वयंसेवक थे, जिन्हें अभी तक सैनिक-शिक्षा नहीं मिली थी। साथ ही, महाराजा कुँवर सिंह के पास न तो तोपें थीं और न पर्याप्त मात्रा में अस्त्र-शस्त्र ही। इस दशा में खुले मैदान में अंग्रेजों के साथ मोरचा लेने का अर्थ अपनी सेना को मौत के मुख में बलपूर्वक ढकेल देना था। इसीलिए उन्होंने छापामार लड़ाई के द्वारा ही क्रांति का झंडा खड़ा रखने का निश्चय किया था। सोन नदी के किनारे से लेकर पश्चिमी बिहार के जंगलों में वे अपनी सेना के साथ रहते और जहाँ भी शत्रु का दुर्बल पक्ष मिलता, उसका संहार कर देते। इस प्रकार पश्चिमी बिहार के जंगलों में रहकर महाराजा कुँवर सिंह ने लगभग सात महीनों तक छापामार लड़ाइयों के द्वारा ही अंग्रेजी सेना तथा रसद का यथासंभव विध्वंस किया और साथ ही अस्त्र-शस्त्र का भी संचय किया। इसी बीच में, अर्थात् 1857 ई. के मार्च महीने में उन्हें खबर मिली कि लखनऊ को विध्वंस करने के लिए अंग्रेजी और गोरखा सैनिकों की संयुक्त सेना आजमगढ़ से पूर्वी अवध की ओर कूच कर रही है। यद्यपि अंग्रेजी सेना लखनऊ रवाना हो रही थी, फिर भी जगदीशपुर पर उन्होंने सुदृढ रूप से अधिकार जमा रखा था, जिसमें महाराजा कुँवर सिंह उसपर किसी प्रकार आक्रमण कर अधिकार न प्राप्त कर लें। महाराजा कुँवर सिंह को देशसेवा का अच्छा अवसर मिल गया। वे इस अवसर को छोड़ना नहीं चाहते थे। इसलिए जगदीशपुर पर आक्रमण करने की बात कुछ दिनों के लिए स्थगित कर उन्होंने लखनऊ जानेवाली अंग्रेजी सेना को विध्वंस करने का निश्चय कर लिया और इसी निश्चय के अनुसार पश्चिमी बिहार से पूर्वी अवध को अपनी सारी सेना के साथ वे रवाना हुए। इसी बीच में उन्होंने पूर्वी अवध की बिखरी हुई सारी क्रांतिकारी सेना को एकत्र कर लिया। उनका विचार यह था कि बिहार और पूर्वी अवध की संयुक्त क्रांतिकारी सेना के साथ आक्रमण कर आजमगढ़ पर अधिकार जमा लें और वहाँ से लखनऊ जानेवाली अंग्रेजी सेना को पूर्णत: विध्वस्त कर बनारस अथवा हो सके तो इलाहाबाद पर अधिकार जमा लें। ऐसा करने से उस समय भारत की राजधानी कलकत्ता की अंग्रेजी सेना का पश्चिमी बिहार और संयुक्त प्रांत की अंग्रेजी सेना से संबंध टूट जाता और दो भागों में अलग-अलग बिखरी हुई अंग्रेजी सेनाओं को आसानी से नष्ट कर अंग्रेजी सत्ता को भारत से नष्ट करने में अधिक आसानी होती। यह एक अद्‌भुत सैनिक दूरदर्शिता थी और इसीलिए उन्होंने आजमगढ़ पर शीघ्र ही आक्रमण करने का निश्चय कर लिया। 18वीं मार्च को पूर्वी अवध की क्रांतिकारी सेना भी उनसे मिल गई और बिहार तथा पूर्वी अवध की सम्मिलित क्रांतिकारी सेना के साथ अतरौलिया

के किले के पास उन्होंने पड़ाव डाला।

अतरौलिया और आजमगढ़ की दूरी केवल पच्चीस मील ही है। यह जानकर कुँवर सिंह केवल पच्चीस मील की ही दूरी पर हैं, अंग्रेज सेनापति मिलमैन तीन सौ पैदल तथा घुड़सवार अंग्रेजी सेना और दो बड़ी तोपों के साथ उनका मुकाबला करने के लिए अतरौलिया में मिला। अचानक अंग्रेजी सेना को देखकर क्रांतिकारी सेना मानो स्तंभित हो गई और अपने को युद्ध के लिए तैयार भी न कर पाई थी कि मिलमैन ने उस पर आक्रमण कर दिया। थोड़ी देर के बाद ऐसा जान पड़ा कि क्रांतिकारी सेना पूर्ण रूप से हारकर भाग गई और उसका कहीं भी पता न था। मिलमैन की प्रसन्नता का अंत न था। उसने सोचा, कुँवर सिंह यों ही डींगें मारते हैं, उनमें अंग्रेजी सेना का सामना करने की शक्ति नहीं है। उसे इस बात का भी अभिमान हो आया कि रात भर चलने के बाद हमारी थकी हुई अंग्रेजी सेना ने बात-की-बात में कुँवर सिंह की कायर सेना को बुरी तरह हराकर मार भगाया।

विजय की प्रसन्नता और अभिमान से सारी अंग्रेजी सेना अपने अफसरों के साथ अमराइयों की शीतल छाया में बैठकर जलपान की तैयारी करने लगी। सभी अस्त्र-शस्त्र एक स्थान पर जमा कर दिए गए। मेजों और कुरसियों पर सभी बैठ गए। प्यालियाँ भरने लगीं और अभी नाश्ता प्रारंभ ही हुआ था कि चारों ओर से गोलियों की बौछार पड़ने लगीं। मिलमैन ने अब वास्तविक परिस्थिति समझी। बात यह थी कि पहली मुठभेड़ में थोड़ी ही देर के संघर्ष के बाद कुँवर सिंह ने अपनी सेना हटाकर मिलमैन को इस धोखे में डाल दिया था कि अंग्रेजी सेना ने क्रांतिकारी सेना को बुरी तरह हराकर मार भगाया। इसी भ्रम में वह अपनी अंग्रेजी सेना के साथ निर्भय ही आनंदोल्लास से नाश्ता कर रहा था कि अतरौलिया के किले से कुँवर सिंह अपनी सेना के साथ अंग्रेजी सेना पर टूट पड़े।

क्रांतिकारी सेना के आक्रमण से अंग्रेजी सेना पहले स्तंभित हो गई और अपनी प्यालियों और तश्तरियों को टूटते देख उसे वास्तविक परिस्थिति का पता लगा और शीघ्र ही अपने हथियारों के साथ रणक्षेत्र में कूद गई। पर महाराजा कुँवर सिंह के लगातार आक्रमण से अंग्रेजी सेना धराशायी होने लगी। मिलमैन जी-जान से बचने की तैयारी करने लगा; अंग्रेजी सेना भागने की तैयारी में पीछे हटने लगी, पर पीछे हटते हुए भी मिलमैन लगातार आक्रमण करता जा रहा था। उसे आशा थी कि इस आक्रमण से भयभीत होकर कुँवर सिंह तथा उनकी क्रांतिकारी सेना डर जाएगी और अंग्रेजों का पीछा करने का साहस न होगा। परंतु मिलमैन को महाराजा कुँवर सिंह की दूरदर्शिता एवं अनुपम सैन्य-संचालन का ज्ञान न था। अंग्रेजी सेना पर चारों ओर से गोलियों की बौछार पड़ने लगी—ईख के खेतों से, आम के घने वृक्षों से, गड़हों और खाइयों से तथा मिट्टी की दीवालों और बाँधों से। इन भीषण आक्रमणों से अंग्रेजी सेना के पाँव उखड़ गए। वह भाग

चली। कुँवर सिंह ने उनका पीछा किया अवश्य, पर सामने से नहीं; कारण उनके पास तोपें न थीं और सामने आक्रमण करने पर उनकी सेना अंग्रेजी तोपों से भुन जाती। अत: उन्होंने छापामार तरीकों से ही अंग्रेजी सेना को मारते-काटते खदेड़ना प्रारंभ किया। अंग्रेजी सेना भागकर कोसिला गाँव पहुँची, वहाँ उसने पहले से ही अपनी छावनी स्थापित कर रखी थी। पर कोसिला छावनी में भी उसके लिए ठहरना कठिन था; कारण अतरौलिया में अंग्रेजों की हार का पता अंग्रेजी सेना के हिंदुस्तानी खानसामों तथा नौकरों को चल गया था। अंग्रेजी सेना के कोसिला गाँव में पहुँचने से पहले ही वे अपने बैलों, रसद तथा उन सभी वस्तुओं के साथ, जो उनके अधिकार में थीं, अपने साथ लेकर वहाँ से चले गए थे। मिलमैन इस आशा में था कि कोसिला में उसे तथा उसकी सेना को कुछ अरसे के लिए विश्राम तथा भोजन मिलेगा, पर वहाँ का दृश्य देखकर और साथ ही महाराजा कुँवर सिंह के लगातार आक्रमण के कारण वह वहाँ से भी भाग चला और आजमगढ़ की राह ली। महाराजा कुँवर सिंह आजमगढ़ तक अंग्रेजी सेना का पीछा करते गए। अंग्रेजों की इस भगदड़ में उनका सारा सामान महाराजा कुँवर सिंह को मिला और किसी प्रकार गिरती-लुँघड़ती हुई मिलमैन की सेना आजमगढ़ पहुँच सकी। आजमगढ़ पहुँचकर, जब मिलमैन ने देखा कि उसके 'अत्यावश्यक संदेश' के परिणामस्वरूप वहाँ बनारस तथा गाजीपुर से साढ़े तीन सौ नए अंग्रेज सैनिक पहुँच गए हैं, तो उसके आनंद की सीमा न रही। आजमगढ़ में अंग्रेजी सेना की सुदृढ छावनी थी। पहले से ही अंग्रेजी सेना वहाँ मौजूद थी, पर बनारस और गाजीपुर के नए-नए तीन सौ पचास अंग्रेज सैनिकों को पाकर उसकी संख्या दूनी हो गई। उस पर भी नई सेना कर्नल डेम्स के अधीन आई थी, जो एक अत्यंत प्रसिद्ध सेनापति था। इस परिस्थिति में अंग्रेजी सेनानायकों ने अतरौलिया की अपनी लज्जाजनक हार का भीषण बदला लेने का निश्चय किया।

महाराजा कुँवर सिंह से बदला लेने के भाव से कर्नल डेम्स 28वीं मार्च को आजमगढ़ से रवाना हुआ। क्रांतिकारी सेना से मुठभेड़ होने के कुछ ही देर बाद अंग्रेजी सेना की जीत तथा महाराजा कुँवर सिंह की करारी हार हुई। इस घटना से डेम्स के आनंद की सीमा न रही। उसने सोचा कि अतरौलिया की हार का बदला ले लिया गया है, पर अभी कठिनाई से कुछ घंटे बीते होंगे कि डेम्स को वस्तुस्थिति का पूरा परिणाम मिल गया। उसे अब ज्ञान हुआ कि अतरौलिया में मिलमैन के अधीन अंग्रेजी सेना की हार की पुनरावृत्ति इस बार और भी अधिक कुशलता से की गई है। कर्नल डेम्स अतरौलिया से सीधे आजमगढ़ भाग चला और वहाँ किले के भीतर ही शरण ली। अब महाराजा कुँवर सिंह पर फिर से आक्रमण करने की बात कोई जुबान पर नहीं लाता। पर महाराजा कुँवर सिंह ने इस बार कर्नल डेम्स को हराकर आजमगढ़ पर अधिकार जमा लिया और वहाँ के किले में बचे हुए कुछ अंग्रेज सैनिकों को अपने अनुयायियों द्वारा मारे जाने तथा भूख

से मर जाने के लिए छोड़कर बनारस की ओर चले।

उस समय भारत का गवर्नर जनरल लार्ड कैनिंग इलाहाबाद में था। जब उसने महाराजा कुँवर सिंह के बनारस प्रस्थान की बात सुनी तो भय से काँप उठा। वह महाराजा की वीरता, भीरता, रणकुशलता, दूरदर्शिता की बात भली-भाँति जानता था। कुँवर सिंह ने मिलमैन और कर्नल डेम्स के अधीनस्थ अंग्रेजी सेना को कितनी बुरी तरह मारकर हराया था, इस बात की सूचना भी लार्ड कैनिंग को मिल चुकी थी। इसीलिए वह महाराजा कुँवर सिंह के बनारस प्रस्थान पर सशंकित हो गया; कारण बनारस पर महाराजा के अधिकार कर लेने का तात्पर्य यह था कि कलकत्ता और इलाहाबाद का आवागमन बंद हो जाएगा और क्रांतिकारी सेना बनारस को अपने अधिकार में कर फिर इलाहाबाद पर भी कब्जा कर लेगी और उस दशा में भारत की राजधानी कलकत्ता से इलाहाबाद की अंग्रेजी सेना को कोई सहायता नहीं पहुँच सकेगी। इतना ही नहीं, लार्ड कैनिंग दूरदर्शी शासक था। उसने स्पष्टत: सोच लिया कि बनारस तथा इलाहाबाद पर कुँवर सिंह का अधिकार होते ही भारत की राजधानी कलकत्ता की स्थिति संकटपूर्ण हो जाएगी और बाहरी मदद के बिना राजधानी भी क्रांतिकारी सेना के अधीन में हो जाएगी और फिर भारत की अंग्रेजी सत्ता जड़-मूल से नष्ट हो जाएगी। यह सब सोच-विचारकर उसने लार्ड मार्क केर को आज्ञा दी कि वह शीघ्र ही महाराजा कुँवर सिंह का मुकाबला करने को प्रस्थान कर दे।

लार्ड मार्क केर बड़ा प्रसिद्ध जनरल था। क्रीमिया की लड़ाई में वह पर्याप्त रूप से ख्याति पा चुका था और भारत के सैनिक मामलों में भी वह अपने अनुभव के लिए काफी ख्याति पा चुका था। लार्ड कैनिंग की आज्ञा पाते ही वह पाँच सौ अंग्रेजी सेना और आठ बड़ी तोपों के साथ शीघ्र ही आजमगढ़ को रवाना हुआ और आजमगढ़ से आठ मील की दूरी पर रुका। कुछ देर में विश्राम के बाद वह छठी अप्रैल के प्रात: काल आगे बढ़ा। छह बजे प्रात: काल उसे इस बात की सूचना मिली कि कुँवर सिंह के आदमी उसकी सैनिक-प्रगति का निरीक्षण कर रहे हैं। यह बात जानकर उसने इस प्रकार व्यवहार किया मानो क्रांतिकारी सेना के निरीक्षण के सम्बंध में वह कुछ भी नहीं जानता। साथ ही उसने अपनी सेना को आज्ञा दे दी कि वह युद्ध की पूरी तैयारी और सतर्कता के साथ आगे बढ़े। उसका अभिप्राय यह था कि महाराजा कुँवर सिंह पर वह अचानक ही आक्रमण कर उनकी सेना का पूर्ण रूप से विध्वंस कर दे। बात ऐसी ही हुई। उसने शीघ्र ही महाराजा कुँवर सिंह की बाईं सेना पर आक्रमण कर दिया। फिर क्या था? क्रांतिकारी सेना पर भीषण गोलाबारी होने लगी। दोनों ओर की सेना एक-दूसरे से गुँथ गई। उस दिन अंग्रेजी सेना ने देखा कि महाराजा कुँवर सिंह अपने उजले घोड़े पर सवार होकर घमासान युद्ध में स्वयं भाग ले रहे थे और विद्युत् गति से चारों ओर घूमकर सैन्य-संचालन कर रहे थे। लार्ड मार्क केर ने अपनी आँखों से देखा कि महाराजा स्वयं

अपने असीम साहस, स्फूर्ति, शक्ति एवं निपुणता से युद्ध में भाग ले रहे हैं। और सबसे आश्चर्यजनक बात तो यह थी कि इस भीषण युद्ध में अंग्रेजी सेना की एक गोली भी उन्हें स्पर्श न कर सकी। युद्ध विशारद प्रसिद्ध जनरल लार्ड मार्क केर ने उन्हें जैसे नेपोलियन की भाँति कुशल एवं अजेय सेनापति की भाँति देखा। अंग्रेजी सेना की तोपें क्रांतिकारी सेना पर आग बरसा रही थीं। महाराजा के पास एक भी तोप न थी कि वे इन अंग्रेजी तोपों की गोलाबारी को शांत कर सकें। फिर भी बड़ी कुशलता के साथ उन्होंने अपनी बहुसंख्यक सेना को अंग्रेजी सेना के पीछे कर दिया। उनके इस अद्‌भुत सैन्य-संचालन से शत्रु के सारे मंसूबों पर पानी फिर गया और अंग्रेजी सेना के आगे लड़ने वाली उनकी सारी तोपें बेकार हो गईं। अस्तु।

अंग्रेजी सेना के पिछले भाग में ज्यों ही क्रांतिकारी सेना पहुँची कि उसने भीषण युद्धघोष के साथ उस पर आक्रमण कर दिया, अंग्रेजी सेना में कुहराम मच गया और इधर महाराजा कुँवर सिंह ने अंग्रेजी सेना के पिछले भाग को इस प्रकार धर दबाया कि अंग्रेजों की हाथी-सेना अपने प्राणों की रक्षा के लिए भाग खड़ी हुई। उन हाथियों के महावत अपने प्राणों की रक्षा के लिए अपने-अपने हाथियों के कंधों को दोनों हाथों से पकड़कर उनसे चिपक गए। अंग्रेजी सेना के पाँव उखड़ गए और उनके नौकर अपनी जानों की खैरियत मनाने जिधर ही राह मिली, उसी ओर भाग खड़े हुए। लार्ड मार्क केर अपनी सेना को संबोधित करते हुए चिल्ला रहा था, "थोड़ी देर और भी धैर्य के साथ युद्ध करो। संभव है विजय हमारी हो।" पर लार्ड मार्क केर की कौन सुने? अंग्रेजी सेना की पिछली पंक्ति बिल्कुल ध्वस्त हो गई थी और एक प्रकार से उसकी रीढ़ टूट गई थी। मार्क केर आजमगढ़ की ओर भाग चला। उसकी तोपों ने उसकी बड़ी सहायता की। यदि उसके पास तोपें न रहती अथवा यदि महाराजा कुँवर सिंह के पास तोपें रहती तो लार्ड मार्क केर तथा मिलमैन और कर्नल डेम्स और उनकी अंग्रेजी सेना का कहीं पता भी न चलता और वे मरते-जीते किसी प्रकार भी महाराजा कुँवर सिंह के लौह-पंजे से निकलकर भाग नहीं सकते।

आधी रात को लार्ड मार्क केर युद्धक्षेत्र से भागकर अपनी सेना के साथ आजमगढ़ पहुँचा। क्रीमिया युद्ध का यशस्वी जनरल लार्ड मार्क केर महाराजा कुँवर सिंह से बुरी तरह हारकर भागते-भागते आधी रात को आजमगढ़ पहुँचा और किले में अपने बचे हुए सैनिकों के साथ उसने शरण ली। उस समय भारत के गवर्नर जनरल लार्ड कैनिंग को मार्क केर के साहस, वीरता एवं युद्ध-कौशल पर पूरा भरोसा था। लार्ड कैनिंग और लार्ड मार्क केर, दोनों का ही विश्वास था कि महाराजा कुँवर सिंह तथा उनकी क्रांतिकारी सेना का विध्वंस कर वे बिहार तथा पश्चिमोत्तर प्रदेश (आज का उत्तर प्रदेश) को देशभक्त क्रांतिकारी सेना से सुरक्षित कर देंगे। उनके ऐसा सोचने का कारण भी था। दिल्ली का

पतन हो चुका था और इन स्थानों में रक्त की धाराएँ बहाकर अंग्रेजों ने अपना शासन पुनः स्थापित कर लिया था। अब बिहार तथा अवध के इलाकों में महाराजा कुँवर सिंह ही भारत की अंग्रेजी सत्ता के प्रबल शत्रु थे। वे केवल क्रांतिकारियों के महान् नेता ही नहीं, वरन् सर्वश्रेष्ठ सेनानायक भी थे और अंग्रेजों से यह बात भी छिपी न थी कि उनकी कोटि का सेनानायक भारत की अंग्रेजी सेना को नसीब न था। पर साथ ही अंग्रेजों से यह बात भी छिपी न थी कि महाराजा कुँवर सिंह के पास न तो अधिक संख्या में सैनिक-शिक्षा प्राप्त की हुई सेना ही थी और न प्रचुर मात्रा में अस्त्र-शस्त्र ही थे। इसलिए अंग्रेजों का और विशेषकर उस समय के भारत के गवर्नर जनरल लार्ड कैनिंग का यह विश्वास था कि यदि रणकौशल से नहीं, तो अस्त्र-शस्त्र और सैन्यबल की प्रचुरता से एक-न-एक दिन वह महाराजा कुँवर सिंह को परास्त कर भारत की अंग्रेजी सत्ता के सबसे प्रबल शत्रु को मिटा सकेगा, चाहे उसे इस कार्य में कितनी ही कठिनाइयों का सामना क्यों न करना पड़े। इसी विश्वास से लार्ड कैनिंग ने बड़ी-बड़ी तोपों और अस्त्र-शस्त्र के साथ क्रीमिया युद्ध में यश प्राप्त किए हुए जेनरल लार्ड मार्क केर को महाराजा कुँवर सिंह का सामना करने के लिए आजमगढ़ भेजा था; पर मार्क केर को लेने के देने पड़े। वह महाराजा कुँवर सिंह से बुरी तरह हारकर छठी अप्रैल की आधी रात को अपने बचे हुए सैनिकों के साथ भागा-भागा आजमगढ़ पहुँचा और किले के भीतर उसने शरण ली। लार्ड कैनिंग को मार्क केर की हार पर केवल क्षोभ ही नहीं हुआ, वरन् वह महाराजा कुँवर सिंह के पराक्रम से आतंकित हो उठा। उसने मार्क केर को महाराजा कुँवर सिंह को परास्त करने तथा आजमगढ़ को स्वतंत्र करने के लिए भेजा था; परंतु दोनों में से एक भी उद्देश्य सफल न हो सका; कारण लार्ड मार्क केर अपनी तोपों की सहायता से अपनी बची-बचाई सेना के साथ जान बचाकर आजमगढ़ भाग आया और किले के भीतर घुसकर अपने तथा अपनी सेना के प्राणों की रक्षा करने में समर्थ हो सका। पर वहाँ भी वह सुरक्षित न था, कारण आजमगढ़ तथा उसके आस-पास के इलाकों पर क्रांतिकारी सेना का पूर्ण अधिकार था और किले पर भी क्रांतिकारी सेना ने घेरा डाल रखा था।

लार्ड मार्क केर को पराजित कर महाराजा कुँवर सिंह ने जगदीशपुर पर पुनः अधिकार कर वहीं से अंग्रेजी सत्ता के विरुद्ध युद्ध-संचालन करने का निश्चय किया। इस उद्‌देश्य को कार्यान्वित करने के विचार से उन्होंने पहले अपनी सेना का पुनः संगठन करना आरंभ किया। उस समय उनके अधीन बारह हजार क्रांतिकारी सैनिकों की सेना थी। इस सेना में सैनिक-शिक्षाप्राप्त तथा स्वयंसेवक, दोनों प्रकार के लोग थे। साथ ही, उनकी सेना में दो प्रकृति के सैनिक थे। एक कोटि ऐसे लोगों की थी, जो किसी भी परिस्थिति में कट्टरता से युद्ध करते हुए मर-मिटना ही अपना धर्म समझते थे। वे पीछे पैर देना नहीं जानते थे। युद्ध में, विपरीत परिस्थितियों में भी, पीछे पैर देने की अपेक्षा

तोपों के मुँह पर लड़ते-लड़ते शहीद हो जाना, उनके लिए अधिक रुचिकर था। दूसरी कोटि के लोग प्रकृति से वीर, साहसी और देशभक्त तो अवश्य थे तथा देश के लिए मर-मिटने में गौरव का अनुभव करते थे; पर विपरीत परिस्थितियों में अपने इन विचारों को कार्यान्वित करने में अपने को असमर्थ पाते थे। महाराजा कुँवर सिंह ने पहली कोटि के सैनिकों को—अर्थात् जो जीत अथवा हार, किसी भी परिस्थिति में युद्ध करते-करते आगे बढ़ना ही अपना धर्म समझते थे और पीछे हटने की अपेक्षा, जिन्हें मृत्यु अधिक प्यारी थी—एक दल में रखा, और शेष को दूसरे दल में। इस प्रकार उन्होंने अपनी सेना के चुने हुए वीर सैनिकों का एक ऐसा दृढदल तैयार किया, जिनका उपयोग वे विशेष अवसरों पर करना चाहते थे। परिस्थितिवश ऐसा अवसर स्वयं आ उपस्थित हुआ। लार्ड मार्क केर की सेना को हराकर उन्होंने शीघ्र ही जगदीशपुर को अपने अधिकार में करना चाहा। उधर ज्यों ही लार्ड कैनिंग को मार्क केर की हार का दु:खद समाचार मिला, उसने शीघ्र ही लूगर्ड नामक एक प्रसिद्ध जनरल के अधीन अस्त्र-शस्त्र से पूर्णत: सुसज्जित एक जबरदस्त अंग्रेजी सेना आजमगढ़ की अंग्रेजी सेना की रक्षा के लिए भेजी। एक कुशल एवं दूरदर्शी सेनानायक की भाँति उन्होंने अपने चुने हुए सैनिकों का एक दल तानू नदी के पुल पर तैनात कर दिया, कारण इसी पुल से लूगर्ड अपनी अंग्रेजी सेना के साथ आजमगढ़ जानेवाला था। साथ ही, उन्होंने तानू नदी के पुल पर तैनात की हुई अपनी वीर सेना को आज्ञा दे दी थी कि वह जनरल लूगर्ड की सेना को तब तक बढ़ने न दे, जब तक आजमगढ़ तथा आस-पास की क्रांतिकारी सेना शत्रुओं की आँख बचाकर चुपचाप आजमगढ़ से रवाना होकर गाजीपुर की राह पर अग्रसर न हो जाए। यह एक ऐसा दूरदर्शी कार्य था, जिसकी कल्पना कभी शत्रुदल नहीं कर सकता था। फलत: ज यों ही जनरल लूगर्ड अपनी सेना के साथ तानू नदी के पुल के पास पहुँचा, महाराजा के चुने हुए सैनिकों से उसकी मुठभेड़ हो गई। इन वीर तथा देशभक्त क्रांतिकारी सैनिकों ने लूगर्ड का इतनी वीरता के साथ सामना किया कि भीषण गोलाबारी के बाद भी उसकी सेना आगे न बढ़ सकी। लूगर्ड ने समझा कि क्रांतिकारी सेना का यह वीरतापूर्ण सामना केवल आजमगढ़ पर अपना स्थायी प्रभुत्व स्थापित करने के लिए ही है। उसके ध्यान में इस बात की कल्पना भी न हो सकी कि दूरदर्शी एवं कुशल सेनानायक महाराजा कुँवर सिंह के इस विरोध में गहरी चाल है; कारण एक ओर तानू नदी के पुल पर क्रांतिकारी सेना दृढतापूर्वक जनरल लूगर्ड की सेना को आगे बढ़ने से रोके हुए थी और दूसरी ओर शेष सारी क्रांतिकारी सेना अंग्रेजों की आँख बचा, आजमगढ़ तथा आस-पास के इलाकों को छोड़कर सीधे गाजीपुर की ओर बढ़ रही थी। महाराजा का यह विचार था कि गाजीपुर पहुँचकर वे अपनी समस्त सेना के साथ गंगा पारकर शाहाबाद जिले में प्रवेश कर लेंगे और शाहाबाद जिले में पैर रखते ही वे पुन: जगदीशपुर के जंगलों में प्रवेश कर वहाँ से

अंग्रेजी सेना को मार-भगा पुनः अपनी जन्मभूमि पर अधिकार कर लेंगे। यह एक ऐसी सैनिक-चाल थी, जिसकी प्रशंसा अंग्रेज इतिहासकारों को अपनी सारी दुर्भावनाओं के रहते हुए भी करनी पड़ी। अस्तु।

महाराजा कुँवर सिंह के चुने हुए वीर सैनिकों की इस छोटी टुकड़ी ने इस वीरता के साथ लूगर्ड का मुकाबला किया कि उसके छक्के छूट गए। जनरल लूगर्ड ने उनपर बार-बार बड़े भीषण रूप से आक्रमण किए, परंतु एक सेकंड के लिए भी अंग्रेज सैनिकों के पैर पुल पर नहीं जम सके। क्रांतिकारी सेना ने जनरल लूगर्ड के प्रत्येक आक्रमण का जवाब इतनी दृढ़ता और वीरता के साथ दिया कि प्रत्येक आक्रमण के बाद अंग्रेजों को चोट खाकर पीछे की ओर ही हटना पड़ा। आक्रमण और प्रत्याक्रमण की यह प्रक्रिया तब तक चलती रही, जब तक महाराजा ने उन्हें इस बात की सूचना नहीं दी कि वे अपनी सैनिकों के साथ सुरक्षित रूप से आजमगढ़ छोड़ चुके हैं तथा गाजीपुर की राह पर सफलतापूर्वक कूच कर चुके हैं। महाराजा की यह सूचना तथा पुल छोड़ने की आज्ञा मिलते ही वीर सैनिकों ने क्षण भर में पुल छोड़ दिया और शत्रुओं की आँखों से ओझल हो गए। इस प्रकार अचानक पुल को खाली देखकर लूगर्ड अपनी सेना के साथ पुल पर दौड़ पड़ा, पर पुल को इस प्रकार अचानक खाली देखकर तथा क्रांतिकारी सेना को आँखों से ओझल देख उसके आश्चर्य की सीमा न रही। उसने देखा कि जादू की तरह पुल बिल्कुल खाली हो गया है और उसे ऐसा जान पड़ा, मानो उस पर कभी कोई सेना मौजूद ही न थी। क्रांतिकारी सैनिकों को विद्युत् की भाँति पुल को खाली कर अंतरिक्ष हो जाते देख उसके आश्चर्य की सीमा न थी। अतः लूगर्ड ने क्रांतिकारी सेना का पता लगाने तथा उसका पीछा करने के लिए घुड़सवार तोपचियों के साथ एक घुड़सवार सेना भेजी। ये घुड़सवार सैनिक शीघ्रतापूर्वक बारह मील दौड़ गए, पर महाराजा कुँवर सिंह तथा उनके सैनिकों का कुछ भी पता न लगा। फिर भी अंग्रेज घुड़सवार सैनिकों ने अपनी खोज न छोड़ी और क्रांतिकारी सेना का पता लगाने वे आगे बढ़ते ही गए, और जब क्रांतिकारी सेना से उनकी मुलाकात हुई तो उनके होश उड़ गए। बात यह थी कि जनरल लूगर्ड की घुड़सवार सेना ने महाराजा की क्रांतिकारी सेना को इतनी सुदृढ स्थिति में पाया कि यह समझना कठिन हो गया कि क्रांतिकारी तथा अंग्रेजी सेना में वास्तव में कौन पीछा करनेवाली तथा कौन पीछा की जानेवाली सेना है। महाराजा की क्रांतिकारी सेना को देखते ही घुड़सवार अंग्रेजी सेना भयभीत हो गई, फिर भी आक्रमण कर ही दिया। पर महाराजा कुँवर सिंह के सैनिकों ने इतनी वीरता के साथ अंग्रेजों का मुकाबला किया कि इनके बहुत से अफसर तथा सैनिक मारे गए और अंग्रेजी सेना भाग खड़ी हुई। इसके बाद अंग्रेजों का पीछा न कर महाराजा कुँवर सिंह सीधे गंगातट की ओर बढ़े। अंग्रेज सैनिकों की इस हार की खबर जब आजमगढ़ पहुँची तो जनरल लूगर्ड एक

नई सेना और पाँच-छह बड़ी-बड़ी तोपों के साथ, हारे हुए अंग्रेज सैनिकों की सहायता से, कुँवर सिंह का सामना करने चला। जनरल डुग्लाज को महाराजा कुँवर सिंह की वीरता तथा रण-कौशल का पूरा पता था; इसलिए वह बड़ी सावधानी के साथ महाराजा और उनकी क्रांतिकारी सेना से मुकाबला करने चला। नगई गाँव में जनरल डुग्लाज की महाराजा कुँवर सिंह से मुलाकात हुई। महाराजा कुँवर सिंह शत्रुदल का सामना करने के लिए पूर्णतः तैयार थे और यदि चाहते तो डुग्लाज तथा अंग्रेजी सेना की वही दशा होती जो लार्ड मार्क केर तथा उसकी सेना की हुई थी। पर महाराजा को गंगा पारकर जगदीशपुर पहुँचने की शीघ्रता थी और इस कारण उन्होंने तानू नदी के पुल की तरह नगई गाँव में भी अपने वीर सैनिकों की एक टोली जनरल डुग्लाज का मुकाबला करने के लिए छोड़ दी और शेष सेना को दो भागों में विभक्त कर उन्हें दो राह से आगे बढ़ने का आदेश दिया, और साथ ही यह भी आज्ञा दी कि वे गंगातट की राह लें और निश्चित स्थान पर आपस में मिलें। जेनरल डुग्लाज का मुकाबला करने के लिए उन्होंने जिस सेना को नियुक्त किया था, उसे आज्ञा दी कि वह तब तक डुग्लाज को युद्ध में व्यस्त रखे, जब तक शेष क्रांतिकारी सेना के बहुत आगे बढ़ जाने की तथा उन्हें लड़ाई छोड़कर उक्त सेना से मिल जाने की सूचना न मिले। कहना न होगा कि महाराजा कुँवर सिंह की आज्ञा का अक्षरशः पालन हुआ। महाराजा के चुने हुए वीर सैनिक जनरल डुग्लाज के सैनिकों से लगातार युद्ध करते रहे। उनके पास तोपें न थीं, फिर भी वे पीछे न हटे। अंग्रेजी तोपों की लगातार अग्निवर्षा से महाराजा के बहुत से सैनिक मारे गए, पर जो शेष थे, वे लगातार लड़ते रहे। लड़ाई चार मील के क्षेत्र में होती रही, पर एक बार भी इन वीर क्रांतिकारी सैनिकों की पंक्ति भंग न हुई, एक बार भी उन्होंने अपनी कमजोरी का प्रदर्शन न किया; वरन् शत्रुओं के आक्रमण को रोकते हुए, वे बराबर उन पर आक्रमण करते रहे। लड़ाई तब तक होती रही, जब तक अंग्रेजी सेना बिल्कुल ही थक न गई, पर इसी समय गंगातट की ओर बढ़नेवाली महाराजा कुँवर सिंह की दो सेनाएँ एकत्र हो गईं और महाराजा ने डुग्लाज से लड़नेवाले सैनिकों को रणक्षेत्र छोड़कर अपनी सेना में मिल जाने का सांकेतिक संदेश भेजा। अंत में महाराजा की सभी सेनाएँ मिल गईं और वे उनके साथ गंगा नदी की ओर अग्रसर होते रहे।

अंग्रेजी सेना बहुत थक गई थी, इसलिए वह अथसी गाँव के समीप विश्राम करने लगी। प्रातः काल बहुत सवेरे जनरल डुग्लाज ने उसे कूच करने की आज्ञा दी। डुग्लाज समझ रहा था कि महाराजा की क्रांतिकारी सेना पास में ही होगी। वह मन-ही-मन प्रसन्न हो रहा था कि उसे क्रांतिकारी सेना का सामना करने के लिए बहुत दूर तक उसका पीछा करना नहीं पड़ेगा। पर इतनी देर में महाराजा तेरह मील आगे निकल चुके थे। जनरल डुग्लाज को जब इस बात की सूचना मिली तो उसने अंग्रेज घुड़सवार सेना

के साथ अंग्रेजी तोपखाने को महाराजा कुँवर सिंह का पीछा करने के लिए भेज दिया और चूँकि अंग्रेज पैदल सेना युद्ध करते-करते बहुत थक गई थी, इसलिए उसे एक रात के लिए विश्राम करने की आज्ञा दे दी। इधर महाराजा के गुप्तचर अंग्रेजों की वास्तविक स्थिति की पूरी जानकारी रखते थे और महाराजा को हर समय प्रत्येक स्थिति का पूरा-पूरा हाल देते थे। जब महाराजा को इस बात की सूचना मिली कि अंग्रेजी पैदल सेना थककर एक रात के लिए विश्राम कर रही है तो उन्होंने इस अवसर का उचित लाभ उठाना चाहा। आधी रात को ही उन्होंने सेना को आगे बढ़ने की आज्ञा दे दी और स्वयं भी साथ हो लिये। वे सीधे सिकंदरपुर पहुँचे और घाघरा नदी पारकर अपनी सेना के साथ उन्होंने गाजीपुर जिले में प्रवेश किया। घाघरा नदी पारकर वे रुके नहीं। यहाँ से वे सीधे मनोहर नामक गाँव में पहुँचे। चूँकि रात-दिन लगातार यात्रा के बाद उनकी सेना बहुत थक गई थी, इसलिए उन्हें विवश होकर मनोहर गाँव में पड़ाव डालना पड़ा। बात यही थी कि वे जल्दी-से-जल्दी गंगा नदी पार कर जगदीशपुर पहुँच जाना चाहते थे और वहाँ पहुँचकर आरा और जगदीशपुर की अंग्रेजी सेना को परास्त कर अधिकार कर लेना चाहते थे। इसी बात का ध्यान रखते हुए वे जनरल डुग्लाज की सेना से युद्ध करना भी नहीं चाहते थे, जब तक कि अंग्रेजी सेना उन्हें युद्ध करने को विवश न कर दे। इसका एक और भी कारण था। उनके पास तोपें न थीं और बिना तोपों के सहारे खुले मैदान में अंग्रेजी सेना के साथ युद्ध करने में उनकी बहुत सी सेना नष्ट हो जाती। इसलिए गाजीपुर जिले तक यथाशक्ति वे अंग्रेजी सेना के साथ युद्ध से बचने का ही प्रयत्न कर रहे थे और विवशता की परिस्थिति में केवल रक्षात्मक युद्ध ही करना उनका अभीष्ट था। इधर जनरल डुग्लाज अपनी तोपों के बल पर उनका पीछा इसलिए करता जा रहा था कि वे गंगा नदी पारकर कहीं जगदीशपुर न पहुँच जाएँ; क्योंकि जगदीशपुर की परिस्थिति गाजीपुर अथवा आजमगढ़ जिलों से बिल्कुल भिन्न थी। शाहाबाद जिला जंगलों से भरा था और जगदीशपुर के चारों ओर उस समय जंगल-ही-जंगल था, जिसमें वे छापामार-युद्ध में शत्रुओं को भली-भाँति परास्त कर नष्ट कर सकते थे। जनरल डुग्लाज इस बात को समझता था और इसीलिए उसका उद्देश्य यह था कि गंगा नदी पार करने के पहले ही वह महाराजा को तथा उनकी सेना का पूर्णतः विध्वंस कर दे और जगदीशपुर पर आनेवाले भविष्य के संकट से वहाँ की अंग्रेजी सेना को बचा ले। इसी उद्देश्य से एक ओर महाराजा कुँवर सिंह गंगा पारकर जल्दी-से-जल्दी जगदीशपुर पहुँचना चाहते थे, और दूसरी ओर जनरल डुग्लाज उन्हें तथा उनकी सेना को गंगा नदी पार करने के पहले ही नष्ट कर देना चाहता था। इसी दौड़-धूप की प्रक्रिया में वह महाराजा तथा उनकी सेना का पीछा करते-करते उनके पहुँचने के कुछ ही समय बाद मनोहर गाँव में पहुँच गया, जहाँ क्रांतिकारी सेना विश्राम कर रही थी। वहाँ पहुँचते ही उसने अच्छा अवसर

देखकर शीघ्र ही आक्रमण शुरू कर दिया। चूँकि क्रांतिकारी सेना बहुत ही थकी हुई थी, इसलिए वह अधिक देर तक अंग्रेजी सेना की तोपों के सामने टिक न सकी। इस युद्ध में क्रांतिकारी सेना को बहुत से हाथियों, अस्त्र-शस्त्र तथा खाद्य-सामग्री से हाथ धोना पड़ा; परंतु इस हार से महाराजा कुँवर सिंह तनिक भी विचलित न हुए। उन्होंने जब देखा कि युद्ध में उनकी सेना पूर्णरूप से अंग्रेजी सेना से पराजित हो जाएगी, तो चट अपने युद्ध के पुराने तरीकों का प्रयोग किया। उन्होंने अपनी सारी सेना को छोटी-छोटी टुकड़ियों में विभक्त कर दिया और प्रत्येक को भिन्न-भिन्न मार्ग से कूच करने की आज्ञा दे दी। साथ ही, उन्होंने प्रत्येक टुकड़ी के सेनानायकों को एक निश्चित स्थान पर मिलने का आदेश दे दिया था। ऐसा ही हुआ और देखते-देखते ही वे अपनी सेना सहित रणक्षेत्र से गायब हो गए। जनरल डुग्लाज की समझ में यह बात न आ सकी और विवश होकर उसे मनोहर गाँव में ही रुक जाना पड़ा। उसने शीघ्र ही अपने गुप्तचरों को क्रांतिकारी सेना का पता लगाने के लिए चारों ओर रवाना कर दिया। इधर महाराजा के आदेशानुसार सारी क्रांतिकारी सेना निश्चित स्थान पर एकत्र होकर गंगा की ओर कूच कर चुकी थी। सबसे आश्चर्य की बात तो यह है कि वह स्थान जहाँ महाराजा के हजारों सैनिक एकत्र होकर मिले, अंग्रेज उस समय तक बिल्कुल अज्ञात ही रहे, जब तक कि महाराजा अपनी सेना के साथ गंगा नदी की राह पर कूच न कर चुके थे। डुग्लाज को जैसे ही स्थिति का ज्ञान हुआ, उसने जल्दी से क्रांतिकारी सेना का पीछा किया। क्रांतिकारी सेना गंगातट के बहुत समीप आ गई, पर महाराजा के गुप्तचरों ने इस बात की सूचना दी कि अंग्रेजी सेना बहुत समीप आ चुकी है। इस पर महाराजा कुँवर सिंह ने एक नई सैनिक चाल चली। चूँकि मनोहर गाँव की लड़ाई में उनकी सेना की काफी हानि हो चुकी थी, इसलिए उन्होंने अंग्रेजों से खुले मैदान में युद्ध करना उचित नहीं समझा। इस उद्देश्य से उन्होंने चारों ओर यह अफवाह फैला दी कि नावों की कमी के कारण क्रांतिकारी सेना बलिया से हाथी पर गंगा पार करना चाहती है। जनरल डुग्लाज को जब अपने गुप्तचरों के द्वारा इस बात की सूचना मिली तो उसकी बाँछें खिल गईं और वह बलिया के समीप अपनी सारी सेना के साथ छिप गया, ताकि महाराजा कुँवर सिंह और उनकी सेना ज्यों ही गंगा नदी पार करने लगें कि वह अचानक उनपर आक्रमण कर उन्हें पूर्णत: नष्ट कर दें। पर महाराजा कुँवर सिंह इतनी जल्दी अंग्रेजों के चंगुल में फँसनेवाले न थे। सुनसान रात की बेला में जिस समय जनरल डुग्लाज अपनी सारी सेना के साथ महाराजा और उनकी सेना के आने की प्रतीक्षा में आक्रमण करने के लिए तैयार बैठा था, ठीक उसी समय बलिया से कुछ कोसों की दूरी पर महाराजा अपनी सेना को शिवपुर घाट से गंगा नदी पार करा रहे थे। डुग्लाज को ज्यों ही वास्तविक स्थिति का ज्ञान हुआ, उसके क्रोध और संताप की सीमा न थी। वह अपनी सेना के साथ दौड़ा-दौड़ा शिवपुर घाट पहुँचा, पर उसके

पहुँचने के पहले प्राय: सारी क्रांतिकारी सेना नावों पर गंगा पार कर चुकी थी। अपनी सारी सेना को पार करते हुए निरीक्षण कर चुकने के बाद महाराजा एक-दो मिनट के भीतर ही गंगा पार कर चुकते कि बीच में ही उनकी कलाई में शत्रु की एक गोली लगी। महाराजा ने अपने जीवन के अस्सी वर्ष समाप्त कर लिये थे और इस अवस्था में भी उन्हें गोली की चोट खाकर कोई विशेष कष्ट नहीं हुआ, पर अंग्रेजों के प्रति घृणा इतनी तीव्र थी कि उन्होंने स्वयं अपने दूसरे हाथ से आधी बाँह काटकर यह कहते हुए गंगा नदी में फेंक दी, ''माँ गंगे, अपने भक्त एवं प्रिय पुत्र का यह अंतिम उपहार स्वीकार करो।''

अंत में महाराजा अपनी सारी सेना के साथ गंगा पार कर गए और जनरल डुग्लाज अपनी सारी सेना तथा अस्त्र-शस्त्र के साथ उस पार खड़ा ताकता ही रह गया। अंग्रेजी सेना को नदी पार करने की न तो शक्ति ही थी और न साहस ही, कारण, गंगा पार करते समय एक भी अंग्रेज सैनिक देशभक्त क्रांतिकारी सेना की गोलियों से जीवित नहीं बच सकता था।

इस प्रकार पूर्वी अवध के रणक्षेत्रों में अनेक अंग्रेजी सेनाओं को परास्त एवं विध्वंस करते और उनके दृढजाल से बचकर महाराजा शाहाबाद जिले में गंगा पार करते हुए शीघ्र ही जगदीशपुर पहुँचे और आठ महीने बाद उस पर अपना अधिकार जमा लिया। इसी बीच में महाराजा के छोटे भाई राजा अमर सिंह भी अपनी सेना के साथ महाराजा से मिले और दोनों भाइयों की सम्मिलित सेना भिन्न-भिन्न दलों में विभक्त होकर जगदीशपुर की रक्षा करने लगी।

जगदीशपुर पर अधिकार कर महाराजा बैठे न रहे। उनका चुपचाप बैठा रहना भी जगदीशपुर की स्वतंत्रता के हित में बाधक होता। कारण, आरा स्थित अंग्रेजी सेना जो जगदीशपुर की रक्षा में सदा तैयार थी, उन्हें शांतिपूर्वक बैठने न देती। महाराजा स्वयं ही बहुत कुशल सेनानायक थे; अत: वे शीघ्र ही आरा स्थित अंग्रेजी सेना के आक्रमण की प्रतीक्षा करने लगे और अपने घायल हाथ में पट्टी बाँधकर शत्रु-सैन्य का सामना करने की तैयारी में जुट गए।

इधर आरा स्थित ली ग्रैंड नामक अंग्रेज जनरल को जब महाराजा के जगदीशपुर पर अधिकार करने की सूचना मिली तो वह आग बबूला हो गया। महाराजा के पूर्वी अवध की अंग्रेजी सेना के चंगुल से निकल जाने की बात से उसे आश्चर्य भी था। आठ महीने पहले सर इरे ने जिस जगदीशपुर पर अधिकार कर अंग्रेजी सेना की वीरता का परिचय दिया था, उस सारी विजय और वीरता पर महाराजा ने बात की बात में पानी फेर दिया। ली ग्रैंड अंग्रेजी सेना और सत्ता का यह अपमान सह न सका और 23वीं अप्रैल को वह चार सौ अंग्रेज सैनिक और दो बड़ी तोपों के साथ जगदीशपुर पर आक्रमण करने के लिए आरा से चल पड़ा।

महाराजा अभी एक दिन पहले ही जगदीशपुर पहुँचे थे और जगदीशपुर पहुँचने के पहले लगातार महीनों वे बराबर अंग्रेजी सेना के साथ युद्ध करते रहे। वे तथा उनकी सेना पूर्ण रूप से थक गई थी। अंग्रेजों की एक विश्वसनीय सरकारी रिपोर्ट के अनुसार, "कुँवर सिंह की सेना उस समय छिन्न-भिन्न और असंगठित थी। उसके पास तोपें न थीं। और अस्त्र-शस्त्र भी पर्याप्त न थे। उसकी संख्या एक हजार से अधिक न थी।" इतना ही नहीं; पिछले आठ महीने महाराजा तथा उनकी सेना को बिना विश्राम के लगातार युद्ध करना पड़ा था। उन्हें न तो पूर्ण विश्राम का ही और न अच्छी तरह भोजन करने और सोने का ही पर्याप्त अवसर मिला था। पूर्वी अवध की अंग्रेजी सेनाओं से लड़ते-लड़ते वह सेना अभी एक दिन पहले ही जगदीशपुर पहुँची थी। इसी अवस्था में प्रसिद्ध युद्ध-शास्त्री जनरल ली ग्रैंड के अधीन अस्त्र-शस्त्र से पूर्णतः सुसज्जित तथा दो बड़ी तोपों के साथ चार सौ ताजा अंग्रेज तथा सिख सैनिक लड़ने आ रहे थे। जनरल ली ग्रैंड विजय के संबंध में पूर्णतः आशान्वित था और इसी विश्वास के आधार पर उसने अपनी सेना के साथ जगदीशपुर से डेढ़ मील की दूरी पर स्थित जंगल में प्रवेश किया। उसने शीघ्र ही आक्रमण की आज्ञा दे दी और अंग्रेजी तोपों के गोले बरसाने लगे। महाराजा ने भी अपनी सेना के साथ ली ग्रैंड का मुकाबला किया। यह कहना कठिन है कि किस प्रकार, पर कुछ ही क्षणों में ली ग्रैंड की सेना स्तंभित हो गई और भय के मारे भाग खड़ी हुई। परंतु वह भागकर भी कहाँ जा सकती थी। महाराजा ने अंग्रेजी सेना को चारों ओर से घेर लिया और उनका भागना उनके युद्ध करने से भी अधिक भयानक सिद्ध हुआ। फिर भी ली ग्रैंड अपनी सेना के साथ भाग खड़ा हुआ और क्रांतिकारी सेना ने उसे बुरी तरह खदेड़ना शुरू किया। एक अंग्रेज सैनिक अफसर ने, जिसने उस युद्ध में भाग लिया था, अपने अनुभव का वर्णन करते हुए उस समय लिखा था, "निश्चय ही उस युद्ध में हम लोगों पर क्या बीती उसकी चर्चा करते हुए मैं लज्जा का अनुभव कर रहा हूँ। हम लोगों ने अपनी जान बचाकर जंगल से भागना शुरू किया। शत्रु-सेना हमारा संहार करती हुई हमें बुरी तरह से खदेड़ने लगी। प्यास से व्याकुल हमारी सेना एक गंदे नाले की ओर, जिसका जल अत्यंत दूषित था, दौड़ पड़ी। ठीक उसी समय कुँवर सिंह के घुड़सवार सैनिक हमारे पीछे पहुँच गए। इसके बाद हमारे घोर अपमान एवं लज्जाजनक अप्रतिष्ठा की सीमा न थी और हम पूरी तरह ध्वस्त हो गए। हम लोगों के हृदयों में लज्जा के भाव शेष न रहे और हममें से प्रत्येक व्यक्ति जिधर शरण मिली, अपनी जान बचाने के लिए भाग खड़ा हुआ। उस समय हमारे बीच से कवायद और अनुशासन के भाव नष्ट हो चुके थे। अंग्रेज सैनिकों की कितनी टोलियाँ लू से वहीं मर गईं। जो बचीं, उनमें से अधिकांश शत्रुओं की तलवार से मृत्यु के घाट उतार दी गईं। चारों ओर से हमारे सैनिकों के रुदन और कराह के भीषण आर्त्तनाद सुनाई पड़ने लगे। हमारे सहायक सिख सैनिक, जो इस

कड़ी धूप और लू के अभ्यस्त थे, हाथियों पर सबसे पहले भाग खड़े हुए। सर्वत्र भगदड़ और आतंक का साम्राज्य था। पाँच मील तक लगातार भागने के बाद हमारे सैनिकों में बंदूक उठाने की भी शक्ति न थी। इस विध्वंसलीला में केवल अस्सी अंग्रेज सैनिक भागकर अपनी जान बचा सके। जनरल ली ग्रैंड की छाती में गोली लगी और वहीं उनका प्राणांत हो गया। हम लोगों ने ऐसा अनुभव किया मानो हम भेड़-बकरी की भाँति उस समय जंगल के कसाईखाने में केवल काट दिए जाने के लिए ही ले जाए गए थे।''

इस प्रकार महाराजा की सेना ने जनरल ली ग्रैंड की आक्रमणकारी सेना का भीषण संहार किया और उसके अन्य अस्त्र-शस्त्रों के अतिरिक्त उनकी दो बड़ी तोपों को भी छीन लिया, जो अंग्रेज सैनिक बड़े गौरव के साथ आक्रमण करने के लिए अपने साथ लाए थे। इस प्रकार शत्रु-सैन्य को पूर्णत: विध्वस्त कर 23वीं अप्रैल को महाराजा कुँवर सिंह ने रणक्षेत्र से जगदीशपुर में पुन: प्रवेश किया। इस बार उनका यश और प्रताप अपनी पराकाष्ठा पर पहुँच चुका था।

पर यह उनकी अंतिम जीत थी, कारण कटे हुए हाथ के घाव से, ठीक तीन दिन बाद अर्थात् 26वीं अप्रैल को उनकी मृत्यु हो गई।

सन् 1857 की जनक्रांति के चार सर्वोत्कृष्ट सेनानायकों में कुँवर सिंह का स्थान सर्वप्रथम था। अन्य तीन क्रमशः नाना साहब, महारानी लक्ष्मीबाई तथा ताँत्याटोपे थे। श्रेष्ठतम भारतीय क्रांतिकारी नेताओं में महाराजा कुँवर सिंह का स्थान केवल नाना साहब के बाद ही आता है।

महाराजा कुँवर सिंह की उस गौरवमयी मृत्यु के बाद बिहार के क्रांतिकारी सैनिकों का नेतृत्व उनके सहोदर राजा अमर सिंह ने ग्रहण किया। राजा अमर सिंह वीरता, धीरता, साहस और रण-संचालन में अपने बड़े भाई महाराजा कुँवर सिंह के समान ही थे।

(बिहार, मई-जून 1951 एवं जुलाई 1951)

□

राजा अमर सिंह

सन् 1858 ई. की 26वीं अप्रैल को महाराजा कुँवर सिंह अपनी बाँह के घाव से मरे; उस बाँह के घाव से, जिसे उन्होंने अंग्रेजों की अपवित्र गोली लगने से स्वयं अपने ही हाथ से काटकर यह कहते हुए समर्पित किया था, ''माँ, गंगे अपने भक्त और प्रिय पुत्र का यह अंतिम उपहार स्वीकार करो।''

महाराजा कुँवर सिंह की वीरगति एक महान् योद्धा की भाँति हुई। मृत्यु के चार दिन पहले पूर्वी अवध से आकर उन्होंने जगदीशपुर को स्वतंत्र कर दिया था और साथ-ही-साथ आक्रमणकारी जनरल ली ग्रैंड की सेना विध्वस्त कर कुछ दिनों के लिए जगदीशपुर को अंग्रेज शत्रुओं के आक्रमण से पूर्णत: सुरक्षित कर दिया था।

महाराजा की मृत्यु के बाद बिहार की क्रांतिकारी सेना का नेतृत्व राजा अमर सिंह ने अपने हाथों में ले लिया। राजा अमर सिंह महाराजा के छोटे भाई थे। वीरता, निर्भीकता, दूरदर्शिता, देशभक्ति, सैन्य-संचालन एवं युद्ध-कला में राजा अमर सिंह अपने बड़े सहोदर महाराजा कुँवर सिंह की प्रतिमूर्ति थे। जगदीशपुर की स्वतंत्रता की रक्षा तथा देशभक्त क्रांतिकारी सेना के नेतृत्व का महत्त्वपूर्ण भार वे भली-भाँति अभी ग्रहण भी नहीं कर सके थे कि उनके विरुद्ध अंग्रेजों के उपद्रव और भी तीव्र गति से होने लगे। अभी अपने बड़े सहोदर महाराजा कुँवर सिंह की मृत्यु से वे संतप्त ही थे कि जगदीशपुर के इलाकों में युद्ध के बादल मँडराने लगे। कारण, आरा के युद्धक्षेत्र में महाराजा कुँवर सिंह के द्वारा जनरल ली ग्रैंड की मृत्यु तथा अंग्रेजी सेना के संहार का समाचार सुनकर गंगा के उस पार के अंग्रेज सैनिक भी गंगा नदी पारकर शाहाबाद जिले में आए। इस अंग्रेजी सेना का नेतृत्व दो प्रसिद्ध जनरल, ब्रिगेडियर डुग्लाज और जनरल लूगर्ड करते थे। इन्हीं दोनों सेनापतियों तथा इनकी अंग्रेज सेना का मुकाबला करते हुए तथा आवश्यकतानुसार इनकी आँखों में धूल झोंककर महाराजा कुँवर सिंह ने आजमगढ़ से चलकर बलिया के समीप ही गंगा पार करते हुए शाहाबाद जिले में प्रवेश किया था। अत: जब डुग्लाज तथा लूगर्ड को इस बात का पता चला कि जनरल ली ग्रैंड की अंग्रेजी सेना को महाराजा

कुँवर सिंह ने विध्वस्त कर दिया तथा उस युद्ध में स्वयं ली ग्रैंड मारा गया, तो उन्होंने अपनी सारी सेना और अस्त्र-शस्त्र के साथ गंगा पार कर शाहाबाद जिले में प्रवेश किया। इधर राजा अमर सिंह आरा पर प्राय: आक्रमण कर चुके थे; पर डुग्लाग तथा लूगर्ड को सेना के शाहाबाद जिले में प्रवेश करने का समाचार सुन उन्हें लौटना पड़ा। तीसरी मई को जनरल डुग्लाज तथा लूगर्ड ने राजा अमर सिंह पर धावा बोल दिया। एक-एक दिन के अंतर से अंग्रेजी सेना से बिहिया, हेतनपुर, दलीपपुर तथा अन्य स्थानों में राजा अमर सिंह की मुठभेड़ होती रही। कभी-कभी राजा अमर सिंह की क्रांतिकारी सेना अंग्रेजी सेना से मजबूत पड़ती, पर जब उन्हें विपरीत परिस्थितियों का सामना करना पड़ता तो वे महाराजा कुँवर सिंह की सैन्य-नीति का अनुसरण करते। जब कभी उन्हें यह ज्ञात होता कि अस्त्र-शस्त्र से पूर्ण सुसज्जित अंग्रेजी सेना का पल्ला उनकी क्रांतिकारी सेना से भारी पड़ता है, तो वे अपनी संपूर्ण सेना को छोटी-छोटी टोलियों में विभक्त कर जंगल के भिन्न-भिन्न, परंतु निश्चित मार्ग से कूच करने की आज्ञा दे देते, और साथ ही, उन सभी टुकड़ियों को एक निश्चित एवं सुरक्षित स्थान में मिलने का आदेश होता, जहाँ वे पूर्ण सुरक्षित रूप से निश्चित समय पर एकत्र हो जातीं। इसपर शत्रु उनकी सेना का पीछा करने से विवश हो जाते। अंग्रेजों के सामने यह एक बहुत कड़ी समस्या उत्पन्न हो गई। वे राजा अमर सिंह तथा उनकी अजेय छापामार सेना को हराने में असमर्थ थे। प्रत्येक युद्ध में अंग्रेज समझते थे कि उनकी जीत हो गई तथा उन्होंने राजा अमर सिंह की सेना को पूर्णत: कुचल दिया; पर दूसरे ही क्षण राजा अमर सिंह अपनी सेना के साथ ही कहीं अन्यत्र अंग्रेजों पर धावा बोल देते। यदि अंग्रेजों के द्वारा उनकी सेना एक जंगल से खदेड़ दी जाती तो वह दूसरे जंगल पर अधिकार कर लेती और उस जंगल से हटाई जाने पर पुन: उसका अधिकार पहले जंगल पर उसी प्रकार हो जाता जैसे पहले था। इस प्रकार अंग्रेज सेनानायकों का कई दिनों का घोर परिश्रम, अंग्रेजी सेना का जी-जान से लड़कर अपना रक्त बहाना एक क्षण में ही बेकार हो जाता। कारण, अंग्रेजों की हजार कोशिश पर भी राजा अमर सिंह की सेना सदा मजबूत ही रहती और उनके ह्रास के तनिक भी लक्षण नहीं दिख पड़ते। इतना ही नहीं, अवसर पाते ही राजा अमर सिंह अपनी अजेय सेना के साथ अंग्रेजों पर धावा बोल देते और उस समय अंग्रेजी सेना उनकी चोट से तिलमिला उठती और उनमें से न जाने कितने इस संसार से चल बसते। अंत में जनरल लूगर्ड बहुत परेशान हो गया; उसकी सेना के बहुत से जवान मारे गए और इस प्रकार निराश तथा अपमानित होकर 15वीं जून को अपनी नौकरी से त्याग-पत्र देकर इंग्लैंड भाग गया और लड़ते-लड़ते उसकी थकी-माँदी तथा क्रांतिकारी सैनिकों की चोट से जर्जरित सेना भी विश्राम के लिए चली गई।

जनरल लूगर्ड के युद्धक्षेत्र से भागते ही राजा अमर सिंह ने अपने सभी छिन्न-भिन्न

सैनिकों को एकत्र कर संगठित करना प्रारंभ कर दिया। इसी बीच में गया की पुलिस भी क्रांतिकारी सेना से मिल गई। इसके बाद ही अंग्रेजी सेना को बहकावा देकर राजा अमर सिंह ने आरा पर चढ़ाई कर दी और शीघ्र ही उस पर अधिकार कर लिया। आरा पर अधिकार प्राप्त कर एक विजयी सेनापति की भाँति उन्होंने जगदीशपुर में प्रवेश किया, जहाँ क्रांतिकारी सेना का झंडा फहरा रहा था। जुलाई, अगस्त और सितंबर के महीने बीत गए। जगदीशपुर तथा उसके अन्य इलाके पूर्णत: स्वतंत्र थे और उसपर राजा अमर सिंह शासन कर रहे थे। अंग्रेजी शासन के अनेक अत्याचारों और बंधनों से दबी हुई भारतीय प्रजा उस क्षेत्र में रामराज्य का अनुभव कर रही थी, कारण राजा अमर सिंह अपने बड़े सहोदर महाराजा कुँवर सिंह की भाँति न्यायी एवं धर्मपरायण शासक थे और शासक होते हुए भी अपने को प्रजा का सेवक ही समझते थे। प्रजा उन्हें प्राणों से भी अधिक प्यार करती थी। वास्तव में, राजा अमर सिंह, महाराजा की भाँति ही अपनी प्रजा के सामने देशभक्ति, आत्मसमर्पण, न्याय, सत्य एवं नैतिकता के प्रतीक थे।

इधर जगदीशपुर तथा उसके सारे इलाके पर राजा अमर सिंह शासन कर रहे थे, उधर ब्रिगेडियर डुग्लाज अस्त्र-शस्त्र से सुसज्जित अपनी सात हजार अंग्रेजी सेना के साथ उन्हें नष्ट कर देने पर तुला हुआ था। यहाँ तक कि उसने इस बात की घोषणा कर दी थी कि जो व्यक्ति राजा अमर सिंह का सिर धोखा, फरेब अथवा किसी भी घृणित उपाय से उसके सामने पेश करेगा, उसे बहुत बड़ी रकम पारितोषिक में दी जाएगी। पर ऐसा कौन करता? बिहार का प्रत्येक व्यक्ति राजा अमर सिंह को स्वतंत्रता का अग्रदूत एवं ईश्वर का प्रतिनिधि स्वरूप समझता था। इसी बीच अंग्रेजी सेना विवश होकर जंगल काटने लगी और साथ ही, उसके बीच में सड़कें बनाने लगी। ये सड़कें बनती जाती थीं और साथ-ही-साथ उन पर अंग्रेजी सेना के अड्डे भी, और इन अड्डों पर क्रमश: अंग्रेजी सेना की टुकड़ियाँ आगे बढ़ती जातीं। ब्रिगेडियर डुग्लाज का अभिप्राय यह था कि जंगलों को साफ कर उनके भीतर सैनिक अड्डों को कायम कर जगदीशपुर को चारों ओर से घेर लिया जाए और राजा अमर सिंह को ऐसा अवसर न दिया जाए कि वे छापामार लड़ाई के द्वारा अंग्रेजी सेना को विध्वस्त कर सकें। सन् 1858 ई. के जुलाई, अगस्त और सितंबर महीनों तक अंग्रेजी सेना इसी कार्यक्रम में व्यस्त रही। बीच-बीच में क्रांतिकारी सेना से उसकी अनेक बार मुठभेड़ें हुईं और सभी मुठभेड़ों में राजा अमर सिंह केवल अजेय ही नहीं रहे, वरन् अंग्रेजी सेना को बुरी तरह हारना पड़ा। उस समय राजा अमर सिंह के युद्धों और सफलताओं को देखकर सभी को ऐसा लगता, मानो महाराजा कुँवर सिंह मरे नहीं और वे राजा अमर सिंह के रूप में जीवित हैं।

अंत में अंग्रेजों ने राजा अमर सिंह से अंतिम युद्ध करने की ठानी और यह निश्चित कर लिया कि चाहे, जितनी कठिनाइयाँ उपस्थित हों, पर इस मामले को सदा के लिए

तय कर लिया जाए। वे राजा अमर सिंह तथा उनकी क्रांतिकारी सेना को पूर्णतः विनष्ट करने पर तुल गए। इसी अभिप्राय से उन्होंने जगदीशपुर पर सात दिशाओं से आक्रमण करना आरंभ किया और उनमें से प्रत्येक दिशा का भार एक-एक सेनादल को मिला। इस सेना के प्रत्येक दल में अस्त्र-शस्त्र से पूर्णतः सुसज्जित एक डिवीजन सेना थी। इस प्रकार सात डिविजनों से तथा सात ओर से जगदीशपुर पर आक्रमण करने से जगदीशपुर की सारी सड़कों पर अंग्रेजी सेना ने नाकेबंदी कर दी। यह सैनिक नाकेबंदी क्रमशः बढ़ती ही गई और इसका परिणाम यह हुआ कि राजा अमर सिंह के साथ ही जगदीशपुर चारों ओर से घिर गया। 17वीं अक्तूबर तक अंग्रेजी सेना ने जगदीशपुर को अत्यंत निकट से घेर लिया और साथ ही, अमर सिंह भी घिर गए। निश्चित समय पर इन अंग्रेजी सेनाओं ने एक साथ ही चारों ओर से जगदीशपुर पर आक्रमण कर दिया। जगदीशपुर का पतन हो गया और वहाँ क्रांतिकारी सेना के झंडे के स्थान पर अंग्रेजी झंडा फहराने लगा और उसकी चप्पा-चप्पा जमीन अंग्रेज सैनिकों से पददलित हो उठी। उस युद्ध में कितने सैनिक मरे और कितने निर्दोष व्यक्ति अंग्रेजी सेना द्वारा मारे गए, इसका उत्तर अत्यंत रोमांचकारी है। पर उन असंख्य लाशों और कुछ जीवित प्राणियों में राजा अमर सिंह का पता न चला। बात यह थी कि पिंजड़ा अंग्रेजी सेना के हाथ लग गया था, पर उसका सिंह बाहर निकल गया था। और यह सिंह किस प्रकार बाहर निकला? यह साधारण आश्चर्य और साहस की कहानी नहीं है। यद्यपि जगदीशपुर पर सात ओर से सात डिवीजन सेना आक्रमण करनेवाली थी, पर वास्तव में केवल छह डिवीजन अंग्रेजी सेना ने ही आक्रमण किया; कारण, सातवीं डिवीजन की अंग्रेजी सेना जगदीशपुर पाँच घंटे देर से पहुँची। राजा अमर सिंह, जो एक अत्यंत कुशल एवं महान् सेनापति थे, इस स्वर्ण अवसर को हाथ से न खोकर उसी दिशा से अपनी सारी सेना के साथ बाहर निकल गए।

अंग्रेजों को जब यह खबर मिली कि राजा अमर सिंह अपनी क्रांतिकारी सेना के साथ जगदीशपुर से बाहर निकल गए, तो उनके सारे मनसूबों पर पानी फिर गया। अंग्रेज केवल जगदीशपुर पर अधिकार ही करना नहीं चाहते थे, उनका उद्‌देश्य वहाँ की क्रांतिकारी सेना और उसके नेता तथा सेनानायक राजा अमर सिंह को मौत के घाट उतार देना भी था। जगदीशपुर पर तो उनका अधिकार हो गया, पर बिहार की क्रांति के सबसे बड़े केंद्र—जगदीशपुर के सिंह, राजा अमर सिंह के, अपनी सेना के साथ, बाल-बाल बचकर निकल जाने से उन्हें बड़ी बेचैनी हुई; कारण, अंग्रेज भली-भाँति समझते थे कि राजा अमर सिंह के जीवित रहते बिहार प्रांत के अंग्रेजी शासन पर सदा संकट और आतंक ही रहेगा। इसी आतंक से अंग्रेजी सरकार ने राजा अमर सिंह का पीछा करने के लिए एक डिवीजन घुड़सवार-पैदल सेना भेजी। इतनी बड़ी सेना राजा अमर सिंह का पीछा करने लगी। साथ ही, अंग्रेजी सेना के पास हाल ही इंग्लैंड से आई हुई नई राइफलें थीं,

जिनके सामने क्रांतिकारी सेना की बंदूकें प्रायः व्यर्थ हो जाती थीं। दूसरे, राजा अमर सिंह की पैदल-सेना तेजी से पीछा करनेवाली अंग्रेज घुड़सवार सेना के मुकाबले में भागकर कहीं छिप भी नहीं सकती थी। फिर भी, राजा अमर सिंह ने आत्मसमर्पण नहीं किया। उनके जैसे महान् नेता तथा वीर सेनानायक के लिए शत्रुओं के सामने आत्मसमर्पण की बात अनुचित एवं असंभव थी। अंत में उन्नीसवीं अक्तूबर को अंग्रेजी सेना ने नोनादी गाँव में राजा अमर सिंह को घेर लिया। खूब छूटकर लड़ाई हुई। अंग्रेजों की सेना एक डिवीजन (लगभग पंद्रह हजार) थी और राजा अमर सिंह के पास केवल चार सौ वीर लड़ाकू थे। उस युद्ध में राजा अमर सिंह के तीन सौ वीर खेत रहे। शेष एक सौ जवान मैदान में आकर विशाल अंग्रेजी सेना से जान पर खेलकर लड़ने लगे और उस युद्ध के अंत में केवल तीन ही सैनिक शेष बचे। उन तीनों में राजा अमर सिंह भी थे, जो वेष बदलकर लड़ रहे थे। इस प्रकार, अंग्रेजी घुड़सवार सेना राजा अमर सिंह तथा उनकी सेना का पीछा करती रही और इस बीच में क्रांतिकारी सेना की बहुसंख्यक अंग्रेजी सेना से कई बार मुठभेड़ हुई और सभी युद्धों में क्रांतिकारी सेना ने अंग्रेजों के दाँत खट्टे कर दिए। फिर भी, अंग्रेजी सेना एक तो क्रांतिकारी सेना की अपेक्षा संख्या में बहुत अधिक थी, दूसरे वह सर्वोत्तम अस्त्र-शस्त्र से सुसज्जित थी। इस स्थिति में राजा अमर सिंह अंग्रेजी सेना से लड़ने में असमर्थ थे, परंतु उनके लिए अंग्रेजी घुड़सवार सेना के चंगुल से भाग निकलना भी कठिन था। एक बार तो वे बड़े कठिनाई से बच सके। उनका हाथी पकड़ लिया गया, परंतु वे शीघ्र ही उस पर से कूदकर लोप हो गए और शत्रुओं को इसका पता भी न चल सका कि वे किधर और कहाँ गए। इस भीषण एवं विपरीत परिस्थिति में राजा अमर सिंह को जनता की बहुत बड़ी सहायता मिली और वह यह कि स्थानीय जनता अंग्रेजी सैनिकों को राजा अमर सिंह तथा उनकी सेना का गलत पता बतला देती और जब तक अंग्रेजी सेना उनकी खोज में इधर-उधर भटकती रहती राजा अमर सिंह कुछ दूर आगे रास्ता तय कर लेते। सीमा पारकर कैमूर पहाड़ियों में पहुँचे। पर वहाँ भी अंग्रेजों ने उनका पीछा नहीं छोड़ा। कैमूर के जंगलों और पहाड़ियों में क्रांतिकारी सेना ने अनेक बार अंग्रेजों का मुकाबला किया, पर अस्त्र-शस्त्र तथा सेना के अभाव में वह अंग्रेजी सेना का मुकाबला न कर सकी। अंत में राजा अमर सिंह की क्रांतिकारी सेना का प्रत्येक व्यक्ति लड़ते-लड़ते शहीद हो गया और एक भी व्यक्ति जीवित रूप से अंग्रेजों के हाथ न लगा। इतना ही नहीं, राजा अमर सिंह के जगदीशपुर छोड़ते समय उनके परिवार की डेढ़ सौ महिलाएँ भी उनके साथ थीं। राजघराने की इन महिलाओं ने भी वीर सैनिकों की भाँति अंग्रेजों का युद्धक्षेत्रों में सामना किया और अंत में बचने का कोई उपाय न देखकर तोपों के सामने खड़ी होकर अपने हाथों से उनमें आग लगाकर अपना बलिदान कर दिया। सन् 1857 की क्रांति में बिहार की महिलाओं के 'जौहर' का

यह दृश्य अद्वितीय और अभूतपूर्व था। अस्त्र-शस्त्रों से सुसज्जित विशाल अंग्रेजी सेना के मुकाबले में राजा अमर सिंह अधिक दिनों तक न ठहर सके। विजय उन्हें न मिली, पर हार में भी उनकी वीर आत्मा सदा अजेय ही रही। वे अंग्रेजों के हाथ न लगे। पर उनका क्या हुआ? वे कहाँ गए? इसका उत्तर इतिहास नहीं देता!

(बिहार, अगस्त 1951)

□

राजनीति और नैतिकता

यह युग का ही व्यंग्य है कि आज राजनीति को नैतिकता से अलग रखकर विचार करने की आवश्यकता आ पड़ी है। पुराने दिनों ऐसी बात नहीं थी। स्वयं 'राजनीति' शब्द ही अपने में नीति को समाहित किए हुए था, वह नीति जो नैतिकता की ही माँगों की पूर्ति के लिए थी। अत: उन दिनों नैतिकता से पृथक् राजनीति नहीं थी।

राजनीति से नैतिकता विच्छिन्न क्यों हो गई, यह एक प्रश्न उठ सकता है। इसके लिए कोई एक ठोस कारण दे सकना संभव नहीं है। यह तो निश्चित सा है कि मानव-चरित्र के पतन के ही फलस्वरूप राजनीति अपने दिव्य गुणों से रहित हो गई, और अंत में चलकर स्थिति यहाँ तक आ गई कि राजनीति में नैतिकता का अभाव ही स्वाभाविक और उचित मालूम पड़ने लगा। वर्तमान युग इसी विचारधारा में प्रवाहित हो रहा है। जबसे व्यक्ति के समूह ने समाज का रूप धारण किया और समाज के क्रमिक विकास के बाद शासन-प्रबंध की समस्या सामने आई, तब से ही राजनीति का आविर्भाव मानना चाहिए। राजनीति से नैतिकता कब और क्यों विच्छिन्न हुई, ऐतिहासिक परंपरा के आधार पर इसका निर्णय करना कठिन है। परंतु आज यह स्थिति आ गई है, जब राजनीति में नैतिकता का अभाव खटकने लगा है। यह तो सभी मानते हैं कि वर्तमान युग में कलुष का इतना आधिक्य हो गया है कि संसार की ओर से मन, कभी-कभी, उदासीन-सा होने लगता है। ऐसा मालूम पड़ता है कि हम जीने के उत्साह से नहीं, बल्कि जीने की बाध्यता से ही जी रहे हैं। और यह स्थिति कशमकश पैदा करनेवाली होती है, दम घुटने लगता है। इससे बाहर निकलने का कुछ उपाय तो सोचना ही होगा।

नैतिकता क्या है, इस प्रश्न का निर्णय भी अपेक्षित है। न्याय, दया, सहानुभूति, परदु:खकातरता, सौहार्द, प्रेम इत्यादि मानवोचित गुणों को ही समवेत रूप से नैतिकता की अभिधा दी गई है। समाज की सुव्यवस्था के लिए व्यक्तियों में उक्त गुणों की अपेक्षा की जाती है। जिस समाज में इन गुणों का आधिक्य रहेगा; वह समाज सुखी, समृद्ध और स्थायी होगा; और जहाँ भी इनका अभाव रहेगा, वहाँ की स्थिति ठीक विपरीत होगी।

यही कारण है कि जिन बीते हुए युगों का, जो अवश्य ही गौरवपूर्ण रहे हैं, बखान करते हम अघाते नहीं, उनमें इन्हीं दैवी या मानवी जो भी कह लें, गुणों का प्राधान्य था।

नैतिकता का ह्रास आकस्मिक घटना नहीं है। ह्रास क्रमिक होता है, धीरे-धीरे, पर अनवरत रूप से। यह प्रारंभ में लक्षित नहीं होता। परंतु एक दिन हम पाते हैं कि उन्नति की उस ऊँची सीढ़ी से हम बहुत नीचे, शायद अपने में अनजाने ही खिसक आए हैं। और तब हमें अपने पतन का ज्ञान होता है।

इसी प्रकार, नैतिकता कब हमसे दूर हटने लगी और कब अनैतिकता घर करने लगी, इसकी सीमा-रेखा खींचना, सच पूछा जाए तो, असंभव ही है। वर्तमान पीढ़ी ने होश सँभालने पर अपने को जिस स्थिति में पाया था, वह अच्छा ही कहा जाएगा। इस पीढ़ी ने पिछले दो महायुद्ध देखे हैं। देश से देश टकराए, आदर्श-से-आदर्श टकराए। इस टकराहट के पीछे बड़ी-बड़ी महत्त्वाकांक्षाएँ भी काम कर रही थीं; और भी समुन्नत समाज की नींव रखने का स्वप्न सँजोया जा रहा था। परंतु संघर्ष ने, शायद अस्तित्व रक्षा के भाव ने, उन महत्त्वाकांक्षाओं को तो भुला दिया, और एक-दूसरे को हड़प जाने का ही लक्ष्य घर कर बैठा। और ऐसा मालूम पड़ने लगा कि उन युद्धों की आड़ में हड़प की भावना के अतिरिक्त शायद कुछ और नहीं था।

पिछले दो महायुद्धों के बाद से हम क्रमशः अनैतिकता को पनपते पा रहे हैं। आज प्रांत, राष्ट्र, महाद्वीप, सर्वत्र अनैतिकता के ही पैर जमते दिखाई पड़ रहे हैं। विभिन्न देशों की राजनीति स्वार्थरत दिख पड़ रही है। अंतरराष्ट्रीय तौर पर जो सिद्धांत मान्य थे, उनकी खुलेआम अवहेलना की जा रही है।

प्रश्न यह उठता है कि राजनीति के लिए क्या नैतिकता आवश्यक है, और क्या राजनीति के बहुरंगी दाँव-पेंचों में नैतिकता का निर्वाह हो सकता है। पहले अंतर्देशीय राजनीति को ही लें। इसके संबंध में कोई सिद्धांत स्थिर हो जाने पर वह अंतरराष्ट्रीय राजनीति के लिए भी लागू हो सकेगा।

देश की शासन-पद्धति और उसकी स्वत्वरक्षा से ही राजनीति का संबंध रहता है। शासन केवल एक व्यक्ति के लिए नहीं, समस्त जनता अर्थात् समष्टि के लिए होता है। समष्टि के हितों का यदि ध्यान न रखा गया तो वह शासन कालांतर में असफल हो जाएगा और परिणाम होगा उस देश का पतन। समष्टि की रचना व्यक्ति से ही होती है। व्यक्ति के ही आचरण के आधार पर समष्टि का स्वरूप निर्धारण होता है। अतः यह स्पष्ट है कि समष्टि के अच्छा होने के लिए व्यक्ति का अच्छा होना आवश्यक है।

और एक सामान्य व्यक्ति के चरित्र से उस व्यक्ति के चरित्र का अधिक महत्त्व रहता है, जो शासन-सूत्र का संचालन करता है। यह एक साधारण सी बात है कि वह राजतंत्र हो या जनतंत्र, परंतु शासन-सूत्र के संचालक आदर्श ही माने जाते हैं और उनसे

आदर्श चरित्र की ही अपेक्षा रहती है। उनकी ही अच्छाई या बुराई पर देश का उत्थान या पतन बहुत अंशों में निर्भर करता है।

महात्मा गांधी ने जिस रामराज्य को आदर्श मान रखा था, उसकी विशेषता यही थी कि उस राज्य के शासक, राजा राम सभी उच्च गुणों से संपन्न थे। उनकी ही उच्च नैतिकता ने नागरिकों को प्रेरित कर आदर्श जीवन की ओर उन्मुख किया था। इन्हीं सब कारणों से वह राज्य आज भी मानवजाति के लिए स्पृहणीय और चरम लक्ष्य बना हुआ है।

राजनीति सर्वथा बुद्धि की वस्तु है, इसे अस्वीकार नहीं किया जा सकता। बौद्धिक गुणों का सर्वथा अभाव राजनीति को पनपने ही नहीं दे सकता। परंतु राजनीति को उपयोगी और लाभप्रद सिद्ध करने के लिए, उसे हृदय के भी सद्‌गुणों से विभूषित करना आवश्यक होता है। बहुत ही बुद्धिमान, चतुर, कुशल शासक क्यों न हो, किंतु यदि उसमें न्याय, उदारता, सहानुभूति इत्यादि सद्‌गुण नहीं हैं, तो वह कदापि सफल और लोकप्रिय नहीं हो सकता। आज सर्वत्र दिख पड़नेवाली अशांति का यह भी एक प्रधान कारण है।

जब कभी राजनीति का नैतिकता से संबंध टूट जाता है, वह उच्छृंखल हो उठती है और लाभ-हानि का विवेक खोकर देश को रसातल की ओर घसीट ले जाती है। संसार के विभिन्न देशों का इतिहास इस बात का साक्षी है। यदि केवल स्वदेश के ही हित के लिए विभिन्न देशों के शासकों के प्रयत्न हुए होते, तो संभव था युद्धों की सूची बहुत छोटी हुई होती। किंतु बात तो कुछ और थी। देश के हित से बढ़कर उस शासक पद को ग्रहण करनेवाले व्यक्ति के स्वार्थ का प्रश्न था। वह अपने स्वार्थ के ही वश प्रेरित होकर विदेशों से शत्रुता मोल लेता और अंत में परस्पर संघर्ष होता, जिसका परिणाम दोनों के ही लिए अहितकर होता।

आज हमारे देश की भी स्थिति चिंत्य हो उठी है। इसकी जड़ में भौतिक कारण तो है ही, परंतु यह भी निश्चित है कि युग का नैतिक-पतन ही इस चिंतनीय स्थिति का मूल कारण है। जो भी व्यक्ति अधिकारसंपन्न है, वह अन्य लोगों के हित की बलि देकर आत्महित का साधन करने लगता है। विदेशी शासन की अनैतिकता से ऊबकर लोगों की आशा हो चली थी कि कांग्रेस का शासन स्थापित होते ही पुन: एक बार देश में मानवीय गुणों की प्रतिष्ठा स्थापित हो जाएगी। किंतु सब आशा व्यर्थ निकली। कांग्रेस का शासन स्थापित हुआ और लक्ष्य भी यही रखा गया कि महात्मा गांधी के उच्च आदर्शों के अनुसार ही कार्य-संचालन होगा। पर वास्तविक कार्य का रवैया बिल्कुल उलटा ही सिद्ध हुआ। देखा जाता है कि सदैव स्वार्थपरता और अनैतिकता का बोलबाला है।

इस स्थिति का मूल कारण किसी से छिपा नहीं है। सबके मन में यह बात जैसे बैठ गई है कि नैतिकता के ह्रास के ही कारण आज देश की जनता को अनेक कष्टों का सामना करना पड़ गया है। रोग के इस निदान के फलस्वरूप देश के शुभचिंतक अब नए

ढंग की व्यवस्था करने की बात सोच रहे हैं। अभी हाल की बात है, हमारे प्रधानमंत्री श्री जवाहरलाल नेहरू ने आगामी निर्वाचन में चुने जानेवाले उम्मीदवारों के विषय में कहा है कि संसद् और विधान सभाओं के सदस्य चुनने में उम्मीदवारों की बौद्धिक योग्यता से अधिक उनकी ईमानदारी, अर्थात् नैतिक गुणों पर ध्यान दिया जाएगा।

बौद्धिक योग्यता के चमत्कार हमने देख लिये हैं। मस्तिष्क से संबंध रखनेवाले गुणों पारंगत होते हुए भी, एक शासक, हृदय के गुणों से रहित होने के कारण, निरंकुश की उपाधि धारण करता है। जब तक मस्तिष्क और हृदय के गुणों में संतुलन नहीं होता, तब तक बहुत लाभ की आशा नहीं की जा सकती।

और विश्वास है कि ईमानदारी की कसौटी पर कसे हुए शासक हमारे वर्तमान को सुधरते हुए भावी पीढ़ी के लिए सुख और सम्मानजनक पथ तैयार कर देंगे।

यह संदेह की राजनीति के बहुरंगी दाँव-पेंचों में नैतिकता अँट नहीं सकती, निरा भ्रममात्र है। सच्ची बात तो यह है कि नैतिकता से समन्वित राजनीति में दाँव-पेंच रह ही नहीं जाती। और उस राजनीति का प्रगति-पथ प्रशस्त राजमार्ग होता है, जहाँ 'मुँह में राम बगल में छुरी' की गुंजाइश ही नहीं रहती।

(बिहार, सितंबर 1951)

□

राष्ट्रभाषा हिंदी

आपने इस साहित्यिक समारोह के सभापति पद पर मुझे बिठाकर मेरा जो गौरवपूर्ण सम्मान किया है, उसके लिए मैं कृतज्ञ हृदय से आपका धन्यवाद करता हूँ। राष्ट्रभाषा हिंदी की समृद्धि के पवित्र अभिप्राय से ही हमारी राज्य सरकार ने बिहार राष्ट्रभाषा परिषद् की स्थापना की है। इसके विविध उद्देश्यों से आप भली-भाँति परिचित हो चुके हैं और अपने अब तक के नन्हे से जीवन में इस संस्था ने अपने उद्देश्यों की सिद्धि के लिए जो कार्य किए हैं, उनका विवरण भी आपके सामने उपस्थित हो चुका है। मैं इस अभिनव साहित्य संस्था के प्रथम वार्षिकोत्सव के अभूतपूर्व एवं पुनीत अवसर पर इसके सभी सदस्यों को विशेषकर इसके सुयोग्य और अनुभवी सभापति आचार्य बद्रीनाथ वर्मा तथा कुशल एवं कर्मठ मंत्री हिंदीभूषण श्री शिवपूजन सहायजी को हार्दिक बधाई देता हूँ और यह मंगल-कामना प्रकट करता हूँ कि आप सभी साहित्यानुरागियों के सहयोगपूर्ण सत्प्रयत्नों से यह परिषद् सदैव फूलती-फलती रहे और इसकी सर्वतोन्मुखी सफलताओं के फलस्वरूप भारत-भारती की यथेष्ट गौरव-वृद्धि हो!

राष्ट्रभाषा के प्रति हमारा कर्तव्य

भारतीय संविधान द्वारा 26 जनवरी, 1950 से ही हिंदी अखिल भारत की राष्ट्रभाषा के गौरव मंडित सिंहासन पर आसीन हो चुकी है। संविधान की व्यवस्था के अनुसार पंद्रह वर्षों के अंदर अर्थात् 1965 तक इस विशाल देश के विभिन्न भागों में रहनेवाले करोड़ों निवासियों के लिए राष्ट्रभाषा हिंदी का व्यवहार, वैधानिक दृष्टि से अनिवार्य हो जाएगा। किंतु वस्तुतः हिंदी को भारत की राष्ट्रभाषा के रूप में सुप्रतिष्ठित करने के लिए हमारे संविधान की उक्त व्यवस्था पर्याप्त नहीं है। हम सभी हिंदीप्रेमियों का विशेष कर हिंदी प्रांतों के निवासियों का यह कर्तव्य है कि राष्ट्रभाषा हिंदी के स्वरूप तथा उसके साहित्य-भंडार का विकास इस प्रकार करें कि वह अन्य भाषा-भाषियों के लिए भी सुगम और सुग्राह्य बन सके। केवल विधान के ही बल पर, हम हिंदी को इस

देश के 40 करोड़ निवासियों की जिह्वा पर आसीन नहीं कर सकेंगे। हमें तो उनके हृदयों में हिंदी के प्रति श्रद्धा का अजस्र स्रोत प्रवाहित करना होगा। यह परम महत्त्वपूर्ण कार्य सुंदर, सुलक्षित एवं सुरुचिपूर्ण साहित्य के सृजन से ही सुसंपन्न हो सकता है। अतएव बिहार राष्ट्रभाषा परिषद् के विद्वान् सभासदों से मैं साग्रह अनुरोध करता हूँ कि राष्ट्रभाषा के रूप में हिंदी के गुरुतम उत्तरदायित्वों को ध्यान में रखते हुए वे साहित्य-निर्माण के कार्य में विशेष रूप से संलग्न हों।

राष्ट्रभाषा और हिंदी

हिंदी भारत की राष्ट्रभाषा होने के साथ-साथ बिहार की राजभाषा और इसके अधिकांश भागों की लोकभाषा भी है। इसलिए राष्ट्रभाषा के रूप में इसके सुविकास के लिए प्रयत्न करते समय हमें इसके अन्यान्य उत्तरदायित्वों को भूलना न चाहिए। निस्संदेह, हमारे लिए यह लज्जा और ग्लानि का विषय है कि लगभग डेढ़ सौ वर्षों तक अंग्रेजी शासन के अधीन रहने के फलस्वरूप हमारी जबान पर अंग्रेजी भाषा इस तरह चढ़ गई है कि अब स्वाधीन होने पर भी राजकाज में अपनी राष्ट्रीय भाषा का व्यवहार करने में हम संकोच और कठिनाई का अनुभव करते हैं। संस्कृति के साथ भाषा का संबंध अत्यंत घनिष्ठ होता है और सांस्कृतिक विजय का प्रभाव स्वभावतः चिरस्थायी होता है। किंतु अनेक प्रकार के प्रलोभनों के बंधन को काटकर जब हमने राजनीतिक स्वतंत्रता की सिद्धि कर ली, तब संस्कृति और भाषा के क्षेत्रों में भी हमें स्वावलंबी होना ही होगा। बिहार मंत्रिमंडल ने स्वाधीनता की प्राप्ति के कुछ ही मास के बाद यह घोषणा कर दी कि बिहार की राजभाषा हिंदी है। कालक्रम से कानून के द्वारा उस घोषणा की पुष्टि कर दी गई। बिहार सरकार ने यह बिल्कुल स्पष्ट कर दिया है कि शीघ्रताशीघ्र उसके विभिन्न विभागों के संपूर्ण कार्य राजभाषा हिंदी के माध्यम से ही किए जाएँगे। किंतु व्यावहारिक कठिनाइयों के कारण, इस अभीष्ट की सिद्धि अविलंब करना नितांत असंभव है। इस विषय में भी हिंदी के साहित्यकारों तथा अन्यान्य हिंदी-सेवियों को अपने महान् कर्तव्यों एवं गुरुतम उत्तरदायित्वों को भली-भाँति समझकर उनके समुचित पालन के लिए प्रयत्नशील होना चाहिए। क्या मैं आशा करूँ कि बिहार राष्ट्रभाषा परिषद् के सदस्यगण इस समस्या पर गंभीरता के साथ विचार कर राजभाषा हिंदी के व्यवहार को सबके लिए सुगम और सुलभ बनाने का यत्न करेंगे! इस उद्देश्य की सिद्धि के लिए भी हमें उपयुक्त साहित्य का सृजन अविलंब करना चाहिए। बहुत से अहिंदी भाषा-भाषी सरकारी कर्मचारी राजभाषा का यथेष्ट ज्ञान प्राप्त करने के लिए इच्छुक हैं। पर समुचित साहित्य के अभाव में वे अपनी इच्छा को कार्यान्वित नहीं कर सकते। यह स्थिति अत्यंत अवांछनीय और चिंताजनक है। इस अभाव को शीघ्र मिटाने के लिए परिषद् के सदस्यों को सचेष्ट होना चाहिए।

लोकभाषा हिंदी

मैंने पहले ही कहा है कि हिंदी भारत की राष्ट्रभाषा तथा बिहार की राजभाषा होने के अतिरिक्त इस राज्य के अधिकांश भागों की लोकभाषा भी है। मुझे यह जानकर प्रसन्नता हुई है कि यह परिषद् हिंदी में विभिन्न विषयों के प्रामाणिक ग्रंथों के अनुवाद की व्यवस्था के साथ-साथ साहित्यिक एवं सांस्कृतिक महत्त्व के लोकगीत एवं लोक साहित्य के संकलन और प्रकाशन का भी आयोजन करती है। इसके अतिरिक्त बिहार राज्य में प्रचलित विभिन्न बोलियों के अध्ययन और अनुशीलन को भी प्रोत्साहन प्रदान करना इसका उद्देश्य है। लोकतंत्र के इस युग में लोकभाषा और लोकसाहित्य का महत्त्व स्वभावत: बहुत अधिक है। अतएव, हमें लोकभाषा के रूप में हिंदी के विकास और विस्तार पर भी यथेष्ट ध्यान देना चाहिए। सच्ची बात तो यह है कि यदि हमारी राष्ट्रभाषा के रूप में हिंदी को फूलना और फलना है, तो उसे हमारे देश के अधिकाधिक भागों की लोकभाषा भी बनाना ही होगा; क्योंकि कोई भी भाषा, चाहे वह कितनी भी शक्तिसंपन्न एवं समृद्ध क्यों न हो, लोकजीवन से दूर होकर बहुत दिनों तक जीवित नहीं रह सकती।

शिक्षा-माध्यम और हिंदी

राष्ट्रभाषा, राजभाषा और लोकभाषा के अतिरिक्त शिक्षा के माध्यम के रूप में भी हिंदी के व्यवहार की समस्या अत्यंत जटिल और महत्त्वपूर्ण है। संसार के प्राय: सभी देशों के प्रख्यात शिक्षा शास्त्रियों का यह सर्वमान्य मत है कि शैशवकाल में मनुष्य की शिक्षा उसकी मातृभाषा के माध्यम से ही होनी चाहिए। उसके बाद सुविधानुसार माध्यमिक और उच्च शिक्षा के लिए राजभाषा अथवा राष्ट्रभाषा का उपयोग माध्यम के रूप में किया जा सकता है। भारतीय स्वतंत्रता की सिद्धि के बाद देश भर के विश्वविद्यालयों के पुनस्संघटन तथा शिक्षा संबंधी अन्य महत्त्वपूर्ण प्रश्नों पर विशेषज्ञतापूर्ण रीति से विचार करने के लिए भारत सरकार ने एक कमीशन की नियुक्ति की थी। उसके प्रधान सर डॉ. सर्वपल्ली राधाकृष्णन थे। उस कमीशन के सदस्यों में भारतीय शिक्षा शास्त्रियों के अतिरिक्त इंग्लैंड और अमेरिका के कुछ प्रसिद्ध शिक्षा विशारद भी सम्मिलित थे। उन्होंने बड़े परिश्रम के साथ इस देश के भिन्न-भिन्न भागों का भ्रमण कर सभी विश्वविद्यालयों की अध्यापन-पद्धतियों तथा अन्य समस्याओं का विश्लेषणात्मक अनुशीलन किया और आज से प्राय: दो वर्ष पूर्व अपनी विस्तृत रिपोर्ट भारत सरकार के पास भेजी। उक्त कमीशन ने शिक्षा के माध्यम के संबंध में बहुत गवेषणा कर यह निरूपित किया था कि शिक्षा-क्रम में मातृभाषा और राजभाषा को कौन सा स्थान मिलना चाहिए और शिक्षार्थियों को उनके अभ्यास के लिए कितना समय लगाना चाहिए। जहाँ राजभाषा और मातृभाषा एक ही है, वहाँ के छात्रों के लिए संस्कृत अथवा किसी दूसरी प्राचीन भाषा के ज्ञान की आवश्यकता पर

भी उस कमीशन ने बहुत जोर दिया है। इस दृष्टि से विचार करने पर हिंदी भाषा-भाषी राज्य होने के नाते, इस विषय में बिहार का उत्तरदायित्व अत्यधिक है। वस्तुतः यहाँ पर राष्ट्रभाषा, राजभाषा और मातृभाषा के बीच कोई तात्त्विक विभेद नहीं है। अतएव, यहाँ के सभी प्राथमिक अथवा उच्चवर्गीय विद्यालयों महाविद्यालयों और विश्वविद्यालयों में हिंदीभाषा के माध्यम से ही शिक्षा और परीक्षा की व्यवस्था होनी चाहिए। बहुत से लोग भ्रमवश यह समझते हैं कि चूँकि भारतीय संविधान द्वारा राष्ट्रभाषा के रूप में हिंदी के अनिवार्य व्यवहार के लिए पंद्रह वर्षों की अवधि निर्धारित की गई है, इसलिए शिक्षा के माध्यम के रूप में भी हिंदी का अनिवार्य व्यवहार पंद्रह वर्षों के बाद ही होना चाहिए। किंतु वे इस बात को भूलते हैं कि पंद्रह वर्षों की उक्त अवधि सार्वदेशिक आधार पर हिंदी के व्यवहार के लिए निर्धारित की गई है। वह सिद्धांत बिहार जैसे हिंदी प्रदेशों पर लागू नहीं होना चाहिए। मेरा विनम्र, किंतु सुदृढ मत है कि इस राज्य में अविलंब सभी स्तरों की शिक्षा हिंदी के माध्यम से ही होनी चाहिए।

राष्ट्रपति के विचार

मैं इस प्रसंग में अपने पूज्य गुरु और नेता तथा हमारे वर्तमान राष्ट्रपति देशरत्न डॉ. राजेंद्र प्रसादजी के विचारों को उद्धृत करना आवश्यक समझता हूँ। आज से दो वर्ष पूर्व पटना विश्वविद्यालय के समावर्तन समारोह सप्ताह का उद्‌घाटन करते हुए अपने विद्वत्तापूर्ण भाषण में उन्होंने कहा था, ''मैं मानता हूँ कि जो पंद्रह वर्ष की अवधि हमारे संविधान में अंग्रेजी को शासकीय भाषा रहने के लिए दी गई है, वह इसलिए दी गई है कि हिंदी एक तरफ तो इतना समृद्ध ओर सुगम हो जाए कि उससे सब काम आसानी से चलाया जा सके और दूसरी और अहिंदी भाषी प्रदेशों के लोग हिंदी का इतना ज्ञान प्राप्त कर लें कि वह हिंदी भाषियों के मुकाबले में पीछे न रह जाएँ। इन दोनों उद्‌देश्यों को पूरा करने में हिंदी भाषी प्रांतों की यूनिवर्सिटियाँ बहुत काम कर सकती हैं। हिंदी की शब्दावली को बढ़ाना, हिंदी रचना की, व्याकरण की, लेखन शैली की उन्नति करना और हिंदी साहित्य के सभी विषयों के उच्च कोटि के ग्रंथों का निर्माण करना, हिंदी को सार्वदेशिक भाषा बनाने के लिए आवश्यक है।'' पूज्य राष्ट्रपतिजी के इन विचारों से हमें बड़ी प्रेरणा मिलती है। हम सभी हिंदी प्रेमियों का यह धर्म है कि उनके द्वारा बताए हुए हिंदी-सेवा के पवित्र पथ का अनुसरण कर अपने को कृतार्थ करें।

साहित्य-निर्माण की समस्या

शिक्षा के माध्यम के रूप में हिंदी के व्यवहार की समस्या पर विचार करते हुए हम स्वभावतः साहित्य-निर्माण की समस्या की ओर उन्मुख हो जाते हैं। वस्तुतः हिंदी के

संबंध में आज हमारे समक्ष जितनी भी समस्याएँ उपस्थित हैं, उनमें साहित्य-निर्माण की समस्या ही सबसे अधिक प्रमुख और महत्त्वपूर्ण है। संसार तथा इस देश के ही अन्यान्य समुन्नत साहित्यों के साथ हिंदी के साहित्य का तुलनात्मक अध्ययन करने पर हमें सहज ही विदित होता है कि हमारा साहित्य-भंडार कितना अभावपूर्ण है। आज से प्राय: चालीस वर्ष पूर्व हमारे आदरणीय बौद्धिक नेता एवं क्रांतिकारी विधायक प्रात:स्मरणीय महामहोपाध्याय स्वर्गीय पंडित रामावतार शर्मा ने त्रिवेणी-तट पर आयोजित अखिल भारतीय हिंदी साहित्य सम्मेलन के द्वितीय वार्षिक अधिवेशन के अवसर पर किए गए अपने गवेषणापूर्ण व्याख्यान में एक सौ ऐसे विषयों की तालिका प्रस्तुत की थी, जिनपर हिंदी में प्रामाणिक ग्रंथों का प्रणयन करना आवश्यक था। उस आख्यान के द्वारा उन्होंने समस्त हिंदी जगत् को इस महान् कार्य के संपादन के लिए आमंत्रित किया था और स्वयं भू-गर्भ विद्या, ज्योतिर्विद्या, भाषाविज्ञान जैसे वैज्ञानिक विषयों पर लेख मालाएँ लिखकर इस दिशा में आगे कदम बढ़ाया था। मुझे यह जानकर संतोषमूलक सुख का अनुभव हो रहा है कि इस परिषद् की ओर से इसके सदस्य श्री उमानाथजी द्वारा प्रस्तुत स्वर्गीय शर्माजी के उन ऐतिहासिक महत्त्व के हिंदी निबंधों का एक संग्रह निकट भविष्य में प्रकाशित होनेवाला है। सचमुच, यह बड़े खेद का विषय है कि शर्माजी द्वारा निर्दिष्ट पूर्वोक्त एक सौ विषयों में से अधिकांश विषयों पर आज तक हिंदी में प्रामाणिक ग्रंथ नहीं लिखे जा सके हैं। आशा है, बिहार राष्ट्रभाषा परिषद् के संचालक और सदस्यगण इस ओर ध्यान देंगे। यदि हम साहित्य-निर्माण की समस्या को समीचीन रूप से हम कर सकें, तो शिक्षा के माध्यम की समस्या भी स्वत: हल हो जाएगी।

व्याख्यानमाला और अनुशीलन कार्य

इस परिषद् ने हिंदी में विभिन्न विषयों पर सुविख्यात विद्वानों के व्याख्यानों का जो सफल आयोजन किया है, वह निस्संदेह हमारे लिए ही नहीं, बल्कि संपूर्ण हिंदी जगत् के लिए गौरव का विषय है। श्रीमती महादेवी वर्मा, डॉ. उदयनारायण तिवारी, डॉ. हजारीप्रसाद द्विवेदी, डॉ. वासुदेवशरण अग्रवाल तथा डॉ. मोतीचंदजी ने परिषद् की व्याख्यानमाला के सिलसिले में विभिन्न विषयों पर जो व्याख्यान दिए हैं, उनके अत्यंत संक्षिप्त विवरण समाचार-पत्रों में देखने का अवसर मुझे मिला है। मेरा विश्वास है कि जब उक्त व्याख्यानों का ग्रंथाकार प्रकाशन होगा, तब उनसे समस्त विद्वत् समाज लाभान्वित होगा और बिहार के साथ-साथ हिंदी की भी गौरव-वृद्धि होगी। इसी प्रसंग में हिंदी भाषा साहित्य के विषय में अनुशीलन तथा अनुसंधान कार्य के अभाव की ओर आपका ध्यान आकृष्ट करना मैं उचित समझता हूँ। मेरा विचार है कि हिंदी में अनुशीलन तथा अनुसंधान के लिए पर्याप्त सामग्री सुलभ है। पर समुचित और सुविधाजनक व्यवस्था के

अभाव में इस दिशा में अब तक हम संतोषजनक प्रगति नहीं कर सके हैं। क्या मैं आशा करूँ कि परिषद् के तत्त्वावधान में निकट भविष्य में एक सर्वांगपूर्ण अनुशीलन प्रतिष्ठान की स्थापना की जाएगी। उक्त प्रतिष्ठान की स्थापना होने पर उसके द्वारा बिहार के प्राचीन एवं नवीन साहित्य तथा उसकी विभिन्न भाषाओं और बोलियों के विषय में महत्त्वपूर्ण अनुशीलन तथा अनुसंधान कार्य हो सकेगा, ऐसा मेरा विश्वास है।

अंत में, मैं बिहार राष्ट्रभाषा परिषद् के संचालकों, सदस्यों तथा कार्यकर्ताओं को पुनः धन्यवाद और बधाई देता हूँ तथा ईश्वर से प्रार्थना करता हूँ कि वे उनके कर्मपथ को अधिकाधिक प्रशस्त बनाएँ और उन्हें इतनी शक्ति दें कि वे अपने उच्च लक्ष्यों की सिद्धि अविलंब कर सकें।

(बिहार राष्ट्रभाषा परिषद् के पहले वार्षिकोत्सव पर 1951 में सभापति पद से दिया गया व्याख्यान)

□

हमारे बजट की रूपरेखा

महाशय,

सन् 1949-50 के बजट को आपके सामने उपस्थित करते हुए मेरा ध्यान उन आशाओं की ओर जाता है, जिन्हें मैंने पिछले साल बजट उपस्थित करने के समय प्रकट की थी। और बहुतों की तरह, मैंने यह भी आशा की थी कि मुद्रा-विस्तार की प्रगति, यदि बिल्कुल विपरीत दिशा में बदल जानेवाली न थी, तो कम-से-कम प्रायः रुकी जा रही थी। मैंने यह भी आशा की थी कि बहुत सी मुसीबतों के बाद शांति एवं रचनात्मक प्रयत्नों का युग आएगा और विकास तथा सामाजिक कल्याण के क्षेत्रों में बहुत अधिक उन्नति की संभावना होगी, किंतु दुःख के साथ कहना पड़ता है कि घटनाओं का विकास एक-दूसरे ही क्रम से हुआ और जो आशाएँ इतनी सहज तथा समीप दिख पड़ती थीं, वे आज एक वर्ष बाद भी कुछ खास समीप नहीं हैं। मुद्रा विस्तार की स्थिति और भी उग्र हो गई है, जिसके फलस्वरूप नौकरियों तथा सामग्रियों के ऊपर के खर्च में बहुत अधिक वृद्धि हो गई है। कश्मीर की दुर्घटना और हैदराबाद के प्रश्न के कारण, जो हलचल मची उससे देश की शांति कुछ दिनों तक खतरे में पड़ी रही। उस स्थिति का सामना करने के लिए मिलिट्री पुलिस के संघटन और सुधार में बहुत अधिक रुपए खर्च करने पड़े। खेत संबंधी झगड़ों से भारी उपद्रव की संभावना थी, और बकाश्त जमीन के झगड़ों को लेकर बड़े-बड़े बलवे न हो जाएँ, उसके लिए काफी तैयारियाँ करनी पड़ीं। महँगी के कारण मजदूरों में असंतोष बढ़ता गया। बहुत से राजनीतिक दलों ने इसका नाजायज फायदा उठाया। और एक दल तो राष्ट्रीयता की सारी भावनाओं को तिलांजलि देकर, महत्त्वपूर्ण उद्योगधंधों में ऐसी गड़बड़ी पैदा करने को उतारू हो गया, जिससे सारे राष्ट्रीय जीवन की गति रुक जाए। इस विषय में हमारे ऊपर एक जिम्मेदारी थी। क्योंकि कोयले की खानों में तथा जमशेदपुर में यदि पूर्ण औद्योगिक शांति नहीं, तो कम-से-कम व्यवस्था कायम रखना संपूर्ण देश के लिए महत्त्वपूर्ण था। इसके अलावे उग्र सांप्रदायिकता के कारण, जिसका नग्न नृत्य राष्ट्रीय स्वयंसेवक संघ के आंदोलन में देखा गया—न केवल

शांति भंग की आशंका थी, बल्कि जनतंत्र के आधार के ही मिट जाने का खतरा था। हमने इन सभी तरह के खतरों का सामना किया, और मैं आशा करता हूँ कि इस सभा के सदस्य सहमत होंगे कि इस संबंध में हमें काफी सफलता मिली। किंतु हमें इसके लिए बहुत बड़ी कीमत चुकानी पड़ी। कानून और व्यवस्था की रक्षा के लिए हमें अपने शासन-संघटन को बहुत विस्तार के साथ कायम रखना पड़ा और कुछ दिशाओं में उसे और भी सबल बनाना पड़ा। और यह केवल रुपए-पैसे के खर्च तक ही सीमित न रहा, बल्कि हमारी तथा हमारे अफसरों की शक्तियाँ भी, इसी प्रकार राष्ट्र निर्माण संबंधी कार्यों में पूरी तरह न लगकर कानून और व्यवस्था की समस्याओं को हल करने में ज्यादातर लगी रहीं। मैं आशा करता हूँ कि प्रांत की आर्थिक स्थिति के संबंध में, जो आगे चलकर मैं कहूँगा, उस पर विचार इस सभा के सदस्य ऊपर कही हुई घटनाओं तथा समस्याओं को ध्यान में रखते हुए करेंगे।

1948-49 का पुनरावृत्त आगणन आगम

पिछले साल बजट उपस्थित करते हुए मैंने जैसी आशा की थी, उसकी अपेक्षा पुनरावृत्त आगणन-पत्र की स्थिति बुरी है। साल के शुरू का असल रोकड़ अनुमान से 1.8 करोड़ रुपए कम रहा। इस कमी का मुख्य कारण यह था कि पिछले वर्ष के आखिरी भाग में अन्न खरीदने में उम्मीद से बहुत अधिक खर्च करना पड़ा और इस प्रकार 2.48 करोड़ रुपयों की रकम बुझी रह गई। यह आशा की जाती है कि वास्तविक आय आरंभिक अनुमान से 1.22 करोड़ रुपए अधिक होगी। इस बढ़ती का मुख्य कारण यह है कि हमें आयकर के हिस्से के रूप में 2.98 करोड़ रुपए की और आमदनी हुई है और 96 लाख रुपए बिक्रीकर तथा अन्य प्रांतीय करों की मदों में मिले हैं। लेकिन आमदनी में इस मामूली वृद्धि का महत्त्व इस बात से बहुत कम हो जाता है कि इस साल हमें भारत सरकार से युद्धोत्तरकालीन योजनाओं के व्यय की मदद में सहायता के रूप में 6 करोड़ रुपयों के बदले, जिसकी उम्मीद शुरू में की गई थी, केवल 2.4 करोड़ रुपए मिलने की संभावना है।

आयकर के मद में हमारी आमदनी में जो बढ़ोतरी हुई है, उसका प्रधान कारण यह है कि देश के बँटवारे के बाद तथा हमारे आवेदनों के फलस्वरूप आयकर की बाँटि जानेवाली रकम में 10 प्रतिशत के बदले अब हमें 13 प्रतिशत मिलेगा। मेरा विश्वास है कि हमारी गिरी हुई आर्थिक अवस्था, हमारी बड़ी जनसंख्या तथा इस प्रांत में लगनेवाले आयकर की बड़ी रकम के कारण, हम आयकर की उक्त रकम का और भी ज्यादा हिस्सा पाने के अधिकारी हैं। निस्संदेह इस संबंध में हम अपने हकों पर जोर देना जारी रखेंगे और यह माँग करते रहेंगे कि करों के बँटवारे तथा सरकारी आर्थिक सहायता के रूप

में इस प्रांत को अधिकाधिक रकम मिले, किंतु जब तक नया संविधान लागू नहीं होता और इन प्रश्नों को निष्पक्ष रूप से जाँच करने के लिए एक अर्थसमिति की नियुक्ति नहीं होती, तब तक इस दिशा में और अधिक सफलता पाने की संभावना नहीं के बराबर है।

पिछले वर्ष बजट पेश करते हुए मैंने इस बात की ओर आपका ध्यान आकृष्ट किया था कि आर्थिक दृष्टि से बिहार भारत का सबसे अधिक गरीब प्रांत है। इस दिशा में देश के अधिक उन्नत प्रांतों की बराबरी में इसे लाने के लिए इस प्रांत की आमदनी बढ़ाने की आवश्यकता पर भी मैंने बहुत जोर दिया था। संक्षेप में, वर्तमान वर्ष में इस संबंध में निम्नलिखित काररवाइयाँ की गई हैं—

1. बिक्रीकर की व्यवस्था में कड़ाई कर दी गई है और कुछ अपवादों के साथ तारीख 1 अक्तूबर, 1948 ई. से उक्त कर की दर में रुपया पीछे 3 पाई से 6 की वृद्धि कर दी गई।
2. कर लगनेवाली कृषि-आय को कम कर दिया गया है। कृषि आयकर कानून 1948 के अनुसार लगाए जानेवाले कृषि आयकर की दर को बढ़ा दिया गया है।
3. मनोरंजन के साधनों पर प्रतिशत की दर से कर लागू कर दिया गया है।
4. पेट्रोल की खुदरा बिक्री पर लगाए गए कर की दर एक आना 6 पाई फी गैलन से 4 आना फी गैलन कर दी गई है।
5. कोर्ट फीस टिकट (स्टांप) और रजिस्ट्री की फीस की सरचार्ज की दर बढ़ा दी गई है।
6. बिजली की बिक्री तथा उपयोग पर 1 अक्तूबर, 1948 से कर लगा दिया गया है।
7. मादक-द्रव्यों पर लगाए हुए करों की दर में 25 प्रतिशत की वृद्धि कर दी गई है। और
8. ऊख सेस की दर भी बढ़ा दी गई है।

यह आशा की जाती है कि इन उपायों से वर्तमान वर्ष में दो करोड़ रुपयों की और आय होगी। किंतु इनका पूरा फल आगामी तथा इसके बाद आनेवाले वर्षों के आँकड़ों को देखने से ही पता चलेगा।

व्यय

शुरू में यह अनुमान किया गया था कि आगम लेखा पर खर्च की रकम सिर्फ 20 करोड़ 9 लाख रुपए होगी। लेकिन अब यह आशा की जाती है कि यह रकम 22 करोड़ 80 लाख रुपए हो जाएगी। सिंचाई पर 83 लाख रुपए, पुलिस पर 1.38 करोड़ रुपए,

अकाल पर 20 लाख रुपए तथा विविध व्ययों में 58 लाख रुपए की वृद्धि हुई। जिसकी ओर मैं आपका ध्यान विशेष रूप से आकृष्ट करता हूँ। अकाल पर 20 लाख रुपए की वृद्धि में बाढ़-पीड़ितों की सहायता के लिए किया गया व्यय मुख्य है तथा विविध व्ययों की मद में 58 लाख रुपए में शरणार्थियों की सहायता तथा पुनर्वास के लिए रखी गई अतिरिक्त रकम भी शामिल है।

1948-49 के बजट का संक्षिप्त विवरण नीचे दिए हुए आँकड़ों से मिल सकता है—

प्रारंभण शेष (ओपनिंग बैलेंस) साधारण

मूल बजट : 8.8 करोड़ रुपए

पुनरावृत्त आगणन (रिवाइज्ड) : 7.01 करोड़ रुपए

आगम (रेवेन्यू)	व्यय
21.57 करोड़ रुपए	20.09 करोड़ रुपए
22.79 करोड़ रुपए	23.86 करोड़ रुपए

(इसमें पूँजी व्यय तथा प्रांतीय ऋण खाते के 1.06 करोड़ रुपए शामिल हैं)

संवरण शेष (क्लोजिंग बैलेंस) 5.94 करोड़ रु. (साधारण)

1949-50 का आय-व्यय बजट

प्रारंभण शेष (ओपनिंग बैलेंस) : 5.94 करोड़ रुपए (साधारण)

आगम (रेवेन्यू) : 24.4 करोड़ रुपए

व्यय : 21.52 करोड़ रुपए

(इसमें पूँजी व्यय तथा प्रांतीय खाते के 2.4 करोड़ रुपए शामिल हैं)

संवरण शेष (क्लोजिंग बैलेंस) : 8.8 करोड़ रुपए

मुद्रा-विस्तार तथा राजनीतिक एवं आर्थिक परिवर्तन के कारण आजकल बजट के आगमन बिल्कुल ठीक-ठीक नहीं हो सकते और हम लोगों को आय तथा व्यय, दोनों ही में ऐसी घटी और बढ़ती के लिए तैयार रहना होगा, जिसकी हम उम्मीद नहीं कर सकते। हिसाब में यह दिखाया गया है कि 4 करोड़ रुपए की रकम केंद्रीय सरकार द्वारा स्वीकृत युद्धोत्तरकालीन योजनाओं के लिए सहायता के रूप में मिलेगी। किंतु वास्तविक स्थिति यह है कि भारत सरकार अब स्वीकृत योजनाओं पर सचमुच किए जानेवाले व्यय का सिर्फ 50 प्रतिशत देगी। अतएव भारत सरकार की आर्थिक सहायता की रकम युद्धोत्तरकालीन योजनाओं की प्रगति पर निर्भर है और किसी भी दशा में 4 करोड़ रुपए की आर्थिक सहायता लेने के लिए इस वर्ष में इन योजनाओं पर 8 करोड़ रुपए खर्च करना ही होगा। बजट में, इन योजनाओं के लिए केवल 4.55 करोड़ रुपए रखे गए हैं। और साल भर में इनकी मद में 3.45 करोड़ रुपए के अतिरिक्त व्यय की व्यवस्था प्रांतीय

आय से करनी होगी। कुछ विषयों में इन योजनाओं के संबंध में विस्तृत आगणन अभी तैयार ही किए जा रहे हैं और आगामी वर्ष में आरंभ की जानेवाली कुछ योजनाओं के संबंध में भारत सरकार की स्वीकृति की प्रतीक्षा की जा रही है। बजट में केवल ऐसे ही खर्च को शामिल किया गया है, जो स्वीकृत हो चुके हैं। अतएव, उसमें ऐसी योजनाओं के लिए व्यवस्था करना संभव नहीं था, जिनकी स्वीकृति की अभी प्रतीक्षा ही की जा रही है। इस संबंध में मैं आपका ध्यान इस बात की ओर आकृष्ट करना चाहता हूँ कि 1949-50 वर्ष के लिए बजट के आँकड़े तैयार हो जाने के बाद सरकार ने कम वेतन पानेवाले सभी सरकारी कर्मचारियों के महँगाई भत्ते की दरों में वृद्धि करने की घोषणा कर दी है; और यह अनुमान किया जाता है कि इस कारण साल भर में 30 लाख रुपए और खर्च होंगे। इसके अलावा अभी यह निश्चय हुआ है कि गैर-सरकारी शिक्षा संस्थाओं में काम करनेवाले सभी श्रेणियों के अध्यापकों के वेतन में वृद्धि कर दी जाए। इस कारण 1.33 करोड़ रुपए और खर्च करने होंगे। ये और खर्च कुछ दूसरे-दूसरे मद, जो वर्तमान आगणन में शामिल नहीं हैं, सभी के सामने यथासमय सप्लिमेंटरी स्टेटमेंट पर पेश की जाएँगी। इस प्रकार यह स्पष्ट है कि आगामी वर्ष में साधारण बचत की रकम 8.8 करोड़ रुपए से बहुत कम होगी।

आगामी वर्ष की आर्थिक स्थिति को ठीक-ठीक समझने के लिए एक और बात को याद रखना जरूरी है। 1948-49 के पुनरावृत्त आगणन में ऐसी व्यवस्था की गई है कि 3.22 करोड़ रुपए की रकम आय के सुरक्षित कोष (रेवेन्यू फंड) में डाल दी जाए, जो युद्धोत्तरकालीन पुनर्निर्माण तथा विकास के कार्यों के लिए खास तौर से रख छोड़ी गई है। वर्तमान वर्ष के बजट में इस तरह की कोई व्यवस्था नहीं की गई है, यद्यपि हमारा आय का सुरक्षित कोष, जैसा कि मैं अभी आप लोगों को बताऊँगा, हमारी युद्धोत्तरकालीन योजनाओं के लिए आवश्यक रकम से बहुत कम है। रेवेन्यू के खाते से स्वीकृत योजनाओं पर कुल खर्च 71 करोड़ रुपए होना चाहिए था, किंतु महँगी तथा मजदूरी की दरों में वृद्धि के कारण इस खर्च में 3.313 प्रतिशत बढ़ती होने की आशा है और कुल व्यय लगभग 95 करोड़ रुपए हो सकते हैं। भारत सरकार इस संबंध में सहायता के रूप में हमें अधिक-से-अधिक केवल 31 करोड़ रुपए देने के लिए तैयार है और यह रकम कई वर्षों में बँटकर मिलेगी। इसका अर्थ यह है कि प्रांतीय सरकार को इन सभी योजनाओं को पूरी तरह चलाने के लिए और 64 करोड़ रुपए का इंतजाम करना होगा। आज हमारी आय के सुरक्षित कोष में केवल 12 करोड़ रुपए जमा है। अतएव, युद्धोत्तरकालीन योजनाओं का खर्च चलाने के लिए यह आवश्यक है कि प्रांतीय सरकार आगामी कुछ वर्षों तक 6-7 करोड़ प्रतिवर्ष जमा करें। यहाँ पर यह बता देना उचित होगा कि दामोदर घाटी, गंडक नहर, सोन नहर तथा कोशी बाँध आदि योजनाओं

के व्यय इन आँकड़ों में शामिल नहीं हैं। इन योजनाओं का खर्च कर्ज लेकर चलाने का विचार है। मैं समझता हूँ कि अब तक मैंने जो कुछ कहा है, उससे इस सभा के सदस्य यह साफ-साफ समझ गए होंगे कि हमारी आवश्यकताओं पर व्यापक रूप से विचार करने पर हमारी आर्थिक स्थिति बहुत ही असंतोषजनक प्रतीत होती है। 1949-50 वर्ष के अंत में हमारी बचत में काफी घटी होने की संभावना है, जिसका मतलब यह होगा कि आगम लेखा पर व्यय की रकम में वृद्धि होगी। अतएव, हमारी आय में वृद्धि करना आवश्यक है और तद्नुसार हमने निम्नलिखित काररवाइयाँ करने का निश्चय किया है—

(क) अभी अनाज की बिक्री को बिक्रीकर से जो छूट दी गई है, उसे वापस ले लिया जाएगा, किंतु अन्य वस्तुओं की तरह अनाज पर रुपया पीछे 6 पाई की दर से बिक्रीकर नहीं लगाकर रुपया पीछे केवल 3 पाई ही लगाया जाएगा।

(ख) पेट्रोल की खुदरा बिक्री पर लगाए हुए कर की दर 4 आने प्रति गैलन से 6 आने प्रति गैलन कर दी जाएगी।

(ग) बिहार कृषि आयकर कानून के अनुसार कर लगाने की सीमा को और भी कम कर दिया जाएगा। कृषि आयकर की दरों में वृद्धि की जाएगी, तथा प्रतिवर्ष 25 हजार रुपए से अधिक कृषि आय पर अतिरिक्त कर लगाया जाएगा।

कृषि आयकर तथा अतिरिक्त कर संबंधी इन प्रस्तावों को लागू करने के लिए आवश्यक कानून के मसविदे इस सभा में शीघ्र ही पेश किए जाएँगे। हमारी इच्छा थी कि हम करों को लगाए बिना ही अपना काम चला लेते। किंतु इस सभा के सदस्य मेरे इस विचार से सहमत होंगे कि हम इन करों को लगाए बिना बिल्कुल जरूरी कामों को भी नहीं कर सकते। पर मैं इस सभा के सदस्यों को यह विश्वास दिलाना चाहता हूँ कि सार्वजनिक कोष से लिये जानेवाले व्यय के संबंध में बहुत ही किफायत करने की आवश्यकता को हम भली-भाँति समझते हैं। हम यह भी जानते हैं कि इस प्रांत के आर्थिक साधन बहुत ही सीमित हैं और वह दिन दूर नहीं, जबकि वस्तुओं के मूल्यों की दर अचानक गिर जाने के कारण हमारी आय में कमी होने की संभावना होगी। सरकार ने किफायत की दृष्टि से सभी युद्धोत्तरकालीन योजनाएँ पर फिर से विचार करने के लिए एक विभागीय समिति की नियुक्ति की है, ताकि ऐसी योजनाओं छाँटकर निकाली जा सकें, जो राष्ट्र निर्माण की दृष्टि से कम उपयोगी तथा अनावश्यक हैं।

भिन्न-भिन्न मुख्य शीर्षकों के ब्योरों की ओर विशेष रूप से आपका ध्यान मैं आकृष्ट करना नहीं चाहता। ये बातें 1949-50 के आर्थिक बयान में दी हुई हैं। फिर भी मैं सभा के सामने यह समझा देना जरूरी समझता हूँ कि किसी-किसी शीर्षकों के अंदर व्यय में विशेष रूप से वृद्धि क्यों हुई है।

सामान्य प्रशासन

वर्तमान वर्ष के बजट से पुनरावृत्त बजट में 40 लाख रुपए की वृद्धि हुई है और नए साल के बजट में पुनरावृत्त बजट से शीर्षक 12 लाख रुपए अधिक रखे गए हैं। यह वृद्धि मुख्यत: नए संविधान के अनुसार मतदाताओं की सूची तैयार करने, नागरिक सचिवालय का विस्तार करने तथा आदिवासियों, अनुसूचित जातियों एवं पिछड़े हुए मुसलमानों के कल्याण करने के लिए किए जानेवाले खर्चों के कारण ही हुई है।

पुलिस

वर्तमान वर्ष के बजट से पुनरावृत्त बजट में 1.38 करोड़ रुपए की वृद्धि हुई है। किंतु नए साल के बजट में पुनरावृत्त बजट में रखे गए 70 लाख रुपए कम रखे गए हैं। संभव है कि इस मद का वास्तविक खर्च कुछ अधिक हो। इन आँकड़ों में होमगार्ड का खर्च भी शामिल है। पुलिस विभाग के व्यय में जो वृद्धि हुई है, उसका एक मुख्य कारण पैदल पुलिसदल का विस्तार और पुनर्संघटन है। अब इनके बटालियन तैयार हो गए हैं, जो प्रांत के भिन्न-भिन्न खास स्थानों पर रखे गए हैं। प्रांत के सभी जिलों तथा सबडिवीजनों के केंद्र स्थानों में बेतार के तार के अड्डे कायम करने तथा पुलिस के लिए गाड़ियाँ खरीदने में भी काफी रकम लगी है। होमगार्ड पर 30 लाख रुपए खर्च करने की व्यवस्था की गई है। कांग्रेस ने सदैव पुलिस पर खर्च घटाने की नीति का समर्थन किया है और हमें अफसोस है कि इस पर खर्च लगातार बढ़ता ही रहा है। किंतु जैसा कि मैंने पहले बताया है, यह वृद्धि उन परिस्थितियों के कारण हुई है, जिन पर हमारा कोई वश नहीं था। कोई भी उपयोगी कार्य करने के लिए कानून और व्यवस्था को कायम रखना बहुत ही जरूरी है और शांति की रक्षा के लिए चाहे जो भी खर्च पड़े, उसे करना ही है। किंतु इस सभा को मैं यह विश्वास दिलाता हूँ कि हम निरंतर इस ताक में रहेंगे कि इस मद का खर्च कम किया जाए।

सड़क और मकान

1951-52 ई. तक सड़कों के विकास के संबंध में जो युद्धोत्तरकालीन कार्यक्रम बनाया गया था तथा अब संशोधित रूप में प्रस्तुत है, उसकी मद में 16.8 करोड़ रुपए खर्च होने का अनुमान किया गया है। 204 मील लंबाई की सड़कों के संबंध में प्रारंभिक कार्य शुरू कर दिया गया है और यह आशा की जाती है कि प्रांतीय पब्लिक वर्क्स डिपार्टमेंट पूरे कार्यक्रम को निश्चित अवधि में कार्यान्वित कर सकेगा। सरकार ने स्वायत्त शासन संबंधी संस्थाओं के द्वारा किए जानेवाले सड़कों के विकास के कार्य में भी सहयोग प्रदान करने का निश्चय किया है और इस मद में साधारण रूप से उन्हें, जो आर्थिक सहायता

दी जाती है, उसके अलावा 1.75 करोड़ रुपए सड़कों के विकास के लिए उन्हें देने की स्वीकृति हुई है। वर्तमान वर्ष में लेजिस्लेचर के सदस्यों तथा बिहार सचिवालय के अफसरों और सहायकों के रहने के लिए मकान बनाने के काम में संतोषजनक उन्नति हुई है। असिस्टेंटों के क्वार्टरों में बिजली लगाने का काम आगे बढ़ रहा है। सबौर कृषि कॉलेज के भवन विस्तार के काम में काफी प्रगति हुई है और पटना तथा प्रांत के अन्य स्थानों में भवन-निर्माण संबंधी बहुत सी छोटी-छोटी योजनाएँ कार्यान्वित की गई हैं। सिंदरी में इलेक्ट्रिकल और मैकेनिकल कॉलेज के भवन-निर्माण का काम शीघ्र पूरा करने के लिए आवश्यक काररवाई की गई है, ताकि वहाँ पढ़ाई का काम जुलाई 1949 ई. से शुरू हो सके। 1949-50 ई. के भवन-निर्माण संबंधी कार्यक्रम के अन्य कामों के अलावा, बिहार विधायिका सभा के लिए 500 सदस्यों के बैठने के लायक नया भवन बनाने तथा सदस्यों के रहने के लिए और घरों का निर्माण करने के कार्य भी शामिल हैं।

शिक्षा

इस मद में बजट में 1.30 करोड़ रुपए रखे गए हैं, जो बजट में दिए हुए व्ययों की कुल रकम का 7 प्रतिशत है। किंतु इसमें प्राइमरी तथा मिडल स्कूलों के अध्यापकों को दिए जानेवाले महँगी के भत्ते के मद में स्वायत्त शासन संबंधी संस्थाओं को सहायता के रूप में दी गई कुल 45 लाख रुपए की रकम शामिल नहीं है। जैसा कि इस सभा के सदस्यों को मालूम है सरकार ने हाल में शिक्षकों के वेतन में काफी वृद्धि करने की मंजूरी दी है, जिसके कारण प्रांतीय आय के खाते से 1.23 करोड़ रुपए का अतिरिक्त वार्षिक व्यय करना होगा। इस प्रकार अगले वर्ष से शिक्षा की मद का कुल खर्च बजट की रकम का 13 प्रतिशत होगा और यदि प्राइमरी तथा मिडल स्कूलों के अध्यापकों को दिए जानेवाले महँगी के भत्ते के लिए स्वीकृत रकम इसमें जोड़ दी जाए तो वह बजट के कुल व्यय का 15 प्रतिशत हो जाएगा।

अनाज

पिछले साल में खाद्य-सामग्रियों की प्राप्ति की समस्या के कारण सरकार को बराबर चिंता रही। इस सभा के विगत बजट अधिवेशन के बाद इस संबंध में राष्ट्रीय नीति में किए गए परिवर्तन के अनुसार प्रांतीय सरकार ने खाद्यान्नों पर पुनः नियंत्रण लागू कर दिया है। इस संशोधित नीति का अनुसरण करते हुए पूर्णिया और मानभूम सदर तथा दालभूम के सबडिविजनों को एकाधिकार पूर्ण खरीदने का क्षेत्र (मोनोपोली प्रोक्योरमेंट एरिया) घोषित कर दिया गया है तथा जमशेदपुर में तारीख 1 नवंबर, 1948 से कानूनी तौर से पुनः राशन-प्रणाली लागू कर दी गई है। खाद्य की दृष्टि से बिहार प्रांत की

उपज उसकी आवश्यकताओं से कम होती है। केंद्रीय सरकार हमें विदेशों से खाद्यान्न मँगाने की व्यवस्था करने में सहायता देती रही है। किंतु ऐसे आयातों के कारण विदेशी व्यापार के साधनों पर बहुत बोझ पड़ता है और संसार के भिन्न-भिन्न भागों की वर्तमान डाँवाडोल स्थिति के कारण हमें विदेशों से अपनी आवश्यकता के लिए कल खाद्यान्न मँगाने में कठिनाई हो सकती है। अतएव, ऐसी स्थिति में यह स्पष्ट है कि हमें अपने आंतरिक साधनों पर ही निर्भर रहना आवश्यक है और इसलिए मैं इस सभा के सदस्यों से हार्दिक अपील करूँगा कि वे उचित मूल्य पर खाद्यान्न प्राप्त करने के कार्यक्रम में सरकार की सहायता करें। किंतु नियंत्रण और प्राप्ति के साधन केवल अस्थायी उपाय हैं। सरकार यह भली-भाँति समझती है कि इस समस्या का वास्तविक हल प्रांत में खाद्यान्नों की उपज बढ़ाना ही है। इसी अभिप्राय से सरकार ने अधिक अन्न उपजाने तथा छोटी-मोटी सिंचाई के साधन बनाने की योजना को सबसे प्रथम स्थान दिया है। 'अधिक अन्न उपजाइए' विभाग की कारवाइयों में जो वृद्धि हुई है, उसका अंदाज निम्नलिखित आँकड़ों से लगाया जा सकता है—

'अधिक अन्न उपजाइए' मद में व्यय—
बजट 1947-48-28.63 लाख रुपए
पुनरावृत्त बजट 1947-48- 73.24 लाख रुपए
बजट 1949-85.66 लाख रुपए

अप्रैल 1948 ई. से दिसंबर 1948 ई. तक के नौ महीनों में 2618 कुएँ तथा 754 आहर, बाँध आदि अन्य सिंचाई के साधन अधिक अन्न उपजाने की योजना के लिए बनाए गए। रिवाइज्ड एस्टीमेट में 82 लाख रुपए तथा नए बजट में एक करोड़ रुपए की व्यवस्था छोटे-मोटे सिंचाई के साधनों के लिए की गई है। ये रुपए जिला मजिस्ट्रेटों के द्वारा खर्च किए जाएँगे और हर जिले में 200 योजनाओं की मंजूरी हुई है। सरकार ने नदी, नाले तथा बाँध संबंधी 37 बड़ी योजनाओं की भी मंजूरी की है, जिन पर कुल 69 लाख रुपए खर्च होने की संभावना है। इनमें से कुछ योजनाएँ कार्यान्वित हो चुकी हैं और शेष में हाथ लगाया जा रहा है। आगामी खरीफ फसल के मौसम से सँकरी नहर के कुल 18 मील में से लगभग 12 मील चालू हो जाएँगे। गंडक नहर और सोन नहर के विस्तार आदि जैसी अनेक-अनेक बड़ी-बड़ी योजनाओं के संबंध में इस समय जाँच हो रही है। इन्हें पूरा करने में निस्संदेह कई वर्ष लगेंगे। इनके अलावा सिंचाई के लिए प्रांत के भिन्न-भिन्न भागों में 1000 ट्यूबवेल लगाने का विचार है। भारत सरकार की सलाह से इस योजना की जाँच हो रही है।

ऊसर जमीन को उपजाऊ बनाने के संबंध में भी आवश्यक कारवाइयाँ की गई हैं और कोशी क्षेत्र में 15 हजार एकड़ ऊसर भूमि उपजाऊ बनाई जा चुकी है। कोशी

क्षेत्र में और 10000 एकड़ तथा दरभंगा जिले में 5000 एकड़ भूमि को उपजाऊ बनाने का काम अगले साल शुरू किए जाने की संभावना है। ट्रैक्टरों के द्वारा 311 लाख एकड़ ऊसर भूमि को उपजाऊ बनाने की एक बड़ी योजना भी तैबार की गई है और भारत सरकार के पास विचार के लिए भेजी गई है।

कल्याण

पिछले वर्ष में आदिवासियों, अनुसूचित जातियों तथा पिछड़े हुए मुसलमानों के कल्याण पर विशेष रूप से ध्यान दिया गया और आगामी वर्ष के बजट में भी इस कार्य के लिए पहले से अधिक रुपए खर्च करने की व्यवस्था की गई है।

शरणार्थी

पुनरावृत्त बजट में बिहार के शरणार्थियों को पुनः बसाने के लिए 46 लाख रुपए की व्यवस्था की गई थी। इस योजना के संबंध में संतोषजनक प्रगति हुई है और वर्तमान आर्थिक वर्ष में इस कार्य के पूर्ण हो जाने की आशा है। इसलिए अगले वर्ष के बजट में कुछ भी खर्च करने की व्यवस्था नहीं की गई है। पुनरावृत्त बजट में पाकिस्तान के शरणार्थियों को ऋण तथा आर्थिक सहायता देने के लिए 31 लाख रुपए की व्यवस्था की गई है। पाकिस्तान के शरणार्थियों के लिए भूमि प्राप्त करने के मद में 20 लाख रुपए और शरणार्थी व्यापारियों को उधार देने तथा गृह-निर्माण के लिए कर्ज देने के मद में 35.5 लाख रुपए खर्च करने का विचार है। कुल मिलाकर आगामी वर्ष में पाकिस्तान के शरणार्थियों के लिए 62 लाख रुपए खर्च किए जाने की संभावना है। इस खर्च का कुछ हिस्सा भारत सरकार देगी।

राजनीतिक पीड़ितों की सहायता

अपना भाषण समाप्त करने के पूर्व मैं इस सभा के सदस्यों का ध्यान राजनीतिक पीड़ितों की सहायता के लिए सरकार द्वारा किए गए कार्य की ओर आकृष्ट करना चाहता हूँ।

1942 ई. के आंदोलन के संबंध में, जो 23,56,930 रुपए सामूहिक जुरमाने के रूप में वसूल किए गए थे, उनमें से 22,95,334 रुपए वसूल की हुई कुल रकम का 98 प्रतिशत वापस किए जा चुके हैं। यह आशा की जाती है कि शेष 61,596 रुपए भी शीघ्र वापस कर दिए जाएँगे। उक्त आंदोलन के संबंध में जितने लोग मरे थे या अशक्त हो गए थे और जिन सार्वजनिक संस्थाओं को क्षति पहुँची थी, उन सब का हर्जाना दिया जा चुका है। इस प्रकार अब तक हर्जाने के रूप में कुल 9,10,518 रुपए दिए गए हैं।

1942 ई. के राजनैतिक पीड़ितों की निजी संपत्तियों की क्षति के लिए भी हर्जाना देने के प्रश्न पर विचार हो रहा है। 1942 ई. के कुछ खास तरह के राजनैतिक पीड़ितों को भी पेंशन देने की योजना तैयार की गई है, जिसकी घोषणा शीघ्र ही की जाएगी। 1942 ई. के आंदोलन में भाग लेने के कारण पीड़ित छात्रों को भी कुछ छात्रवृत्तियाँ तथा पुस्तक खरीदने के लिए आर्थिक सहायता दी गई है। हाल ही में हमने यह घोषणा की है कि प्रांतीय सरकार के अधीन की नौकरियों के संबंध नियुक्तियाँ करने में राजनैतिक पीड़ितों के साथ विशेष रियायत की जाएगी।

महाशय, इन शब्दों के साथ मैं 1949–50 ई. के आर्थिक वर्ष का बजट पेश करता हूँ।

□

जीवन क्षणभंगुर भव राम-राम!

सुबह में राष्ट्रपति ज्यों ही वित्तमंत्री के पास पहुँचे कि डॉक्टर टी.एन. दत्त बनर्जी ने पूछा, ''आप इन्हें पहचान रहे हैं ?'' अनुग्रह बाबू ने बिस्तरे पर पड़े-पड़े ही कहा, ''हम पहचानते हैं।''

(आर्यावर्त्त, 4 जुलाई, 1957)

आर्यावर्त्त (पटना)

4 जुलाई, 1957

वित्तमंत्री को देखने राष्ट्रपति पटना पधारे
स्टेशन पर राजेंद्र बाबू का स्वागत

पटना, 3 जुलाई। राष्ट्रपति डॉ. राजेंद्र प्रसाद आज प्रात: 6:32 पर तूफान एक्सप्रेस से पटना पधारे। राष्ट्रपति स्टेशन से सीधे पटना जेनरल अस्पताल बिहार सरकार के वित्तमंत्री डॉ. अनुग्रह नारायण सिंह को देखने के लिए गए तथा वहाँ करीब तीस मिनटों तक ठहरे।

गत 4 जुलाई को पटना जनरल अस्पताल के काटेज विभाग में जाकर बिहार के वित्त मंत्री डॉ. अनुग्रह नारायण सिंह को राष्ट्रपति डॉ. राजेंद्र प्रसाद तथा केंद्रीय डाक तार मंत्री श्री लाल बहादुर शास्त्री ने देखा। ज्ञातव्य है कि डॉ. अनुग्रह नारायण सिंह रोगग्रस्त थे और जनरल अस्पलात के काटेज वार्ड में उनकी चिकित्सा हो रही थी। प्रस्तुत चित्र में राष्ट्रपति का स्वात करते हुए अस्पताल के डॉ. और कर्मचारी देखें जा रहे हैं।

वित्तमंत्री के अचानक अस्वस्थ हो जाने के कारण राष्ट्रपति उन्हें देखने के लिए निजी दौरे पर पटना पधारे हैं। वे कल प्रात: दिल्ली एक्सप्रेस से दिल्ली वापस चले जाएँगे।

स्टेशन पर राष्ट्रपति का स्वागत राज्यपाल श्री रंगनाथ रामचंद्र दिवाकर ने किया। राज्यपाल के अतिरिक्त मंत्रिगण, कांग्रेस सदस्य एवं अधिकारी वर्ग उपस्थित थे। राष्ट्रपति राजभवन में ठहरे हैं। राष्ट्रपति 10:07 बजे फिर अनुग्रह बाबू को देखने गए तथा 11:12 बजे तक वहाँ ठहरे। राष्ट्रपति के साथ केंद्रीय डाक-तार मंत्री श्री लालबहादुर शास्त्री भी थे। वित्तमंत्री पटना जेनरल अस्पताल के कॉटेज के कोठे के एक कमरे में हैं। राष्ट्रपति को कुरसी पर बिठाकर कुलियों द्वारा ऊपर पहुँचाया गया। नीचे उतरते वक्त उन्होंने कुलियों की सहायता नहीं ली।

सुबह में राष्ट्रपति ज्यों ही वित्तमंत्री के पास पहुँचे कि डॉक्टर टी.एन. दत्त बनर्जी ने पूछा, "आप इन्हें पहचान रहे हैं ?" अनुग्रह बाबू ने बिस्तरे पर पड़े-पड़े ही कहा, "हम पहचानते हैं।"

आज वित्तमंत्री को सबसे पहले देखने के लिए केंद्रीय रेलमंत्री श्री जगजीवन राम गए। श्री जगजीवन राम धनबाद से पटना वित्तमंत्री को देखने के लिए आए थे। वे डिहरी के लिए प्रस्थान कर चुके हैं।

रेलमंत्री के बाद केंद्रीय श्रममंत्री श्री गुलजारीलाल नंदा वित्तमंत्री को देखने गए। करीब साढ़े बारह बजे बिहार के मुख्यमंत्री डॉ. श्रीकृष्ण सिंह भी वित्तमंत्री को देखने गए।

आर्यावर्त्त (पटना)

6 जुलाई, 1957

बिहार विभूति डॉ. अनुग्रह नारायण सिंह का स्वर्गवास

सारे राज्य में शोक की अभूतपूर्व लहर

पटना जेनरल अस्पताल में दर्शनार्थियों की अपार भीड़

राजकीय सम्मान के साथ शव-संस्कार आज संपन्न होगा

(कार्यालय संवाददाता द्वारा)

पटना, 5 जुलाई। बिहार विभूति डॉ. अनुग्रह नारायण सिंह का आज रात्रि में 12 बजे पटना जेनरल अस्पताल के कॉटेज में स्वर्गवास हो गया। मृत्यु के समय उनकी अवस्था 71 वर्ष की थी। उनके बाद उनके दो पुत्र, एक पुत्री, पोते और पोतियाँ बच गई हैं। मृत्यु के समाचार से सारे राज्य में शोक की अभूतपूर्व लहर फैल गई है।

जुलूस के साथ वित्तमंत्री का शव उनके निवास स्थान पर पहुँचाया गया। मृत्यु की खबर पाते ही मुख्यमंत्री डॉ. श्रीकृष्ण सिंह तथा अन्य मंत्री उन्हें अंतिम श्रद्धांजलि अर्पित करने के लिए अर्द्धरात्रि में उनके निवास स्थान पर पहुँचे। शव का अंतिम संस्कार राजकीय समारोह के साथ कल प्रात: काल गंगा के किनारे संपन्न होगा। पौने दो बजे रात में मुख्य सचिव तथा पुलिस आई.जी. भी उनके निवास स्थान पर पहुँचे।

अनुग्रह बाबू विगत 28 जून को पटना जनरल अस्पताल के कॉटेज में भरती किए गए। उस दिन प्रात: काल बाथरूम में उनका पैर फिसल गया, जिससे उनकी कमर की हड्डी टूट गई लेकिन। अस्पताल में उनकी हड्डी ठीक कर दी गई थी और उसके बाद उनकी अवस्था जिस तरह सुधरने लगी थी, उससे सभी लोगों को यह आशा बँध गई थी कि वे बच जाएँगे। पर दो-तीन दिनों के बाद उनकी अवस्था बिगड़ने लगी। उनकी चिकित्सा के लिए बंबई से डॉ. पटेल और कलकत्ता से डॉ. सेनगुप्ता भी बुलाए गए थे। पर कोई लाभ नहीं हो सका। उनका पेशाब रुक गया था और यह बीमारी अंत तक बनी रही।

अनुग्रह बाबू को देखने के लिए दिल्ली से राष्ट्रपति डॉ. राजेंद्र प्रसाद विशेष रूप से पटना आए थे। रेलमंत्री श्री जगजीवन राम, उप-वित्तमंत्री श्री बलिराम भगत और श्रम तथा योजना मंत्री श्री गुलजारीलाल नंदा भी कई दिनों तक पटना में रहे। संचार मंत्री श्री लालबहादुर शास्त्री अनुग्रह बाबू के बिछावन के निकट अंतिम समय तक बैठे रहे। मुख्यमंत्री डॉ. श्रीकृष्ण सिंह और अन्य सभी मंत्री तथा नेतागण भी बराबर उन्हें देखने के लिए आते रहे। आज संध्या समय चिंतित दर्शनार्थियों की संख्या कई हजार तक हो गई थी।

आर्यावर्त

The Aryavarta, Hindi Daily

(स्वतंत्र राष्ट्रिय हिन्दी दैनिक)

Saturday, July 6, 1957.

विहार-विभूति डाक्टर अनुग्रह नारायण सिंहका स्वर्गवास

सारे राज्यमें शोककी अभूतपूर्व लहर

पटना जेनरल अस्पताल में दर्शनार्थियोंकी अपार भीड़

राजकीय सम्मानके साथ शव-संस्कार आज सम्पन्न होगा

संक्षिप्त जीवन परिचय

"मुझे कश्मीर दिलाइये, जनाबआली!"

तनाव घटानेके लिए निरस्त्रीकरण समझौता आवश्यक

प्रधान मंत्रियोंकी सम्मति

राष्ट्रमंडल सम्मेलनकी समाप्तिपर संयुक्त विज्ञप्ति

नेपालके मन्त्रिमण्डल

अनुग्रह बाबू की अवस्था प्रथम बार विगत 30 जून को ही खराब हुई। पर उसके बाद वह पुनः सुधरने लगी। पर एक दिन के बाद ही वह पुनः बिगड़ने लगी। उनकी इस अवस्था से राष्ट्रपति डॉ. राजेंद्र प्रसाद भी चिंतित हो उठे और उन्हें देखने के लिए ट्रेन से पटना चले आए। बिहार में एकमात्र अनुग्रह बाबू ही अब बच रहे थे, जो बचपन से

ही राजेंद्र बाबू के साथ रहे और जीवन भर साथ रहे।

अनुग्रह बाबू की अवस्था गत रात में बहुत खराब हो गई थी। इसकी खबर पाकर डॉ. टी.एन. बनर्जी और डॉ. पटेल दोनों पहुँच गए। उन्हें ग्लूकोज दिया जाने लगा और प्रातः दस बजे उनकी अवस्था पुनः सुधर गई। प्रातः काल से दर्शनार्थियों की भीड़ भी बढ़ने लगी थी।

संध्या समय वित्तमंत्री की अवस्था विशेष बिगड़ गई। उनके पुत्र संसद् सदस्य श्री सत्येंद्र नारायण सिंह के अतिरिक्त केंद्रीय संचार मंत्री श्री लालबहादुर शास्त्री और बिहार के खाद्यमंत्री श्री वीरचंद्र पटेल बराबर उनके पास रहे। साढ़े आठ बजे रात में नए राज्यपाल श्री जाकिर हुसैन भी उनको देखने गए। आज प्रातः अनुग्रह बाबू होश में आ गए थे। मृत्यु के बाद उनका शव जुलूस के साथ उनके निवास स्थान पर पहुँचाया गया। कल प्रातः काल राजकीय समारोह के साथ गंगा के किनारे शव का अंतिम संस्कार संपन्न होगा।

महामाया बाबू ने नागरिकों से 6 जुलाई को बाजार में हड़ताल रखने तथा शाम को गांधी मैदान में शोकसभा में शामिल होने की अपील की है।

संक्षिप्त जीवन परिचय

बिहार के वित्तमंत्री डॉ. अनुग्रह नारायण सिंह का जन्म 1887 ई. के 18 जून को गया जिले के औरंगाबाद सबडिवीजन में पोइआवाँ नामक गाँव में हुआ था। लोअर प्राइमरी पाठशाला में शिक्षा ग्रहण करने के पश्चात् कुछ दिनों तक घर पर बैठे रहे, किंतु बाद में इन्हें फिर पढ़ने की इच्छा जगी और औरंगाबाद मिडल स्कूल की परीक्षा पास करने के बाद ये गया जिला स्कूल में दाखिल हुए, जहाँ से इन्होंने एंट्रेंस की परीक्षा पास की। पटना कॉलेज के ग्रेजुएट होने के बाद इन्होंने कलकत्ता विश्वविद्यालय से एम.ए. और कानून की परीक्षा पास की। कुछ दिनों तक भागलपुर के तेजनारायण जुबिली कॉलेज में इतिहास के प्राध्यापक पद पर रहने के पश्चात् इन्होंने 1916 ई. में वकालत शुरू की। बिहार स्टूडेंट्स कॉन्फ्रेंस के ये दो-दो बार सचिव बनाए गए और 1911 में, जब पटना में कांग्रेस का वार्षिक अधिवेशन शुरू हुआ, तब इन्होंने स्वयंसेवक संघटन का संचालन किया। प्राध्यापक पद पर रहते हुए इन्होंने बाढ़ पीड़ितों की सहायता के लिए जो संघटन किया, उसकी बड़ी प्रशंसा की गई और 1916 में ये बिहारी स्टूडेंट्स कॉन्फ्रेंस के स्वागताध्यक्ष बनाए गए। गांधीजी के चंपारण सत्याग्रह आंदोलन में इन्होंने सक्रिय भाग लिया और चंपारण से लौटने पर इन्होंने फिर वकालत प्रारंभ की। 1920 ई. में इन्होंने नागपुर कांग्रेस में भाग लिया और गांधीजी के असहयोग प्रस्ताव का समर्थन किया। नागपुर से लौटने के बाद इन्होंने वकालत का पेशा छोड़ दिया और मातृभूमि की सेवा में अपने को अर्पित कर दिया। बिहार विद्यापीठ में भी इन्होंने कुछ समय तक

प्राध्यापक का काम किया। ये बिहार प्रदेश कांग्रेस कमेटी के सहायक सचिव बनाए गए, जिसके प्रधान सचिव डॉ. राजेंद्र प्रसाद थे। गांधीजी के असहयोग आंदोलन में इन्होंने सक्रिय भाग लिया और कांग्रेस के गया अधिवेशन की सफलता के लिए इन्होंने जी-तोड़ परिश्रम किया। अखिल भारतीय कांग्रेस कमेटी के भी ये कुछ दिनों तक सहायक सचिव रहे और कार्यसमिति में इन्होंने बिहार का प्रतिनिधित्व किया। 1923-24 में ये पटना म्यूनिसिपलिटी के वाइस चेयरमैन रहे और फिर गया जिला बोर्ड के चेयरमैन चुने गए। 1925 ई. में कांग्रेस टिकट पर ये कौंसिल ऑफ स्टेट्स के सदस्य चुने गए। कांग्रेस के सभी आंदोलनों में इन्होंने सक्रिय भाग लिया। भूकंप पीड़ितों की सहायता के लिए, जो समिति 1934 में संघटित की गई थी, उसके ये प्रधान सचिव बनाए गए। 1934 में ये केंद्रीय विधानसभा के सदस्य चुने गए, फिर 1937 में बिहार में कांग्रेस दल की जो सरकार संघटित की गई, उसमें ये वित्तमंत्री बनाए गए और तब से अभी तक कांग्रेस मंत्रिमंडल में ये वित्त विभाग का कार्यभार सँभालते रहे हैं।

शवयात्रा का कार्यक्रम

कार्यालय संवाददाता द्वारा

पटना, 5 जुलाई। कल 6 जुलाई को 7 बजे प्रातः काल शवयात्रा उनके निवास स्थान से निकलेगी। अर्थी जुलूस मुरादपुर, गोविंद मित्र रोड, लोअर कदमकुआँ रोड, भट्टाचार्य रोड, डाकबँगला तथा कोतवाली के निकट पटना-गया रोड से होते हुए श्मशान घाट पहुँचेगा। 6 जुलाई को नए राज्यपाल का शपथ ग्रहण समारोह, जो साढ़े दस बजे होनेवाला था, वह अब पौने बारह बजे दिन में होगा।

शवयात्रा में बी.एम.पी. का सशस्त्र पुलिस दल आगे-आगे मार्च करेगा। कल बिहार सचिवालय तथा राज्य भर के सभी सरकारी कार्यालय शोक में बंद रहेंगे तथा राष्ट्रीय झंडा झुका दिया जाएगा। तीन दिनों तक राजकीय शोक मनाया जाएगा।

आज (बनारस)

7 जुलाई, 1957

श्री अनुग्रह नारायण सिंह का देहांत

शनिवार को राजकीय सम्मान से अंत्येष्टि

श्रीबाबू तथा अन्य मंत्रियों द्वारा श्रद्धांजलि अर्पित

पटना, 6 जुलाई। बिहार के वित्त तथा कृषिमंत्री डॉ. अनुग्रह नारायण सिंह का देहांत कल आधी रात के कुछ पहले यहाँ हो गया। आप कांग्रेस के एक वृद्ध प्रहरी थे और आपकी आयु 71 वर्ष थी। अनुग्रह बाबू गुरदे की खराबी से पीड़ित थे। गिरने से जाँघ की हड्डी के अपने स्थान से उतर आने से 28 जून को अनुग्रह बाबू को अस्पताल पहुँचाना पड़ा। गत 5 दिनों से उनकी हालत बहुत ही खराब थी। राष्ट्रपति अपने बाल सहचर डॉ. अनुग्रह नारायण सिंह को देखने के लिए यकायक पटना आए थे।

अनुग्रह बाबू के दो पुत्र, जिनमें से एक श्री सत्येंद्र नारायण सिन्हा संसद् के सदस्य हैं, एक पुत्री और कई पौत्र हैं। अंतिम समय इनकी शय्या के पास सभी उपस्थित थे। अस्पताल में केंद्रीय वार्त्तावहन मंत्री श्री लालबहादुर शास्त्री तथा बिहार के खाद्य और स्वास्थ्य मंत्री श्री वीरचंद पटेल भी उपस्थित थे।

आपका शव जुलूस आपके निवासस्थान ले आया गया, जहाँ मुख्यमंत्री डॉ. श्रीकृष्ण सिंह तथा अन्य मंत्री आधी रात में अपनी श्रद्धांजलि अर्पित करने आए। आज सवेरे गंगातट पर राजकीय सम्मान के साथ अंतिम संस्कार होगा।

भागलपुर में शोक

(हमारे संवाददाता का हिंदी तार)

पटना, 6 जुलाई। आज प्रातः डॉ. अनुग्रह नारायण सिंह की मृत्यु की खबर रेडियो से मिलते ही भागलपुर नगर में शोक छा गया। सभी सरकारी कार्यालय बंद कर दिए गए हैं और उन पर लगे राष्ट्रीय झंडे झुका दिए गए। शोक में नगर की सभी दुकानें भी आज बंद हैं।

श्री अनुग्रहनारायण सिंहका देहान्त

नौकरशाहीसे लोकतन्त्रके लिए खतरा

शासनमें फैले भ्रष्टाचारकी खुलकर निन्दा हो

प्रदेश कमेटियोंके अध्यक्षों और मन्त्रियोंके सम्मेलनमें भाषण

शनिवारको राजकीय सम्मानसे अंत्येष्टि

श्री बाबू तथा अन्य मन्त्रियों द्वारा श्रद्धांजलि अर्पित

पटना, ६ जुलाई। बिहारके वित्त तथा श्रममन्त्री डाक्टर अनुग्रहनारायण सिंहका देहान्त कल आधी रातके कुछ पहले यहां हो गया। आप कांग्रेसके एक बूढ़े प्रहरी थे और आपकी आयु ७१ वर्ष थी।

अनुग्रह बाबू गुर्देकी बीमारीसे पीड़ित थे। गिरनेसे आपकी हड्डी के अपने स्थानसे उतर जानेसे २८ जूनको अनुग्रह बाबूको अस्पताल पहुंचाना पड़ा। गत ५ दिनोंसे उनकी हालत बहुत ही खराब थी। राष्ट्रपति अपने बाल्यबन्धु डाक्टर अनुग्रहनारायण सिंहको देखनेके लिए एकाएक पटना आये थे।

अनुग्रह बाबूके दो पुत्र, जिनमेंसे एक श्री सत्येन्द्रनारायण सिन्हा संसद के सदस्य हैं, एक पुत्री और कई प्रपौत्र हैं। अन्तिम समय इनकी चारपाईके पास सभी उपस्थित थे। अस्पतालमें केन्द्रीय यातायातमन्त्री श्री लालबहादुर शास्त्री तथा बिहारके न्याय और स्वास्थ्यमन्त्री श्री वीरचन्द पटेल भी उपस्थित थे।

आपका शव तुरन्त आपके निवास स्थान ले जाया गया जहां मुख्य मन्त्री डाक्टर श्रीकृष्ण सिंह तथा अन्य मन्त्री आधी रातमें अपनी श्रद्धांजलि अर्पित करने आये। आज सबेरे गंगातटपर राजकीय सम्मानके साथ अन्तिम संस्कार होगा।

बिहारके नये राज्यपाल पटना पहुंचे

भागलपुरमें शोक

राष्ट्रपतिः भवन प्रतिपत्र

दूधमें मिलावटसे २०४ सिपाही अचानक बीमार

जीवन परिचय

'आज'का विशेष लेख

समाजवादी सत्याग्र[ह]

श्री अलगूराय शा[स्त्री]

नेपाल-नरेशने सलाह न मानी तो श्री

बूंदाबांदीकी सम्भावना

जीवन परिचय

('आज' का विशेष लेख)

अनुग्रह बाबू के रूप में बिहार का 'मास्टर पॉलिटिशियन' उठ गया; या यों कहिए कि बिहार कांग्रेस का एक सबसे मजबूत पाया टूट गया। बिहार की कांग्रेस और राजनीति के आप सच्चे अर्थ में मार्गदर्शक थे।

बिहार में आप 'बाबूसाहब' के नाम से मशहूर थे। चपरासी से मंत्री तक सभी आपको 'बाबूसाहब' के नाम से संबोधित करते थे। यदि पटना में किसी रिक्शेवाले से कहते कि मुझे 'बाबूसाहब' के यहाँ जाना है तो वह फौरन समझ जाता कि आपको अनुग्रह बाबू की कोठी पर पहुँचना है। इतना जनप्रिय नेता विरल होता है।

आपका जन्म गया जिले में औरंगाबाद सबडिवीजन के पोइआवाँ नाम के गाँव में जून सन् 1887 में हुआ था। सन् 1908 में आपने प्रथम श्रेणी में कलकत्ता विश्वविद्यालय से इंट्रेंस परीक्षा पास की। प्रथम श्रेणी के छात्रों में आपने विशिष्ट स्थान प्राप्त किया, इसलिए आपको डिवीजनल छात्रवृत्ति मिली। उसी विश्वविद्यालय से सन् 1914 में आपने एम.ए. तथा सन् 1915 में बी.एल. की परीक्षाएँ पास कीं। उस समय तक पटना विश्वविद्यालय का जन्म नहीं हुआ था।

पढ़ाई समाप्त करने के बाद आप भागलपुर के तेजनारायण जुबली कॉलेज में इतिहास के लेक्चरर नियुक्त हुए। आपने उस कॉलेज में डेढ़ साल तक काम किया। इस बीच पटना में हाईकोर्ट की स्थापना हो चुकी थी। आपने सन् 1916 में कॉलेज से संबंध तोड़ हाईकोर्ट में वकालत शुरू की। सन् 1921 तक आप वकालत करते रहे। जब आपकी वकालत जम रही थी कि महात्मा गांधी का असहयोग आंदोलन का बिगुल बजा। आपके हृदय में छिपी देशभक्ति की उमंग जाग उठी। आपने हमेशा के लिए वकालत छोड़ राजनीति में पदार्पण किया।

आपका सार्वजनिक जीवन उस समय शुरू हुआ, जब बिहारी छात्र सम्मेलन के एक प्रमुख कार्यकर्ता के रूप में आप जनता के सामने आए। आप उन दिनों पटना कॉलेज में विद्यार्थी थे। कांग्रेस से आपका पहला संबंध सन् 1912 में हुआ, जब पटना में कांग्रेस का महाधिवेशन हुआ। आप उस समय कांग्रेस के प्रमुख स्वयंसेवक थे। सन् 1917 में आप गांधीजी के संपर्क में आए। गांधीजी चंपारण सत्याग्रह के सिलसिले में बिहार आए थे। चंपारण सत्याग्रह में जिन इने-गिने व्यक्तियों ने महात्मा गांधी का हाथ मजबूत किया था, उनमें अनुग्रह बाबू भी थे। राजेंद्र बाबू और अनुग्रह बाबू उसी समय एक साथ एक मंच पर आए। दोनों ही एक-दूसरे के पूरक थे। दोनों गांधीजी के दो हाथ थे। सरकार में प्रवेश करने के पूर्व दोनों की अंतरात्मा एक, शरीर दो थे। सन् 1924 में राजेंद्र बाबू पटना म्यूनिसिपलिटी के चेयरमैन चुने गए। फिर अनुग्रह बाबू दूर कैसे रहते! आप पटना सिटी म्यूनिसिपलिटी के वाइस चेयरमैन चुने गए। बाद में आप गया जिला बोर्ड के चेयरमैन निर्वाचित हुए।

सन् 1926 में आप 'कौंसिल ऑफ स्टेट' के सदस्य चुने गए। सन् 1929 तक आप उसके सदस्य बने रहे। सन् 1928 में बिहार कांग्रेस सम्मेलन के आप अध्यक्ष मनोनीत किए गए। सन् 1934 के भूकंप में आपने अपने प्रांत की बड़ी सेवा की। राजेंद्र बाबू के नेतृत्व में 'बिहार फेमिन रिलीफ कमेटी' बनी। अनुग्रह बाबू उसके कार्यकारी प्रधानमंत्री थे। इस समय तक प्रांत के कोने-कोने में अनुग्रह बाबू का नाम पहुँच चुका था।

सन् 1929 में कांग्रेस ने आम सभाओं में जाने का निश्चय किया। तदनुसार उस वर्ष जो चुनाव हुआ, उसमें अनुग्रह बाबू सेंट्रल असेंबली के लिए कांग्रेस उम्मीदवार के

रूप में खड़े हुए। श्री रामकृष्ण डालमिया से आपकी प्रतिद्वंद्विता हुई। आप भारी बहुमत से सेंट्रल असेंबली के लिए चुन लिये गए। सन् 1937 तक आप सेंट्रल असेंबली के सदस्य रहे। सन् 1937 में कांग्रेस ने पुनः प्रांतीय असेंबली में आने का निश्चय किया। अनुग्रह बाबू अपने सबडिवीजन से चुनाव में चुने गए। तब से बराबर आप अपने क्षेत्र से चुने जाते रहे हैं। सन् 1937 में कांग्रेस का प्रथम मंत्रिमंडल बना। आप मंत्रिमंडल में शामिल हुए। श्रीबाबू नेता बने और आप उपनेता। आज तक आप उस पद पर बने रहे।

अगस्त 1947 में जेनेवा में जो अंतरराष्ट्रीय खाद्य एवं कृषि सम्मेलन हुआ, उसमें आप भारतीय शिष्टमंडल के नेता नियुक्त होकर शामिल हुए। सन् 1948 में भारतीय खाद्यमंडल के नेता बनकर नेपाल गए। सन् 1950 में पुनः आप भारतीय प्रतिनिधिमंडल का नेता बनकर जेनेवा गए और वहाँ अंतरराष्ट्रीय श्रम संघटन सम्मेलन में शामिल हुए। जून 1954 में टोरंटो (कनाडा) में हुए अंतरराष्ट्रीय समाज सम्मेलन में आपने भारतीय प्रतिनिधिमंडल का नेतृत्व किया।

अनुग्रह बाबू बड़े मिलनसार और सहृदय राजनेता थे। सभी राजनीतिक दलों के लोग उनकी इज्जत करते थे, संकट में परामर्श लेते और आवश्यकता पड़ने पर निस्संकोच सहायता भी प्राप्त करते। उनका दरवाजा सभी के लिए खुला था। मित्र और शत्रु दोनों को समान दृष्टि से देखते थे। उनका देहांत हो जाने से बिहार की कांग्रेस और राजनीति में जो रिक्तता हो गई है, उसके भरने में समय लगेगा, भर भी जाएगा, किंतु अनुग्रह बाबू जैसा राजनेता नहीं मिलेगा।

आर्यावर्त्त (पटना)

7 जुलाई, 1957

अनुग्रह बाबू के निधन से बिहार राज्य की अपूरणीय क्षति राष्ट्रपति, कांग्रेस अध्यक्ष और अन्य नेताओं के शोकोद्‌गार वे कांग्रेस के एक स्तंभ थे अनुग्रह बाबू के प्रति श्रद्धांजलि

श्री वीरचंद पटेल

बिहार के स्वास्थ्य मंत्री श्री वीरचंद पटेल ने अपने शोकोद्‌गार में कहा कि बिहार विभूति डॉ. श्री अनुग्रह नारायण सिंह के पार्थिव शरीर को आज माँ जाह्नवी के पावन तट वेद मंत्रों से अभिप्रमाणित अग्नि की चमकती हुई लपटों ने सदा के लिए पंचभूतों में विलीन कर दिया। स्नेह की अमृत बूँदों को टपकाती हुई मंद-मंद मुसकानों से सुशोभित त्याग और साधना के साथ ही तृप्त होकर उनकी आभा लिये हुई, पर सहज-सरलता को प्रकट करता हुआ उनका मुखड़ा अब हमें कभी देखने को नहीं मिल सकेगा।

डॉ. अनुग्रह नारायण सिंह को बिहार की जनता ने बिहार विभूति की उपाधि प्रदान किया था। जीवन के अंतिम वर्षों में भारत के पंडित समाज ने राजर्षि का सम्मान प्रदानकर उनके प्रति अपनी अपार श्रद्धा का प्रदर्शन किया। शायद हम और आप भी उन्हें बाबूसाहब ही कहकर उनके साथ अपनी आत्मीयता प्रकट करते रहेंगे।

अनुग्रह बाबू का सारा जीवन उग्र तपस्या और सहज वैराग्य का जीवन रहा है। व्यक्तिगत सुख और व्यक्तिगत जीवन के उपभोग करने की बात कौन कहे शायद उन्हें इसकी कल्पना भी नहीं थी। जीवन के अंतिम क्षण तक केवल लोकहित की भावना ही उनकी भावना रही। इसे निस्संदेह और निस्संकोच कहा जा सकता है।

डॉ. बलभद्र प्रसाद

डॉ. बलभद्र प्रसाद, पटना विश्वविद्यालय के उप-कुलपति ने श्रद्धांजलि अर्पित करते हुए कहा कि नेता के लक्षण अनुग्रह बाबू में शुरू से थे। उनमें कुछ ऐसी शक्तियाँ थीं, जो उन्हें त्याग और देशसेवा की तरफ खींच लेती थीं। 1917 में महात्मा गांधी ने

अनुग्रह बाबूके निधनसे बिहार राज्य

राष्ट्रपति, कांग्रेसअध्यक्ष और अन्य नेताओंके शोकोद्गार

'वे कांग्रेसके एक स्तम्भ थे'

अनुग्रह बाबूके प्रति श्रद्धांजलि

पटनेमें हड़ताल और सार्वजनिक शोक सभाएं

मुख्यमंत्री बोलते हुए रो पड़े

(हमारे कार्यालय प्रतिनिधि द्वारा)

गांधीमैदानकी शोकसभा

पंडित विनोदानन्द झा

अनुग्रहबाबूकी अंत्येष्टि

शवयात्रामें हजारोंकी भीड़

(हमारे कार्यालय प्रतिनिधि द्वारा)

चंपारण में सत्याग्रह चलाया। अनुग्रह बाबू सत्याग्रह में सहायता करने के लिए पहुँच गए। 1921 में असहयोग आंदोलन चला। महात्मा गांधी ने वकीलों से वकालत छोड़ने की अपील की। अनुग्रह बाबू ने वकालत छोड़ दी और अपना सब समय देशसेवा में लगाने लगे। तब से आखिरी वक्त तक वे देशसेवा करते रहे। पहले तो अंग्रेजी राज्य के अंत होने के बाद, फिर देश के निर्माण में लग गए। स्वस्थ और अस्वस्थ अवस्था में देश ही के बारे में सोचते रहे और देश ही की उन्नति और उत्थान में लगे रहे। 1937 में जब अनुग्रह बाबू मंत्री हुए, लेकिन उसके पहले ही उनकी ख्याति इतनी थी कि मंत्री होने की वजह से उनके नाम और मर्यादा में कोई विशेष अंतर नहीं हुआ।

उनकी सादगी, देशप्रेम और कार्यशीलता अनुकरणीय है। उनकी मृत्यु से बिहार ही की नहीं, सारे भारतवर्ष को धक्का लगा है।

डॉ. दुक्खन राम

डॉ. दुक्खन राम, बिहार विश्वविद्यालय के उप-कुलपति ने श्रद्धांजलि अर्पित करते हुए कहा कि बिहार विभूति डॉ. अनुग्रह नारायण सिंह का निधन बिहार राज्य ही नहीं, सारे देश के लिए बड़ी शोकपूर्ण घटना है। अनुग्रह बाबू की अनुपम देशसेवा, उनकी अद्‌भुत सरलता तथा उनकी अविरल सहृदयता सर्वविदित थी। शिक्षा के क्षेत्र में उनका योगदान

महत्त्वपूर्ण रहा है। उन्होंने अपना जीवन एक कॉलेज अध्यापक के रूप में प्रारंभ किया था। वे भागलपुर कॉलेज में कुछ दिनों तक अध्यापक रहे थे। तब से आजीवन इस राज्य में शिक्षा के विस्तार के लिए वे यत्नशील रहे। वित्तमंत्री के रूप में शिक्षा-विस्तार के लिए पर्याप्त धन की व्यवस्था करते थे। उन्होंने बड़ी उदारता से काम लिया। मुझे इस बात से संतोष है कि बिहार विश्वविद्यालय के अंतर्गत बाढ़ नगर स्थित कॉलेज का नामकरण डॉ. अनुग्रह नारायण सिंह के नाम पर हुआ है। हम उनकी स्मृति सँजोए रखने को कुछ और भी करेंगे। अनुग्रह बाबू के व्यक्तित्व की एक बड़ी विशिष्टता यह थी कि एक ओर वे बड़े ही व्यावहारिक पुरुष थे तो दूसरी ओर वे बड़े ही भावुक व्यक्ति। उनकी बुद्धि की प्रखरता तथा कठोर कार्य-क्षमता के उदाहरण हमें उनके जीवन में सर्वत्र मिलते हैं।

ऐसी महान् आत्मा के निधन से हम आज शोकाकुल हैं। ईश्वर उनकी दिवंगत आत्मा को शांति तथा हमें बल दे, ताकि हम इस महान् विपत्ति के दुर्वह भार को वहन कर सकें।

कुमार गंगानंद सिंह

बिहार राज्य के शिक्षामंत्री श्री कुमार गंगानंद सिंह ने अपने शोक संदेश में कहा कि बिहार के महानतम व्यक्तियों में से एक डॉ. अनुग्रह नारायण सिंह के निधन से मैं शोकविह्वल हो गया हूँ। अपने देश के इतिहास की इस संकटकालीन घड़ी में उनकी सहायता, उनके सहयोग और उनके मार्गदर्शन की सर्वाधिक आवश्यकता थी। समझ में नहीं आता उनके निधन से जो स्थान रिक्त हुआ, उसकी पूर्ति किस प्रकार होगी। राष्ट्रहित के लिए एक निर्भीक योद्धा के रूप में मैं उन्हें विगत तीस या अधिक वर्षों से जानता था। 'स्वार्थ के पूर्व सेवा' ही उनके जीवन का आदर्श था।

श्री गंगाशरण सिंह

प्रजा समाजवादी दल के अध्यक्ष श्री गंगाशरण सिंह ने अपने संदेश में कहा कि बिहार के वित्तमंत्री डॉ. अनुग्रह नारायण सिंह की मृत्यु से बिहार ही नहीं, अपितु सारे भारत को महान् क्षति पहुँची है। मेरे लिए तो यह एक व्यक्तिगत क्षति रही। वे एक महान् राजनीतिज्ञ और जनप्रिय नेता थे। उनके निधन से जो स्थान रिक्त हुआ है, उसकी पूर्ति असंभव है। भगवान् उनकी दिवंगत आत्मा को शांति प्रदान करें।

श्री बोधनारायण प्रसाद

हिंदू महासभा, बिहार के सभापति श्री बोधनारायण प्रसाद ने अपने संदेश में कहा कि बिहार का एक देशभक्त, एक राजनीतिज्ञ और सुशिष्ट नागरिक डॉ. अनुग्रह नारायण सिंह की मृत्यु से चला गया।

पटना में हड़ताल और सार्वजनिक शोकसभाएँ

मुख्यमंत्री बोलते हुए रो पड़े

(हमारे कार्यालय प्रतिनिधि द्वारा)

पटना, 6 जुलाई। बिहार विभूति डॉ. अनुग्रह नारायण सिंह के निधन पर शोक प्रकट करने के लिए बिहार की राजधानी पटना में जगह-जगह शोकसभाएँ हुईं तथा दिवंगत आत्मा की शांति के लिए प्रार्थना की गई। आज सारा नगर शोक में डूबा रहा तथा लोगों ने हड़ताल मनाई।

आज संध्याकाल बिहार प्रदेश कांग्रेस के तत्त्वावधान में स्थानीय सदाकत आश्रम में कांग्रेसजनों की जो सभा हुई, उसमें इस बात पर जोर दिया गया कि बिहार कांग्रेस में एकता की सबसे अधिक आवश्यकता है। बिहार के मुख्यमंत्री डॉ. श्रीकृष्ण सिंह बोलते-बोलते रो पड़े।

आज संध्याकाल मटना के नागरिकों ने स्थानीय गांधी मैदान में एक अलग सभा की, जिसमें सभी दल के लोगों ने भाग लिया। बिहार के मुख्यमंत्री डॉ. श्रीकृष्ण सिंह ने इसकी अध्यक्षता की। सभा ने शोकप्रस्ताव स्वीकृत कर दिवंगत आत्मा की शांति के लिए प्रार्थना की।

स्थानीय सदाकत आश्रम में जो सभा आयोजित की गई थी, उसकी अध्यक्षता बिहार प्रदेश कांग्रेस के अध्यक्ष श्री नंदकुमार सिंह ने की। यह सभा आश्रम के उसी आम्रकुंज में हो रही थी, जिसके नीचे बैठकर प्रांत की राजनीति की गतिविधि पर विचार होता था।

पंडित विनोदानंद झा

सर्वप्रथम राजस्व मंत्री पंडित विनोदानंद झा ने बाबूसाहब के निधन पर शोक प्रकट करते हुए कहा कि बाबूसाहब के जीवन के साथ हम लोगों का, प्रांत का तथा देश का हित संबंधित था। श्री झा ने कहा कि प्रांत की राजनीति में एकत्ता कायम करके ही उस दिवंगत आत्मा को शांति दी जा सकती है। बाबूसाहब ने 50 साल तक कांग्रेस की जो

सेवा की उसे चिरस्थायी बनाया जा सकता है, यदि बिहार के कांग्रेसजन आपस का भेदभाव दूर करके प्रांत को सुखी बनाने का प्रयत्न करें।

श्री महेश प्रसाद सिंह

भूतपूर्व उद्योगमंत्री श्री महेश प्रसाद सिंह ने विनोदा बाबू के इस कथन का समर्थन किया तथा कहा कि आज इस अवसर पर एकता की अधिक आवश्यकता है। उन्होंने बाबूसाहब के गुणों की चर्चा की तथा बताया कि किस प्रकार बिहार कांग्रेस विधायक दल के नेता नहीं चुने जाने के बाद भी उन्होंने पूर्ण सहयोग और प्रेमभाव का प्रदर्शन किया।

श्री दीपनारायण सिंह

श्री दीपनारायण सिंह ने कहा कि प्रांत को जिन दो नेताओं—डॉ. अनुग्रह नारायण सिंह और डॉ. श्रीकृष्ण सिंह पर नाज था, उनमें से एक नेता आज चल बसे। अब आवश्यकता इस बात की है कि सब लोग एक साथ मिलकर चलें और प्रांत के काम में सहयोग दें।

श्री देवशरण सिंह

श्री देवशरण सिंह ने कहा कि उन्हें बाबूसाहब से बराबर महत्त्वपूर्ण सलाह लेने का मौका मिलता था।

श्री नथुनी प्रसाद सिंह

श्री नथुनी प्रसाद सिंह ने कहा कि सदाकत आश्रम को इसका वर्तमान रूप देने में अनुग्रह बाबू का बहुत बड़ा हाथ था।

मुख्यमंत्री डॉ. श्रीकृष्ण सिंह

मुख्यमंत्री डॉ. श्रीकृष्ण सिंह ने आँखों में आँसू भरकर कहा कि उनकी अवस्था उसी राम की तरह है, जो सीताहरण के बाद पंचवटी में लौटकर आते हैं तो वहाँ उन्हें वही लता, वही कुंज, सबकुछ वैसा ही मिला; लेकिन एक सीता नहीं थी। श्रीबाबू ने कहा कि आज सदाकत आश्रम का सबकुछ वैसा ही है—वही आम्रकुंज भी है, लेकिन उनके साथ सदाकत आश्रम में हमेशा बाबूसाहब रहा करते थे, वे ही नहीं हैं। इतना कहते-कहते श्रीबाबू का कंठ रुँध गया और रूमाल से आँखें पोंछने लगे।

श्रीबाबू ने कहा कि वे पंडित विनोदानंद झा जैसे ही साथियों के सहयोग की कामना करते हैं, जो प्रांत का नेतृत्व करें और वे उनके पीछे चलना चाहते हैं। उन्होंने कहा कि आज जबकि उनका एक साथी बीच से चला गया है, इस एकता की सबसे

अधिक जरूरत है। इसलिए हर कीमत पर बिहार कांग्रेस की एकता तथा सुदृढता कायम रखने की जरूरत है।

गांधी मैदान की शोकसभा

मुख्यमंत्री ने गांधी मैदान की सभा में अध्यक्ष पद से बोलते हुए कहा कि राजेंद्र बाबू के साथ यदि कोई दूसरा व्यक्ति ऐसा था, जिसने बिहार के विगत पचास वर्षों के गौरवपूर्ण इतिहास का निर्माण किया, तो वे थे डॉ. अनुग्रह नारायण सिंह। मुख्यमंत्री ने कहा, "बिहार में राजेंद्र बाबू के दो हाथ थे—एक अनुग्रह बाबू और दूसरा मैं। आज एक हाथ कट जाने से उन्हें जो हार्दिक शोक और वेदना हुई है, उसे उन्होंने मेरे पास एक तार भेजकर प्रकट किया है।" मुख्यमंत्री ने राजेंद्र बाबू का तार पढ़कर सुनाया, जिसका आशय निम्न प्रकार का है—

मुख्यमंत्री के नाम राजेंद्र बाबू का तार

"मातृभूमि की सेवा में पचास वर्षों का, जो हमारा आत्मीय सहकार्य रहा, उसका आज अंत हो गया और यह हम लोगों को और विशेषकर बिहार को न केवल शोक में छोड़ दिया, बल्कि त्याग एवं सेवा के उदाहरणस्वरूप, पुनीत एवं महान् कार्यों की एक विरासत भी रख छोड़ी। आप तो अन्यों से भिन्न, एक विशेष प्रकार की मार्मिक क्षति का अनुभव करेंगे, कारण (उनके रूप में) एक गहरा मित्र ही नहीं, बल्कि आपका एक मूल्यवान सहकर्मी भी चला गया।"

मुख्यमंत्री ने सार्वजनिक जीवन में अनुग्रह बाबू के साथ के अपने संबंधों की चर्चा करते हुए कहा कि आज तक हम लोग साथ-साथ काम करते रहे। यद्यपि उनका स्वास्थ्य इन दिनों काफी खराब रहता था, किंतु यह अनुमान कतई नहीं लगाया गया था कि वे इतनी जल्दी हम सबों को छोड़कर चले जाएँगे। कल तक यही आशा थी कि इस बार भी वे संकट से निकल जाएँगे, पर भगवान् को कुछ और ही मंजूर था।

उन्होंने आगे कहा कि अनुग्रह बाबू ने बिहार को उस समय अपना नेतृत्व प्रदान किया था, जिस समय ब्रिटिशराज के विरुद्ध किसी को चूँ तक करने का साहस नहीं था। बाल्यकाल से ही उनमें नेतृत्व-भाव विद्यमान था और वही आगे चलकर विकसित हुआ। महापुरुष वस्तुत: वही होता है, जो समय से आगे की बात सोचता है और जनता को उस ओर ले चलने का प्रयास करता है। डॉ. अनुग्रह नारायण सिंह में ये गुण स्वभाव के रूप में विद्यमान थे। मुख्यमंत्री ने अंत में यह कहा कि अनुग्रह बाबू के प्रति सच्ची श्रद्धांजलि यही होगी कि उनके जीवन से हम प्रेरणा ग्रहण करें और उनके बताए मार्ग पर चलकर देश की सेवा में लगे।

श्री नंदकुमार सिंह

बिहार प्रदेश कांग्रेस समिति के अध्यक्ष श्री नंदकुमार सिंह ने कहा कि आज का दिन दुर्भाग्य का दिन है। अनुग्रह बाबू का निधन बिहार पर एक वज्राघात है। उनका स्थान कौन लेगा, यह कहा नहीं जा सकता। श्री सिंह ने अपने संक्षिप्त भाषण में अनुग्रह बाबू के गुणों की भी चर्चा की, जिनके कारण वे इतने लोकप्रिय हुए थे और कहा कि उनके कर्मठ जीवन से हमें शिक्षा लेनी चाहिए।

श्री जगतनारायण लाल

बिहार के सहकारिता मंत्री श्री जगतनारायण लाल ने कहा कि अनुग्रह बाबू केवल सार्वजनिक जीवन में ही लोकप्रिय नहीं थे, बल्कि एक कुशल शासक भी थे। कुछ ही दिन पूर्व राज्यपाल के रूप में बाहर जाने के संबंध में उनकी राय माँगी गई थी, किंतु बिहार के सार्वजनिक जीवन से उनका लगाव इतना अधिक था कि उन्होंने बाहर जाना अस्वीकार कर दिया।

श्री महामाया प्रसाद सिंह

प्रजा समाजवादी नेता श्री महामाया प्रसाद सिंह ने कहा कि ''मेरा दिल अत्यंत भरा हुआ है, अतः मैं केवल श्रद्धांजलि अर्पित करता हूँ।''

डॉ. सैयद महमूद

परराष्ट्र मंत्रालय के भूतपूर्व मंत्री डॉ. सैयद महमूद ने बाबूसाहब के निधन पर शोकोद्‌गार प्रकट करते हुए कहा कि उनके निधन से बिहार और देश की जो क्षति हुई है, उसकी पूर्ति नहीं की जा सकती। लोग उनकी सेवाओं के कारण बहुत दिनों तक उन्हें याद करेंगे।

श्री उ.न. ढेबर

कांग्रेस अध्यक्ष श्री उ.न. ढेबर ने डॉ. अनुग्रह नारायण सिंह के निधन पर एक शोक-संदेश में कहा कि उनकी सेवाओं की बराबरी करना बहुत ही कठिन है। गांधीजी के चंपारण सत्याग्रह के समय से ही उन्होंने ईमानदारी के साथ कांग्रेस का साथ दिया। रचनात्मक क्षेत्र में की गई उनकी सेवाएँ याद की जाएँगी।

श्री मोहन सिंह और श्री शीलभद्र याजी

अखिल भारतीय फॉरवर्ड ब्लॉक के भूतपूर्व अध्यक्ष जनरल मोहन सिंह और भूतपूर्व

महामंत्री श्री शीलभद्र याजी ने श्री सिंह के निधन पर एक संयुक्त वक्तव्य में कहा कि अनुग्रह बाबू एक बहुत बड़े जननायक थे। उनकी मृत्यु से भारत का एक सच्चा देशभक्त हम लोगों के बीच से उठ गया, उनका स्मरण देश हमेशा करता रहेगा।

श्री जगजीवन राम

बिहार के वित्त एवं कृषि मंत्री अनुग्रह नारायण सिंह के निधन पर केंद्रीय रेल मंत्री श्री जगजीवन राम ने उनके सुपुत्र श्री सत्येंद्र नारायण सिंह, एम.पी. को एक तार प्रेषित किया है। तार में जगजीवन बाबू ने लिखा है कि अनुग्रह बाबू के निधन से बिहार के सार्वजनिक जीवन में जो रिक्तता उत्पन्न हुई है, उसका भरा जाना कठिन है। उनकी मृत्यु आपकी निजी और आपके परिवार की हानि ही नहीं है, बल्कि बिहार के बहुत से लोगों की हानि है, जिनकी वह सहायता किया करते थे और जिन्हें प्रोत्साहन दिया करते थे। उनकी मृत्यु से बहुत से व्यक्ति अनाथ हो गए हैं। हमने उनके निधन से एक नेता, संघटक, प्रशासक, राजनीतिज्ञ और एक मानव को खो दिया है।

श्री सत्यनारायण सिंह

भारत सरकार के संसदीय कार्यमंत्री श्री सत्यनारायण सिंह ने कहा है कि डॉ. अनुग्रह नारायण सिंह की मृत्यु से बिहार को बहुत बड़ी हानि पहुँची है, जो कभी भी पूरी नहीं की जा सकेगी। उनकी अनुपस्थिति से बिहार में जो स्थान रिक्त हुआ है, निकट भविष्य में उसकी पूर्ति होना भी कठिन है।

डॉ. जाकिर हुसैन

बिहार के नए राज्यपाल डॉ. जाकिर हुसैन ने आकाशवाणी के पटना केंद्र से डॉ. अनुग्रह नारायण सिंह के निधन पर शोकोद्गार प्रकट करते हुए कहा कि उनका जीवन सेवा और त्यागमय था।

श्री बलिराम भगत

केंद्रीय उप-वित्तमंत्री श्री बलिराम भगत ने बाबूसाहब की मृत्यु पर शोक प्रकट करते हुए कहा कि उनका जीवन संघर्षमय था, साथ ही अपने जीवन में उन्होंने त्याग और तपस्या का आदर्श भी उपस्थित किया।

श्री निर्मल कुमार चौधरी

बिहार श्रमजीवी पत्रकार संघ के अध्यक्ष श्री निर्मल कुमार चौधरी ने बाबूसाहब के

निधन पर शोकोद्‌गार प्रकट करते हुए कहा कि उनकी मृत्यु से पत्रकारों को गहरी चोट लगी है। जन्मजात नेता और देशभक्त के रूप में पत्रकार लोग उन्हें सदा याद करेंगे।

सभा में निम्नलिखित शोक-प्रस्ताव उपस्थित किया गया, जिसे सबने दो मिनट खड़े होकर मौन धारण करके दिवंगत आत्मा के लिए ईश्वर से शांति प्रदान करने की प्रार्थना के साथ स्वीकृत किया—

''पटना के नागरिकों की यह सभा राष्ट्र के सच्चे सेवक, प्रांत के महान् नेता, आजादी के संग्राम के अग्रगण्य सेनानी, महात्मा गांधी के भक्त, त्यागी देशभक्त डॉ. अनुग्रह नारायण सिंहजी की मृत्यु पर शोक प्रकट करती है और ईश्वर से प्रार्थना करती है कि दिवंगत आत्मा को शांति प्रदान करे।''

अनुग्रह बाबू की अंत्येष्टि

शवयात्रा में हजारों की भीड़

(हमारे कार्यालय संवाददाता द्वारा)

पटना, 6 जुलाई। आज दिन में दस बजे स्थानीय बाँसघाट पर बिहार विभूति डॉ. अनुग्रह नारायण सिंह का दाह-संस्कार संपन्न हुआ। उनकी अंत्येष्टि शाही ढंग से की गई। इस अवसर पर प्रांत के सब वर्ग, दल और मत के लोग हजारों की संख्या में उपस्थित थे।

लगभग दो मील लंबा जुलूस बाबूसाहब की अरथी के पीछे-पीछे आँखों में आँसू, चेहरे पर मातम और दिल में बेचैनी और दर्द लिये गंगा की ओर बढ़ रहा था। सबके मुँह में एक ही आवाज थी—राम नाम सत्य है।

बाबूसाहब का सरकारी निवासस्थान आज तीर्थस्थान सा दिखता था। लोग बाबूसाहब को अंतिम बार देखना चाहते थे। सबके चेहरे पर उदासी थी। भीगी आँखें लिये लोग आहें भर रहे थे।

सारा पटना उमड़कर गंगा के किनारे उनके सरकारी भवन की ओर चला गया था। नगर का सारा कारोबार ठप पड़ गया था। श्रद्धा के फूल 'देवता' पर चढ़ाए जा रहे थे। देखते-देखते वह जड़ शरीर फूलों के अंबार से ढक गया। कौन जानता था कि कल तक जो चेहरा अपनी रहस्यमयी मुसकान से सबका स्वागत करता था, वह आज सदा के लिए आँखें मूँद लेगा। कई ऐसे भी लोग दिखाई पड़े, जिन्हें देखने से मालूम पड़ता था कि उनके अपने परिवार के किसी अधिक-से-अधिक प्रिय व्यक्ति का देहांत हो गया है।

सुबह का सूरज आज अधिक प्रकाश लेकर और आकाश अपना पूरा नीला रंग बिखेरकर 'दिवंगत आत्मा' का अभिनंदन कर रहा था। सात बजते-बजते बाबूसाहब के निवास स्थान का अहाता नागरिकों से भर गया था और अरथी पुलिस बख्तरबंद गाड़ी पर सजाकर रख दी गई।

बिहार के मुख्यमंत्री डॉ. श्रीकृष्ण सिंह ने, जिन्होंने समवयस्क के रूप में बाबूसाहब

के कंधे-से-कंधा लगाकर भारतीय स्वतंत्रता संग्राम की लड़ाई लड़ी थी, सबसे आगे बढ़कर उनकी अरथी में कंधा लगाया। लोग रो पड़े।

जुलूस बढ़ा। बिहार विभूति के जीवन का यह आखिरी नाटक था। आगे-आगे सशस्त्र पुलिस की टुकड़ी और उसके बीच में पुलिस बैंड की पार्टी मौत की मर्सिया की धुन बजा रही थी। पीछे एक जीप गाड़ी पर मुख्यमंत्री डॉ. श्रीकृष्ण सिंह तथा लालबहादुर शास्त्री थे।

यही जीप गाड़ी उस बख्तरबंद गाड़ी को खींच रही थी, जिस पर बाबूसाहब का शव रखा था। शव के साथ बाबूसाहब के परिवार के लोग, उनके पुत्र श्री सत्येंद्र नारायण सिन्हा, उपमंत्री श्री अंबिकाशरण सिंह, स्वास्थ्य मंत्री श्री वीरचंद्र पटेल तथा बिहार के आई.जी. पुलिस श्री मिथिलेश कुमार सिन्हा थे।

अरथी के पीछे रामधुन गाता हुआ कांग्रेसजनों का एक छोटा दल था तथा उसके पीछे नरमुंडों का सागर उमड़ा चला आ रहा था। राजधानी के अफसर, विधानमंडल के सदस्य तथा प्राय: सभी प्रमुख व्यक्ति शवयात्रा में शामिल थे।

रास्ते में लोग कोठे, ऊँचे स्थान या छज्जों पर चढ़कर इस महान् आत्मा का अंतिम दर्शन कर लेना चाहते थे। जो देखता था, देखता ही रह जाता था। ऐसा मालूम पड़ता था कि बाबूसाहब थककर सो गए हैं। चेहरे पर विकृति का कोई लक्षण तक नहीं था। वही सौम्य रूप था।

कई स्थान पर औरतें ऊपर से फूल फेंक, दोनों हाथ से अपना मुँह ढककर, फफक-फफककर रोने लगती थीं। जगह-जगह अरथी रोककर मालाएँ बढ़ाई जा रही थीं तथा औरतें बाबूसाहब के चरण छूती थीं।

जुलूस नगर के सभी प्रमुख सड़कों से होता हुआ, उनके कदमकुआँ स्थित पुराने निवास स्थान पर पहुँचा, जहाँ उनका शव थोड़ी देर तक रोका गया। करीब दस बजे जुलूस बाँसघाट के समीप पहुँचा। पुलिस बैंड एक बार फिर से बज उठा। यात्रा का यह अंतिम पहलू था। घाट के पास शव बख्तरबंद गाड़ी से उतारा गया। मुख्यमंत्री डॉ. श्रीकृष्ण सिंह तथा उनके परिवार के अन्य सदस्य अरथी में कंधा लगाकर उसे गंगा के किनारे ले गए। गंगा का किनारा एक ओर जल और दूसरी ओर नरमुंडों से भरा दिखता था।

घाट पर चंदन की लकड़ी की चिता सजाकर पहले ही रखी गई थी। हिंदू धर्म की व्यवस्था के अनुसार उनके मृत शरीर को गंगाजल से स्नान कराया गया तथा खद्दर में लपेटकर चिता पर रख दिया गया।

बाबूसाहब के सम्मान में तीन राउंड गोलियाँ छूटीं, बिगुल शोक की ध्वनि के साथ बज उठा। सामने चिता की आग की लपट आकाश की ओर बढ़ रही थीं। बाबूसाहब

का जलता हुआ शरीर लोगों को मानव जीवन की क्षणभंगुरता बतला रहा था।

डॉ. अनुग्रह नारायण सिंह के ज्येष्ठ पुत्र श्री जितेंद्र नारायण सिंह ने बाबूसाहब को मुखाग्नि दी।

आज वित्तमंत्री डॉ. अनुग्रह नारायण सिंह के निधन के कारण नगर में शोक छाया रहा। नगर की दुकानें बंद रहीं तथा सरकारी भवनों पर राष्ट्रीय झंडा आधा झुका दिया गया।

पंजाब के राज्यपाल श्री चंद्रेश्वर प्रसाद नारायण सिंह ने बिहार के राज्यपाल के सैनिक सचिव के द्वारा अपनी संवेदना बाँसघाट पर भेजी थी तथा उनकी ओर से शव पर श्रद्धा के फूल भी चढ़ाए गए।

पटना नगर के कोने-कोने में शोकसभाएँ और श्रद्धांजलियाँ

पटना, 6 जुलाई। बिहार विभूति डॉ. अनुग्रह नारायण सिंह के निधन का समाचार आज बिजली की तरह सारे राज्य में फैल गया। सभी जगह सरकारी तथा दूसरे कार्यालय भी बंद हो गए। पटना नगर के कोने-कोने में शोकसभाएँ की गईं और दिवंगत आत्मा के प्रति श्रद्धांजलियाँ अर्पित की गईं।

प्रजा समाजवादी दल, बिहार के सचिव श्री सूर्यनारायण सिंह ने आज एक वक्तव्य में कहा कि आम चुनाव के तुरंत बाद बाबूसाहब की मृत्यु ने बिहार की राजनीति में एक ऐसा स्थान रिक्त कर दिया, जिसकी पूर्ति नहीं हो सकती। बाबूसाहब सादगी के प्रतीक थे। उनसे मिलने पर एक विशेष आनंद की अनुभूति होती। उनका द्वार हर व्यक्ति के लिए खुला था। राष्ट्रीय आंदोलन में हम सभी के लिए वे प्रेरणा थे। उनके निधन से बिहार और बाहर के करोड़ों व्यक्ति अनाथ हो गए हैं।

साहित्यिकों द्वारा श्रद्धांजलि

बिहार हिंदी साहित्य सम्मेलन द्वारा आयोजित साहित्यिकों की सभा श्री शिवपूजन सहाय के सभापतित्व में सम्मेलन भवन में हुई। उपस्थित व्यक्तियों में प्रमुख थे सर्वश्री गंगाशरण सिंह, रामधारी सिंह दिनकर, श्री देवव्रत शास्त्री, छविनाथ पांडेय और श्री नलिन विलोचन शर्मा आदि। सर्वसम्मति से निम्नलिखित प्रस्ताव पास हुआ—

''बिहार हिंदी साहित्य सम्मेलन की ओर से आयोजित यह सभा बिहार विभूति डॉ. अनुग्रह नारायण सिंह के स्वर्गवास पर अपना हार्दिक शोक प्रकट करती है एवं भगवान् से प्रार्थना करती है कि वे दिवंगत आत्मा को सद्गति प्रदान करे।

स्वर्गीय अनुग्रह बाबू भारतीय कांग्रेस के स्तंभ, प्रदेश के सामाजिक जीवन के

प्राण एवं साहित्य तथा साहित्यिकों के परम प्रेमी थे। बाबूसाहब के चरित्र एवं विचार पर महात्मा गांधी के आदर्शों की पूरी छाप थी एवं वे सच्चे अर्थों में जननायक और जनसेवक थे। वे हिंदीभाषी प्रांतों के उन थोड़े से चोटी के राजनीतिज्ञों में अग्रगण्य थे, जिन्हें हिंदीभाषा के प्रति निश्छल अनुराग रहा है। सन् 1927 ई. में बिहार हिंदी साहित्य सम्मेलन का गया में, जो अधिवेशन हुआ था, बाबूसाहब उसके स्वागताध्यक्ष थे। तदुपरांत बारी-बारी से राँची, गया और जमशेदपुर में सम्मेलन के जो वार्षिक अधिवेशन हुए उनका उद्घाटन भी बाबूसाहब के पुनीत कर-कमलों से हुआ था। इसके अतिरिक्त भी बाबूसाहब ने बीसियों बार अनेक प्रकार से सम्मेलन की, जो सहायता की उसके लिए यह सम्मेलन उनका चिर कृतज्ञ रहेगा।''

सम्मेलन की ओर से आयोजित यह सभा बाबूसाहब के शोकसंतप्त परिवार के प्रति अपनी हार्दिक संवेदना प्रकट करती है और उसे यह कहकर ढाड़स बँधाती है कि बिहार विभूति के निधन से उत्पन्न होनेवाला शोक केवल उनके परिवार का नहीं, प्रत्युत सारे प्रदेश का है।

पंडितों द्वारा शोकोद्गार

आज सायं 4 बजे स्थानीय हथुआ विद्यालय के प्रांगण में संस्कृत साहित्य मंच के द्वारा देश के लब्धप्रतिष्ठ नेता एवं बिहार के वित्तमंत्री डॉ. श्री अनुग्रह नारायण सिंहजी के निधन पर शोक मनाने के लिए स्थानीय राजकीय संस्कृत महाविद्यालय के प्राचार्य श्री कपिलेश्वर शास्त्रीजी की अध्यक्षता में शोकसभा का आयोजन किया गया। अनेक विद्वानों ने अपने शोकोद्गार व्यक्त किए। अंत में सबों ने खड़े होकर दिवंगत आत्मा की शांति के लिए एक मिनट तक मौन प्रार्थना की।

दानापुर शोकमग्न

दानापुर स्थित हमारे संवाददाता ने लिखा है—दानापुर नगर में आज प्रात: काल बिहार राज्य के वित्तमंत्री डॉ. अनुग्रह नारायण सिंह के निधन का समाचार बिजली की तरह फैल गया। सारे नगर में शोक का वातावरण छा गया। नगर की दुकानें, सरकारी तथा गैर-सरकारी संस्थाएँ बंद रहीं।

पत्रकारों द्वारा श्रद्धांजलि

दानापुर सबडिवीजन पत्रकार संघ के सदस्यों की एक आवश्यक सभा आज तीसरे पहर यहाँ श्री निर्मल, बी.ए. की अध्यक्षता में हुई, जिसमें बिहार राज्य के वित्तमंत्री डॉ. अनुग्रह नारायण सिंह के देहावसान पर सदस्यों ने शोक प्रकट करते हुए

दिवंगत आत्मा की शांति के लिए ईश्वर से प्रार्थना की तथा शोकाकुल परिवार के प्रति सहानुभूति प्रकट की। अध्यक्ष ने अनुग्रह बाबू के दिव्य जीवन पर प्रकाश डालते हुए कहा कि बिहार विभूति के सहसा चल बसने से बिहार राज्य तथा विशेषतः कांग्रेस की जो क्षति हुई, उसकी निकट भविष्य में पूर्ति होने की संभावना नहीं है। दुःख है कि बिहार के बापू हम लोगों के बीच से ऐसे समय में चले गए हैं, जबकि उनके रहने की विशेष आवश्यकता थी। तप और त्याग की मूर्ति, सत्य और अहिंसा के पुजारी, राष्ट्र के कर्मठ सेनानी की अब वह दिव्य मूर्ति कहाँ देखने को मिलेगी।

गांधी स्मारक निधि

गांधी स्मारक निधि (बिहार शाखा) के कार्यकर्ताओं की एक सभा में आज निम्नलिखित शोक-प्रस्ताव स्वीकृत हुआ—

"गांधी स्मारक निधि, बिहार शाखा के कार्यकर्ताओं की यह सभा स्वर्गीय डॉ. अनुग्रह नारायण सिंह के देहावसान पर हार्दिक शोक और उनके शोकसंतप्त परिवार के साथ हार्दिक संवेदना प्रकट करती है। यह सभा ऐसा अनुभव करती है कि उनके निधन से बिहार राज्य की बहुत बड़ी क्षति हुई है और रचनात्मक प्रवृत्तियों को बहुत धक्का लगा है। सभा दिवंगत आत्मा की शांति के लिए भगवान् से प्रार्थना करती है।"

बिहार राज्य भारत सेवक समाज

बिहार राज्य भारत सेवक समाज शिविर समिति की एक अत्यावश्यक बैठक प्रदेश कार्यालय (23, पटना मेंडसिन मार्केट, पटना-4) में केंद्रीय भारत सेवक समाज के क्षेत्रीय शिविर संघटक श्री शिवशंकर सिंह की अध्यक्षता में डॉ. अनुग्रह नारायण सिंह; वित्त, श्रम तथा कृषिमंत्री के निधन पर शोक प्रकट करने के लिए हुई। इस अवसर पर निम्न प्रस्ताव स्वीकृत हुआ—

"प्रदेश शिविर समिति के कार्यकर्तागण बिहार के वित्त, श्रम तथा कृषिमंत्री डॉ. अनुग्रह नारायण सिंह के निधन पर शोक प्रकट करते हैं तथा ईश्वर से उस दिवंगत आत्मा को शांति प्रदान करने एवं शोकग्रस्त परिवार के सदस्यों को धैर्य प्रदान करने के लिए प्रार्थना करते हैं।"

पटना सिटी

आज बिहार के वित्तमंत्री डॉ. अनुग्रह नारायण सिंह के निधन से शोक में पटना सिटी क्षेत्र के मारूफगंज, महाराजगंज आदि बाजारों में हड़ताल रही और सब प्रकार

के व्यापारिक कार्य स्थगित रहे। बिहार हितैषी पुस्तकालय की ओर से कल संध्याकाल एक शोकसभा का आयोजन भी किया गया है।

फतुहा

बिहार विभूति डॉ. अनुग्रह नारायण सिंह के आकस्मिक निधन पर आज सायंकाल फतुहा व्यापार मंडल की ओर से स्थानीय हाई स्कूल के मैदान में श्री मुद्रिका प्रसाद सिंह की अध्यक्षता में एक शोकसभा का अयोजन किया गया। दिवंगत आत्मा के प्रति श्रद्धांजलि अर्पित की गई और उसकी शांति के लिए प्रार्थना की गई। स्थानीय वाणी पुस्तकालय की ओर से भी एक शोकसभा का आयोजन किया गया, जिसके अध्यक्ष अनुग्रह बाबू रहे थे।

सहसराम

डॉ. अनुग्रह नारायण सिंह के निधन पर जिला कांग्रेस समिति के तत्त्वावधान में आज सायंकाल एक शोकसभा का आयोजन किया गया। सभा में दो मिनट मौनावलंबन कर दिवंगत आत्मा के प्रति श्रद्धांजलि अर्पित की गई। उनके शोक में दुकानें और सिनेमागृह बंद रखे गए।

झरिया

झरिया के खान क्षेत्रों में बाबूसाहब के मरने की खबर बिजली की तरह फैल गई। खान क्षेत्रों में पूर्ण हड़ताल मनाई गई। दिवंगत आत्मा को श्रद्धांजलि देने के लिए सायंकाल एक शोकसभा का आयोजन किया गया।

समस्तीपुर

स्थानीय खादी ग्रामोद्योग संघ, कस्तूरबा केंद्र, बेसिक स्कूल और ग्राम पंचायतों की ओर से डॉ. अनुग्रह नारायण सिंह की मृत्यु पर शोकोद्‌गार प्रकट करने के लिए एक सभा का आयोजन किया गया।

बिहार राष्ट्रभाषा परिषद् द्वारा शोक प्रकाश

बिहार राष्ट्रभाषा परिषद् के तत्त्वावधान में परिषद् के कार्यकर्ताओं की एक सभा परिषद् संचालक श्री शिवपूजन सहाय की अध्यक्षता में बिहार के वित्तमंत्री डॉ. अनुग्रह नारायण सिंह के निधन पर शोक प्रकट करने के लिए 11 बजे दिन में परिषद् कार्यालय में हुई। निम्नलिखत शोक प्रस्ताव स्वीकृत किया गया—

"बिहार राष्ट्रभाषा परिषद् के सभी कार्यकर्ताओं की यह सभा बिहार के वित्तमंत्री माननीय डॉ. अनुग्रह नारायण सिंहजी के निधन पर हार्दिक शोक प्रकट करती है और उनकी दिवंगत आत्मा की शांति के लिए ईश्वर से प्रार्थना करते हुए उनके शोकसंतप्त परिवार के प्रति आंतरिक संवेदना प्रकट करती है।"

उपस्थित लोगों ने एक मिनट तक खड़े होकर मौन रूप से दिवंगत आत्मा की शांति के लिए ईश्वर से प्रार्थना की।

दिवंगत बाबूसाहब
(संपादकीय)

बिहार विभूति डॉ. अनुग्रह नारायण सिंह का देहांत हो जाने से बिहार की जो क्षति हुई है, उसकी पूर्ति कभी हो पाएगी, इसकी आशा नहीं की जाती। बिहार की भूमि विस्तृत है, इस भूमि पर एक से बढ़कर एक विश्व विभूतियों का जन्म हो चुका है। आज मेधावियों, जनसेवकों तथा मार्गदर्शकों की यहाँ कमी नहीं है। अतीत और वर्तमान की यह बात यह संकेत भी करती है कि बिहार का भविष्य भी तद्नुरूप ही होगा, फिर भी डॉ. अनुग्रह नारायण सिंह का जो मधुर और ओजपूर्ण व्यक्तित्व था, सामाजिक और राजनीतिक क्षेत्र में तथा प्रशासन के कामों में उनकी जो विचाराभिव्यक्ति होती थी तथा उनकी जो कार्यप्रणाली देखी जाती थी, समाज में उनका जो स्थान था, विभिन्न राजनीतिक दलों में उनके प्रति जो आदरभाव था, बिहार की जो उन्होंने सेवा की, स्वतंत्रता आंदोलन में उन्होंने जो योगदान किया तथा उन्होंने जो त्याग किया, उन सब बातों को एक साथ मिलाकर विचार करने से यही मालूम होता है कि उनके मरने से जो क्षति हुई है, उसकी पूर्ति नहीं हो सकेगी। किसी नेता और प्रशासक में इतने गुणों का समावेश दुर्लभ है। डॉ. अनुग्रह नारायण सिंह पक्के कांग्रेसी और गांधीजी के कट्टर अनुयायी थे। किंतु उनका विचार और व्यवहार ऐसा था कि समाजवादी भी और साम्यवादी भी उनके प्रति आदर का भाव रखते थे। राष्ट्रवादी भी और संप्रदायवादी भी उन्हें अपना समझते थे। राजनीतिक और सामाजिक क्षेत्र में वे अपने विचार और सिद्धांत में कट्टर थे और इस स्वभाव के कारण वे अपने पुराने साथी डॉ. श्रीकृष्ण सिंह का भी जनतंत्र सम्मत विरोध करने में संकोच नहीं करते थे, किंतु इसके साथ उनकी सहृदयता ऐसी थी, जिसका मधुर प्रभाव उनके विरोधियों पर भी छा जाता था। यह निश्चय ही उनके विशाल हृदय का परिचायक था। बाबूसाहब (डॉ. अनुग्रह नारायण सिंह को बिहार के लोग श्रद्धा और प्रेम से इसी नाम से पुकारते थे) का दरवाजा सदैव सबके लिए खुला रहता था और इस प्रकार अपना दरवाजा खोलकर उन्होंने किसी आदमी को कभी यह सोचने का मौका नहीं दिया कि

मंत्री पद के गरूर ने उनको भी स्पर्श किया था। अब तक उनके इन दुर्लभ गुणों की ओर लोगों का ध्यान आकृष्ट न हुआ हो, किंतु इसमें संदेह नहीं कि उनके मरने के बाद अब लोग बाबूसाहब के इन गुणों को भली-भाँति देख पाएँगे।

बाबू अनुग्रह नारायण सिंह बिहार के राजनीतिक क्षेत्र के भी और प्रशासन के भी ठोस पाये थे। अब उस पाये के टूट जाने से अभी कहा नहीं जा सकता कि उनकी जगह कौन लेगा और उन्हीं की भाँति इन सबों को कौन सँभाल पाएगा। डॉ. अनुग्रह नारायण सिंह कांग्रेस के पुराने कार्यकर्ताओं में थे, तथा प्रारंभ से ही जब गांधीजी ने चंपारण में निलहे अंग्रेजों के विरुद्ध सत्याग्रह किया उस समय बाबूसाहब ने गांधीजी का साथ दिया था। उसके बाद (नागपुर कांग्रेस से लौटने पर) उन्होंने देश को अपना सर्वस्व निछावर कर दिया। वे बराबर गांधीजी और कांग्रेस के आदेश को मानकर चलते रहे। जब कांग्रेस की उन्हें राज्यपरिषद् (कौंसिल ऑफ स्टेट) में भेजने की इच्छा हुई, तब भी वे तैयार पाए गए और जब जेल जाने की बारी आई, तब भी वे आगे रहे। प्रारंभ में जब डॉ. राजेंद्र प्रसाद बिहार प्रदेश कांग्रेस के प्रधान सचिव थे, तब बाबूसाहब सहायक सचिव थे। और जब राजेंद्र बाबू प्रदेश कांग्रेस के अध्यक्ष हुए, तब वे प्रधान सचिव हुए। डॉ. अनुग्रह नारायण सिंह इस प्रकार देश के पुराने कांग्रेसजनों में ही नहीं थे, वे समय-समय पर अपने कार्यों द्वारा यह सिद्ध भी करते थे कि उनका जीवन जनसेवा के लिए उत्सर्ग हो चुका है। सन् 1934 के भूकंप के समय उत्पीड़ितों की सेवा में वे तन्मय देखे गए। 1943 में जो बिहार में भयानक मलेरिया का प्रकोप देखा गया, उस समय भी उन्होंने अपने कर्तव्य का परिचय दिया। उस समय संयोग से बाबूसाहब जेल से बाहर आ गए थे और उनकी तत्परता के कारण स्थिति में सुधार के उपाय तत्परता से किए गए। सन् 1951 में जब बिहार भयानक अकाल के चंगुल में पड़ा था, बाबूसाहब विदेश भ्रमण पर थे। किंतु भ्रमण से वापस आते ही खाद्यमंत्री और वित्तमंत्री की हैसियत से उन्होंने उस दु:स्थिति पर विजय पाई और बिहार की चिंता बहुत अंशों में दूर कर दी गई। बाबूसाहब के जीवन में कुछ अविस्मरणीय बातें हैं, जो डॉ. अनुग्रह नारायण सिंह के जीवन की विशिष्टताओं की ओर बराबर संकेत करती रहेंगी।

डॉ. अनुग्रह नारायण सिंह जिस प्रकार राजनीतिक और सामाजिक क्षेत्र में अनिवार्य व्यक्ति बन गए थे, उसी प्रकार सन् 1937 से वे बिहार के प्रशासन में भी अपरिहार्य बन गए थे। बिहार में जबसे कांग्रेस की सरकार बनी तबसे मरणपर्यंत अनुग्रह बाबू बिहार के वित्तमंत्री बने रहे और इस गुरुभार को वे बड़ी दक्षता से तथा सफलतापूर्वक उठाए रहे। बिहार जैसे गरीब राज्य में, जहाँ लोगों की जीविका का सर्वप्रमुख साधन खेती है और जनसंख्या के अनुपात से खेती योग्य भूमि की कमी होने पर भी अधिकाधिक लोग खेती में ही लगे हैं। उद्योग-धंधों का बड़ा प्रसार नहीं हो पाया है, जहाँ टैक्स लगाना

साधारण काम नहीं और टैक्स लगाए बिना प्रशासन का काम चल नहीं सकता; वहाँ वित्तमंत्री का काम साधारण नहीं माना जा सकता। और जब से पंचवर्षीय विकास योजनाएँ कार्यान्वित होने लगी हैं, तब से तो वित्त विभाग की कठिनाई और अधिक बढ़ गई है। इस स्थिति में वित्तमंत्री पद का भार संवहन डॉ. अनुग्रह नारायण सिंह ने किस खूबी से किया इसे बताने की आवश्यकता नहीं। वित्तमंत्री ही नहीं, युद्धोत्तरकालिक अर्थ संकट और अन्न संकट के समय खाद्य मंत्री का भार उठाना साधारण काम नहीं था। किंतु यह गुरुभार उनके कंधे पर दिया गया और बाबूसाहब बराबर उस भार को सफलतापूर्वक ढोते रहे। जब स्थिति अच्छी हो और काम करने की प्रणाली बन गई हो, तब वित्तमंत्री और खाद्यमंत्री का काम कोई भले ही सँभाल ले, किंतु बाबू अनुग्रह नारायण सिंह ने दुःस्थिति में वित्तमंत्री और खाद्यमंत्री का कार्यभार ही खूबी से नहीं सँभाला अपितु बिहार को भुखमरी और अनाहार मृत्यु से बचाने में उनका बहुत बड़ा हाथ था। ऐसे सुयोग्य जननायक और प्रशासक की मृत्यु से जो दुःख होता है, वह स्वभावतः मर्मंतुद होता है। बाबूसाहब की मृत्यु भी बिहार को यह अनुभव करा रही है। किंतु नियति के चक्र से कौन बच पाता है और कौन बचाया जा सकता है। ईश्वर दिवंगत आत्मा को शांति प्रदान करे और दुःखी बिहार को धैर्य दे। हम बाबूसाहब के शोकसंतप्त परिवार के लोगों के साथ संवेदना प्रकट करते हैं।

ये हैं हमारे राज्य की खास घटनाएँ

—यायावर

बिहार विभूति डॉ. अनुग्रह नारायण सिंह दिवंगत हो गए। उनकी अवस्था 71 वर्षों की हो गई थी। इतनी बड़ी अवस्था कोई छोटी अवस्था नहीं होती। 55 वर्षों के बाद ही सरकार का विश्वास है कि आदमी काम के योग्य नहीं रहता और व्यवस्था बना दी गई है कि इस उम्र में पहुँचने के बाद सरकारी कार्यों में लगा हर व्यक्ति सामान्यतः अवकाश ले ले। जज लोगों को जीवन में काम कम और अवकाश अधिक रहा करता है। उनसे गंभीर, अनुत्तेजनापूर्ण और परिपक्व विचारों की आशा की जाती है। और ऐसे विचार उसी समय आते हैं, जब आदमी अध्ययन एवं अनुभवों से सिंचित और परिपुष्ट होता है। अतः उनके लिए जीवन में अवकाश की अवस्था कुछ बढ़ाकर 60 वर्षों की कर दी गई है। यदि जीवन में अवकाश की अवधि किसी के लिए निर्धारित नहीं की गई है तो वह उन लोगों के लिए, जिन्होंने स्वेच्छा से सेवा और त्याग का व्रत अपनाया है, निर्वाह के लिए इस वृद्धावस्था में भी काम करने के लिए जिन्हें विवश होना पड़ता है अथवा सरकारी कार्यों में लगे रहने पर भी जिन्होंने मंत्री, उप-मंत्री या संसदीय सचिव का पद अपनाया है। अनुग्रह बाबू बीच को छोड़ प्रथम और तृतीय श्रेणी में आते थे। उन्होंने स्वेच्छा से जीवन में दूसरों की सेवा और उनके लिए त्याग का व्रत लिया था। उसका अक्षरशः वे निर्वाह करते थे। उन्हें ऐसा करने से कोई रोक नहीं सकता था और न किसी रोकने या मना करने से इस कर्तव्य से विरत होनेवाले थे। वे राज्य के एक उत्तरदायी मंत्री थे, ऐसे मंत्री जिसके ऊपर राज्य की प्रगति और सुरक्षा का सारा दायित्व था। उससे भी वे मुकर नहीं सकते थे और न कोई उन्हें ऐसा परामर्श देने की इच्छा या साहस ही रखता था। ऐसी अवस्था में 71 वर्ष की अवस्था भी उन्हें आराम नहीं दे सकी। वे घिसते रहे, पिसते रहे; हमारे लिए, दूसरों के लिए।

घर या परिवार में जब कोई अधिक वृद्ध हो जाता है, तब परिवार के लिए वह

बोझ होने लगता है। उसके आचरण अच्छे नहीं लगते। उसमें कोई-न-कोई त्रुटि दिखाई पड़ने लगती है। यह त्रुटि सामान्य रहने पर भी सामान्य नहीं प्रतीत होती। वह कभी असह्य हो उठती है। उसकी बातें और सलाह अनुभव से शून्य नहीं होतीं। पर वे तीखी जान पड़ती हैं। सुननेवाले उसकी उपेक्षा किया करते हैं। यदि वह भी संभव नहीं हो सका तो दो-चार खरी-खोटी भी सुना दिया करते हैं। पर अनुग्रह बाबू के लिए ये बातें क्या लागू थीं? वे कांग्रेस के नेता थे, पर उनके पास वे लोग भी पहुँचते, जो उनके राजनीतिक विचारों से मतभेद रखते थे। केवल मिलने के लिए नहीं, अपने विषय में, अपने परिवार-कार्यों के विषय में कुछ राय लेने के लिए। लोग कहते हैं और सभी कहते हैं कि उनकी वाणी बड़ी मधुर थी। उनकी भर्त्सनाएँ और फटकार भी मीठी ही होती थी। उनकी सलाह बड़ी उपयुक्त और संबंधित व्यक्ति के अनुकूल हुआ करती थी। उनके हृदय में किसी के प्रति कोई बुरा भाव नहीं था। किसी बुरे विचार को अपने हृदय में वे पनपने देना नहीं चाहते थे। अतः वे सभी को प्रिय लगते थे। इस 71 वर्ष के बूढ़े के पास केवल बूढ़े ही नहीं, युवक और बच्चे, नेता और छात्र सभी पहुँचते थे। केवल दर्शन के लिए नहीं, बातें और बहस करने के लिए, समझने और समझाने के लिए। जहाँ भी वे बैठे होते उनसे मिलने और बातें करनेवालों का ताँता लगा रहता। वे ही ऊबकर उठ जाते, पर उनकी बातें सुननेवाले कभी नहीं ऊबते, कभी नहीं थकते। यदि बुढ़ापा युवकों को अलग रखता है तो वे बूढ़े नहीं थे, क्योंकि युवक बरबस उनके पास आते। उनकी वाणी ही नहीं; परामर्श, आचरण भी सभी के लिए मधुर होते। लोग खाना और सोना भूल सकते थे, पर उनसे मिलना और बातें करना नहीं। उनका दरवाजा भी सभी के लिए समान रूप से खुला था। वहाँ सभी जाते थे, बेरोकटोक जाते थे। वे वित्तमंत्री थे, पर उनके दरवाजे का संतरी बेकार था।

वे कॉटेज में बीमार पड़े थे। उनके प्राण जीवन के साथ अंतिम संघर्ष कर रहे थे। अस्पताल में चिंतित दर्शनार्थियों की बड़ी भीड़ थी। सभी डॉक्टर चिंतित और चिकित्सा में व्यस्त थे। लोग निराश न हो, इस विचार से थोड़े-थोड़े समय के बाद ही सूचनापट्ट पर सूचनाएँ टँगती कि अभी अनुग्रह बाबू की अवस्था ऐसी है। स्वास्थ्य की प्रगति संतोषजनक है। केवल किडनी और पेशाब के लिए ही चिंता है। उन्हें किडनी और पेशाब के अतिरिक्त और कोई तकलीफ क्या थी? यदि वे दोनों ठीक हो जातीं तो कोई शिकायत नहीं रह जाती। सूचना पढ़नेवाले उसे पढ़ लेते और समझ लेते कि स्वास्थ्य की प्रगति कैसी है तथा किस तरह हमारी दुःखी आत्मा को सांत्वना और तोष देने की चेष्टा की जा रही है। सूचनापट्ट पर उन सभी डॉक्टरों के हस्ताक्षर रहते, जो वित्तमंत्री की चिकित्सा में लगे थे। इस सूचना से किसी को संतोष नहीं होता और वे सभी अस्पताल के बरामदे, सीढ़ियों अथवा अहाते में जहाँ-जहाँ जगह मिलती, चक्कर लगाते अथवा

इस प्रतीक्षा में बैठ जाते कि अब नई सूचना किस तरह की आती है। डॉक्टरों की ओर से सूचना में ही अनुरोध रहता कि भीड़ नहीं लगाएँ। अनुग्रह बाबू को आराम लेने दें। उनके निकट नहीं जाएँ। इसका पालन सभी करते। कोई किसी से बातें नहीं करता। मंत्री आते और चले जाते। अपने मित्र और संबंधी भी आते और चले जाते। पर, कोई किसी से नहीं बोलता। इसलिए नहीं कि बातें करने से शोरगुल होता प्रत्युत इसलिए कि सभी दु:खी थे। किसी के मन में कुछ बोलने या बातें करने के लिए उत्साह या उत्सुकता नहीं थी। सभी को केवल एक चिंता थी और वह कि अनुग्रह बाबू अभी कैसे हैं, और अब जो सूचना आए वह यह कि पेशाब ठीक हो गई, किडनी काम करने लगी। दर्शनार्थियों की भीड़ हजारों में थी, पर आवाज कहीं से सुनाई नहीं पड़ती। सर्वत्र पूरी नीरवता थी, श्मशान की शांति!

विगत पाँच जुलाई के प्रात: काल जब सामान्य रूप से यह खबर फैल चुकी थी कि वित्तमंत्री की अवस्था चिंताजनक हो गई है, एक सत्तर वर्ष का वृद्ध लाठी टेकते हुए कॉटेज के द्वार की ओर चला आ रहा था। उसके कंधे पर एक मटमैला गमछा था और कमर में एक मटमैली धोती। कमर झुकने की तैयारी कर रही थी, जिसका सामना अपने दाहिने हाथ की लाठी के सहारे वह करता आगे बढ़ रहा था। चेहरे पर झुर्रियाँ आ गई थीं और शरीर का चाम मांस को छोड़ने लगा था। वृद्ध कह रहा था, ''मैं अनुग्रह बाबू को देखना चाहता हूँ।'' लोगों ने कहा कि आप वहाँ नहीं जा सकते। डॉक्टर लोग वहाँ किसी को जाने नहीं देते। ''मैं अलग से ही देख लूँगा। कई मील से पैदल चलकर आ रहा हूँ। सुना है, वे बीमार हैं। उनकी हालत खराब है। चाहकर भी अपने को मैं रोक नहीं सका। इतनी दूर चला आया हूँ, तब देखकर ही लौटूँगा। बिना देखे मुझे संतोष नहीं होगा''—वृद्ध ने आग्रह भरे शब्दों में कहा। पर सभी की ओर से उसे वही पुराना उत्तर मिला। वह चकित होकर सबकी ओर देखने लगा। भीड़ की खामोशी और सभी के चेहरे पर उदासी तथा चिंता की स्पष्ट छाप देखकर उसका हृदय अनेक आशंकाओं से विचलित हो गया। लाठी उसके हाथ से छूट गई। वह सिर थामकर वहीं बैठ गया। यह कहकर रोने लगा कि अनुग्रह बाबू इस दुनिया में नहीं हैं। आप सभी हमें भुलावा दे रहे हैं। मैं इतनी दूर चलकर आया, पर कैसा अभागा हूँ कि उनका अंतिम दर्शन तक नहीं कर सका। बड़ी मुश्किल से उसे सारी स्थिति समझाई जा सकी। वह चुप हो गया, पर उसके हृदय का संदेह मिट नहीं सका।

एक दार्शनिक यह प्रश्न करेगा कि इतनी बड़ी अवस्था में भी जब शरीर इतना निर्बल हो गया था, अनुग्रह बाबू को रात-दिन काम करते रहने में आनंद मिलता होगा? अनुग्रह बाबू कहा करते थे कि मुझे काम करने में आनंद मिलता है। दार्शनिक का दूसरा प्रश्न होगा कि क्या यही नहीं संकेत करता कि उन्हें जीवन में अब कोई रस नहीं मिलता

था ? उसमें कहीं उदासी न आ जाए, इसीलिए क्या वे अपने को निरंतर काम में लगाए नहीं रखते थे ? जीवन की ऐसी घड़ी क्या किसी के लिए आनंददायक हुआ करती है ? इतने पर भी यह कामना करना कि वे कुछ वर्षों तक और जीवित रहते तथा उसी तरह हमारी सेवा करते जिस तरह अब तक करते आ रहे थे, क्या निरी स्वार्थपरता नहीं होगी ? यह ठीक है कि जब तक जीवित रहे अनुग्रह बाबू हमारे सुखों के लिए ही चिंतित और प्रयत्नशील रहे। उसके लिए उन्होंने अपने सुख और आराम की तिलांजलि दे दी। 71 वर्ष की अवस्था काम करने की अवस्था नहीं, विश्राम की अवस्था थी। पर हमने कभी ऐसी स्थिति नहीं आने दी, जिससे संतुष्ट होकर वे विश्राम लेने की कामना या कल्पना करें। आज यदि वे जीवित होते; बीमारी उनका साथ छोड़ देती और शरीर में थोड़ी भी शक्ति आ जाती तो उसी तरह वे हमारे सुखों के लिए प्रयत्नशील हो जाते, जिस तरह जीवन भर बने रहे। आज हम असहाय जैसा अनुभव कर रहे हैं, क्योंकि ऐसी विभूति हमने खो दी, जिसकी पूर्ति अब शायद संभव नहीं। पर ऐसे व्यक्ति के लिए रोना भी क्या उचित होगा ? रोना किसलिए, इसलिए कि वह जीवित रहता तो लाख तकलीफें झेलकर भी हमारी सहायता करता, हमें सहारा देता ? उसकी मृत्यु पर क्या आनंदित होना उचित और उपयुक्त होगा ? आनंदित क्यों, इसलिए कि इस कष्टमय जीवन से उसे मुक्ति मिल गई ? बात सच्ची और सही है, पर हमारा हृदय कभी इसे स्वीकार नहीं करेगा ? हमारी तो समझ में नहीं आता कि हम रोएँ या संतोष करें ! रोएँ क्या स्वार्थ के लिए ? और, जब अपना एक सबसे बड़ा हितैषी ही खो दिया तो संतोष कैसे करें !

आर्यावर्त्त (पटना)

8 जुलाई, 1957

अनुग्रह बाबू देश के एक अग्रगण्य नेता थे

पटना, 7 जुलाई। स्वराष्ट्रमंत्री पंडित गोविंदवल्लभ पंत ने डॉ. अनुग्रह नारायण सिंह की मृत्यु पर शोक प्रकट करते हुए एक संदेश में कहा है—"अनुग्रह बाबू की मृत्यु से देश के स्वातंत्र्य संग्राम का एक अग्रगण्य नेता खो गया। जो उनके आडंबरहीन, स्थायी एवं ठोस कार्यों को जानते थे, वे सभी उनके प्रति बहुत आदरभाव रखते थे।"

अनुग्रह बाबू के पुत्र श्री सत्येंद्र नारायण सिंह, एम.पी. को भारत के प्रमुख सार्वजनिक नेताओं से निम्नलिखित संदेश प्राप्त हुए हैं—

श्री प्यारेलाल और डॉ. सुशीला नय्यर ने अपने संदेश में कहा—"बापू का एक और खंभ गिर गया।"

उत्तर प्रदेश के राज्यपाल श्री बी.बी. गिरि ने कहा—"देश का एक महान् राजनेता और देशभक्त खो गया।"

असम के राज्यपाल श्री फजले अली ने कहा—"उनकी मृत्यु से बिहार का एक महान् नेता और देशभक्त उठ गया।"

श्री पुरुषोत्तमदास टंडन ने कहा—"ईश्वर हमें भाई अनुग्रह नारायण सिंह की मृत्यु के दु:ख को सहन करने की शक्ति दे।"

मध्यप्रदेश के राज्यपाल श्री एच.बी. पाटस्कर ने कहा—"बिहार ने एक योग्य, विश्वस्त और उत्साही कार्यकर्ता खो दिया।"

नेपाली कांग्रेस के अध्यक्ष श्री विश्वेश्वर प्रसाद कोइराला ने कहा—"अनुग्रह बाबू की मृत्यु से शोकाभिभूत हूँ। इस दु:ख में आपके साथ हूँ।"

श्री बलवंतराय मेहता ने कहा—"वे चले गए, लेकिन अपनी त्याग और सेवा की स्मृतियाँ छोड़ गए हैं।"

पश्चिम बंगाल प्रदेश कांग्रेस समिति के अध्यक्ष श्री अतुल्य घोष, एम.पी. ने

कहा—"राष्ट्र ने एक बहादुर योद्धा और एक योग्य प्रशासक खो दिया।"

उत्तर प्रदेश कांग्रेस समिति के अध्यक्ष श्री मुनीश्वरदत्त उपाध्याय ने कहा—"इस महान् जनसेवक और देशभक्त के उठ जाने से बिहार में जो रिक्तता पैदा हो गई है उसकी पूर्ति कठिन होगी।"

जनता पार्टी के अध्यक्ष राजा बहादुर श्री कामाख्या नारायण सिंह ने कहा—"आपके महान् पिता के दुःखद देहावसान से मुझे गहरा धक्का लगा है। उनके निधन से बिहार ने न केवल एक महान् नेता खोया, बल्कि एक महान् व्यक्ति भी खो दिया है, यद्यपि अनुग्रह बाबू अब नहीं रहे, तथापि उनके निस्स्वार्थ जीवन तथा कर्मठता से प्रत्येक बिहारी को मार्गदर्शन मिलता रहेगा। यद्यपि हम दोनों के राजनीतिक विचार अलग-अलग थे, फिर भी उनके अच्छे एवं वात्सल्यपूर्ण परामर्शों के कारण, मैं उनके प्रति बहुत आदरभाव रखता था। मैं जनता पार्टी की ओर से तथा अपनी और अपने परिवार के सदस्यों की ओर से हार्दिक संवेदना प्रकट करता हूँ।"

दिवंगत बाबूसाहब को श्रद्धांजलियाँ

पटना, 6 जुलाई। स्वर्गीय डॉ. अनुग्रह नारायण सिंह के प्रति और श्रद्धांजलियों के समाचार ये हैं—

अखिल भारतीय बालचर संघ

अखिल भारतीय बालचर संघ के संगठन कमिश्नर ने स्वर्गीय अनुग्रह बाबू के प्रति अपनी श्रद्धांजलि अर्पित करते हुए कहा है—"डॉ. अनुग्रह नारायण सिंह, वित्तमंत्री, बिहार सरकार एवं राज्य प्रधान कमिश्नर, अखिल भारतीय बालचर संघ, बिहार के पिता थे। आप ही द्वारा इस संघ का पुनर्गठन 1954 में किया गया। आपको स्वयं एक संस्था कहा जाए तो अत्युक्ति न होगी। आपने अपना अमूल्य समय देकर संस्था को जागृत किया। संघ अनेक समाज-कल्याण, बालचर प्रशिक्षण शिविर, शिशु पुस्तकालय, शिशु क्रीडा केंद्र तथा शिशु एवं महिला कल्याण केंद्र संचालित कर चुका है। आज वित्तमंत्री का महाप्रयाण संघ पर गहरा घाव छोड़ गया है।"

कार्यालय के अधिकारी एवं बालचरों ने दुःखद समाचार सुनते ही कार्यालय भवन का झंडा उनके शोक में झुका दिया।

डाकतार कर्मचारियों द्वारा श्रद्धांजलि

स्थानीय बाँकीपुर पोस्ट ऑफिस में डाकतार कर्मचारियों की एक शोकसभा श्री भगवती सहाय के सभापतित्व में हुई। श्री के.डी. नारायण ने पटना नगर तृतीय वर्ग पोस्टल यूनियन की ओर से श्री अनुग्रह नारायण सिंह, वित्तमंत्री, बिहार सरकार के देहावसान

पर श्रद्धांजलि अर्पित की। कर्मचारियों ने दो मिनट तक मौन खड़े होकर दिवंगत आत्मा की शांति के लिए प्रार्थना की। ऑफिस में झंडा आधा गिरा रहा।

हैंडलूम वीभर्स एसोसिएशन द्वारा शोकोद्गार

बिहार स्टेट हैंडलूम वीभर्स कोऑपरेटिव यूनियन लिमिटेड, पटना के कार्यकर्ताओं की एक सभा एक्जीविशन रोड स्थित कार्यालय में आज 11 बजे दिन में हुई। जिसमें बिहार विभूति डॉ. अनुग्रह नारायण सिंह, वित्तमंत्री, बिहार के निधन पर शोक प्रकट किया गया। शोक-प्रस्ताव में कहा गया था कि राज्य-निर्माण के द्वितीय पंचवर्षीय योजनाकाल में ऐसे महान् राष्ट्रसेवी, स्वातंत्र्य संग्राम के अग्रणी सेनानी, नए भारत के निर्माता एवं कुशल शासनाधिकारी का प्रयाण बिहार ही नहीं, अपितु समस्त देश के लिए महान् क्षति है। गृह उद्योग एवं सहकारी आंदोलन में आपका दृढविश्वास था। खासकर कर्घा वस्त्र व्यवसाय के विकास में उनकी विशेष अभिरुचि थी। यह शोकसभा उनके शोकसंतप्त परिवार के प्रति संवेदना प्रकट करती है और ईश्वर से प्रार्थना करती है कि उस दिवंगत महान् आत्मा को शांति प्रदान करे।

प्रादेशिक कोऑपरेटिव के कर्मचारियों द्वारा श्रद्धांजलि

बिहार प्रादेशिक कोऑपरेटिव कर्मचारियों ने निम्नलिखित शोक-प्रस्ताव स्वीकृत किया—बिहार प्रादेशिक कोऑपरेटिव प्रेस के कर्मचारियों की यह सभा भरे दिल से बिहार के वित्त-मंत्री और लोकप्रिय नेता डॉ. अनुग्रह नारायण सिंह की असामयिक मृत्यु पर गहरा शोक प्रकट करती है।

डॉ. अनुग्रह नारायण सिंह का नाम आधुनिक बिहार के निर्माताओं के रूप में सर्वदा आदरपूर्वक लिया जाएगा। वे स्वतंत्रता संग्राम के अग्रणी सेनानी थे और देश को जो स्वतंत्रता मिली, उसमें बाबूसाहब ने महत्त्वपूर्ण योगदान दिया है। बिहार प्रादेशिक कोऑपरेटिव प्रेस के कर्मचारियों के प्रति उनकी विशेष सहानुभूति थी। आज उनके निधन से हम अनाथ हो गए हैं। यह सभा भगवान् से यह प्रार्थना करती है कि वह उनकी आत्मा को शांति प्रदान करे और उनके शोकसंतप्त परिवार को इस दुःख को सहने की क्षमता प्रदान करे।

एशियाई युवक संघ द्वारा शोक प्रकाश

आज एशियाई युवक संघ (केंद्रीय शाखा) की आवश्यक बैठक प्रोफेसर रामविश्वास सिन्हा, संघ के उपसभापति की अध्यक्षता में संघ के कार्यालय में डॉ. अनुग्रह नारायण सिंह; वित्त, श्रम एवं कृषिमंत्री, बिहार सरकार के निधन पर शोक प्रकट करने के लिए

हुई। निम्नलिखित प्रस्ताव सर्वसम्मति से स्वीकृत हुआ—

"एशियाई युवक संघ के सदस्यों की यह सभा डॉ. अनुग्रह नारायण सिंह, संघ के अध्यक्ष के निधन पर शोक प्रकट करती है और उस स्वर्गीय आत्मा की शांति तथा शोकग्रस्त परिवार को धैर्य प्रदान करने के लिए परमपिता परमेश्वर से प्रार्थना करती है।"

पटना सिटी व्यापार मंडल

पटना सिटी व्यापार मंडल की आवश्यक बैठक श्री शिवप्रसाद गोयनका की अध्यक्षता में उनके निवास स्थान पर हुई। स्वर्गीय डॉ. अनुग्रह नारायण सिंह के निधन पर शोक प्रस्ताव स्त्रीकृत हुआ। संध्या 5 बजे श्री रामनंदन प्रसाद के निवासस्थान पर सभी सदस्यों की एक सभा हुई, जिसमें दिवंगत आत्मा के प्रति श्रद्धांजलि अर्पित की गई।

जन कल्याण परिषद् और सिटी सोशलिस्ट पार्टी

आज दो बजे दिन में एक जनसभा सिटी सोशलिस्ट पार्टी तथा पटना शहर जन कल्याण परिषद् के तत्त्वावधान में डॉ. अनुग्रह नारायण सिंह के निधन पर शोक प्रकट करने और श्रद्धांजलि अर्पित करने के लिए दीवान मोहल्ला में श्री मन्नालाल व्यास की अध्यक्षता में हुई। सभा में सर्वप्रथम खड़े होकर मौनचित्त से शोक मनाया गया। इस अवसर पर श्री बलदेव प्रसाद भारतीय, श्री योगेंद्र ठाकुर, श्री रामनंद गुप्त तथा श्री भागवत नारायण ने जीवन पर प्रकाश डाला। एक प्रस्ताव द्वारा स्वर्गीय डॉ. अनुग्रह नारायण सिंह को श्रद्धांजलि अर्पित की गई तथा ईश्वर से प्रार्थना की गई कि उनके परिवार को यह महान् दुःख सहन करने की शक्ति दे।

महान् गांधीवादी उठ गया

रेलवे भारत सेवक समाज, खगौल के प्रधानमंत्री ने बिहार विभूति स्वर्गीय डॉ. अनुग्रह नारायण सिंह के निधन पर शोक प्रकट करते हुए कहा कि वास्तव में ये सच्चे अर्थ में गांधीवादी थे और गांधीजी के बताए गए रास्ते पर बराबर चलते रहे। बाबूसाहब की मिलनसारिता, मृदुभाषिता तथा सादगी किसी को भी मोह लेती थी। कांग्रेस शासन के एक बड़े प्रभावशाली, सम्मानित मंत्री होते हुए भी उनके घर का दरवाजा सभी के लिए खुला रहता था। बाबूसाहब की मृत्यु से देश और खासकर बिहार को वह महान् क्षति इस समय हुई है, जो निकट भविष्य में पूरी नहीं की जा सकती।

खगौल में शोकसभा

आज प्रगतिशील हिंदी साहित्य संघ, खगौल के सदस्यों की एक बैठक संघ के

अध्यक्ष श्री देवप्रसाद सिंह 'सतपरी' की अध्यक्षता में हुई, जिसमें सर्वश्री शुकदेव प्रसाद वर्मा 'विप्लवेंद्र', श्री हरि सिंह, श्री सत्यदेव सिंह 'राकेश', श्री बी.त्री. करण आदि अनेक लोगों ने बिहार विभूति डॉ. अनुग्रह नारायण सिंह के प्रति अपनी श्रद्धांजलि अर्पित की।

सांस्कृतिक पुजारी उठ गया

भारतीय सांस्कृतिक संसद् के मंत्री ने बिहार विभूति डॉ. अनुग्रह नारायण सिंह की मृत्यु पर अपनी संवेदना प्रकट करते हुए कहा कि बिहार से एक सांस्कृतिक पुजारी उठ गया। उनकी मृत्यु से सांस्कृतिक मंदिर आज सूना हो गया। हम उनके प्रति श्रद्धा के फूल चढ़ाते हैं।

इनके अतिरिक्त बिहार चैंबर ऑफ कॉमर्स, पिछड़ा वर्ग संघ, प्रजा समाजवादी पार्टी, बालकन-जी-बारी, पटना प्रेस वर्कर्स यूनियन, गर्दनीबाग के नागरिकों की तथा रिक्शा मजदूर यूनियनों की ओर से भी शोकसभाएँ हुईं और अनुग्रह बाबू की दिवंगत आत्मा की शांति तथा उनके परिवार के लोगों को धैर्य दिलाने के लिए ईश्वर से प्रार्थना की गई।

सारा बिहार शोकसंतप्त
स्वर्गीय अनुग्रह बाबू के प्रति श्रद्धांजलि समर्पित
जगह-जगह शोकसभाएँ

पटना, 7 जुलाई। बिहार के वित्तमंत्री डॉ. अनुग्रह नारायण सिंह के दु:खद निधन का समाचार सुनते ही राज्य भर की जनता शोकाकुल हो उठी। स्थान-स्थान पर शोकसभाएँ की जा रही हैं और उन सभाओं में सभी पक्षों के लोगों द्वारा स्वर्गीय डॉ. सिंह के प्रति श्रद्धांजलियाँ अर्पित की जा रही हैं। विभिन्न स्थानों के बाजार, सिनेमा, कारखाने आदि भी बंद रहे।

मुजफ्फरपुर के नागरिकों की एक शोकसभा जिला कांग्रेस कमेटी के अध्यक्ष श्री नारायण ठाकुर के सभापतित्व में हुई। इस अवसर पर अपनी श्रद्धांजलि अर्पित करते हुए केंद्रीय उपयोजनामंत्री श्री श्यामनंदन मिश्र ने कहा कि पुरानी पीढ़ी के लोगों में कुछ त्रुटियाँ रहने के बावजूद भी उनके साँचे में ढलना ही अधिक उचित है। उन्होंने कहा कि बिहार की राजनीति और प्रशासन के रथ के दो पहियों में से एक पहिया अचानक टूट गया। अब समस्या यह है कि उस स्थान पर कौन सा पहिया लगाया जाए, जो कि लक्ष्य तक पहुँचा सके। अनुग्रह बाबू ने पिछले 50 वर्षों तक बिहार कांग्रेस को स्थायी नेतृत्व प्रदान किया, इसकी पुनरावृत्ति होना असंभव सा ही है। उपयोजना मंत्री ने कहा कि अनुग्रह बाबू ने सैनिक वरदी में, कार्यकर्ता के रूप में ही अपने प्राण तजे, इससे लोगों को प्रेरणा ग्रहण करनी चाहिए। सभा में कई अन्य वक्ताओं ने भी दिवंगत आत्मा के प्रति श्रद्धांजलि अर्पित की। एक शोकप्रस्ताव पारित किया गया, जिसमें दिवंगत आत्मा को शांति प्रदान करने की प्रार्थना की गई।

मोतिहारी में शोकसभा

अनुग्रह बाबू के आकस्मिक निधन का समाचार पाकर यहाँ की जनता स्तब्ध रह गई। संपूर्ण नगर में कल हड़ताल मनाई गई और सरकारी कार्यालय तथा स्थानीय चीनी

मिल भी कल बंद रहे। स्थानीय सुभाष पार्क में कांग्रेस की ओर से शोकसभा हुई, जिसमें बाबूसाहब की आत्मा को श्रद्धांजलि दी गई। चीनी मिल के मालिकों एवं श्रमिकों की ओर से भी शोकसभा की गई।

बेतिया शहर शोकाकुल

डॉ. अनुग्रह नारायण सिंह के निधन पर शोक प्रकट करने के लिए कल यहाँ एक महती सभा का आयोजन किया गया। वक्ताओं ने अपने भाषण में अनुग्रह बाबू के जीवन पर प्रकाश डाला। दिवंगत आत्मा के प्रति सम्मान प्रकट करने के लिए यहाँ के सरकारी कार्यालय एवं सिनेमा बंद रहे।

महाराजगंज शोकसभा

डॉ. अनुग्रह नारायण सिंह के निधन पर शोक मनाने के लिए स्थानीय नागरिकों की एक सभा शहीद स्मारक में आयोजित की गई। एक शोकप्रस्ताव पास किया गया, जिसमें डॉ. सिंह की मृत्यु से जो देश की क्षति हुई, उस पर दुःख प्रकट किया गया। सभा में दिवंगत आत्मा की शांति के लिए प्रार्थना की गई और उनके सुपुत्र श्री सत्येंद्र नारायण सिंह, एम.पी. एवं शोकसंतप्त परिवार के प्रति सहानुभूति प्रकट की गई।

पाकुड़ में हड़ताल

अनुग्रह बाबू के दुःखद निधन का समाचार सुनते ही यहाँ की सभी दुकानें तथा अन्य सभी व्यापारिक प्रतिष्ठान बंद कर दिए गए। उपमंत्रिणी रानी ज्योतिर्मयी देवी ने यह दुःखद समाचार सुनते ही कहा कि "अनुग्रह बाबू के निधन से बिहार का एक महान् व्यक्ति उठ गया। इससे बिहार मंत्रिमंडल काँप उठा है। उनकी आत्मा शांति प्राप्त करे।" कल सायंकाल एक शोकसभा भी आयोजित की गई।

सहसराम शोकसंतप्त

वित्तमंत्री डॉ. अनुग्रह नारायण सिंह के देहावसान पर शोक मनाने के लिए नगर कांग्रेस के तत्त्वावधान में कल यहाँ एक सार्वजनिक सभा आयोजित की गई। सभा में एक शोकप्रस्ताव पारित किया गया और दो मिनट तक मौन खड़े रहकर उनकी आत्मा के प्रति श्रद्धांजलि अर्पित की गई। कचहरियाँ, सरकारी कार्यालय तथा सिनेमा आदि बंद रहे।

कटिहार शहर शोकाकुल (निज संवाददाता द्वारा)

कटिहार नगर में आज प्रातः काल बिहार राज्य के वित्त, श्रम एवं कृषिमंत्री डॉ.

अनुग्रह नारायण सिंह के निधन का समाचार बिजली की तरह फैल गया, जिससे सारे नगर में शोक की कालीघटा छा गई। इस अवसर पर नगर की दुकानें, मिल एवं छोटे-बड़े कारखाने, सरकारी तथा गैर-सरकारी संस्थाएँ मृत आत्मा के सम्मान में बंद रहीं। बाबूसाहब के निधन पर शोक प्रकट करने के लिए नगर में जगह-जगह शोकसभाएँ हुईं तथा दिवंगत आत्मा की शांति के लिए हिंदुओं ने मंदिर तथा मुसलमानों ने मसजिद में प्रार्थना की।

आज संध्याकाल कटिहार स्पोर्ट्स एसोसिएशन की ओर से एसोसिएशन के संरक्षक तथा पथ-प्रदर्शक बिहार विभूति डॉ. अनुग्रह नारायण सिंह के निधन पर अलग सभा की गई, जिसमें नगर के सभी वर्ग के लोग उपस्थित थे। सभा में शोकप्रस्ताव स्वीकृत कर दिवंगत आत्मा की शांति के लिए प्रार्थना की गई।

मजलिशपुर में शोकसभा (एक संवाददाता द्वारा)

महनार थानांतर्गत मजलिशपुर ग्राम निवासी डॉ. अनुग्रह नारायण सिंह की आकस्मिक मृत्यु का समाचार सुनकर शोकाकुल हो गए। ग्राम के कांग्रेसी नवयुवकों तथा किसानों की एक शोकसभा बिहार विभूति की मृत्यु पर शोक प्रकट करने के लिए हुई। सभा में दिवंगत आत्मा की शांति के लिए प्रार्थना की गई तथा उनके शोकसंतप्त परिवार के प्रति संवेदना प्रकट की गई।

मुंगेर शोकसंतप्त (निज संवाददाता द्वारा)

कल बिहार विभूति डॉ. अनुग्रह नारायण सिंह की मृत्यु का समाचार सुनते ही मुंगेर में शोक की लहर दौड़ गई। उनके सम्मान में कल शहर के सारे कारोबार, कारखाने, कचहरी तथा अन्य सार्वजनिक संस्थाएँ एवं बाजार बंद कर दिए गए। राष्ट्रीय झंडा को ससम्मान आधा झुका दिया गया। मुंगेर तंबाकू कर्मचारी यूनियन के तत्त्वावधान में हजारों मजदूरों की एक शोकसभा हुई। इसमें एक प्रस्ताव रखते हुए यूनियन के प्रधान कार्यकर्ता श्री त्रिवेणी प्रसाद वर्णवाल ने श्रममंत्री के साथ यूनियन का घनिष्ठ संबंध बताते हुए श्रद्धांजलि अर्पित की।

एक दूसरी सभा स्थानीय नगर भवन में पं. श्री श्रीकृष्ण मिश्र, एडवोकेट की अध्यक्षता में हुई। कई वक्ताओं ने बाबूसाहब की स्मृति में अपनी श्रद्धांजलि अर्पित की। अंत में एक प्रस्ताव स्वीकृत कर उनकी दिवंगत आत्मा को श्रद्धांजलि दी गई। विभिन्न संस्थाओं एवं व्यक्तियों ने श्री सत्येंद्र नारायण सिंह, एम.पी. के पास संवेदना का तार भेजकर अपना हार्दिक दुःख प्रकट किया है।

फतुहा में हड़ताल (निज संवाददाता द्वारा)

बिहार के जनप्रिय नेता एवं राज्य के वित्तमंत्री डॉ. अनुग्रह नारायण सिंह का निधन समाचार मिलते ही फतुहा में तथा इस इलाके में घोर शोक छा गया। स्थानीय व्यापार मंडल के सदस्यों की एक शोकसभा तत्काल की गई। आज सार्वजनिक रूप से हड़ताल मनाई गई और स्थानीय व्यापार मंडल के निर्देशानुसार सारा बाजार बंद रहा। इस अवसर पर एक सार्वजनिक शोकसभा यहाँ आयोजित हुई, जिसमें बिहार विभूति के आदर्शमय जीवन तथा अलौकिक गुणों की चर्चा के साथ हार्दिक संवेदनापूर्ण श्रद्धांजलियाँ अर्पित की गईं।

छपरा में शोक की लहर (निज संवाददाता द्वारा)

बिहार विभूति डॉ. अनुग्रह नारायण सिंह की मृत्यु की खबर बिजली की तरह चारों ओर फैल गई। शहर में शोक और उदासी छा गई। सारे काम ठप पड़ गए। अखबारों को देखकर ही लोगों ने इसे सच समझा। सरकारी ऑफिस, दुकानें और अन्य संस्थाएँ बंद हो गईं। बहुत से व्यक्ति पटना की ओर प्रस्थान कर गए। लोगों को ऐसा प्रतीत हो रहा है कि उनके किसी अपने ही व्यक्ति की मृत्यु हो गई है।

मधुबनी शहर शोकाकुल (निज संवाददाता द्वारा)

अनुग्रह बाबू की मृत्यु का समाचार बिजली की तरह सारे शहर और निकटस्थ ग्रामीण अंचलों में फैल गया। हठात् लोगों को इस समाचार पर विश्वास ही नहीं हो रहा था और वे स्थानीय कांग्रेस क्षेत्रों में समाचार की सचाई के विषय में पूछताछ करने के लिए दौड़ पड़े। आधिकारिक सूचना प्राप्त होते ही सभी सरकारी कार्यालय बंद कर दिए गए। स्थानीय खादी समिति तथा सप्ता ग्राम पंचायत में शोकसभा की गई। शहर की सभी दुकानें दिन भर बंद रहीं।

संध्याकाल श्री प्रतापभानु वर्मा की अध्यक्षता में ग्रियर्सन बाजार में एक सार्वजनिक शोकसभा हुई, जिसमें कई वक्ताओं ने बाबूसाहब के हृदय एवं मस्तिष्क की भूरि-भूरि प्रशंसा की। वक्ताओं ने अनुग्रह बाबू के गुणों को अपनाने की अपील जनता से की, जिससे उनकी मृत्यु से रिक्त स्थान की पूर्ति शीघ्र हो सके। अंत में दिवंगत आत्मा की शांति के लिए ईश्वर से प्रार्थना की गई और एक प्रस्ताव द्वारा शोकाकुल परिवार के प्रति सहानुभूति प्रकट की गई।

भागलपुर में शोकसभा (निज संवाददाता द्वारा)

स्थानीय जिला कांग्रेस समिति कार्यालय के प्रांगण में वित्तमंत्री के दुःखद निधन पर शोक प्रकट करने के लिए कई सभाएँ की गईं। वक्ताओं ने बाबूसाहब के हृदय तथा

मस्तिष्क के गुणों की प्रशंसा करते हुए, उनकी निस्स्वार्थ सेवा की चर्चा की। स्वतंत्रता संग्राम में वे देश के सेनानी रहे। स्वतंत्रता के उपरांत कल्याणकारी राज्य के निर्माण में उन्होंने अमूल्य योग दिया। उनकी मृत्यु से न केवल बिहार सरकार तथा बिहार कांग्रेस का एक स्तंभ टूट गया, बल्कि देश की गहरी क्षति हुई है।

सभा में उपमंत्रिणी नायमा खातून भी उपस्थित थीं। दो मिनट तक खड़े रहकर मौन धारण द्वारा दिवंगत आत्मा के प्रति सम्मान प्रकट किया गया। शोकसंतप्त परिवार के प्रति संवेदना प्रकट की गई। जिला साम्यवादी दल की ओर से बिहार की इस कर्मठ संतान की मृत्यु पर शोक प्रकट किया गया। संपूर्ण नगर में कई शोकसभाएँ की गईं।

दुमका में शोक की लहर (निज संवाददाता द्वारा)

बाबूसाहब की मृत्यु का दुःखदायी समाचार यहाँ दावाग्नि की तरह फैल गया। अविलंब सरकारी कार्यालय, दुकानें तथा बाजार बंद कर दिए गए। राष्ट्रीय झंडा ससम्मान आधा झुका दिया गया। इस शोकपूर्ण संवाद से सारा शहर स्तब्ध हो गया है। जिला परिषद् कर्मचारी संघ, जिला हरिजन सेवक संघ, जिला लाइब्रेरी एसोसिएशन, दुमका हिंदी साहित्य परिषद्, भारत सेवक समाज आदि संस्थाओं की ओर से शोकसभा की गई। सभी सभाओं में मौन धारण करके दिवंगत आत्मा की शांति के लिए ईश्वर से प्रार्थना की गई।

गया शहर शोकसंतप्त (निज संवाददाता द्वारा)

अनुग्रह बाबू की मृत्यु का समाचार मिलते ही सारा गया शहर दुःखार्णव में डूब गया। हजारों की संख्या में लोग काले वस्त्र लगाए हुए चौराहों पर जमा हो गए। स्वर्गीय बाबूसाहब की स्मृति में शहर की दुकानें तुरंत बंद कर दी गईं। सभी सरकारी कार्यालय भी बंद हो गए और राष्ट्रीय झंडा झुका दिया गया है। अनुग्रह बाबू की मृत्यु से गया अपने को अनाथ जैसा अनुभव करता है। आज संध्याकाल नागरिक संघ की ओर से एक सभा आयोजित की गई, जिसमें कई वक्ताओं ने बाबूसाहब के प्रति श्रद्धांजलि अर्पित की। उनके नाम पर एक इंजीनियरिंग कॉलेज खोलने का निश्चय किया गया। कई सरकारी तथा अर्धसरकारी संस्थाओं द्वारा भी दिवंगत आत्मा को श्रद्धांजलि अर्पित की गई।

मधेपुरा में शोकसभा (निज संवाददाता द्वारा)

प्रातः काल रेडियो से बिहार विभूति डॉ. अनुग्रह नारायण सिंह की मृत्यु का समाचार प्राप्त होते ही सारा सहरसा जिला दुःख से आकुल हो उठा। सर्वत्र उदासी छा गई। सहरसा, मधेपुरा तथा सुपौल के सभी सरकारी कार्यालय बंद कर दिए गए। राष्ट्रीय झंडा झुका दिया गया। मधेपुरा बार एसोसिएशन तथा मुख्तार एसोसिएशन की ओर से शोकप्रस्ताव स्वीकृत किया गया।

साहेबगंज में शोकसभा (निज संवाददाता द्वारा)

बाबू अनुग्रह नारायण सिंह की मृत्यु के दुःखद समाचार से सारा शहर शोकाकुल हो उठा। दिवंगत आत्मा के सम्मान में सभी सरकारी कार्यालय बंद रहे। राष्ट्रीय झंडा झुका दिया गया। एक शोकसभा आयोजित की गई, जिसमें श्रद्धांजलि प्रस्ताव स्वीकृत किया गया। प्रस्ताव की प्रतिलिपि मुख्यमंत्री तथा बाबूसाहब के सुपुत्र श्री सत्येंद्र नारायण सिंह के पास भेजी गई। संध्याकाल सार्वजनिक सभा की जाएगी।

डाल्टेनगंज शोकाकुल (निज संवाददाता द्वारा)

बिहार विभूति की मृत्यु से शहर के कण-कण में उदासी व्याप्त हो गई है। सभी सरकारी संस्थाएँ तत्काल बंद कर दी गईं। दिवंगत आत्मा के सम्मान में बाजार में हड़ताल मनाई गई। दुःखी परिवार को कई संवेदना संदेश भेजे गए हैं।

लहेरियासराय में शोकसभा

वित्तमंत्री डॉ. अनुग्रह नारायण सिंह के निधन पर शोक मनाने के लिए जिला कांग्रेस के प्रांगण में दरभंगा के नागरिकों की एक सभा हुई, जिसकी अध्यक्षता मौलाना ए. वहद ने की। सभा में जिला परिषद् के अध्यक्ष श्री रत्नेश्वर सिंह ने एक शोकप्रस्ताव पढ़ा, जिसमें बाबूसाहब के जीवन एवं कार्य की चर्चा करते हुए दिवंगत आत्मा के प्रति श्रद्धांजलि अर्पित की गई है।

सभा में संसद् सदस्यों, विधानसभा सदस्यों, दरभंगा नगरपालिका अध्यक्ष, कांग्रेस कार्यकर्तागण तथा अनेक लोग उपस्थित थे।

सहकारिता प्रशिक्षणार्थियों द्वारा शोकप्रकाश

सहकारिता प्रशिक्षणार्थियों ने स्वर्गीय डॉ. अनुग्रह नारायण सिंह के सुपुत्र श्री सत्येंद्र सिंह को तार प्रेषित कर बाबूसाहब के आकस्मिक निधन पर अत्यंत दुःख प्रकट किया है और भगवान् से प्रार्थना की है कि उनकी आत्मा को शांति प्रदान करे। शोकसंतप्त परिवार से संवेदना प्रकट की गई है।

वित्तमंत्री अनुग्रह बाबू के निधन पर शोकसभाएँ

पटना, 7 जुलाई। नगर के कोने-कोने से आज भी बिहारविभूति डॉ. अनुग्रह नारायण सिंह के निधन पर शोकसभाएँ हुईं और शोकप्रस्ताव स्वीकृत हुए। दिवंगत आत्मा की शांति तथा शोकसंतप्त परिवार को धैर्य प्रदान करने के लिए ईश्वर से प्रार्थना की गई।

अनुग्रह नारायण कॉलेज में शोकसभा

आज सायंकाल अनुग्रह नारायण कॉलेज, गर्दनीबाग के छात्रों की एक सभा देश के लब्ध-प्रतिष्ठ नेता एवं बिहार के वित्त, श्रम एवं कृषिमंत्री डॉ. अनुग्रह नारायण सिंहजी के निधन पर शोक मनाने के लिए श्री वसंत कुमार के सभापतित्व में पटना हाई स्कूल के प्रांगण में हुई। इस अवसर पर निम्न प्रस्ताव स्वीकृत हुआ—

अनुग्रह नारायण कॉलेज के छात्रों की यह सभा बिहार विभूति डॉ. अनुग्रह नारायण सिंहजी के निधन पर हार्दिक शोक प्रकट करती है। उनके निधन से बिहार राज्य की बहुत बड़ी क्षति हुई है, उनकी दिवंगत आत्मा की शांति के लिए ईश्वर से प्रार्थना करते हुए, उनके शोकसंतप्त परिवार के प्रति आंतरिक संवेदना प्रकट करती है।

पाटलिपुत्र परिषद् में शोकसभा

बिहार राज्य के वित्त एवं कृषिमंत्री डॉ. अनुग्रह नारायण सिंह के देहावसान पर शोक प्रकट करने के लिए पाटलिपुत्र परिषद् के सदस्यों की एक सभा गांधी सरोवर (पटना सिटी) स्थित परिषद् भवन में आज प्रातः काल 7 बजे हुई। सभा का सभापतित्व परिषद् के अध्यक्ष श्री जयनारायण कपूर ने की। इस अवसर पर सभापति के अतिरिक्त बिहार वाणिज्य कर विभाग के अवर अधीक्षक श्री दुर्गा प्रसाद, श्री योगेंद्र ठाकुर एवं अन्य सदस्यों ने स्वर्गीय बाबूसाहब के प्रति श्रद्धांजलि अर्पित की। अंत में सर्वसम्मति से निम्नलिखित प्रस्ताव स्वीकृत हुआ और सभी सदस्यों ने दो मिनट मौन धारण कर स्वर्गीय आत्मा की शांति के लिए प्रार्थना की—

"पाटलिपुत्र परिषद् के सदस्यगण स्वतंत्रता संग्राम के वीर सेनानी, महान् नेता एवं बिहार सरकार के वित्त एवं कृषिमंत्री बिहार विभूति डॉ. अनुग्रह नारायण सिंह के देहावसान पर शोक प्रकट करते हैं, उनकी दिवंगत आत्मा की शांति के लिए ईश्वर से प्रार्थना करते हैं तथा उनके परिवार के लोगों के प्रति अपनी हार्दिक संवेदना प्रकट करते हैं।"

सनातन धर्म प्रतिनिधि सभा द्वारा शोक-श्रद्धांजलि

स्थानीय बिड़ला मंदिर में कल संध्या समय बिहार राज्य सनातन धर्म प्रतिनिधि सभा, विद्वत परिषद्, बिहार संस्कृत साहित्य सम्मेलन तथा सार्वभौम संस्कृत प्रचार मंडल आदि संस्थाओं के संयुक्त तत्त्वावधान में एक सार्वजनिक सभा हुई, जिसमें स्वर्गीय डॉ. अनुग्रह नारायण सिंह, वित्तमंत्री की दिवंगत आत्मा की शांति के लिए प्रार्थना की गई।

गौशाला पिजरापोल द्वारा श्रद्धांजलि

आज 5 बजे अपराह्न में गौशाला पिजरापोल संघ की एक सभा पशुपालन मंत्री के

निवासस्थान पर पटना में हुई और उसमें निम्नलिखित प्रस्ताव स्वीकृत हुआ—

"बिहार राज्य गौशाला पिजरापोल संघ की यह सभा इस संघ के सभापति बिहार विभूति स्वनामधन्य राजर्षि डॉ. अनुग्रह नारायण सिंहजी के दुःखद निधन पर हार्दिक शोक प्रकट करती है तथा श्रद्धांजलि अर्पित करती हुई ईश्वर से प्रार्थना करती है कि दिवंगत पुण्यात्मा को गौलोक में चिरंतन शांति प्रदान करे, साथ ही उनके व्यथित परिवार के लोगों को धैर्य प्रदान करे।"

इस अवसर पर भूतपूर्व पशुपालन मंत्री श्री दीपनारायण सिंह, श्री चुन्नीलाल मालवीय (बनारस) और श्री राधनाथ मिश्र (मुंगेर) भी उपस्थित थे।

कांग्रेसकर्मी शोकमग्न (निज संवाददाता द्वारा)

दानापुर नगर के नागरिकों तथा यहाँ के कांग्रेसकर्मियों में बिहार राज्य के वित्तमंत्री डॉ. अनुग्रह नारायण सिंह के अचानक देहावसान का संवाद पाकर शोक छा गया। इस अवसर पर नगर के प्रमुख नागरिकों तथा कांग्रेसकर्मियों ने उनकी मृत्यु पर शोक प्रकट करते हुए, उनकी दिवंगत आत्मा के प्रति अपनी श्रद्धांजलियाँ अर्पित कीं। नगर के अधिकांश नागरिक एवं कांग्रेसकर्मियों ने पटना जाकर उनकी शवयात्रा में भी भाग लिया।

अलका में शोकसभा (निज संवाददाता द्वारा)

दानापुर अलका के तत्त्वावधान में कल संध्या समय एक शोकसभा श्री ज्वाला प्रसाद निर्मल की अध्यक्षता में हुई, जिसमें निम्नलिखित शोक प्रस्ताव स्वीकृत हुआ—

"अलका के सदस्यों की यह शोकसभा अलका के संरक्षक बिहार विभूति डॉ. अनुग्रह नारायण सिंह के असामयिक देहावसान पर शोक प्रकट करते हुए उनकी दिवंगत आत्मा की शांति के लिए भगवान् से प्रार्थना करती है एवं शोकातुर परिवार के प्रति अपनी सहानुभूति प्रकट करती है।"

कस्तूरबा पुस्तकालय में शोकसभा (निज संवाददाता द्वारा)

दानापुर अर्दली बाजार स्थित नवीन कस्तूरबा पुस्तकालय के भवन में सदस्यों की एक शोकसभा कल दोपहर में श्री रामदास गहलोत की अध्यक्षता में हुई, जिसमें बिहार राज्य के वित्तमंत्री डॉ. अनुग्रह नारायण सिंह के निधन पर शोक प्रकट करते हुए दिवंगत आत्मा की शांति के लिए मौन होकर ईश-प्रार्थना की गई।

खगौल शोकमग्न (निज संवाददाता द्वारा)

बिहार के वित्तमंत्री डॉ. अनुग्रह नारायण सिंह की मृत्यु का समाचार स्थानीय जनता

को कल प्रातः काल मिला। सारा नगर शोक निमग्न हो गया।

स्थानीय रेलवे कार्यालय कल बंद कर दिया गया। सरकारी भवनों पर झंडे झुका दिए गए। रेलवे कार्यालय के कर्मचारियों ने एकत्र होकर अनुग्रह बाबू के प्रति श्रद्धांजलि अर्पित की और दो मिनट तक मौन रहकर भगवान् से प्रार्थना की कि दिवंगत आत्मा को शांति प्रदान करें। हरिजन सेवक संघ, नगरपालिका कर्मचारी संघ तथा ईस्टर्न रेलवे मेंस यूनियन के तत्त्वावधान में भी सभाएँ हुईं और शोकप्रस्ताव स्वीकृत हुए।

बैंक के कर्मचारियों द्वारा शोक-प्रकाश

कल शनिवार 6 जुलाई को पंजाब नेशनल बैंक, पटना सिटी शाखा के कर्मचारियों की एक सभा श्री ईश्वरीलालजी की अध्यक्षता में हुई, जिसमें बिहारविभूति डॉ. अनुग्रह नारायण सिंह के देहावसान पर शोक प्रकट किया गया तथा दिवंगत आत्मा की शांति के लिए ईश्वर से प्रार्थना की गई। उनके निधन से देश और खासकर बिहार की, जो क्षति हुई है, उसकी पूर्ति नहीं की जा सकती।

बिहार हितैषी पुस्तकालय में शोक

बिहार हितैषी पुस्तकालय द्वारा बिहार विभूति डॉ. अनुग्रह नारायण सिंह के देहावसान पर आयोजित शोकसभा आज श्री गोविंद प्रसाद वकील के सभापतित्व में हुई, जिसमें बाबूसाहब के जीवन पर प्रकाश डाला गया और निम्न प्रस्ताव सर्वसम्मति से स्वीकृत हुआ—

बिहार हितैषी पुस्तकालय की ओर से आयोजित नागरिकों की यह सभा बिहार राज्य के वित्त और श्रममंत्री बिहारविभूति डॉ. अनुग्रह नारायण सिंह के निधन पर हार्दिक शोक प्रकट करती है और ईश्वर से प्रार्थना करती है कि वह दिवंगत आत्मा को शांति तथा शोकसंतप्त परिवार को धैर्य प्रदान करे।

जनता पार्टी द्वारा श्रद्धांजलि

पटना, 7 जुलाई। राजनीतिक संग्राम के एक सफल योद्धा तथा पूज्य गांधीजी के कर्मठ अनुयायी, बिहार राज्य के वित्तमंत्री डॉ. अनुग्रह नारायण सिंह के देहावसान की सूचना मिलते ही जनता पार्टी के केंद्रीय कार्यालय का ध्वज आधा झुका दिया गया। पार्टी के सदस्यों की एक सभा हुई, जिसमें एक शोकप्रस्ताव स्वीकृत हुआ और सदस्यों ने खड़े होकर दो मिनट रहकर दिवंगत आत्मा की चिर शांति के लिए प्रार्थना की।

हरिजन विधायकों द्वारा श्रद्धांजलि

बिहार राज्य हरिजन विधायक मंडल की एक सभा डॉ. अनुग्रह नारायण सिंह के देहावसान पर शोक प्रकट करने के लिए हुई, जिसकी अध्यक्षता श्री भोला शास्त्री; मंत्री, कल्याण, आबकारी एवं वन विभाग ने की। श्री रामजतन राम, एम.एल.ए. ने निम्न आशय का प्रस्ताव पेश किया, जो सर्वसम्मति से स्वीकृत हुआ। एक मिनट तक मौन रहकर विधायकों ने उस स्वर्गीय आत्मा की शांति के लिए प्रार्थना की—

''बिहार राज्य हरिजन विधायक मंडल की यह सभा डॉ. अनुग्रह नारायण सिंह, वित्तमंत्री, बिहार सरकार के देहावसान पर हार्दिक शोक और उनके शोकसंतप्त परिवार के साथ हार्दिक संवेदना प्रकट करती है कि उनके निधन से राष्ट्र और खासकर बिहार राज्य की तथा प्रधानतः हरिजन समाज की बहुत बड़ी क्षति हुई है। साथ ही, रचनात्मक प्रवृत्तियों की जो क्षति पहुँची है, उसकी पूर्ति नहीं हो सकती। यह सभा दिवंगत आत्मा की शांति के लिए भगवान् से प्रार्थना करती है।''

इनके अतिरिक्त गेट पब्लिक लाइब्रेरी ऐंड इंस्टीट्यूट, पटना डिवीजन लाइफ इंश्योरेंस वर्कर्स एसोसिएशन, पटना कमर्शियल इंस्टीट्यूट, बालकन-जी-बारी, बिहार इंडस्ट्रीज एसोसिएशन, पटना सदर मोख्तार एसोसिएशन, गंगा क्लब, संस्कृत साहित्य संघ, अखिल भारतीय शरणार्थी संघ की पटना शाखा, बिहार राज्य सोना-चाँदी व्यापारी संघ तथा मस्साराम व्यायामशाला की ओर से भी शोकसभाएँ आयोजित कर दिवंगत आत्मा के प्रति श्रद्धांजलियाँ अर्पित की गईं।

आर्यावर्त्त (पटना)

9 जुलाई, 1957

अनुग्रह बाबू के निधन से सारा बिहार शोकसंतप्त
सभाओं में श्रद्धांजलि, सम्मान में सभी काम बंद रहे

पटना, 8 जुलाई। बिहार के वित्तमंत्री डॉ. अनुग्रह नारायण सिंह के निधन समाचार को सुनकर सारा राज्य स्तब्ध रह गया। सर्वत्र शोकसभाएँ की गईं। और दिवंगत आत्मा के प्रति कृतज्ञतापूर्ण श्रद्धांजलियाँ अर्पित की गईं। विभिन्न स्थानों से जो सूचनाएँ मिली हैं, उनसे ज्ञात होता है कि वित्तमंत्री का निधन संवाद सारे राज्य में बिजली की भाँति फैल गया। जिसे जहाँ यह दुःखद संवाद मिला, वह वहीं सन्न रह गया।

अनुग्रह बाबू के स्मृति-सम्मान में सभी जिला मुख्यालयों में राष्ट्रीय झंडा आधा झुका दिया गया और सभी सरकारी एवं गैर-सरकारी कार्यालय बंद रहे। विभिन्न नगरों में पूर्ण हड़ताल भी रही।

दरभंगा शोकाकुल हो उठा (हमारे विशेष संवाददाता द्वारा)

दरभंगा, 7 जुलाई। बिहार के वित्तमंत्री डॉ. अनुग्रह नारायण सिंह के दुःखद निधन के समाचार से सारा जिला शोकाकुल हो उठा। निधन का मनहूस संवाद चंद घंटे में सारे जिले में दावानल के समान फैल गया।

दिवंगत आत्मा के सम्मान में कल सभी सरकारी कार्यालय, कचहरी, अन्य संस्थाएँ तथा जिला एवं म्यूनिसिपल बोर्ड के कार्यालय बंद रहे।

स्वर्गीय नेता की पुण्य स्मृति में समूचे दरभंगा नगर में कल पूरी हड़ताल रखी गई। जिला कांग्रेस कमेटी की ओर से लहेरियासराय में एक सभा आयोजित की गई, जिसमें अनुग्रह बाबू के निधन पर शोक प्रकट किया गया और दिवंगत आत्मा के प्रति श्रद्धांजलि अर्पित की गई। दरभंगा जिला बोर्ड तथा म्यूनिसिपल बोर्डों की आवश्यक बैठकों में शोकप्रस्ताव स्वीकृत किए गए।

चंद्रधरी मिथिला कॉलेज के छात्रों और प्राध्यापकों की एक सभा प्रिंसिपल डॉ. लक्ष्मीकांत झा के सभापतित्व में हुई, जिसमें दिवंगत आत्मा के प्रति श्रद्धांजलियाँ अर्पित की गईं। अन्य संस्थाओं की सभाओं में भी शोकप्रस्ताव स्वीकृत किए गए।

भागलपुर शोकमग्न (विशेष संवाददाता द्वारा)

भागलपुर, 7 जुलाई। आज संध्या तक भी भागलपुर डॉ. अनुग्रह नारायण सिंह के निधन से शोकमग्न प्रतीत हो रहा था। कल प्रात: निधन का समाचार सारे शहर में तेजी के साथ फैल गया तथा थोड़े ही समय में बाजार की सभी दुकानें बंद हो गईं। कल सभी सरकारी कार्यालय बंद रहे तथा राष्ट्रीय ध्वज आधा झुका दिया गया। कांग्रेस ऑफिस तथा विभिन्न स्थानों की सार्वजनिक सभाओं में निधन पर शोकप्रस्ताव उपस्थित कर अनुग्रह बाबू की दिवंगत आत्मा के प्रति श्रद्धांजलियाँ अर्पित की गईं।

बिहार के कारावास मंत्री ने आज यहाँ कहा कि अनुग्रह बाबू के निधन से बिहार की अपूरणीय क्षति हुई है।

फतुहा क्षेत्र मर्माहत (निज संवाददाता द्वारा)

फतुहा (पटना), 7 जुलाई। बिहार विभूति डॉ. अनुग्रह नारायण सिंह की मृत्यु की खबर से फतुहा क्षेत्र में शोक की लहर छा गई। इस क्षेत्र के एम.एल.ए., व्यापार मंडल (फतुहा) के अध्यक्ष, वाणी पुस्तकालय के सदस्यगण तथा अन्य सैकड़ों जनता उनके अर्थी जुलूस में सम्मिलित हो श्रद्धांजलियाँ अर्पित करने पटना दौड़ गए।

फतुहा व्यापार मंडल के अध्यक्ष द्वारा नागरिकों एवं व्यवसायियों की एक सभा कर नगर में पूर्ण हड़ताल मनाने का तय हुआ।

आज फतुहा बाजार में हड़ताल था। सभी जगह उदासी देखी गई। संध्या में स्थानीय स्कूल के मैदान में सार्वजनिक शोकसभा श्री मुंद्रिका प्रसाद सिंह; अध्यक्ष, व्यापार मंडल के सभापतित्व में हुई, जिसमें वित्तमंत्री के प्रति श्रद्धांजलियाँ अर्पित की गईं।

वाणी परिवार में भी शोक

स्थानीय वाणी पुस्तकालय (फतुहा) में इसके अध्यक्ष डॉ. अनुग्रह नारायण सिंह की मृत्यु के समाचार से कल शोक छा गया। इस पुस्तकालय के सदस्यों को अपने सहज स्नेह आबद्ध अध्यक्ष के सहसा खो जाने से अत्यधिक मर्माहत देखा गया। संध्या में एक शोकसभा यहाँ श्री कुलदीप प्रसाद, सचिव, स्थानीय कोऑपरेटिव बैंक की अध्यक्षता में आयोजित हुई, जिसमें श्री आनंद बिहारी पाठक, श्री राधामोहन, एम.ए. आदि ने बिहार विभूति के अन्यतम गुणों एवं विशिष्टताओं पर प्रकाश डाला।

घोघरडीहा में शोकसभा (निज संवाददाता द्वारा)

घोघरडीहा (दरभंगा), 6 जुलाई। बिहार विभूति डॉ. अनुग्रह नारायण सिंह के असामयिक निधन पर शोक प्रकट करने के लिए घोघरडीहा स्थित भारत सेवक समाज, कोशी विभाग के कार्यालय में 6 जुलाई को श्री शोभानंद झा, सदस्य, दरभंगा जिला कांग्रेस समिति की अध्यक्षता में एक शोकसभा हुई, जिसमें उनके असामयिक निधन पर शोक प्रकट किया गया एवं दिवंगत आत्मा के प्रति श्रद्धांजलि अर्पित की गई। उनकी आत्मा की शांति के लिए परमात्मा से प्रार्थना की गई तथा उनके संतप्त परिवार के प्रति संवेदना प्रकट की गई।

अनुग्रह बाबू को श्रद्धांजलि (निज संवाददाता द्वारा)

मोकामा, 7 जुलाई। मोकामा के नागरिकों की एक सभा 6 जुलाई के संध्या समय नंदकिशोर राम के मैदान में थाना कांग्रेस कमेटी के अध्यक्ष श्री विंदेश्वरी प्रसाद सिंह शर्मा के सभापतित्व में डॉ. अनुग्रह नारायण सिंह के आकस्मिक निधन पर शोक मनाने के लिए हुई। अनुग्रह बाबू की दिवंगत आत्मा की शांति एवं उनके संतप्त परिवार की सांत्वना के लिए एक प्रस्ताव स्वीकृत कर उनके परिवार के पास भेज दिया गया।

तेघड़ा शोकोद्विग्न (निज संवाददाता द्वारा)

तेघड़ा (मुंगेर), 6 जुलाई। बिहार के वित्तमंत्री डॉ. अनुग्रह नारायण सिंह के आकस्मिक निधन के समाचार से आज संपूर्ण तेघड़ा शोकाकुल हो गया। उनके निधन की झूठी अफवाह कल ही फैल चुकी थी, पर सवा आठ बजे आकाशवाणी (पटना) से इस संबंध में कोई सूचना प्रसारित नहीं की गई तो लोगों का भ्रम दूर हो गया। हृदय में संदेह घर कर जाने के कारण प्रत्येक रेडियो के समीप सुबह से ही लोगों की भीड़ लगी हुई थी और सचमुच सुबह में आकाशवाणी (पटना) ने कल की भ्रमपूर्ण अफवाह को सत्य बना ही दिया। तेघड़ा, फूलवड़िया, बछवाड़ा आदि कई स्थानों पर शोक सभाओं का आयोजन कर स्वर्गीय नेता के प्रति श्रद्धांजलि अर्पित की गई एवं ईश्वर से उनके शोकसंतप्त परिवार को यह असह्य कष्ट सहन करने की शक्ति प्रदान करने की प्रार्थना की गई। सभी सरकारी कार्यालयों में लगे राष्ट्रीय ध्वज झुका दिए गए और राज्य सरकार के अतिरिक्त केंद्रीय सरकार द्वारा संचालित कार्यालय भी बंद रहे।

छात्रों एवं शिक्षकों की श्रद्धांजलियाँ

रामबाबू उच्चांल विद्यालय हिलसा (पटना) के शिक्षकों एवं छात्रों की बैठक में बिहार के अर्थमंत्री श्री डॉ. अनुग्रह नारायण सिंह के निधन पर हार्दिक दुःख प्रकट किया

गया और दिवंगत आत्मा की शांति के लिए ईश्वर से प्रार्थना की गई। साथ ही उनके संतप्त परिवार के सदस्यों के प्रति सहानुभूति व्यक्त की गई।

डाल्टेनगंज शोक विह्वल (निज संवाददाता द्वारा)

डाल्टेनगंज, 7 जुलाई। बिहार के वित्तमंत्री डॉ. अनुग्रह नारायण सिंह की मृत्यु का समाचार शहरभर में बिजली की तरह फैल गया तथा बिहार विभूति के प्रति श्रद्धांजलि अर्पित करने के निमित्त स्थानीय साहित्य भवन में जिला कांग्रेस के तत्त्वावधान में एक शोकसभा आयोजित हुई, जिसका सभापतित्व श्री सीतारमन ने किया तथा सबने मौन खड़े होकर शोकप्रस्ताव स्वीकार किया, जिसकी सूचना डॉ. सिंह के सुपुत्र श्री सत्येंद्र सिंह, एम.पी. के पास प्रेषित की गई।

बाबूसाहब को श्रद्धांजलि (एक संवाददाता द्वारा)

सोनपुर, 6 जुलाई। बिहार के विभूति डॉ. अनुग्रह नारायण सिंह के निधन से सारा सोनपुर स्तब्ध रह गया। थाने की प्रायः समस्त शिक्षण, साहित्यिक एवं सार्वजनिक संस्थाओं की ओर से बाबूसाहब के निधन पर श्रद्धांजलि अर्पित की गई एवं ईश्वर से दिवंगत आत्मा की चिर शांति एवं उनके शोकाकुल परिवार को इस असह्य दुःख को सहने के लिए धैर्य प्रदान करने की शक्ति देने के लिए प्रार्थना की गई।

आज साढ़े ग्यारह बजे दिन में पूर्वोत्तर रेलवे के सोनपुर स्थित रेलवे जिला कार्यालय के प्रांगण में बाबूसाहब को श्रद्धांजलि अर्पित करने के लिए मंत्रणालय कर्मचारियों की एक सभा हुई। इस अवसर पर रेलवे अधिकारियों में सर्वश्री नटराजन (डी.टी.एस.), रमदसिया (डी.सी.) एवं मिश्रा (ए.टी.एस.) प्रभृति उपस्थित थे। श्री सीताशरण झा ने बाबूसाहब का संक्षिप्त परिचय देते हुए निम्न आशय का एक शोकप्रस्ताव उपस्थित किया—

"पूर्वोत्तर रेलवे के सोनपुर स्थित डी.टी.एस. ऑफिस के कर्मचारियों की यह सभा बिहार के वित्तमंत्री डॉ. अनुग्रह नारायण सिंह के निधन पर अपना हार्दिक शोक प्रकट करती है। उनकी मृत्यु से हिंदुस्तान ने एक महान् पुत्र, भारतीय स्वाधीनता आंदोलन के अग्रदूत एवं कुशल प्रशासक को खो दिया है। यह सभा भगवान् से दिवंगत आत्मा की चिरशांति के लिए प्रार्थना एवं शोकाकुल परिवार के प्रति अपनी हार्दिक संवेदना प्रकट करती है।"

बसहा में शोकसभा

लहेरियासराय, 8 जुलाई। बसहा मिरजापुर (दरभंगा) स्थित आनंद पुस्तकालय के

भवन में 7 जुलाई की शाम में श्री मदनमोहन चौधरीजी की अध्यक्षता में सदस्यों की एक सभा हुई, जिसमें बिहार प्रांत के वित्तमंत्री डॉ. अनुग्रह नारायण सिंह के निधन पर शोक प्रकट करते हुए दिवंगत आत्मा की शांति के लिए मौन होकर ईश्वर से प्रार्थना की गई।

जिला परिषद् का शोकप्रस्ताव

लहेरियासराय, 7 जुलाई। बिहार राज्य के वित्तमंत्री डॉ. अनुग्रह नारायण सिंह के निधन के कारण दरभंगा जिला परिषद् कर्मचारी संघ के द्वारा आयोजित शोकसभा जिला परिषद् सभा भवन में श्री रामानंद चौधरी, अध्यक्ष, स्थानीय परिषद्, सदर के सभापतित्व में आज 11 बजे दिन में हुई, जिसमें निम्नलिखित प्रस्ताव स्वीकृत हुआ—

"दरभंगा जिला परिषद् कर्मचारी संघ की यह बैठक बिहार राज्य के वित्तमंत्री डॉ. अनुग्रह नारायण सिंह के आकस्मिक देहावसान पर महान् शोक प्रकट करती है। आप जिस महान् त्याग एवं तपस्या द्वारा अपने जीवन के आरंभ काल से लेकर अद्यावधि बिहार के निर्माण में प्रमुख हाथ बँटाते रहे हैं, वह बिहार के इतिहास में चिरस्मरणीय है। आप जैसे नीति-निपुण, धर्मधुरीण, कार्य-प्रवीण एवं राजनीतिज्ञ के निधन से केवल बिहार ही नहीं, बल्कि सारा भारत आज शोकाकुल है। खासकर आपकी मृत्यु के कारण बिहार की, जो महान् क्षति हुई है, वह कभी भी पूरी नहीं की जा सकेगी।"

सभी कार्यालय बंद (निज संवाददाता द्वारा)

गढ़वा (पलामू), 6 जुलाई। आज बाबूसाहब के निधन के समाचार से लोगों में शोक छा गया। बाजार इत्यादि सभी प्रमुख स्थान बंद कर दिए गए। गढ़वा कचहरी और जितने सरकारी कार्यालय थे, सभी समाचार मिलते ही बंद कर दिए गए। कचहरी में राष्ट्रीय ध्वज झुका दिया गया। कचहरी के अहाते में श्री ब्रह्मदेव नारायण सिंह के सभापतित्व में गढ़वा वकील संघ की एक बैठक हुई, जिसमें डॉ. अनुग्रह नारायण सिंह के निधन पर शोकप्रस्ताव स्वीकृत कर उनकी दिवंगत आत्मा की शांति के लिए भगवान् से प्रार्थना की गई।

नवादा सन्न रह गया (निज संवाददाता द्वारा)

नवादा (गया), 6 जुलाई। आज बिहार के वित्तमंत्री डॉ. अनुग्रह नारायण सिंह के निधन का समाचार सुनते ही संपूर्ण नवादा सबडिवीजन शोकाकुल हो उठा। प्रात: काल सबडिवीजनल न्यायालय भवन का राष्ट्रीय झंडा झुका दिया गया था और संपूर्ण सरकारी दफ्तरों को बंद कर दिया गया। लगभग 10 बजे सबडिवीजनल न्यायालय के प्रांगण में सभा का आयोजन किया गया, जिसमें शोकप्रस्ताव स्वीकृत किया गया।

जबरदस्त आघात

लखीसराय, 6 जुलाई। डॉ. अनुग्रह नारायण सिंह के निधन का दुःखद समाचार सुनकर बालिका विद्यापीठ की छात्राएँ और कार्यकर्तागण शोक से विह्वल हो गए। स्वर्गीय बाबूसाहब विद्यापीठ परिवार के पिता तुल्य थे। प्रातः साढ़े दस बजे छात्राओं की एक सभा हुई, जिसमें वक्ताओं ने श्रद्धास्पद बाबूसाहब के मानवीय गुणों की चर्चा करते हुए कहा—''बाबूसाहब की मृत्यु से बिहार को एक जबरदस्त आघात पहुँचा है। इससे जो क्षति हुई उसकी पूर्ति नहीं हो सकती। सबने खड़े होकर दो मिनट के मौन के साथ दिवंगत आत्मा की शांति के लिए प्रार्थना की और उनके शोकसंतप्त परिवार के प्रति संवेदना का प्रस्ताव स्वीकृत किया।''

स्वर्गीय अनुग्रह बाबू

(काठमांडू में शोकसभा)

काठमांडू, 7 जुलाई। बिहार विभूति श्री अनुग्रह नारायण सिंह के दुःखद निधन पर स्थानीय कोशी योजना कार्यालय में नेपाली नेशनल कांग्रेस के नेता श्री खड्गमान सिंह के सभापतित्व में शोकसभा का आयोजन किया गया। सभा में यहाँ के गण्यमान्य व्यक्ति उपस्थित थे। उपस्थित सज्जनों ने सभापति के प्रस्ताव पर दो मिनट तक मौन रहकर दिवंगत आत्मा के प्रति शांति एवं शोकसंतप्त परिवार के लिए संवेदना प्रकट की। इस अवसर पर सर्वश्री खड्गमान सिंह, भद्रकाली मिश्र, वी.पी. कोइराला, कालीप्रसाद उपाध्याय, काशीप्रसाद श्रीवास्तव, एच. लाल तथा एन.पी. सिन्हा आदि प्रमुख व्यक्तियों द्वारा श्रद्धांजलि अर्पित की गई।

श्री खड्गमान सिंह ने अपने भाषण में बताया कि "अनुग्रह बाबू के साथ जो कुछ दिनों का संपर्क मेरा रहा, उससे मैं अत्यधिक प्रभावित हुआ और मैंने अनुग्रह बाबू को भारत का ही नहीं, बल्कि नेपाल का भी बहुत बड़ा हितैषी पाया।"

प्रजा परिषद् के अध्यक्ष भद्रकाली मिश्र ने कहा कि "बाबूसाहब का निधन मेरे लिए व्यक्तिगत शोक का विषय तो है ही, साथ ही उनके निधन से बहुत बड़ी सामूहिक क्षति भी पहुँची है। अनुग्रह बाबू की मृत्यु से जो क्षति हुई है, उसकी पूर्ति होना कठिन है।"

श्री काली प्रसाद, उपाध्यक्ष (भूतपूर्व एटार्नी जनरल) ने अनुग्रह बाबू के साथ बचपन से आज तक के अपने पारिवारिक संबंध का सिंहावलोकन करते हुए बतलाया कि उनके लिए यह सूचना बड़ी ही शोकप्रद हुई। श्री एच. लाल ने अपने 20 वर्षों का अनुभव बतलाते हुए उनकी कार्य-क्षमता, कर्मठता एवं निर्भीकता की चर्चा की और कहा कि वे सदैव देशसेवा में लगे रहे, जो हर किसी के लिए अनुकरणीय है। नरेश्वर प्रसाद सिन्हा ने भी उन्हें श्रद्धांजलि अर्पित की।

अंतिम संदेश

पटना, 7 जुलाई। पिछले बिहार प्रांतीय सर्वोदय सम्मेलन, पूसा रोड के अवसर पर उपस्थित होने के लिए प्राप्त निमंत्रण के उत्तर में स्वर्गीय डॉ. अनुग्रह नारायण सिंह, वित्तमंत्री, बिहार ने जो संदेश उक्त सम्मेलन के संयोजक के पास भेजा था, उसमें उन्होंने कहा था कि कानून से प्रेम की भावना नहीं पैदा की जा सकती। स्वर्गीय वित्तमंत्री ने कहा था, ''मैं समझता हूँ कि यह सम्मेलन मुख्यत: भूमिदान एवं ग्रामदान के विचार का आगे बढ़ाने के उद्देश्य आयोजित हुआ है। इस विचार के पीछे एक बड़ी भारी सामाजिक एवं आर्थिक क्रांति का विचार है। इसकी सफलता पारस्परिक सहयोग एवं प्रेम की भावना सबल करने में है। राजसत्ता के कानून द्वारा प्रेम और सहयोग की प्रेरणा नहीं दी जा सकती। कानून द्वारा लोगों पर दबाव डालकर कुछ समय के लिए समाज में कुछ परिवर्तन लाना संभव हो सकता है। लेकिन सच्ची शांति एवं सुख समाज में तब तक स्थापित नहीं हो सकता, जब तक समाज में पारस्परिक सहयोग और प्रेम का विचार ग्राह्य नहीं होता। सर्वोदय समाज सेवक अपनी विचार शक्ति द्वारा समाज में क्रांति का जागरण कर रहे हैं, यह देखकर मुझे अत्यंत प्रसन्नता हो रही है और मुझे विश्वास है कि अपनी इस विचार शक्ति के द्वारा सर्वोदय समाज सेवक निकट भविष्य में ग्रामदान ही नहीं, तालुकादान प्राप्त करने में सफल होंगे और सच्चा ग्रामराज्य स्थापित करेंगे, जिसमें शासन एवं शोषण रहित समाज बनाकर पारस्परिक सहयोग एवं प्रेम का जीवन बिताएँगे। मैं इस सम्मेलन की पूर्ण सफलता के लिए ईश्वर से प्रार्थना करता हूँ।''

अनुग्रह बाबू के शोक में सभाएँ और श्रद्धांजलियाँ

पटना, 8 जुलाई। आज भी पटना तथा पार्श्ववर्ती क्षेत्रों की संस्था और प्रतिष्ठानों की ओर से अनुग्रह बाबू के निधन पर शोकसभाएँ की गईं और श्रद्धांजलियाँ अर्पित की गईं।

बच्चों की फुलवारी द्वारा शोक-प्रकाश

'बच्चों की फुलवारी' नामक बालसंस्था की ओर से कल प्रात: शोकसभा का आयोजन किया गया, जिसमें संस्था के मंत्री श्री इंद्र कुमार ने कहा कि बच्चों को लाड़-प्यार-दुलार देनेवाला पिता हमें छोड़कर चला गया। श्री रामदयाल पांडेय तथा अन्य कई व्यक्तियों ने भी अपने शोकोद्‌गार व्यक्त किए और दिवंगत आत्मा के प्रति श्रद्धांजलियाँ अर्पित कीं।

पटना विश्वविद्यालय युवक कांग्रेस

पटना विश्वविद्यालय युवक कांग्रेस की ओर से कल सायं काल पटना विश्वविद्यालय

के छात्रों की एक शोकसभा श्री सत्यदेव नारायण शर्मा की अध्यक्षता में हुई, जिसमें प्रोफेसर पद्मदेव नारायण शर्मा ने स्वर्गीय अनुग्रह बाबू के जीवन पर प्रकाश डाला। उन्होंने कहा, "छात्रों पर अनुग्रह बाबू की हमेशा कृपा रहती थी। शोकप्रस्ताव भी स्वीकृत हुआ।"

पंजाब बिरादरी द्वारा श्रद्धांजलि

पंजाब बिरादरी की कार्यकारिणी की एक बैठक कल यहाँ हुई, जिसमें अनुग्रह बाबू के निधन पर शोक प्रकट किया गया। यह कहा गया कि अनुग्रह बाबू ने पंजाबी बिरादरी के हितों पर विशेष ध्यान दिया था और साथ ही शरणार्थियों के पुनर्वास में उनका योगदान अत्यंत महत्त्वपूर्ण था।

राष्ट्रीय सेवा नियोजन विभाग द्वारा शोक-प्रकाश

राष्ट्रीय सेवा नियोजन विभाग के अधिकारियों और कर्मचारियों की एक सभा डॉ. अनुग्रह नारायण सिंह के निधन पर शोक मनाने के लिए हुई, जिसमें निम्नलिखित प्रस्ताव स्वीकृत हुआ—"डॉ. अनुग्रह नारायण सिंह, वित्त एवं श्रममंत्री के आकस्मिक देहावसान पर राष्ट्रीय नियोजन सेवा कर्मचारी हार्दिक शोक प्रकट करते हैं। बिहार विभूति की मृत्यु से इस प्रांत की ही नहीं, समस्त देश की गहरी क्षति हुई है। परमात्मा से हमारी यही प्रार्थना है कि उनकी दिवंगत आत्मा को वह शांति प्रदान करे तथा उनके शोकमग्न परिवार को इस महान् दुःख को सहन करने की शक्ति दे।"

कुशवाहा युवकों द्वारा श्रद्धांजलि

कुशवाहा नवयुवक संघ के तत्त्वावधान में संघ के कार्यकर्ताओं की एक सभा संघ के देवनंदन प्रसाद मेहता की अध्यक्षता में हुई, जिसमें बिहार के वित्तमंत्री डॉ. अनुग्रह नारायण सिंह के निधन पर शोक प्रकट किया गया।

बिहार वित्त सेवा संघ द्वारा शोक प्रकाश

बिहार वित्त सेवा संघ की एक असाधारण बैठक श्री रामभद्र ठाकुर की अध्यक्षता में बिहार विभूति डॉ. अनुग्रह नारायण सिंह के निधन पर शोक प्रकट करने के लिए आज 10 बजे दिन में हुई, जिसमें निम्नलिखित प्रस्ताव सर्वसम्मति से स्वीकृत हुआ—

बिहार वित्त सेवा संघ के सदस्य बिहार विभूति डॉ. अनुग्रह नारायण सिंह; वित्त, श्रम एवं कृषिमंत्री, बिहार के निधन पर शोक प्रकट करते हैं तथा कामना करते हैं कि ईश्वर उनकी दिवंगत आत्मा को चिरशांति प्रदान करे और उनके शोकसंतप्त परिवार को इस असीम दुःखभार को सहन करने के लिए पर्याप्त धैर्य और शक्ति दे।

किशोर संघ द्वारा शोकप्रकाश

आज किशोर संघ, सालिमपुर अहरा (पटना-3) के तत्त्वावधान में बिहारविभूति डॉ. अनुग्रह नारायण सिंह के निधन पर शोक प्रकट करने के लिए श्री विद्यासागर गुप्त की अध्यक्षता में एक सभा हुई। एक प्रस्ताव द्वारा परमात्मा से प्रार्थना की गई कि बाबूसाहब की दिवंगत आत्मा को वह शांति प्रदान करे तथा शोकसंतप्त परिवार को दुःख सहने की शक्ति दे।

वाणिज्य कर विभाग के कर्मचारियों द्वारा श्रद्धांजलि

बिहार वाणिज्य कर विभाग के पटना प्रमंडल, पटना नागरिक अंचल तथा पटना अंचल के पदाधिकारियों और कर्मचारियों की आज एक सभा हुई, जिसमें बिहारविभूति डॉ. अनुग्रह नारायण सिंह के निधन पर हार्दिक शोक प्रकट किया गया। दिवंगत आत्मा की शांति के लिए ईश्वर से प्रार्थना की गई।

नवयुवक कला मंदिर में शोकसभा

कल संध्या समय नवयुवक कलामंदिर (दुजरा, पटना) के अध्यक्ष श्री कैलासनाथ के सभापतित्व में सदस्यों की एक सभा हुई, जिसमें बिहारविभूति डॉ. अनुग्रह नारायण सिंह के देहावसान पर शोक प्रकट किया गया तथा दिवंगत आत्मा की शांति के लिए ईश्वर से प्रार्थना की गई। उनके निधन से देश और खासकर बिहार की जो क्षति हुई है, उसकी पूर्ति नहीं की जा सकती।

क्षेत्र प्रयोग उपविभाग के कार्यकर्ताओं द्वारा श्रद्धांजलि

बिहार विभूति डॉ. अनुग्रह नारायण सिंह के असामयिक निधन पर क्षेत्र प्रयोग उप-विभाग बिहार, पटना-3 के कार्यकर्ताओं ने एक सभा कर दिवंगत आत्मा की शांति के लिए ईश्वर से प्रार्थना की तथा शोकसंतप्त परिवार के प्रति संवेदना प्रकट की।

प्रसाद साहित्य परिषद्

प्रसाद साहित्य परिषद् की एक विशेष गोष्ठी श्री विकट की अध्यक्षता में हुई, जिसमें जननेता, राजनीतिक संत, अर्थमंत्री बिहारविभूति बाबू अनुग्रह नारायण सिंह के निधन पर शोकप्रस्ताव स्वीकृत हुआ। श्री रामदेव झा ने अनुग्रह बाबू के जीवन पर प्रकाश डाला तथा उनके गुणों की चर्चा की। श्री सत्यदेव नारायण अस्थाना ने कहा कि बाबूसाहब की मृत्यु से न केवल बिहार वरन् समस्त भारत की एक अपूरणीय क्षति हुई है। श्री विकट ने कहा कि बाबूसाहब अत्यंत उदार थे और कोई उनके पास से निराश नहीं लौटता था।

गीता और रामायण पाठ का निश्चय

एस.एल. संध्याकालीन ट्यूटोरियल विद्यालय गुलजारबाग के अध्यापकों एवं छात्रों ने श्री जयनारायण शर्मा की अध्यक्षता में स्वर्गीय डॉ. अनुग्रह नारायण सिंह को अपनी श्रद्धांजलि अर्पित की तथा उनके श्राद्ध तक नित्य गीता और रामायण पाठ करने का निश्चय किया।

विधान परिषद् सचिवालय

आज बिहार विधान परिषद् सचिवालय के कर्मचारियों की एक सभा हुई, जिसमें स्वर्गीय डॉ. अनुग्रह नारायण सिंह के प्रति श्रद्धांजलियाँ अर्पित की गईं और एक शोकप्रस्ताव भी स्वीकृत हुआ। दो बजे दिन के बाद शोक में कार्यालय बंद कर दिया गया।

युवक साहित्य संघ

विगत 6 जुलाई को युवक साहित्य संघ पटना की ओर से भी एक शोकसभा की गई और दिवंगत आत्मा की शांति के लिए ईश्वर से प्रार्थना की गई।

नेताओं के संदेश

अनुग्रह बाबू के निधन से एक महान् नेता उठ गया

पटना, 8 जुलाई। बिहार विभूति डॉ. अनुग्रह नारायण सिंह के निधन पर विभिन्न स्थानों से विभिन्न महानुभावों ने श्री सत्येंद्र नारायण सिंह के पास निम्न प्रकार अपने संदेश भेजे हैं—

श्री चंद्रभानु गुप्त : आपके इस दुःख में मैं भी साथ हूँ। हार्दिक शोक स्वीकार करें।

श्री खंडूभाई देसाई : अनुग्रह बाबू का दुःखद निधन सुनकर अत्यंत दुःखी हुआ। देश का बहादुर और अनुशासन प्रिय सिपाही चला गया।

श्री विंध्येश्वरी प्रसाद वर्मा : अनुग्रह बाबू मेरे लिए एक भाई के तुल्य थे। कांग्रेस में, कारागार में या विधानसभा में उन्होंने मेरे लिए बड़ा ही स्नेहभाव रखा। मैं उनके निरपेक्ष, न्याय मृदु शब्द और सबसे निराले उनके अनुभवसिद्ध परामर्श को, जो वे मुझे संकट की घड़ियों में देते रहे कैसे भूल सकता हूँ। हम लोगों के बीच से उनका चला जाना हम लोगों के लिए एक अपूरणीय क्षति है। सारा राज्य और देश महान् शोक में डूब गया है, पर ईश्वर की इच्छा अपरंपार है।

श्री राजबहादुर (मंत्री, संवादवहन मंत्रणालय, भारत सरकार) : डॉ. सिंह के निधन से बड़ा शोक है। यह एक बड़ी राष्ट्रीय क्षति है, जिसकी पूर्ति शायद ही हो।

श्री एस.वी. कृष्णमूर्ति राव (उपाध्यक्ष, भारतीय राज्यसभा) : आपके पिता के स्वर्गवास से आंतरिक दुःख हुआ। देश की यह एक महान् क्षति है।

श्री अनिल कुमार चंदा (उपमंत्री, निर्माण एवं आपूर्ति, भारत सरकार) : आपके पिता के असामयिक निधन के दुःखद समाचार को पाकर बड़ा दुःख हुआ। दुर्घटना और उसके बाद के कष्टों का समाचार यद्यपि हम लोगों को पहले ही मिल चुका था, पर इस प्रकार के दुःखद समाचार को अकस्मात् सुनने के लिए हम लोग तैयार नहीं थे। हमारे महानतम नेताओं में से एक हमें छोड़ गया। पुनीत आत्मा को हमारी श्रद्धांजलियाँ!

श्री प्रकाश (राज्यपाल, बंबई प्रदेश) : मैं शोकोद्विग्न हुआ हूँ और आपके दुःख में

साथ हूँ। डॉ. अनुग्रह नारायण सिंह ने देश के राजनीतिक जीवन में तथा स्वातंत्र्य संग्राम में एक महान् आदर्श पर अग्रगण्य हिस्सा लिया था। बिहार को तो उन्होंने सर्वस्व दे दिया और अनुपम निष्ठा से उस प्रदेश की सेवा की। स्वास्थ्य के ठीक न होने के बावजूद उन्होंने अपने कठिन और पेचीदा कार्य अविराम रूप से तथा पूर्ण तत्परता के साथ पूरे किए। उन जैसा व्यक्ति ढूँढ़ निकालना मुश्किल ही है। उनकी आत्मा को शांति मिले।

श्री लक्ष्मी नारायण सुधांशु : अनुग्रह बाबू को खोकर आंतरिक दुःख है।

डॉ. संपूर्णानंद : अनुग्रह बाबू के निधन का समाचार सुनकर दुःख हुआ। मेरा हार्दिक शोक।

श्री शांतिप्रसाद जैन : अनुग्रह बाबू के दुःखद निधन का समाचार पाकर आंतरिक दुःख हुआ। बिहार के राजनतिक तथा सामाजिक जीवन में उनके चले जाने से एक रिक्त स्थान उपस्थित हो गया। देश ने एक प्रसिद्ध और महान् नेता खो दिया। मेरा तो एक महत्त्वपूर्ण पथनिर्देशक चला गया। संतप्त परिवार के लिए मेरी हार्दिक संवेदना स्वीकार करें।

श्री सूर्यप्रसाद उपाध्याय (सदस्य, नेपाली कांग्रेस, हाईकमान काठमांडू) : बाबूसाहब के दुःखद निधन से दुःख हुआ। मेरी हार्दिक शोक संवेदना स्वीकार करें।

श्री शंकर शरण (कस्टोडियन जनरल, भारत सरकार) : एक महान् मानव उठ गया। मेरी आंतरिक संवेदना स्वीकार करें।

श्री सत्यनारायण सिंह : मेरा हार्दिक शोक संवेदना स्वीकार करें। यद्यपि मेरे लिए भी संवेदना की आवश्यकता है।

पंडित कमलापति त्रिपाठी : अनुग्रह बाबू के निधन का समाचार पाकर बड़ा दुःख हुआ। बिहार ने अपना अच्छा सेवक खो दिया। भगवान् आपको यह आघात सहने की शक्ति दे।

आर्यावर्त्त (पटना)

10 जुलाई, 1957

अनुग्रह बाबू के निधन से संपूर्ण बिहार शोकाकुल
शोक में हड़ताल और सभाएँ

पटना, 9 जुलाई। डॉ. अनुग्रह नारायण सिंह के निधन से सारा बिहार शोकाकुल हो उठा है और राज्य के विभिन्न भागों में दुकानें बंद कर, सरकारी एवं गैर-सरकारी संस्थाएँ बंद कर तथा सभाएँ कर शोक प्रकट किया गया है। वक्ताओं ने डॉ. अनुग्रह नारायण सिंह के निधन को बिहार की अपूरणीय क्षति बतलाया है और कहा है कि वे ऐसे समय में उठ गए, जब राज्य और देश को उनकी सर्वाधिक आवश्यकता थी।

औरंगाबाद में शोकसभा (निज संवाददाता द्वारा)

औरंगाबाद (गया), 9 जुलाई। गत 6 जुलाई को डॉ. अनुग्रह नारायण सिंह की मृत्यु का समाचार सुनकर लोग स्तब्ध रह गए। सभी जगह दुकानें बंद कर दी गईं। सभी सरकारी भवनों पर झंडे आधा झुका दिए गए। नागरिकों की ओर से सायंकाल शोकसभा का अयोजन किया गया। ज्ञातव्य है कि स्वर्गीय डॉ. अनुग्रह नारायण सिंह का जन्म इसी औरंगाबाद थाने के पोइआवाँ ग्राम में हुआ था और उनकी माध्यमिक शिक्षा भी यहीं हुई थी।

संगमरमर की प्रतिमा-स्थापन का निश्चय (निज संवाददाता द्वारा)

बिहारशरीफ (प.), 9 जुलाई। गत शनिवार को प्रात: काल बिहार राज्य के वित्तमंत्री डॉ. अनुग्रह नारायण सिंह के निधन का समाचार बिजली की तरह बिहारशरीफ नगर में फैल गया। सारे नगर में शोक का वातावरण छा गया। नगर की दुकानें बंद रहीं। दूसरे दिन भी नगर की दुकानें बंद रहीं। गत शनिवार को स्थानीय दोनों सिनेमा रात में बंद कर दिए गए। उसी दिन सबसे पहले बिहारशरीफ साम्यवादी दल ने साधारण सभा कर शोकप्रस्ताव उपस्थित किया, जिसे सबने एक मिनट मौन खड़े होकर दिवंगत आत्मा के

लिए ईश्वर से शांति प्रदान करने की प्रार्थना के साथ स्वीकृत किया। रविवार को संध्या समय स्थानीय अनुग्रह पार्क में कांग्रेसजनों ने शोकसभा की।

एक अन्य प्रस्ताव स्वीकृत कर बिहारशरीफ नगरपालिका के स्थानीय अनुग्रह उद्यान में स्वर्गीय डॉ. अनुग्रह नारायण सिंह की संगमरमर की प्रतिमा शीघ्र स्थापित करने का निर्णय लिया गया। स्थानीय पत्र प्रतिनिधियों की सभा श्री सुरेंद्र कुमार सिन्हा की अध्यक्षता में हुई, जिसमें शोक प्रकट करते हुए दिवंगत आत्मा की शांति के लिए ईश्वर से प्रार्थना की गई।

कांग्रेस आश्रम में श्रद्धांजलि (निज संवाददाता द्वारा)

मेजरगंज, 9 जुलाई। 6 जुलाई को अकस्मात् अनुग्रह बाबू का निधन समाचार सुनकर थाने के कार्यकर्ताओं ने कांग्रेस आश्रम में शोकसभा की, जिसमें दिवंगत आत्मा को श्रद्धांजलि अर्पित की गई।

बिहार की अपूरणीय क्षति

भागलपुर, 9 जुलाई। डॉ. अनुग्रह नारायण सिंह की मृत्यु का समाचार मिलते ही व्यायाम कला केंद्र के तत्त्वावधान में शोकसभा का आयोजन किया गया। अध्यक्षता व्यायाम कला के संस्थापक प्रोफेसर चंद्रशेखर ने की। वक्ताओं ने अनुग्रह बाबू की मृत्यु से हुई अपार क्षति एवं बिहार की आर्थिक उन्नति के मार्ग में आनेवाली कठिनाइयों की ओर संकेत किया। उन्होंने कहा कि बिहार के राजनीतिक आंदोलन की सफलता का श्रेय जिस त्रिमूर्ति को है, अनुग्रह बाबू के अवसान के साथ उसकी दूसरी कड़ी भी जाती रही। सुलझे विचार एवं संयत व्यवहार आपके व्यक्तित्व की सबसे विशेषता रही। बिहारवासी उनकी सेवाओं को कभी भूल नहीं पाएँगे। सभा के अंत में उपस्थित जनसमूह ने दिवंगत आत्मा के प्रति श्रद्धांजलि अर्पित की।

कसबा में विशाल सभा

कसबा, 9 जुलाई। स्थानीय महागामा थाना कांग्रेस कमेटी की बैठक आजाद क्लब कार्यालय में गत 7 जुलाई को स्थायी अध्यक्ष श्री भागवत झा आजाद के सभापतित्व में हुई। सर्वसम्मति से डॉ. अनुग्रह नारायण सिंह के निधन पर शोकप्रस्ताव स्वीकृत हुआ। श्री आजाद ने कहा कि बिहार ने केवल अपना वित्तमंत्री ही नहीं खोया, बल्कि अपने नेता को खो दिया। बाबूसाहब एक महान् व्यक्ति नहीं, अपितु एक महान् प्रतिष्ठान थे। बैठक में आस-पास के गाँवों के हजारों व्यक्ति उपस्थित थे, सभी ने खड़े होकर दो मिनट तक दिवंगत आत्मा की शांति के लिए प्रार्थना की।

झरिया में शोकसभा (निज संवाददाता द्वारा)

झरिया, 8 जुलाई। बिहार विभूति डॉ. अनुग्रह नारायण सिंह के असामयिक निधन पर शोक प्रकट करने के लिए 6 जुलाई को बिहार कोलियरी मजदूर संघ की कार्य समिति की आवश्यक बैठक संघ के अध्यक्ष श्री एम. जॉन, एम.पी. के सभापतित्व में हुई। सभा में स्वर्गीय अनुग्रह बाबू की चर्चा करते हुए सभापति ने शोकप्रस्ताव पेश किया, जो सर्वसम्मति से स्वीकृत कर लिया गया तथा सभी उपस्थित सदस्यों ने दो मिनट तक मौन खड़े होकर दिवंगत आत्मा की शांति के लिए प्रार्थना की। उसी दिन संध्या समय झरिया तिलक भवन में नागरिकों की सभा श्री रामधनी सिंह के सभापतित्व में हुई, जिसमें अनुग्रह बाबू के निधन पर शोक प्रकट किया गया तथा कहा गया कि उनके निधन से बिहार की जो अपार क्षति हुई है, उसकी पूर्ति संप्रति असंभव है। इस तरह की शोकसभाएँ कतरास, धनबाद, तिसरा आदि जगहों में भी हुईं।

दरियापुर (पालिगंज) में शोकसभा

पालिगंज (पटना), 8 जून। आदर्श पुस्तकालय (दरियापुर) में शनिवार की शाम को श्री रामदेव मिश्र की अध्यक्षता में सभा हुई, जिसमें डॉ. अनुग्रह नारायण सिंह के निधन पर शोक प्रस्ताव सर्वसम्मति से पारित हुआ।

सिवान में हड़ताल और सभा

सिवान (सारण), 8 जुलाई। गत 6 जुलाई को स्थानीय बुलियन मर्चेंट्स एसोसिएशन की ओर से बिहार विभूति डॉ. अनुग्रह नारायण सिंह के निधन पर सोना-चाँदी व्यवसायियों की पूर्ण हड़ताल रही और 5 बजे सायं काल श्री साधुशरण के सभापतित्व में सभा हुई तथा शोकप्रस्ताव सर्वसम्मति से स्वीकृत हुआ।

महनार में श्रद्धांजलियाँ

महनार, 9 जुलाई। महनार थाने के नागरिकों की सार्वजनिक सभा बिहार विभूति डॉ. अनुग्रह नारायण सिंह की मृत्यु पर शोक प्रकट करने के लिए मदनाश्रम में श्री रामप्रसाद सिंह की अध्यक्षता में गत 6 जुलाई को हुई। दिवंगत आत्मा के प्रति श्रद्धांजलियाँ अर्पित की गईं और उसकी शांति के लिए ईश्वर से प्रार्थना की गई।

महुआ में शोकप्रस्ताव

महुआ (मुजफ्फरपुर), 9 जुलाई। महुआ क्षेत्र के निवासियों की सभा में बिहार के प्रसिद्ध समाजसेवी, राजनीतिज्ञ और शिक्षा प्रचारक श्री अनुग्रह नारायण सिंह के,

जिन्होंने प्राय: अर्द्धशताब्दी तक देश और प्रांत की विभिन्न दिशाओं में ठोस सेवा की थी, जिनकी देश और प्रांत को इस समय और भी अधिक आवश्यकता थी, असामयिक निधन पर हार्दिक शोक प्रकट किया गया और परमात्मा से दिवंगत आत्मा की शांति के लिए प्रार्थना की गई।

पकरीबरवाँ में हड़ताल

पकरीबरवाँ (गया), 9 जुलाई। बिहार विभूति डॉ. अनुग्रह नारायण सिंह के निधन पर गत 6 जुलाई को चार बजे दिन में स्थानीय डाकबँगले में सार्वजनिक सभा कर शोकप्रस्ताव पारित किया गया। निधन का समाचार पाते ही पकरीबरवाँ का बाजार बंद कर दिया गया एवं सभी कचहरियाँ बंद रहीं।

मलवाँ में प्रार्थना

मलवाँ (गया), 6 जुलाई। आज स्थानीय पुस्तकालय भवन में एक सभा 8 बजे रात्रि में बिहार के वित्तमंत्री डॉ. अनुग्रह नारायण सिंह की मृत्यु पर शोक मनाने के लिए बुलाई गई। उनकी आत्मा की शांति के लिए प्रार्थना की गई।

गुरुकुल मोहियाँ शोकसंतप्त

गुरुकुल मोहियाँ (छपरा), 6 जुलाई। बिहार विभूति डॉ. अनुग्रह नारायण सिंह के देहावसान का समाचार पाते ही कुलवासी शोकमग्न हो गए। सायंकाल 5 बजे कुलवासियों ने पंडित नंदकुमार शर्मा के सभापतित्व में शोकसभा का आयोजन किया। वक्ताओं ने बिहार की अपूरणीय क्षति के लिए शोक प्रकट किया और अंत में दिवंगत आत्मा की शांति के लिए दो मिनट तक खड़े होकर मौन प्रार्थना की गई।

गोड्डा व्यापार संघ की सभा (एक संवाददाता द्वारा)

गोड्डा, 6 जुलाई। गोड्डा व्यापार संघ के तत्त्वावधान में बिहारविभूति डॉ. अनुग्रह नारायण सिंह के देहावसान पर शोकसभा का आयोजन किया गया। श्री बुद्धिनाथ झा 'कैरव' ने स्वर्गीय सिंह की महानता एवं उनके जनतंत्र प्रेम पर प्रकाश डाला।

सार्वजनिक संस्थाएँ बंद (निज संवाददाता द्वारा)

नवीनगर, 9 जुलाई। डॉ. अनुग्रह नारायण सिंह की मुत्यु का समाचार बिजली की तरह समूचे इलाके में फैल गया और बाजार, स्कूल तथा अन्य सार्वजनिक संस्थाएँ शोक में बंद रहीं। डॉ. शालिग्राम सिंह के सभापतित्व में नागरिकों की सभा हुई, जिसमें

दिवंगत आत्मा के प्रति श्रद्धांजलि अर्पित की गई तथा संतप्त परिवार के प्रति संवेदना प्रकट की गई।

जब सर्वाधिक आवश्यकता थी

आरा, 9 जुलाई। शाहाबाद जिला परिषद् कर्मचारी संघ एवं जिला परिषद् अधिकारियों की संयुक्त सभा में बिहारविभूति डॉ. अनुग्रह नारायण सिंह के असामयिक निधन पर शोक प्रकट किया गया। प्रस्ताव में कहा गया कि बाबूसाहब का स्थान वर्तमान बिहार के निर्माताओं में सर्वोपरि था तथा मातृभूमि को दासता से छुड़ाने में देश के अग्रगण्य नेताओं में आप थे। उनकी जनप्रियता, प्रशासनिक कार्य-क्षमता एवं सहृदयता अतुलनीय थी। बिहार के जनजीवन के साथ उनका निकटतम संपर्क था, जिससे छोटे-बड़े सबों की उनके पास एक सी पहुँच थी। काल ने उनको ऐसे समय में हमसे छीन लिया, जिस समय बिहार की सर्वांगीण उन्नति के लिए उनकी अत्यंत आवश्यकता थी।

प्राकृतिक चिकित्सा केंद्र में शोक

भागलपुर, 9 जुलाई। 6 जुलाई की प्रात: काल 8 बजे स्थानीय प्राकृतिक चिकित्सा केंद्र भवन में कार्यकारिणी समिति की तात्कालिक बैठक हुई, जिसमें डॉ. अनुग्रह नारायण सिंह के निधन पर शोकप्रकट करते हुए शोकसंतप्त परिवार के साथ सहानुभूति प्रकट की गई।

अनुग्रह बाबू के निधन पर शोकसभाएँ एवं श्रद्धांजलि अर्पण
सारा बिहार शोकमग्न

पटना, 9 जुलाई। पटना नगर एवं बिहार राज्य के कोने-कोने से जो समाचार मिल रहे हैं, उनसे ज्ञात होता है कि बिहार विभूति डॉ. अनुग्रह नारायण सिंह के निधन से सर्वत्र शोक की काली घटा छा गई है। बाबूसाहब के निधन पर शोक प्रकट करने के लिए सभाएँ की गईं और उन सभाओं में दिवंगत आत्मा के प्रति श्रद्धांजलि अर्पित की गई।

बिहार राज्य दलित वर्ग संघ की कार्यकारिणी समिति की एक अत्यावश्यक बैठक 7 जुलाई को संध्या 8 बजे स्थानीय एम.एल.ए. फ्लैट में स्वर्गीय डॉ. अनुग्रह नारायण सिंह के निधन पर शोक प्रकट करने के लिए हुई। बैठक की अध्यक्षता डॉ. रघुनंदन प्रसाद ने की। बैठक में बिहार राज्य दलित वर्ग संघ के सदस्यों के अलावा विधानसभा तथा विधान परिषद् के हरिजन सदस्यगण एवं श्री भोलाशास्त्री पासवान भी उपस्थित थे। श्री डूमरलाल बैठा ने निम्नलिखित प्रस्ताव प्रस्तुत किया जो सर्वसम्मति से स्वीकृत किया गया—

शोकप्रस्ताव

बिहार राज्य दलित वर्ग संघ की कार्यसमिति की यह बैठक वित्तमंत्री के असामयिक निधन पर अत्यंत शोकाकुल हो यह अनुभव करती है कि डॉ. अनुग्रह नारायण सिंह की मृत्यु से बिहार की ही नहीं, संपूर्ण भारत को एक ऐसी महान् क्षति पहुँची है, जिसकी पूर्ति नहीं हो सकती। उस जनप्रिय, महान् एवं दिव्य व्यक्तित्व को खोकर बिहार की जनता खासकर बिहार का दलित वर्ग तथा शोषित समुदाय आज और भी दीन हो उठा है। बिहार राज्य दलित वर्ग संघ की यह बैठक उस महान् दिव्य आत्मा को अपनी श्रद्धांजलि अर्पण करती है और ईश्वर से प्रार्थना करती है कि उनकी दिवंगत आत्मा को शांति प्रदान करे।

मयूरगंज व्यापार समिति

स्थानीय मयूरगंज व्यापार समिति के सदस्यों की एक बैठक बाबूसाहब के निधन पर उनकी दिवंगत आत्मा को श्रद्धांजलि अर्पित करने के लिए हुई। बैठक में कितने सदस्यों ने उनकी जीवनी पर प्रकाश डालते हुए कहा कि उनकी क्षति से बिहार का एक अमूल्य रत्न खो गया है। अंत में सभी सदस्यों ने दो मिनट तक खड़े होकर दिवंगत आत्मा के प्रति श्रद्धांजलि अर्पित की।

स्टेशनरी स्टोर्स कर्मचारी संघ

सरकारी स्टेशनरी स्टोर्स एवं पब्लिकेशन विभागीय कर्मचारी संघ, पटना की एक विशेष बैठक 8 जुलाई को हुई, जिसमें बिहार विभूति के निधन पर शोक प्रकट किया गया एवं शोकसंतप्त परिवार के साथ हार्दिक संवेदना प्रकट की गई।

श्रद्धांजलि अर्पित

गत रविवार की शाम को रंगमंच नाट्य परिषद् के सदस्यों की एक बैठक श्री भगवान् प्रसाद की अध्यक्षता में कदमकुआँ में हुई। बैठक में परिषद् के सचिव ने एक प्रस्ताव रखा, जिसके आधार पर सभी कलाकारों ने एक मिनट मौन खड़े होकर स्वर्गीय डॉ. अनुग्रह नारायण सिंह के प्रति श्रद्धांजलि अर्पित की।

बिहार पियुन संघ

प्रिय नेता डॉ. अनुग्रह नारायण सिंह की आकस्मिक मृत्यु पर बिहार राज्य पियुन एसोसिएशन शोक एवं उनके शोकसंतप्त परिवार के प्रति सहानुभूति प्रकट करते हुए दिवंगत आत्मा की शांति के लिए ईश्वर से प्रार्थना करता है। डॉ. सिंह का उक्त संस्था से गत 10-11 वर्षों से घनिष्ठ संबंध रहा है। उन्हीं के बताए हुए मार्ग पर चलकर आज

यह संस्था अपने पैरों पर खड़ा होकर किसी भी कठिनाई का सामना करने के लिए समर्थ हो पाई है। उनकी मृत्यु से संस्था की जो क्षति हुई है, किसी भी तरह पूरी नहीं की जा सकती।

मातृमंदिर पुस्तकालय में (एक संवाददाता द्वारा)

बेलारही (दरभंगा), 6 जुलाई। बिहारविभूति डॉ. अनुग्रह नारायण सिंह के स्वर्गवास का समाचार आज रेडियो से मिलते ही यहाँ तथा आस-पास के गाँवों में शोक छा गया। संध्या समय स्थानीय मातृमंदिर पुस्तकालय के अहाते में श्री बिहारीलाल दासजी की अध्यक्षता में शोकसभा की गई, जिसमें ईश्वर से प्रार्थना की गई कि वह डॉक्टर सिंह की आत्मा की शांति तथा उनके परिवारवालों को धैर्य धारण करने की शक्ति प्रदान करे।

बाल नागरी प्रचारिणी सभा

पंडारव, 9 जुलाई। गत 7 जुलाई की संध्या छह बजे श्री युगेश्वर प्रसाद सिंहजी के सभापतित्व में राज्य के वित्तमंत्री श्री डॉ. अनुग्रह नारायण सिंहजी के आकस्मिक निधन पर शोक प्रकट करने के लिए 'बाल नागरी प्रचारिणी सभा' के तत्त्वावधान में एक शोकसभा आयोजित की गई जिसमें निम्नलिखित प्रस्ताव स्वीकृत हुए—"यह सभा राज्य के वित्तमंत्री डॉ. अनुग्रह नारायण सिंह के आकस्मिक निधन पर हार्दिक शोक प्रकट करते हुए उनकी दिवंगत आत्मा की शांति के लिए ईश्वर से प्रार्थना करती है तथा उनके शोकसंतप्त परिवार के प्रति हार्दिक सहानुभूति व्यक्त करती है।"

महान् विभूति खो दी

फतुहा, 9 जुलाई। गत 6 जुलाई को 9 बजे केंद्रीय सहकारी बैंक, फतुहा के कर्मचारियों तथा सदस्यों की एक शोकसभा डॉ. अनुग्रह नारायण सिंह के निधन पर श्री जयमंगल सिंहजी की अध्यक्षता में हुई। उपस्थित जन समूह ने शोक में दो मिनट तक मौन होकर उनकी आत्मा की शांति के लिए भगवान् से प्रार्थना की। उनके सद्गुणों की प्रशंसा करते हुए यह कहा गया कि बिहार ने अपने एक महान् विभूति को खो दिया, जिसकी पूर्ति संभव नहीं जान पड़ती।

गुमला सेवा केंद्र

गुमला, 6 जुलाई। आज गुमला सेवा केंद्र, गुमला में श्री अखौरा मथुरा प्रसाद की अध्यक्षता में डॉ. अनुग्रह नारायण सिंह के निधन पर एक शोकसभा का आयोजन किया गया था, जिसमें निम्नांकित प्रस्ताव स्वीकृत हुआ—"बिहार विभूति श्री अनुग्रह नारायण

सिंह की असामयिक मृत्यु पर गुमलानिवासियों की यह सभा शोक प्रकट करती है तथा शोकसंतप्त परिवार के साथ हार्दिक संवेदना व्यक्त करती है। भगवान् से प्रार्थना है कि दिवंगत आत्मा को शांति प्रदान करे।''

पूरा शहर शोकमग्न (निज संवाददाता द्वारा)

डिहरी-ऑन-सोन, 8 जुलाई। बिहार विभूति डॉ. अनुग्रह नारायण सिंह के निधन के समाचार से पूरे शहर में शोक छा गया है। अनुग्रह बाबू का संबंध इस शहर से बहुत निकट का रहा है। स्वतंत्रता संग्राम के दिनों में वह अकसर यहाँ आकर अपना कुछ समय बिताया करते थे। 1924 में वह राष्ट्रपति डॉ. राजेंद्र प्रसाद के साथ दो मास यहाँ ठहरे थे। उस समय राजेंद्र बाबू अखिल भारतीय कांग्रेस कमेटी के प्रधानमंत्री तथा अनुग्रह बाबू सहायक मंत्री थे। 1939 में बिहार के कांग्रेसी मंत्रिमंडल के इस्तीफा देने के बाद अनुग्रह बाबू स्वास्थ्य लाभ के लिए यहाँ प्रायः एक मास ठहरे थे। इस क्षेत्र में उनके अनेक प्रिय तथा निकटतम संबंधी भी हैं। बिहार विभूति के निधन का समाचार पाने के तुरंत बाद डालमियानगर स्थित उद्योगों के अधिकारियों तथा कर्मचारियों ने एक सभा की। उन्होंने एक शोकप्रस्ताव स्वीकृत कर दिवंगत आत्मा की शांति के लिए प्रार्थना की तथा शोकसंतप्त परिवार के प्रति संवेदना प्रकट की। मुख्य कार्यालय दिन में 1 बजे बंद कर दिया गया। संध्या समय डालमियानगर में सभा और दूसरे दिन डिहरी में नागरिकों की ओर से शोकसभा की गई। डिहरी बाजार में दुकानें दिन भर बंद रहीं।

स्वर्गीय अनुग्रह बाबू

एकमा (सारण), 9 जुलाई। बिहारविभूति की आकस्मिक मृत्यु का समाचार विद्युत् की तरह फैल गया। चारों ओर उदासी छा गई। श्री लक्ष्मी नारायण सिंह के सभापतित्व में सभा हुई, जिसमें अनुग्रह बाबू की सेवाओं, सरलता तथा उनके गुणों का वर्णन कर कहा गया कि उस स्थान की अब पूर्ति न होगी। सभा में शोक और संवेदना के प्रस्ताव स्वीकृत हुए।

बाढ़ शहर शोकाकुल (निज संवाददाता द्वारा)

बाढ़, 7 जुलाई। कल प्रातः काल नगर में रेडियो से वित्तमंत्री एवं बिहारविभूति डॉ. अनुग्रह नारायण सिंह की मृत्यु का समाचार प्राप्त होते ही सारा शहर शोकाकुल हो उठा तथा निकटस्थ ग्रामीण अंचलों में भी यह दुःख संवाद बिजली की तरह फैल गया। सभी सरकारी संस्थाएँ तत्काल बंद कर दी गईं। दिवंगत आत्मा के सम्मान में राष्ट्रीय ध्वज झुका दिए गए।

संध्याकाल स्थानीय 'किरण कलाकेंद्र' (सामाजिक सांस्कृतिक संस्था) की ओर से श्री भोला प्रसाद 'दीवाना', बी.ए. की अध्यक्षता में सदस्यों ने एक शोकसभा की, जिसमें कई वक्ताओं ने बिहार विभूति के जीवन पर प्रकाश डालते हुए उनके गुणों को अपनाने की सदस्यों से अपील की। अंत में सभा में दो मिनट तक मौन रहकर दिवंगत आत्मा की शांति के लिए प्रार्थना की गई।

नागरिकों की सभा में श्रद्धांजलि

बाढ़ नगर के नागरिकों की शोकसभा श्री जगदीश नारायण सिंह, विधायक की अध्यक्षता में स्थानीय अनुग्रह नारायण सिंह कॉलेज के प्रांगण में हुई। इस अवसर पर नगर के प्रमुख नागरिकों एवं कांग्रेस कार्यकर्ताओं ने वित्तमंत्री डॉ. अनुग्रह नारायण सिंहजी के निधन पर शोक प्रकट करते हुए बाबूसाहब के गुणों पर प्रकाश डाला और उपस्थित सभी व्यक्तियों ने दो मिनट तक मौन रहकर अपनी श्रद्धांजलि अर्पित की।

बाजार बंद रहा (निज संवाददाता द्वारा)

तेघड़ा (मुंगेर), 8 जुलाई। बिहार विभूति डॉ. अनुग्रह नारायण सिंह के निधन के शोक में कल स्थानीय बाजार पूर्णतया बंद रहा। कल संध्या स्थानीय कांग्रेस भवन में थाना कांग्रेस समिति के अध्यक्ष श्री रावणेश्वर दत्त, एम.ए. की अध्यक्षता में एक शोकसभा हुई, जिसमें श्री दत्त ने बाबूसाहब के जीवन पर प्रकाश डाला। अंत में एक प्रस्ताव स्वीकृत कर दिवंगत आत्मा को शांति प्रदान करने के लिए ईश्वर से प्रार्थना की गई।

वित्तमंत्री का देहावसान

कोआथ, 7 जुलाई। कल प्रात: रेडियो से बिहार विभूति डॉ. अनुग्रह नारायण सिंह के असामयिक देहावसान का दु:खद समाचार सुनकर लोग शोकमग्न हो गए। सरकारी, गैर-सरकारी कार्यालय और दुकानें बंद हो गईं। 8 बजे रात्रि में स्थानीय हितैषी पुस्तकालय भवन में श्री यज्ञेश्वर प्रसाद केसरी की अध्यक्षता में एक सार्वजनिक सभा हुई। अनुग्रह बाबू की जीवनी और उनकी अब तक की सार्वजनिक सेवाओं पर प्रकाश डाला गया। अंत में, दिवंगत आत्मा की शांति के लिए प्रार्थना की गई एवं शोकसंतप्त परिवार के साथ हार्दिक सहानुभूति का प्रस्ताव स्वीकृत हुआ।

सारा नगर शोकमग्न (निज संवाददाता द्वारा)

सुपौल (सहरसा), 6 जुलाई। बिहार के प्रमुख महापुरुष डॉ. अनुग्रह नारायण सिंह की अप्रत्याशित मृत्यु का समाचार प्राप्त होते ही सारा सुपौल सहसा शोकमग्न हो गया।

सारी दुकानें बंद हो गईं और स्थानीय कोर्ट, कांग्रेस कार्यालय आदि अनेक सार्वजनिक संस्थाओं में झंडा झुका दिया गया। दिवंगत आत्मा की सद्‍गति तथा शांति के लिए कोशी योजना उपनिवेश, सुपौल प्रमंडल के कर्मचारियों, वकील-मुख्तार संघ के सदस्यों, मिथिला पुस्तकालय आदि अनेक संस्थाओं ने शोकसभाएँ कीं और शोकसंतप्त परिवार के लिए संवेदना प्रकट की।

सभी कार्यालय बंद रहे (हमारे संवाददाता द्वारा)

डुमराँव (शाहाबाद), 8 जुलाई। गत 6 जुलाई को वित्तमंत्री डॉ. अनुग्रह नारायण सिंह की मृत्यु की खबर सुनते ही सारे डुमराँव शहर के कोने-कोने में बिजली की तरह फैल गई सभी सरकारी तथा गैर-सरकारी कार्यालय बंद कर दिए गए। कल शहर की सभी दुकानें दिन भर बंद रहीं। संध्या समय स्थानीय पुराने तालाब पर डुमराँव शहर के नागरिकों की एक सभा हुई, जिसमें वित्तमंत्री को अंतिम श्रद्धांजलि अर्पित की गई। रात में स्थानीय युवक कांग्रेस के तत्त्वावधान में एक शोक रैली का भी आयोजन किया गया था।

आर्यावर्त्त (पटना)

11 जुलाई, 1957

बिहारविभूति के देहावसान से सारा राज्य शोकसंतप्त

पटना, 10 जुलाई। बिहारविभूति डॉ. अनुग्रह नारायण सिंह के निधन पर प्रांत के कोने-कोने में सभी प्रकार के व्यक्तियों और संस्थाओं द्वारा शोक प्रकट किया जा रहा है। सभाएँ कर दिवंगत आत्मा की शांति के लिए प्रार्थना की जा रही हैं और बाबूसाहब के निधन को बिहार की ही नहीं, सारे देश की अपूरणीय क्षति बताया जा रहा है।

लहेरियासराय में शोकसभाएँ (निज संवाददाता द्वारा)

लहेरियासराय (दरभंगा), 11 जुलाई। भारत सेवक समाज के जिला संयोजक पंडित नागेश्वर मिश्र शास्त्री की अध्यक्षता में समाज की बैठक हुई, जिसमें डॉ. अनुग्रह नारायण सिंह के आकस्मिक निधन पर शोक प्रकट किया गया और संतप्त परिवार को सांत्वना का संदेश भेजने का निश्चय किया गया। इस अवसर पर अध्यक्ष तथा श्री परमेश्वर झा ने बिहार विभूति के त्याग, तपस्या तथा उनकी देशभक्ति की चर्चा करते हुए बताया कि बिहार में उनके स्थान की पूर्ति नहीं हो सकती।

स्थानीय स्टॉकमैन प्रशिक्षण केंद्र में भी प्रधानानुदेशक की अध्यक्षता में शोकसभा की गई। इस सभा में केंद्र के सभी प्राध्यापक, कर्मचारी तथा प्रशिक्षार्थी उपस्थित थे। दो मिनट तक मौन धारण कर सबने दिवंगत आत्मा की शांति के लिए ईश्वर से प्रार्थना की और शोकसंतप्त परिवार के प्रति संवेदना प्रकट की।

जिला महिला परिषद् की ओर से शोकसभा श्रीमती बनारसी देवी की अध्यक्षता में हुई। जिला प्रेस, संवाददाता संघ, जिला सूचना विभाग, भारत सेवक समाज तथा काबिलपुर ग्रामपंचायत ने भी शोकप्रस्ताव पारित कर दिवंगत आत्मा की शांति के लिए ईश्वर से प्रार्थना की।

भागलपुर में शोकसभा

भागलपुर, 10 जुलाई। भागलपुर जिला होमियोपैथिक एसोसिएशन की ओर से बिहार विभूति डॉ. अनुग्रह नारायण सिंह के निधन पर शोक प्रकट करने के लिए कार्यसमिति की बैठक बुलाई गई। दिवंगत आत्मा की शांति के लिए ईश्वर से प्रार्थना की गई और शोकसंतप्त परिवार के प्रति संवेदना प्रकट की गई।

बाँका में शोकसभा (निज संवाददाता द्वारा)

बाँका, 10 जुलाई। डॉ. अनुग्रह नारायण सिंह के निधन का समाचार सुनकर बाँका की जनता शोकाकुल हो उठी। 6 जुलाई को बाँका बार लाइब्रेरी में श्री विश्वेश्वर प्रसाद सहाय वकील के सभापतित्व में शोकसभा हुई। उसी दिन बाँका मुख्तारखाने में भी शोक प्रकट करने के लिए श्री रामप्रसाद झा, मुख्तार के सभापतित्व में सभा हुई।

मुजफ्फपुर में शोक (एक संवाददाता द्वारा)

मुजफ्फरपुर, 10 जुलाई। बिहार विभूति डॉ. अनुग्रह नारायण सिंह की मृत्यु का समाचार मिलते ही सेवासदन कार्यालय को बंद कर दिया गया तथा रात्रि में शोकसभा की गई, जिसमें सदन के कार्यकर्ताओं ने दिवंगत आत्मा की शांति के लिए दो मिनट खड़े रहकर भगवान् से प्रार्थना की।

रोसड़ा शोकाच्छन्न (निज संवाददाता द्वारा)

रोसड़ा (दरभंगा), 10 जुलाई। बिहार विभूति डॉ. अनुग्रह नारायण सिंह की मृत्यु की खबर बिजली की तरह सारे शहर और निकटस्थ ग्रामीण अंचलों में फैल गई। सारे नगर में शोक की कालीघटा छा गई। इस अवसर पर सरकारी और गैर-सरकारी संस्थाएँ दिवंगत आत्मा के सम्मान में बंद रहीं। बाबू साहब के निधन पर शोक प्रकट करने के लिए नगर में जगह-जगह शोकसभाएँ हुईं।

अभी-अभी जयंती मनाई गई थी (निज संवाददाता द्वारा)

मधेपुर (दरभंगा), 10 जुलाई। डॉ. अनुग्रह नारायण सिंह की मृत्यु का समाचार बिजली की तरह थाने भर में फैल गया। सुनते ही लोग स्तब्ध रह गए। स्थानीय बाजार की सभी दुकानें बंद कर दी गईं। हजारों व्यक्तियों के बीच श्री लक्ष्मीनारायण झा की अध्यक्षता में शोकसभा हुई। दो मिनट तक खड़े होकर मौन रूप में अनुग्रह बाबू की दिवंगत आत्मा की शांति के लिए ईश्वर से प्रार्थना की गई।

अध्यक्ष ने कहा कि यह वही स्थान है, जहाँ दो सप्ताह भी पूरे नहीं हुए कि हम

लोगों ने मिलकर इकहत्तरवीं अनुग्रह जयंती मनाई थी। आज यहाँ हम उनकी मृत्यु पर शोकदिवस मना रहे हैं। ईश्वर ने हम लोगों के बीच से बिहार का एक महान् नेता उठा लिया। अंत में अध्यक्ष ने उनकी जीवनी पर संक्षेप में प्रकाश डालते हुए श्रद्धांजलि अर्पित की तथा शोकसंतप्त परिवार को धैर्य प्रदान करने के लिए पुनः ईश्वर से प्रार्थना की।

फुलपरास की जनता को शोक (निज संवाददाता द्वारा)

घोघरडीहा (दरभंगा), 11 जुलाई। 6 जुलाई को डॉ. अनुग्रह नारायण सिंह के आकस्मिक निधन का समाचार बिजली की नाईं चारों ओर फैल गया तथा समाचार की पुष्टि के लिए रेडियो के पास लोगों की भीड़ जमा हो गई। सभी व्यथित नजर आते थे। भारत सेवक समाज के सूचना केंद्र में कोशी प्रदेश सूचना समिति के मंत्री श्री देवी प्रसाद केजरीवाल की अध्यक्षता में सभा हुई, जिसमें शोक प्रकट किया गया एवं दिवंगत आत्मा के प्रति श्रद्धांजलि अर्पित की गई तथा शोकसंतप्त परिवार के प्रति संवेदना प्रकट की गई। स्थानीय सभी कार्यालय बंद कर दिए गए।

नवगछिया में शोकप्रकाश

नवगछिया, 10 जुलाई। आदर्श भारतीय पुस्तकालय की कार्यकारिणी समिति की बैठक में बिहारविभूति डॉ. अनुग्रह नारायण सिंह के आकस्मिक निधन पर शोक प्रकट किया गया एवं उनकी दिवंगत आत्मा के प्रति सदस्यों ने दो मिनट तक मौन धारण कर श्रद्धांजलि अर्पित की।

गौशाला मैदान में सभा

निर्मली, 10 जुलाई। डॉ. अनुग्रह नारायण सिंह के निधन पर शोक प्रकट करने के लिए निर्मली गोपाल गौशाला के मैदान में श्रीयुत् दुलीचंद्र पंसारी के सभापतित्व में सभा आयोजित की गई।

सारे नगर में शोक (निज संवाददाता द्वारा)

सोनपुर, 10 जुलाई। बिहार सरकार के वित्तमंत्री डॉ. अनुग्रह नारायण सिंह की मृत्यु पर संपूर्ण थाने में विभिन्न संस्थाओं ने शोकसभाएँ कीं और श्रद्धांजलियाँ अर्पित कीं। स्थानीय स्वराज्य आश्रम में श्री यमुना सिंह, नेता के सभापतित्व में कांग्रेसजनों की सभा में बाबूसाहब की मृत्यु पर शोक प्रकट किया गया। सोनपुर ग्राम पंचायत, प्रखंड विकास, अंचल, शास्त्री सदन, रेलवे कार्यालयों तथा अनेक सांस्कृतिक संस्थाओं से शोकसभाओं की सूचना प्राप्त हुई है। मृत्यु की सूचना अखबारों से प्राप्त होते ही सारे

नगर में शोक छा गया। दिन-रात बाबूसाहब के सद्गुणों की चर्चा नागरिकों में होती रही।

जगदीशपुर में शोक (निज संवाददाता द्वारा)

जगदीशपुर (शाहाबाद) 10 जुलाई। स्थानीय कुँवर सिंह अहाते में नागरिकों ने वित्तमंत्री की मृत्यु पर शोक प्रकट करने के लिए श्री हरिहर सिंह की अध्यक्षता में सभा की। स्थानीय जगदीश पुस्तकालय उनकी स्मृति में दो दिनों के लिए बंद कर दिया गया।

उनका दरबार सदा खुला था

शेरघाटी, 10 जुलाई। उच्च शिक्षक प्रशिक्षण विद्यालय में डॉ. अनुग्रह नारायण सिंह की असामयिक मृत्यु का दु:खद संवाद बिजली की तरह फैल गया। स्थानापन्न श्री विंध्यवासिनी दत्त त्रिपाठी ने शोकसभा बुलाई, जिसमें दो मिनट तक खड़े होकर सभी लोगों ने मनोभाव से दिवंगत आत्मा की शांति के लिए भगवान् से प्रार्थना की। श्री त्रिपाठी ने बाबूसाहब के जीवन के संबंध में चर्चा करते हुए बतलाया कि बाबूसाहब बिहार के अग्रणी नेता तो थे ही, साथ ही वे बिहार के सबसे बड़े मनुष्य थे। उनकी महत्ता इस बात में थी कि वे अपने शत्रु को भी क्षमा कर देते थे। उनकी उदारता, सादगी और स्नेहमय स्वभाव सबके आकर्षण का केंद्र था। उनका दरवाजा सदा सबके लिए खुला रहता था। उनके निधन से बिहार ही नहीं, बल्कि सारे देश की अपार क्षति हुई है।

पूसा रोड में शोकसभा

पूसा रोड, 10 जुलाई। गत 6 जुलाई को बिहार विभूति श्री अनुग्रह बाबू की मृत्यु का समाचार पाकर कस्तूरबा ट्रस्ट एवं कस्तूरबा ग्राम सेविका विद्यालय का परिवार शोकाकुल हो उठा। संस्था के प्राय: सभी कार्यक्रम स्थगित कर दिए गए।

संध्या समय छात्राओं, शिक्षिकाओं एवं ट्रस्ट के पदाधिकारियों की ओर से शोकसभा हुई, जिसमें अनुग्रह बाबू के जीवन पर प्रकाश डाला गया। दिवंगत आत्मा की शांति एवं उनके शोकसंतप्त परिवार को इस असहनीय दु:ख को वहन करने की शक्ति के लिए ईश्वर से दो मिनट की मौन प्रार्थना की गई।

साहित्य पुस्तकालय में शोकसभा

लहेरियासराय, 10 जुलाई। काबिलपुर साहित्य पुस्तकालय में डॉ. अनुग्रह नारायण सिंह के निधन पर शोकसभा हुई। सभा ने ईश्वर से दिवंगत आत्मा की शांति के लिए प्रार्थना की और उनके शोकसंतप्त परिवार के प्रति संवेदना प्रकट की।

निर्मली में शोकसभा

निर्मली (सहरसा), 10 जुलाई। स्थानीय फुटबाल मैदान में श्री लक्ष्मण महासेठ की अध्यक्षता में शोकसभा हुई, जिसमें बिहार विभूति डॉ. अनुग्रह नारायण सिंह की मृत्यु पर शोक प्रकट किया गया।

संस्थाओं एवं नागरिकों को शोक (निज संवाददाता द्वारा)

जहानाबाद (गया), 10 जुलाई। यहाँ के नागरिकों, सार्वजनिक संस्थाओं और समाजसेवियों की ओर से सभा का आयोजन डॉ. अनुग्रह नारायण सिंह की अचानक मृत्यु पर शोक प्रकट करने के लिए किया गया। इलाके के कतिपय पुस्तकालयों एवं शिक्षण-संस्थाओं में भी शोक मनाया गया।

कई शोकसभाएँ (निज संवाददाता द्वारा)

गोपालगंज, 10 जुलाई। बिहारविभूति डॉ. अनुग्रह नारायण सिंह की मृत्यु का संवाद सुनकर यहाँ के नागरिक शोकविह्वल हो गए। शनिवार को सायंकाल किंग जॉर्ज मेमोरियल पार्क में महती शोकसभा संसद् सदस्य श्री फूलन सिंह की अध्यक्षता में हुई। कई व्यक्तियों ने बिहार विभूति की स्मृति में अपनी श्रद्धांजलि अर्पित की। इसके अतिरिक्त वकील संघ, मुख्तार संघ तथा गोपालगंज कॉलेज में भी शोक मनाया गया।

भोरे में शोकसभा (निज संवाददाता द्वारा)

भोरे, 30 जुलाई। भोरे थाने की पंचायतों और सहयोग समितियों के पदाधिकारियों एवं विशिष्ट नागरिकों की बैठक गत 7 जुलाई को भोरे अंचल के प्रांगण में हुई। बैठक में डॉ. अनुग्रह नारायण सिंह के निधन पर शोक प्रकट किया गया तथा उनकी दिवंगत आत्मा की शांति के लिए भगवान् से प्रार्थना की गई।

महिला-जागृति समिति को शोक

नरहन (दरभंगा), 10 जुलाई। गत 7 जुलाई को नरहन आलोक संघ पुस्तकालय के प्रांगण में डॉ. अनुग्रह नारायण सिंह के निधन पर शोक प्रकट करने के लिए आलोक संघ, महिला जागृति समिति की ओर से सभा हुई। नरहन ग्राम की बहुसंख्यक महिलाएँ सभा में उपस्थित थीं। सभा का नेतृत्व नरहन मेडिकल ऑफिसर की धर्मपत्नी श्रीमती आनंदवती देवी कर रही थीं।

शेरघाटी में शोकसभा

शेरघाटी (गया), 10 जुलाई। स्थानीय निरंजना नदी के बाँधस्थल पर ग्राम पंचायत राज्य की ओर से डॉ. अनुग्रह नारायण सिंह के निधन का आकस्मिक समाचार जान असाधारण शोकसभा हुई। ग्राम पंचायत राज्य के अधीनस्थ प्रायः नौ-दस ग्रामों के दो हजार व्यक्तियों ने इस सभा में भाग लिया। सभा का सभापतित्व श्री रघुवीर वाजपेयी ने दिवंगत आत्मा के प्रति श्रद्धांजलि अर्पित करते हुए अनुग्रह बाबू के जीवन क्रम, उनकी जनोपकारी सेवाओं तथा जनप्रियता पर प्रकाश डाला।

बिहार का महान् रत्न खो गया
अनुग्रह बाबू के निधन पर राज्य में सर्वत्र शोकसभाएँ

पटना, 10 जुलाई। बिहार राज्य के विभिन्न अंचलों से जो समाचार मिल रहे हैं, उनसे ज्ञात होता है कि बिहार विभूति डॉ. अनुग्रह नारायण सिंह के निधन से सारा बिहार शोकसंतप्त है। सर्वत्र शोकसभाओं का आयोजन किया गया, उनमें अनुग्रह बाबू की जीवनी पर प्रकाश डाला गया और उनकी दिवंगत आत्मा के प्रति श्रद्धांजलियाँ अर्पित की गईं। शोकसभाओं में स्वीकृत प्रस्तावों में कहा गया है कि अनुग्रह बाबू के निधन से बिहार का एक महान् रत्न खो गया। बिहार शिक्षक संघ के कार्यकर्ताओं की एक बैठक संघ के अध्यक्ष श्री श्यामजी सिंह की अध्यक्षता में हुई, जिसमें निम्नलिखित प्रस्ताव स्वीकृत हुए—

"बिहार विभूति डॉ. अनुग्रह नारायण सिंह के निधन पर बिहार शिक्षक संघ मार्मिक पीड़ा एवं महान् शोक अनुभव करता है, साथ ही उनकी आत्मा की शांति एवं परिवार के धीरज के लिए ईश्वर से प्रार्थना करता है।"

आर्य प्रतिनिधि सभा

बिहार विभूति के देहांत का समाचार सुनते ही बिहार राज्य आर्य प्रतिनिधि सभा का कार्यालय बंद कर दिया गया तथा आर्य समाज का ध्वज झुका दिया गया। आर्य प्रतिनिधि सभा के उप-प्रधान श्री रामानंद शास्त्री, सभा के सचिव श्री रामनारायण शास्त्री, गुरुकुल वैद्यनाथ धम के मुख्य अधिष्ठाता श्री महादेवशरणजी के नेतृत्व में स्थानीय आर्यसमाज का जत्था अनुग्रह बाबू के अंत्येष्टि संस्कार में सम्मिलित हुआ। सायंकाल शोकसभा हुई, जिसमें श्री रामनारायण ने बिहारविभूति डॉ. अनुग्रह नारायण सिंह के देहावसान पर शोक प्रकट करते हुए कहा कि बिहारविभूति डॉ. अनुग्रह नारायण सिंह जैसे महान् आस्तिक, धर्म प्रेमी, समाज सुधारक और आर्यसमाज से सहानुभूति रखनेवाले राष्ट्रीय नेता के निधन से जो स्थान रिक्त हुआ है, उसकी पूर्ति तो कभी नहीं हो सकती। किंतु

उन्होंने अपने को सतत कार्यनिष्ठ रखते हुए हमें जो संदेश दिया है, उसे बिहार की जनता कभी नहीं भूलेगी।

रंगमंच नाट्य परिषद् के सदस्यों की एक जरूरी बैठक श्री भगवान् प्रसाद की अध्यक्षता में कदमकुआँ में हुई। रंगमंच के सचिव ने बैठक में सर्वप्रथम एक शोकप्रस्ताव रखा, जिसके आधार पर सभी कलाकारों ने एक मिनट मौन खड़े रहकर स्वर्गीय डॉ. अनुग्रह नारायण सिंह के प्रति श्रद्धांजलि अर्पित की।

गांधीवादी नेता चला गया

दानापुर, 7 जुलाई। स्थानीय आर्य समाज मंदिर में साप्ताहिक सत्संग के अवसर पर बिहार राज्य के वित्त, कृषि और श्रममंत्री बिहारविभूति डॉ. अनुग्रह नारायण सिंह के स्वर्गारोहण पर सभी सभासदों जैसे—श्री रघुनाथ मिश्र, श्री रघुनाथ सिंह (प्रबंध संचालक, श्री एस.बी. डेयरी कंपनी), श्री महावीर प्रसाद प्रेमी, श्री मथुराप्रसाद, श्री श्यामलाल शोभा, श्री रामबली प्रसाद, श्री राम प्रसाद राम, श्री रामचंद्र गुप्त और श्री हीरालाल भगत आदि ने समवेत रूप से श्रद्धांजलि अर्पित की एवं उनके शोकसंतप्त परिवार के प्रति संवेदना प्रकट की। बाबूसाहब के प्रति श्रद्धांजलि अर्पित करते हुए प्रेमीजी ने उनके विभिन्न गुणों पर प्रकाश डाला और कहा कि उन जैसे राजनीतिज्ञ, अर्थशास्त्रावेत्ता, बिहार के सार्वजनिक जीवन के प्राण, मस्तिष्क और शक्ति के पुंज, गांधीवादी कांग्रेसी, भक्त नेता के देहावसान हो जाने से देश, विशेषत: इस प्रदेश की जो क्षति पहुँची है, जो स्थान रिक्त हुआ है एवं उनकी सर्वांगीण सेवाओं तथा मार्गदर्शन से वंचित होना पड़ा है; उसकी निकट भविष्य में पूर्ति होना असंभव सा प्रतीत होता है।

पटना जिला रजक समिति

पटना जिला रजक समिति की एक आवश्यक बैठक कदमकुआँ में श्री बनारसी लाल की अध्यक्षता में स्वर्गीय डॉ. अनुग्रह नारायण सिंह के निधन पर शोक प्रकट करने के लिए हुई। बैठक में श्री बनारसीलाल तथा श्री रामदास ने कहा कि बाबूसाहब देश के एक महान् त्यागी नेता थे, जिन्होंने विद्यार्थी जीवन से लेकर मृत्युपर्यंत देशसेवा और समाज सेवा में लगाया। उनकी मृत्यु से देश को भारी नुकसान पहुँचा है। यह सभा ईश्वर से प्रार्थना करती है कि उनकी आत्मा को शांति मिले।

बालकों द्वारा शोकप्रकाश (निज संवाददाता द्वारा)

बिहटा (पटना), 10 जुलाई। गत रविवार को बालकन-जी-बारी की कार्यसमिति की एक बैठक श्री अकलू प्रसाद शर्मा के सभापतित्व में हुई, जिसमें बिहार राज्य

बालकन-जी-बारी के सभापति डॉ. अनुग्रह नारायण सिंह के निधन पर शोक प्रकट किया गया। सदस्यों ने दो मिनट तक मौन रहकर उनकी आत्मा की शांति के लिए ईश्वर से प्रार्थना की। बालकन-जी-बारी की उनकी सेवा के लिए सदस्यों ने सराहना की।

सच्चा जनसेवी चला गया (निज संवाददाता द्वारा)

लदनियाँ (दरभंगा), 7 जुलाई। आज संपूर्ण लदनियाँ थाने में श्री अनुग्रह नारायण सिंह के निधन का समाचार रेडियो से प्रसारित होते ही यहाँ के निवासी सहसा स्तब्ध हो उठे। आज ही अपराह्न में लदनियाँ थाना कांग्रेस कमेटी के तत्त्वावधान में एक जनसभा का आयोजन लदनियाँ में किया गया। जहाँ उनके जीवन के विभिन्न पहलुओं पर प्रकाश डाला गया। इन लोगों ने बताया कि वे बिहार की महान् विभूति थे तथा बिहार ने एक सच्चे जनसेवी पुत्र को खोया है।

अंत में एक प्रस्ताव स्वीकृत कर उनके परिवार एवं उनके सहयोगियों को धैर्य धारण करने तथा उनकी दिवंगत आत्मा की चिर शांति के लिए ईश्वर से प्रार्थना की गई।

राँची शोकाकुल (निज संवाददाता द्वारा)

राँची, 7 जुलाई। बिहार के वित्तमंत्री डॉ. अनुग्रह नारायण सिंह की मृत्यु की खबर कल सुबह बिजली की तरह शहर में फैल गई तथा शोकाकुल लोग एक-दूसरे से पूछताछ करने लगे। शोक में बाजार की बहुत सी दुकानें बंद हो गईं। ग्यारह बजे से जिला कांग्रेस कमेटी द्वारा उनकी मृत्यु का प्रचार आरंभ होने लगा। राष्ट्रीय ध्वज झुका दिए गए। सुबह आठ बजे गोविंद भवन में श्री दुर्गा साह के सभापतित्व में शोकसभा की गई और दिवंगत आत्मा की शांति के लिए ईश्वर से प्रार्थना की गई।

कल ही शाम को बिहार क्लब में कांग्रेसजनों द्वारा आयोजित एक शोकसभा हुई, जिसमें नर-नारियों ने भाग लिया और अपनी-अपनी श्रद्धांजलि अर्पित की।

महिलाएँ शोकसंतप्त

राजगृह (पटना), 6 जुलाई। आज श्री अनुग्रह बाबू के देहावसान पर राजगीर में महिला कल्याण परिषद् (निर्मला माई की संगत) में शोकसभा की गई, जिसमें काफी महिलाएँ उपस्थित थीं। श्री कुमारी ज्ञान कौर की अध्यक्षता में भाषण करते हुए श्रीमती विमला कुमारी ने कहा कि बाबूसाहब की मृत्यु से बिहार में एक अमूल्य रत्न का अभाव हो गया है, जिसकी पूर्ति नहीं हो सकती। अंत में ईश्वर से प्रार्थना की गई कि बाबूसाहब की आत्मा को शांति मिले तथा उनके परिवार को धैर्य रखने की शक्ति दे।

सीतामढ़ी शोक विह्वल (निज संवाददाता द्वारा)

सीतामढ़ी, 9 जुलाई। कल स्थानीय नगरपालिका के सदस्यों की एक विशेष बैठक बिहार राज्य के वित्तमंत्री श्री अनुग्रह नारायण सिंह के निधन पर शोक प्रकट करने के लिए हुई। जिसमें दिवंगत आत्मा को शांति प्रदान करने के लिए ईश्वर से प्रार्थना की गई। कल ही सीतामढ़ी कोर्ट के मुख्तार संघ ने भी एक शोकसभा की थी।

बाढ़ के नागरिकों का शोकप्रस्ताव

बाढ़, 7 जुलाई। बाढ़ के नागरिकों की सभा में निम्नलिखित प्रस्ताव स्वीकृत किया गया—

बाढ़ के नागरिकों की यह सभा परमपिता परमेश्वर से प्रार्थना करती है कि वह बिहार विभूति डॉ. अनुग्रह नारायण सिंह की दिवंगत आत्मा को शांति प्रदान करे। बिहार का प्रत्येक व्यक्ति आज यही समझ रहा है कि उसके परिवार का कोई विशिष्ट व्यक्ति चला गया। ईश्वर से प्रार्थना है कि वह उनके शोकसंतप्त परिवार को सांत्वना दे तथा हम सबको भी बल दे कि हम उनके बताए मार्ग पर चलकर तथा पारस्परिक भेद-भाव को दूर कर अपने देश को पुष्ट बनाएँ।

मेहसी में शोकसभा

मेहसी, 8 जुलाई। बाबू अनुग्रह नारायण सिंह की मृत्यु के दुःखद समाचार से सारा शहर शोकाकुल हो उठा। बाबूसाहब के निधन पर शोक प्रकट करने के लिए श्री सियाशरण सिंह के निवासस्थान पर एक शोकसभा हुई, जिसकी अध्यक्षता श्री मधुसूदन प्रसाद सिंह, कार्यपालक पदाधिकारी ने की। इस सभा में श्रद्धांजलि प्रस्ताव स्वीकृत किया गया।

स्मृति के सम्मान में हड़ताल

मुजफ्फरपुर, 10 जुलाई। बिहार के वित्तमंत्री डॉ. अनुग्रह नारायण सिंह की स्मृति के सम्मान में कल मुजफ्फरपुर के चाँदी-सोना के व्यापारियों ने हड़ताल मनाई। चाँदी-सोना व्यापारी संघ की ओर से कपूर ऑर्नामेंट हाउस में एक सभा की गई, जिसकी अध्यक्षता श्री रामवक्ष प्रसाद ने की। सभा में दिवंगत आत्मा के प्रति श्रद्धांजलियाँ अर्पित की गईं।

असामयिक निधन

इसरी बाजार (हजारीबाग), 10 जुलाई। गत 7 जुलाई को संध्या 6 बजे श्री गांधी पुस्तकालय के प्रांगण में गाँव के वयोवृद्ध कांग्रेसी कार्यकर्ता श्री रूद्र प्रसाद की अध्यक्षता

में इसरी ग्राम पंचायत क्षेत्र के निवासियों की एक शोकसभा बिहार के वित्त, श्रम एवं कृषिमंत्री डॉ. अनुग्रह नारायण सिंह के असामयिक निधन पर हुई। सभा ने बाबूसाहब की दिवंगत आत्मा के प्रति श्रद्धांजलि अर्पित करते हुए भगवान् से यह प्रार्थना की कि भगवान् उनकी दिवंगत आत्मा को शांति दे एवं उनके शोकसंतप्त परिवार के सदस्यों को धैर्य धारण करने की शक्ति प्रदान करे।

अनुग्रहघाट स्टेशन बनाने का सुझाव

पटना, 20 जुलाई। बिहार यातायात उपभोक्ता संघ के सचिव डॉ. महादेवचंद ने बिहार के मुख्यमंत्री को यह सुझाव दिया है कि स्वर्गीय डॉ. अनुग्रह नारायण सिंह की पुण्य स्मृति में उनके आवास को 'अनुग्रहघाट स्टेशन' में बदल दिया जाए। उन्होंने लिखा है कि वर्तमान महेंद्रूघाट स्टेशन गंगा के किनारे स्थित् जनकार्य विभाग के अधीक्षण अभियंता के बँगले में लाने का निर्णय उत्तर-पूर्व रेलवे ने किया है।

डॉ. चंद ने सुझाव दिया है कि अगर राज्य सरकार नया महेंद्रूघाट स्टेशन निर्मित करने के लिए वित्तमंत्री के आवास को रेलवे को देने का प्रस्ताव रखे, तो रेलवे को यह प्रस्ताव मान्य होगा। सुझाव की एक कॉपी रेलमंत्री श्री जगजीवन राम को भी भेज दी गई है।

डॉ. चंद ने लिखा है कि पिछले दिनों में रेलवे में उपयुक्त आशय के एक प्रस्ताव पर विचार हुआ था। परंतु बाद में वित्तमंत्री की असुविधा का खयाल कर उसे छोड़ दिया गया।

आर्यावर्त (पटना)

12 जुलाई, 1957

बिहारविभूति डॉ. अनुग्रह नारायण सिंह के स्वर्गवास से सर्वत्र शोक व्याप्त

पटना

बिहारविभूति डॉ. अनुग्रह नारायण सिंह के स्वर्गवास से सारा पटना शोकसंतप्त हो उठा। अनुग्रह बाबू विगत 28 जून को पटना जेनरल अस्पताल के कॉटेज में भरती किए गए। उस दिन प्रातःकाल बाथरूम में उनका पैर फिसल गया, जिसके कारण उनकी कमर की हड्डी टूट गई थी। अस्पताल में उनकी हड्डी ठीक कर दी गई और उसके बाद उनकी अवस्था जिस तरह सुधरने लगी थी, उससे सभी लोगों को यह आशा बँध गई कि वे बच जाएँगे, पर दो-तीन दिनों के बाद उनकी अवस्था बिगड़ने लगी। पटना के प्रायः सभी डॉक्टर उनकी चिकित्सा और सेवा में लगे थे, फिर भी कोई लाभ नहीं हो सका। बंबई के डॉक्टर पटेल भी उनकी चिकित्सा के लिए बुलाए गए थे। अनुग्रह बाबू को देखने के लिए दिल्ली से राष्ट्रपति डॉ. राजेंद्र प्रसाद विशेष रूप से पटना आए थे। रेलवे मंत्री श्री जगजीवन राम, उप-वित्तमंत्री भगत और श्रम तथा योजनामंत्री श्री गुलजारीलाल नंदा भी कई दिनों तक पटना में डटे रहे। संचारमंत्री श्री लालबहादुर शास्त्री अनुग्रह बाबू के निकट अंतिम समय तक बैठे रहे। मुख्यमंत्री डॉ. श्रीकृष्ण सिंह और अन्य सभी मंत्री तथा नेतागण भी बराबर उन्हें देखने आते रहे। पाँच जुलाई को संध्या-समय चिंतित दर्शनार्थियों की संख्या कई हजार तक हो गई थी। मृत्यु के बाद उनका शव जुलूस के साथ निवास स्थान पर पहुँचाया गया। 6 जुलाई के प्रातः काल राजकीय समारोह के साथ गंगा के किनारे शव का अंतिम संस्कार किया गया। महामाया बाबू के आग्रह पर नागरिकों ने 6 जुलाई को बाजार में हड़ताल रखी तथा शाम को गांधी मैदान में शोकसभा में शामिल होकर अनुग्रह बाबू के प्रति अपनी श्रद्धा और भक्ति दिखलाई। 6 जुलाई को पटना नगर की प्रायः सभी दुकानें भी बंद रहीं। उस दिन सारे नगर में उदासी

छा गई थी और ऐसा मालूम पड़ता था, मानो सारा शहर शोकसागर में निमग्न हो गया हो। स्थान-स्थान पर शोकसंतप्त नागरिकों ने व्यथित हृदय से शोकसभा की और ईश्वर से उस दिवंगत आत्मा की शांति के लिए प्रार्थना की। अनुग्रह बाबू की मृत्यु से जनता शोकाकुल है। ऐसा मालूम पड़ता है कि जैसे उसका एकमात्र सहारा ही छूट गया हो।

शोकसभाएँ

पटना, 11 जुलाई। भारत स्काउट और गाइड, बिहार राज्य, पटना के तत्त्वावधान में डॉ. अनुग्रह नारायण सिंह के निधन पर एक शोकसभा श्री जगतनारायण लाल, स्काउट कमिश्नर तथा सहकारिता मंत्री के सभापतित्व में हुई। कई जिले के जिला कमिश्नर तथा स्थानीय सभी मेंबरगण उपस्थित थे। सभापति ने उनकी जीवनी पर प्रकाश डालते हुए नीचे लिखा प्रस्ताव उपस्थित किया। सबने दो मिनट खड़े होकर के मृतात्मा को शांति के लिए ईश्वर से प्रार्थना की—

भारत स्काउट और गाइड, बिहार राज्य अपने उप-सभापति डॉ. अनुग्रह नारायण सिंह के निधन पर शोक प्रकट करती है और उनकी दिवंगत आत्मा को शांति प्रदान करने के लिए ईश्वर से प्रार्थना करती है तथा उनके संतप्त परिवार के साथ संवेदना प्रकट करती है। उनके निधन से देश को और खासकर इस संस्था को जो क्षति पहुँची है, उसकी पूर्ति निकट भविष्य में होना कठिन है।

बिहार प्रांतीय रामराज्य परिषद् की कार्यकारिणी ने एक विशेष बैठक में बिहारविभूति डॉ. अनुग्रह नारायण सिंह के निधन पर एक शोकप्रस्ताव स्वीकार किया गया। प्रस्ताव में दिवंगत आत्मा को शांति प्रदान करने तथा शोकसंतप्त परिवार को इस विपत्ति के सहन करने की शक्ति देने के लिए भगवान् से प्रार्थना की गई।

महिलाओं की सभा

(निज संवाददाताओं द्वारा)

दानापुर, 10 जुलाई। दानापुर के मैनपुरा स्थित सांस्कृतिक कला मंदिर में कल रात्रि में यहाँ की महिलाओं की एक शोकसभा श्रीमती राजपति देवी की अध्यक्षता में हुई, जिसमें बिहारविभूति डॉ. अनुग्रह नारायण सिंह के निधन पर शोक प्रकट करते हुए उनकी दिवंगत आत्मा की शांति के लिए महिलाओं ने मौन रूप से प्रार्थना की तथा शोकसंतप्त परिवार के प्रति सहानुभूति प्रकट की।

बिहारविभूति की मृत्यु से सारा बिहार शोकाकुल

पटना, 11 जुलाई। बिहारविभूति डॉ. अनुग्रह नारायण सिंह के निधन से सारा बिहार

प्रदेश शोकाकुल हो उठा है। प्रांत के कोने-कोने से शोकसभा तथा श्रद्धांजलि अर्पण के समाचार प्राप्त हो रहे हैं। इस अनभ्र वज्रपात से प्रांत की जो क्षति हुई है, उसकी पूर्ति सचमुच कठिन है।

बिहार प्रांतीय वैद्य सम्मेलन की ओर से वैद्यों की एक सभा स्थानीय सम्मेलन भवन में की गई। अध्यक्ष पद से स्वर्गीय बाबूसाहब को श्रद्धांजलि अर्पित करते हुए आचार्य त्रिपाठी कमलाप्रसाद मणि ने कहा कि आयुर्वेद का एक महान् समर्थक चला गया। एक प्रस्ताव स्वीकृत कर मृत आत्मा को शांति प्रदान करने के लिए ईश्वर से प्रार्थना की गई तथा दुःखी परिवार के प्रति सहानुभूति प्रदर्शित की गई।

देश का एक नररत्न उठ गया

पालीगंज, 11 जुलाई। बिहारविभूति डॉ. अनुग्रह नारायण सिंह के निधन की खबर पाते ही जनता की अपार भीड़ पालीगंज शहीद आश्रम में एकत्र हो गई तथा एक शोकसभा में जनता ने अपने पूज्य एवं प्रिय नेता को हार्दिक अश्रु-अंजलि अर्पित की। शोकसभा का सभापतित्व करते हुए श्री कन्हाई सिंह ने बाबूसाहब की अमूल्य देश सेवाओं की चर्चा करते हुए कहा कि बाबूसाहब की मृत्यु से न केवल बिहार अनाथ हुआ है। अपितु, देश का एक ऐसा नररत्न उठ गया है, जिसकी पूर्ति अब हो ही नहीं सकती। सभा में एक प्रस्ताव स्वीकृत हुआ, जिसमें अनुग्रह बाबू की मृत्यु पर आंतरिक शोक प्रकट किया गया एवं दिवंगत आत्मा की चिरशांति के निमित्त ईश्वर से प्रार्थना की गई तथा उनके शोकसंतप्त परिवार के प्रति संवेदना प्रकट की गई। पाँच मिनट तक खड़े होकर दिवंगत आत्मा की शांति के लिए जनता ने भगवान् से मौन प्रार्थना की। दिन भर सारे शहर में हड़ताल रही।

अपूरणीय क्षति

लहेरियासराय, 11 जुलाई। प्रमुख व्यक्तियों की एक सभा श्री रामचंद्र सिंह के निवासस्थान पर हुई, जिसमें बिहारविभूति डॉ. अनुग्रह नारायण सिंह के असामयिक निधन पर हार्दिक शोक प्रकट किया गया। श्री रणधीर कुमार प्रसाद सिंह चौहान ने बाबूसाहब के जीवन पर प्रकाश डाला। उन्होंने कहा कि बाबूसाहब के निधन से केवल बिहार वरन् समस्त भारत की एक अपूरणीय क्षति हुई है। बाबूसाहब अत्यंत उदार थे। परमात्मा से प्रार्थना की गई कि दिवंगत आत्मा को शांति प्रदान करे तथा उनके शोकमग्न परिवार को इस दुःख को ग्रहण करने की शक्ति दे।

बरगनियाँ में शोकसभा

बरगनियाँ, 11 जुलाई। बिहार बुलियन एसोसिएशन के आदेशानुसार बाजार की

सारी दुकानें माननीय डॉ. अनुग्रह नारायण सिंह के निधन पर बंद रहीं। दिवंगत आत्मा को श्रद्धांजलि अर्पित करने के लिए एक सभा हुई, जिसमें निम्नलिखित प्रस्ताव स्वीकृत हुआ—

"संघ की यह सभा बिहारविभूति माननीय डॉ. अनुग्रह नारायण सिंहजी के निधन पर शोक प्रकट करती है और दिवंगत आत्मा की शांति के लिए भगवान् से प्रार्थना करती है। साथ ही उनके शोकसंतप्त परिवार के प्रति सहानुभूति प्रकट करती है।"

तिलक पुस्तकालय बंद

बेरी, 11 जुलाई। अनुग्रह नारायण सिंह की मृत्यु ने बेरी ग्राम की जनता को शोकमग्न कर दिया। सभी प्रमुख कार्यकर्ताओं तथा साधारण जनता पर दुःख तथा शोक की छाया पड़ गई। बेरी–खिरियावाँ के बाजारों में पूर्ण हड़ताल मनाई गई। रात्रि में तिलक पुस्तकालय में एक शोकसभा की गई। स्वर्गीय आत्मा के प्रति श्रद्धांजलियाँ अर्पित की गईं। अंत में सभी उपस्थित जनता ने सात मिनट खड़े होकर ईश्वर से स्वर्गीय आत्मा के लिए प्रार्थना की। पुस्तकालय की कार्यकारिणी समिति ने तीन दिनों तक पुस्तकालय बंद रखने की आज्ञा दी।

नवीनगर में शोकसभा

नवीनगर, 11 जुलाई। बेलाई ग्राम पंचायत के तत्त्वावधान में एक महती शोकसभा श्री रामकेवल सिंह के सभापतित्व में हुई, जिसमें बिहार सरकार के वित्त, श्रम एवं कृषि मंत्री डॉ. अनुग्रह नारायण सिंह की असामयिक मृत्यु पर हार्दिक दुःख प्रकट किया गया। उपस्थित व्यक्तियों ने दिवंगत नेता के प्रति अपनी श्रद्धांजलि अर्पित की तथा मृतात्मा के शांति लाभ के लिए परमेश्वर से मौन प्रार्थना की।

साहित्य परिषद् द्वारा श्रद्धांजलि

दलसिंहसराय, 11 जुलाई। स्थानीय साहित्य परिषद् के तत्त्वावधान में आज सायंकाल बिहार विभूति डॉ. अनुग्रह नारायण सिंह के निधन पर एक शोकसभा श्री मिश्री सिंह की अध्यक्षता में हुई, जिसमें नगर के संभ्रांत नागरिक, अध्यापक एवं छात्रों ने भाग लिया। साहित्य परिषद् के मंत्री श्री रामजी प्रसाद महतो ने बाबूसाहब के साहित्यिक गुणों पर प्रकाश डाला तथा अध्यक्ष पद से श्री मिश्री सिंह, एम.एल.ए. ने बाबूसाहब के निधन पर शोकोद्गार प्रकट करते हुए बाबूसाहब के विशेष गुणों की चर्चा की। अंत में शोक–प्रस्ताव के पश्चात् उपस्थित लोगों ने एक मिनट तक मौन खड़े होकर दिवंगत आत्मा की शांति के लिए ईश्वर से प्रार्थना की।

छात्रों द्वारा शोक प्रकाश (निज संवाददाता द्वारा)

इसलामपुर, 11 जुलाई। गत 8 जुलाई को स्थानीय श्री सुभाष स्कूल में श्री साधोलाल, प्रधानाध्यापक की अध्यक्षता में छात्रों एवं अध्यापकों की बैठक हुई। स्वर्गीय डॉ. अनुग्रह नारायण सिंह के निधन पर एक शोकप्रस्ताव स्वीकृत हुआ। दिवंगत आत्मा की शांति के लिए मौन खड़े होकर प्रार्थना की गई।

गौशाला में शोकसभा

शेखपुरा, 11 जुलाई। गत 5 जुलाई की मध्यरात्रि में बिहार राज्य गौशाला संघ के सभापति पूज्य बिहार विभूति डॉ. अनुग्रह नारायण सिंह के स्वर्गवास हो जाने के कारण गत 9 जुलाई को मारवाड़ी ठाकुरवाड़ी में शेखपुरा गौशाला की ओर से एक शोकसभा का आयोजन किया गया।

पुस्तकालय संघ शोकाकुल

नवीनगर, 11 जुलाई। थाना पुस्तकालय संघ के तत्त्वावधान में एक सार्वजनिक सभा श्री रामानंद सिंह, मंत्री, थाना पुस्तकालय संघ के सभापतित्व में हुई, जिसमें बिहार सरकार के अर्थमंत्री डॉ. अनुग्रह नारायण सिंह के असामयिक निधन पर शोक प्रकट किया गया और दिवंगत आत्मा की शांति के लिए परमेश्वर से मौन प्रार्थना की गई।

सरौनी में शोकसभा

सरौनी, 11 जुलाई। गत 7 जुलाई को कुरमोचक, श्री कृष्ण पुस्तकालय के भवन में श्री मणिलाल यादव, एम.एल.ए. की अध्यक्षता में ग्रामवासियों की एक सभा हुई, जिसमें स्व. वित्तमंत्री अनुग्रह नारायण सिंह के अचानक निधन पर शोक प्रकट किया गया तथा उनके शोकसंतप्त परिवार के प्रति सहानुभूति प्रदर्शित की गई।

वीरपुर शोकसंतप्त

वीरपुर (सहरसा), 11 जुलाई। डॉ. अनुग्रह नारायण सिंह, अर्थमंत्री, बिहार की असामयिक मृत्यु की खबर से सारा वीरपुर क्षेत्र शोकाकुल हो उठा। यहाँ कांग्रेस समिति के कार्यालय में सायंकाल एक बहुत बड़ी शोकसभा का आयोजन किया गया। इसमें समाज के हर वर्ग के लोग सम्मिलित थे। सभा ने खड़े होकर दो मिनट तक मौन होकर ईश्वर से प्रार्थना की कि दिवंगत आत्मा को शांति मिले। उनके शोकसंतप्त परिवार के लिए उन लोगों ने हार्दिक संवेदना प्रकट की। तत्पश्चात् स्वर्गीय अनुग्रह बाबू के देशप्रेम समाजसेवा और महान् त्याग पर प्रकाश डाला गया। सभा का नेतृत्व श्री खूबलाल महतो, एम.एल.ए. ने किया।

दुमका में शोकसभा (निज संवाददाता द्वारा)

दुमका, 11 जुलाई। स्वर्गीय डॉ. अनुग्रह नारायण सिंहजी के निधन से शोकाकुल स्थानीय संस्थाओं ने अलग-अलग शोकसभा कर बाबूसाहब की दिवंगत आत्मा को शांति प्रदान करने तथा शोकसंतप्त परिवार को धैर्य धारण की शक्ति देने के लिए मौन खड़े होकर ईश्वर से प्रार्थना की।

वे संस्कृत के अनन्य उपासक थे

छपरा, 11 जुलाई। गत 7 जुलाई को गवर्नमेंट बी.एम. संस्कृत हाईस्कूल, छपरा में श्री आद्याचरण झा, प्रधानाध्यापक की अध्यक्षता में उपस्थित शिक्षकों की एक शोकसभा हुई, जिसमें बिहारविभूति डॉ. अनुग्रह नारायण सिंह के निधन पर हार्दिक शोक प्रकट किया गया। प्रधानाध्यापक ने दिवंगत आत्मा की चिरशांति के लिए ईश्वर से प्रार्थना करते हुए अपने शोकोद्‌गार प्रकट करते हुए कहा कि संस्कृति एवं संस्कृत के अनन्य उपासक स्वर्गीय बाबूसाहब के निधन से बिहार की जो क्षति हुई है, उसकी पूर्ति नहीं की जा सकती; स्वर्गीय बाबूसाहब के शोकसंतप्त परिवार के प्रति संवेदना प्रकट की गई तथा अंत में वैदिक शांति मंत्र एवं गीता पाठ किया गया।

अपूरणीय क्षति (निज संवाददाता द्वारा)

गोगरी, 11 जुलाई। बिहारविभूति डॉ. अनुग्रह नारायण सिंह के निधन पर शोक प्रकट करने के लिए थाने में जगह-जगह शोकसभाएँ हुईं। गत 6 जुलाई को संध्या समय पटेल मैदान के प्रांगण में एक आवश्यक बैठक स्थायी सभापति श्री सत्यनारायण शर्मा की अध्यक्षता में हुई, जिसमें बिहार राज्य के वित्तमंत्री डॉ. अनुग्रह नारायण सिंह के देहावसान पर लोगों ने शोक प्रकट करते हुए दिवंगत आत्मा की शांति के लिए ईश्वर से प्रार्थना की तथा शोकाकुल परिवार के प्रति सहानुभूति प्रकट की। इस अवसर पर कई वक्ताओं ने बाबूसाहब के जीवन पर प्रकाश डाला। अध्यक्ष ने बाबूसाहब के जीवन पर प्रकाश डालते हुए कहा कि बिहार विभूति के सहसा चले जाने से बिहार राज्य तथा विशेषत: कांग्रेस की जो क्षति हुई उसकी निकट भविष्य में पूर्ति होने की संभावना नहीं है। रँगाई और छपाई शिक्षण केंद्र के शिक्षार्थियों ने भी शोकसभा की तथा संपूर्ण दिवस हड़ताल मनाई।

मलयपुर (एक संवाददाता द्वारा)

मलयपुर (मुंगेर)। बिहारविभूति डॉ. अनुग्रह नारायण सिंह की मृत्यु का समाचार सुनते ही यहाँ के नागरिकों में घोर शोक छा गया। हर जुबान पर अनुग्रह बाबू का ही नाम

था। लोग जलपूर्ण नेत्रों से स्वर्गीय नेता के गुणों की चर्चा कर रहे थे। सभी दलों के लोगों ने अंजन नदी के तट पर एकत्र होकर अपने प्रिय नेता के प्रति श्रद्धांजलियाँ अर्पित कीं।

सायंकाल स्थानीय चौहानगढ़ पर एक सार्वजनिक शोकसभा हुई, जिसमें बड़ी संख्या में लोग उपस्थित थे। अनेक वक्ताओं ने अनुग्रह बाबू के जीवन के विभिन्न पहलुओं पर प्रकाश डालते हुए उनके गुणों की भूरि-भूरि प्रशंसा की। अध्यक्ष पद से बोलते हुए श्री आनंदी प्रसाद सिंह ने कहा कि अनुग्रह बाबू में एक सच्चे गांधीवादी का तेज और ओज था। उनकी मृत्यु से जो क्षति हुई है, उसकी पूर्ति असंभव है। मृत्यु के क्रूर हाथों ने उन्हें हमसे ऐसे नाजुक समय में छीन लिया, जबकि राज्य की जनता को उनकी सबसे अधिक आवश्यकता थी। अंत में उपस्थित लोगों ने दो मिनट खड़े होकर दिवंगत आत्मा की शांति के लिए ईश्वर से प्रार्थना की। बाबूसाहब के शोकसंतप्त परिवार के प्रति हार्दिक संवेदना प्रकट करते हुए शोकप्रस्ताव स्वीकृत किया गया।

नवादा (निज संवाददाता द्वारा)

नवादा, 11 जुलाई। गत मंगलवार को 3 बजे संध्या समय नवादा सबडिवीजन के कांग्रेसजन की एक सभा में स्वर्गीय डॉ. अनुग्रह नारायण सिंह को श्रद्धांजलि अर्पित की गई।

सभा की अध्यक्षता गया जिला परिषद् अध्यक्ष श्री शत्रुघ्न सिंह कर रहे थे। इस अवसर पर कई वक्ताओं ने बिहार विभूति डॉ. अनुग्रह नारायण सिंह के त्याग, सेवा एवं व्यक्तित्व पर प्रकाश डाला।

आर्यावर्त्त (पटना)

13 जुलाई, 1957

बाबूसाहब को खोकर बिहार के नागरिक मर्माहत

पटना, 12 जुलाई। बिहारविभूति डॉ. अनुग्रह नारायण सिंह के निधन से शोकसंतप्त बिहार के नागरिकों द्वारा जहाँ-तहाँ शोकसभाएँ किए जाने और दिवंगत आत्मा की शांति के लिए ईश्वर से प्रार्थना किए जाने के समाचारों का ताँता अब भी लगा है। अपने प्रिय बाबूसाहब को खोकर बिहार आज अपने को मर्माहत अनुभव कर रहा है।

अनुग्रह मंदिर का विचार (निज संवाददाता द्वारा)

आरा, 12 जुलाई। परसों संध्या 7 बजे स्थानीय नागरिकों की सभा बिहारविभूति डॉ. अनुग्रह नारायण सिंह की असामयिक मृत्यु पर शोक प्रकट करने के लिए बिहार के अवकाश प्राप्त आरक्षी महानिरीक्षक श्री फजल हमीद की अध्यक्षता में हुई, जिसमें सर्वश्री डॉ. रामसुभग सिंह (संसद् सदस्य), पंडित रामानंद तिवारी (एम.एल.ए.), प्रो. विश्वनाथ सिंह, नागेश्वर लाल, लाला शिवराज प्रसाद सिन्हा (वकील), एच. हैदर, महंत महादेवानंद गिरि और सभापति ने वित्तमंत्री के जीवन के विभिन्न पहलुओं पर प्रकाश डाला। गिरिजी ने अनुग्रह बाबू की स्मृति स्थायी करने के अभिप्राय से 'अनुग्रह मंदिर' की स्थापना का सुझाव रखा, जो सर्वसम्मति से स्वीकृत हुआ। यद्यपि एक समिति इसके लिए संघटित करने की बात गिरिजी ने कही। किंतु इसका भार उन्हीं पर रखा गया। अंत में प्रस्ताव स्वीकृत कर दिवंगत आत्मा की सद्गति और शोकसंतप्त परिवार और सारे बिहार को धैर्य प्रदान करने के लिए प्रार्थना की गई।

श्री अनुग्रह सदन की स्थापना का निश्चय

घमार (शाहाबाद), 12 जुलाई। डॉ. अनुग्रह नारायण सिंह के निधन से शोकाकुल आरा मुफस्सिल के नागरिकों ने यहाँ सभा की। श्री जनार्दन सिंह ने बाबूसाहब के विशेष

गुणों का बखान करते हुए यह बताया कि अनुग्रह बाबू का बेहद स्नेह इस इलाके के लोगों के प्रति रहा। शायद इसीलिए बाबूसाहब के जीवन का अंतिम प्रोग्राम 30 जून को घमार के लिए बना था। उन्होंने यहाँ की जनता से कहा कि मरणशय्या से बिहारविभूति के मुँह से जो अनमोल बोल निकले थे कि बदले की भावना से मुक्त होकर ही सृजन के कार्य करने से मनुष्य आगे बढ़ सकता है, उसे सिद्ध मंत्र के समान रखकर हम सब गाँव और समाज के रचनात्मक काम में लगकर ही सही मायने में बाबूसाहब को श्रद्धांजलि अर्पित करें।

श्री अलख कुमार सिंह के सुझाव पर सभी उपस्थित जनों ने एक मत से यह निश्चय किया कि इस गाँव में बिहारविभूति की याद में एक जनोपयोगी स्मारक बनाया जाए, जिसका नाम 'अनुग्रह सदन' हो। श्री वशिष्ठ नारायण सिंह ने सभापति पद से पत्रकारों से निवेदन किया कि वे इस इलाके की जनता के शोक संदेश अपने पत्रों द्वारा बाबूसाहब के शोकसंतप्त परिवार तक पहुँचा दें।

गोनौली में शोकसभा

गोनौली (दरभंगा), 12 जुलाई। गत 6 जुलाई को सायंकाल श्री चक्रधर सार्वजनिक पुस्तकालय एवं संस्कृत हाई स्कूल (गोनौली) के सम्मिलित तत्त्वावधान में बिहारविभूति डॉ. अनुग्रह नारायण सिंह की आकस्मिक मृत्यु के अवसर पर गाँव के वयोवृद्ध विद्वान् श्री सिद्धिनाथ मिश्र की अध्यक्षता में शोकसभा का आयोजन किया गया। सभा में एक प्रस्ताव स्वीकृत कर डॉ. अनुग्रह नारायण सिंह की दिवंगत आत्मा के प्रति श्रद्धांजलि अर्पित की गई एवं उनकी आत्मा की चिर शांति के निमित्त ईश्वर से प्रार्थना की गई एवं शोकसंतप्त परिवार के प्रति संवेदना प्रकट की गई।

देवघर में शोकसभा

देवघर, 11 जुलाई। आर. मित्र हाई स्कूल के भवन में देवघर के नागरिकों की ओर से सार्वजनिक शोकसभा अनुग्रह बाबू के असामयिक निधन पर श्री सीताराम छावछरिया के सभापतित्व में हुई। सर्वसम्मति से शोकप्रस्ताव स्वीकृत किया गया, जिसमें स्वर्गीय बाबूसाहब के विशिष्ट गुणों और सेवाओं की चर्चा की गई। उनकी दिवंगत आत्मा की शांति के लिए प्रार्थना की गई और शोकसंतप्त परिवार के प्रति संवेदना प्रकट की गई।

कला निकेतन में सभा

दिघवारा (सारण), 12 जुलाई। परसों तीसरे पहर दिघवारा में कला निकेतन द्वारा श्री जसवंत लालजी की अध्यक्षता में सभा आयोजित हुई, जिसमें बिहारविभूति डॉ. अनुग्रह नारायण सिंह के निधन पर शोक प्रकट किया गया।

फारबिसगंज में शोक

फारबिसगंज, 12 जुलाई। बिहारविभूति डॉ. अनुग्रह नारायण सिंह की मृत्यु का समाचार यहाँ के नागरिकों को स्पर्शाघात की तरह लगा। समाचार की पुष्टि के लिए लोग शोकसंतप्त हृदय से रेडियो समाचार सुनने के लिए दौड़ पड़े। संध्या समय नगर भारत सेवक समाज के संयोजक श्री मोतीलाल साह के सभापतित्व में शोकसभा में स्वर्गीय श्री अनुग्रह नारायण सिंह को श्रद्धांजलि अर्पित करते हुए जनसमूह ने दिवंगत आत्मा की शांति के लिए दो मिनट मौन धारण कर भगवान् से प्रार्थना की।

हसनपुर में शोकसभा

हसनपुर (दरभंगा), 12 जुलाई। गत 7 जुलाई को श्रीनारायण दास, एम.पी. के दौरे का कार्यक्रम रोसड़ा थाने के पूर्वी भाग का था। लेकिन डॉ. अनुग्रह नारायण सिंह के निधन के समाचार से हतोत्साहित होकर हसनपुर रोड के आस-पास चार गाँवों के भ्रमण के अतिरिक्त शेष कार्यक्रम स्थगित हो गया। 6 जुलाई की रात्रि में हसनपुर बाजार में एक बैठक श्रीनारायण दासजी की अध्यक्षता में हुई, जिसमें बाबूसाहब के जीवन-चरित्र पर प्रकाश डाला गया तथा दो मिनट तक मौनावलंबन के साथ खड़े होकर श्रद्धांजलि अर्पित की गई।

जहाँ-तहाँ सभाओं में शोक प्रकाश

अभयपुरा (शाहाबाद), ग्राम हितैषी पुस्तकालय नवगछिया (भागलपुर), श्री गोपाल गौशाला शेरमारी (भागलपुर), भारती पुस्तकालय वसंतपुर पट्टी (मुजफ्फरपुर), रेवा बहुधंधी ग्राम सहयोग समिति (मुजफ्फरपुर), जगदीश पुस्तकालय (चमरहरा), बिहार प्रादेशिक सेवा समिति महेंद्रू (पटना), महेश्वर पब्लिक लाइब्रेरी बरबीघा (मुंगेर), श्री नवजीवन अशोक पुस्तकालय मनेर (पटना), श्री सरस्वती पुस्तकालय नकशहबाजपुर (बिहटा), नवयुवक पुस्तकालय, तिरहुत प्रमंडल दलित वर्ग संघ चकना (मुजफ्फरपुर), सार्वजनिक पुस्तकालय, मुंगेर व्यवसायी संघ; श्री गौशाला रामनगर मनेर, समस्तीपुर नवयुवक समिति बेलसंडी तारा (दरभंगा) और सहसराम श्री कृष्ण गौशाला के तत्त्वावधान में तथा जय हिंद तेंदुआ (गया), अररिया और स्यालदह मधुआ (पूर्णिया) में सभाएँ कर बिहार विभूति डॉ. अनुग्रह नारायण सिंह के निधन पर शोक प्रकट किया गया। दिवंगत आत्मा की शांति के लिए तथा शोकसंतप्त परिवार की सांत्वना के लिए ईश्वर से प्रार्थना की गई।

शोकसभाएँ
अनुग्रह बाबू के प्रति श्रद्धांजलियाँ

पटना सिटी, 11 जुलाई। स्थानीय धर्मशाला घाट स्थित 'युवक परिषद्' के तत्त्वावधान में मिरचाईगंज अखाड़े के मैदान में एक सभा आयोजित की गई। सभा की अध्यक्षता सीताराम धार्मिक विद्यालय के प्रधानाध्यापक श्री हरिश्चंद्र मिश्र (बी.ए., बी.टी.) ने की। उस अवसर पर कांग्रेस कार्यकर्ता श्री राय महेंद्र प्रसाद एवं श्री विद्याप्रसाद तिवारी 'साहित्यभूषण' ने अपनी श्रद्धांजलियाँ समर्पित करते हुए कहा कि ऐसे महान् जनसेवक और देशभक्त के उठ जाने से बिहार में जो स्थान रिक्त हुआ है, उसकी पूर्ति बिहार के लिए कठिन समस्या है।

व्यवसायी मंडल की ओर से श्रद्धांजलि समर्पित करते हुए श्री मुकुटबिहारी लाल ने कहा, "बापू का एक स्तंभ गिर पड़ा।" शिक्षक संघ के प्रतिनिधि श्री रामनिरंजन पांडेय ने कहा, "बिहार ने एक योग्य नेता एवं प्रशासक खो दिया, जिससे आज भारत दुखित है।"

'वैद्य मित्र मंडल' की ओर से श्रद्धांजलि अर्पित करते हुए श्री सूर्यदेव शास्त्री ने कहा कि बाबूसाहब जैसा नररत्न, त्यागी एवं मिलनसार पुरुष विरले होते हैं।

अंत में 'युवक परिषद्' की ओर से श्री विनय कुमार त्रिपाठी 'विनोद' ने कहा, "उनके निधन से देश और बिहार को खासकर, जो क्षति हुई है उसकी पूर्ति नहीं की जा सकती।" उस अवसर पर श्री मुरली मनोहर मिश्र, श्री प्रवीणचंद्र व्यास, श्री नवलकिशोर शर्मा, प्रह्लाद शर्मा, श्री मदनमोहन शर्मा, श्री नवलकिशोर केसरी, श्री युगलकिशोर, श्री नंदकिशोर, श्री अनीत कुमार, श्री पुरुषोत्तम लाल इत्यादि प्रमुख छात्रों ने महान् विभूति के प्रति अपनी श्रद्धांजलियाँ समर्पित कीं।

कदमकुआँ नाट्य निकेतन

बिहार के वित्त एवं कृषिमंत्री डॉ. अनुग्रह नारायण सिंह के देहावसान पर शोक प्रकट करने के लिए कदमकुआँ नाट्य निकेतन के सदस्यों की एक सभा श्री वागेश्वरी प्रसाद श्रीवास्तव के निवासस्थान पर हुई। सभा का सभापतित्व श्री पी.के. सेनगुप्ता ने किया। सभी सदस्यों ने स्वर्गीय बाबूसाहब के प्रति श्रद्धांजलियाँ अर्पित कीं। अंत में सर्वसम्मति से निम्नलिखित प्रस्ताव स्वीकृत हुआ और सभी सदस्यों ने दो मिनट मौन धारण कर स्वर्गीय आत्मा की शांति के लिए प्रार्थना की—

"कदमकुआँ नाट्य निकेतन के सदस्यगण स्वतंत्रता संग्राम के वीर सेनानी, महान् नेता एवं बिहार सरकार के वित्त तथा कृषिमंत्री बिहारविभूति डॉ. अनुग्रह नारायण सिंह के देहावसान पर शोक प्रकट करते हैं। उनकी दिवंगत आत्मा की शांति के लिए ईश्वर

से प्रार्थना करते हैं तथा उनके परिवार के लोगों के प्रति अपनी हार्दिक संवेदना प्रकट करते हैं।''

खगौल में शोकसभा

खगौल (पटना), 11 जुलाई। कल संध्या समय अखिल भारतीय रेलवे मिनिस्ट्रीयल स्टाफ एसोसिएशन, दानापुर शाखा के तत्त्वावधान में श्री हरस्वरूप तिवारी, शाखा सचिव के निवासस्थान पर बिहार विभूति डॉ. अनुग्रह नारायण सिंह के स्वर्गवास पर शोकसभा की गई। दानापुर शाखा की अध्यक्षा श्रीमती सुंदरी देवी ने सभा का सभापतित्व किया।

शाखा के सचिव श्री हरस्वरूप तिवारी ने बिहार विभूति के गुणों की प्रशंसा करते हुए कहा कि बिहारविभूति की छत्रच्छाया इस मजदूर संस्था पर भी सदैव रहती थी। इसके बाद श्री ठाकुर प्रसाद सिन्हा तथा भैरवालालजी ने बाबूसाहब के अन्य गुणों की चर्चा की तथा संवेदना प्रकट की।

अंत में सभानेत्री श्रीमती सुंदरी देवी ने बिहारविभूति के राजनीतिक जीवन के संस्मरणों की चर्चा करते हुए कहा कि बाबूसाहब 1917 से मरणपर्यंत कार्य क्षेत्र में लगे रहे और देश सेवा ही उनका जीवनव्रत रहा।

कॉओपरेटिव बैंक कर्मचारी संघ

बिहार कोऑपरेटिव बैंक कर्मचारी संघ ने बिहार के वित्तमंत्री डॉ. अनुग्रह नारायण सिंह के निधन पर शोक प्रकट करते हुए कहा कि बाबूसाहब के निधन से जो स्थान रिक्त हुआ है, उसकी पूर्ति कठिन है।

लोदीपुर दातव्य औषधालय

लोदीपुर दातव्य औषधालय में श्री विश्वेश्वर शर्मा वैद्य के सभापतित्व में एक सभा हुई, जिसमें बिहार विभूति डॉ. अनुग्रह नारायण सिंह के निधन पर शोकप्रस्ताव सर्वसम्मति से हुआ और उनके परिवार के साथ संवेदना प्रकट की गई।

आर्यावर्त्त (पटना)

14 जुलाई, 1957

बिहारविभूति डॉ. अनुग्रह नारायण सिंह

—श्री शंकरदयाल सिंह, बी.ए.

उद्यान में न जाने कितने प्रकार के पुष्प होते हैं, उन पुष्पों में कोई ऐसा होता है, जिसमें सुगंध होता है पर सुषमा नहीं और कोई ऐसा होता है, जिसमें सुषमा है तो सुगंध नहीं। विपरीत इसके इस प्रकार का पुष्प भी होता है, जिसमें सौंदर्य और सुगंध दोनों का समावेश रहता है। बिहारविभूति डॉ. अनुग्रह नारायण सिंह ऐसे ही विकसित पुष्प थे, जिनकी सुषमा और सुगंध से केवल बिहार ही नहीं, वरन् सारा देश महमह था।

जीवन प्रवाह

गया जिले की पावन मिट्टी धन्य है, जिसने गौतम को बुद्ध बनाया और जिसे अनेकानेक महापुरुषों की जन्मभूमि होने का सौभाग्य प्राप्त है। इसी जिले के औरंगाबाद सबडिवीजन में पोइआवाँ नामक गाँव में 18 जून, 1887 ई. को अनुग्रह बाबू का जन्म हुआ। पिता ठाकुर विश्वेश्वर दयाल सिंह प्रतिष्ठित जमींदार एवं नामी पहलवान थे। अपने गाँव के लोअर प्राइमरी स्कूल से शिक्षा समाप्त कर अनुग्रह बाबू ने औरंगाबाद से मिडल पास किया और उसके बाद आप गया जिला स्कूल में भरती हुए। यहाँ की शिक्षा समाप्त कर अनुग्रह बाबू बी.ए. तक पटना कॉलेज के छात्र रहे और अपनी अंतिम शिक्षा कलकत्ता विश्वविद्यालय से इतिहास से एम.ए. और कानून की परीक्षाएँ पास कर समाप्त की।

मसल मशहूर है, 'होनहार बिरवान के होत चिकने पात।' अनुग्रह बाबू अपने प्रारंभिक जीवन से ही इसके उदाहरण रहे हैं। मिडल और इंट्रेंस दोनों परीक्षाओं में छात्रवृत्ति के साथ आपने सफलता पाई और कॉलेज जीवन में अपनी सामाजिकता के बल पर आपने सबके हृदय पर कब्जा जमा लिया था। उस समय अपने कॉलेज की सभी

समितियों के आप सभापति, मंत्री आदि थे।

अध्ययन समाप्त कर कुछ दिनों तक आपने भागलपुर कॉलेज में अध्यापन का काम भी किया और उसके पश्चात् 1916 से पटना हाईकोर्ट में वकालत शुरू की। बिहार स्टूडेंट्स कॉन्फ्रेंस के आप दो-दो बार सचिव बनाए गए और 1911 में पटना में जब कांग्रेस का महाधिवेशन हुआ, आपने स्वयंसेवक संघटन का संचालन किया। अध्यापक पद पर रहते हुए बिहार के बाढ़ पीड़ितों की आपने जो सेवा की, वह अविस्मरणीय है।

महात्मा गांधी का 1917 ई. में चंपारण में जो सत्याग्रह आंदोलन हुआ, वह देश के इतिहास में स्वर्णाक्षरों में लिखा जाएगा। गांधीजी की इस टीम के जो दो सबसे अधिक खिलाड़ी थे—वे थे देशरत्न डॉ. राजेंद्र प्रसाद और बिहारविभूति डॉ. अनुग्रह नारायण सिंह। उसके बाद तो गांधीजी के रंग में अनुग्रह बाबू इस भाँति रँगे कि 1920 में वकालत पर लात मारकर वे पूर्ण रूप से अपना सारा समय सक्रिय राजनीति में बिताने लगे।

सन् 1920 के बाद बिहार विद्यापीठ में, जिसमें राजेंद्र बाबू प्राध्यापक थे, अनुग्रह बाबू इतिहास के अध्यापक रहे। तत्पश्चात् बिहार प्रदेश कांग्रेस समिति के सहायक सचिव बनाए गए। उस समय राजेंद्र बाबू इसके प्रधान सचिव थे। गया में 1921 में कांग्रेस का महाधिवेशन हुआ। उसकी सफलता के लिए राजेंद्र बाबू ने रात-दिन एक किया। अखिल भारतीय कांग्रेस समिति के भी कुछ काल तक अनुग्रह बाबू सहायक सचिव रहे और कांग्रेस कार्यसमिति में बिहार का नेतृत्व किया। 1923-24 में पटना म्यूनिसिपलिटी के वाइस चेयरमैन और बाद में गया जिला बोर्ड के चेयरमैन चुने गए। 1925 में कांग्रेस टिकट पर कौंसिल ऑफ स्टेट के सदस्य निर्वाचित हुए। 1934 में बिहार में जो प्रलयंकारी भूकंप हुआ, उसमें आप प्रधान सचिव बनाए गए। इसी साल केंद्रीय विधानसभा के सदस्य हुए और 1937 में बिहार में कांग्रेस मंत्रिमंडल में आपने वित्तमंत्री का पद सँभाला। तबसे मृत्युपर्यंत आप बिहार के वित्तमंत्री बने रहे।

सरलता की प्रतिमूर्ति

भारत का वास्तविक प्रतिनिधि नेता वही हो सकता है, जिसमें बुद्ध सी करुणा, अशोक सी कर्मठता, जनक सा विवेक और गांधी सी सरलता हो। जनमानस पर भारतीय महर्षियों का प्रभाव इसीलिए था। डॉ. अनुग्रह नारायण सिंह की सफलता का रहस्य भी यही कहा जा सकता है।

आडंबरहीन रहन-सहन, सादा पहनावा, दिखावट से कोसों दूर, कर्मठता की प्रतिमूर्ति, धैर्य और विवेक के साक्षात् अवतार; भला कौन था, जो उनके चरणों पर शीश नवाता हुआ गर्व अनुभव न करता हो?

आँखों में सदा चमकती हुई स्मितहास, हृदय में सदा उमड़ता हुआ उत्साह, बड़ा

हो या छोटा, अमीर हो या गरीब, नेता हो या फिर गरीब रिक्शा चलानेवाला, सबके प्रति समान व्यवहार, सबके प्रति सहानुभूति का लबलबाता स्रोत।

निरीहता उनकी पहचान थी! करुणा उनका मूल मंत्र! सेवा उनकी वृत्ति थी और त्याग उद्देश्य! सत्य उनका सबसे प्यारा सहचर था और अहिंसा एक आवश्यक कर्तव्य!

बिहार में ही नहीं, भारत में वे एक उदाहरण थे, जिनका दरवाजा कभी न बंद हुआ। किसी को मिलना है, बेरोकटोक अंदर चला जाए, कुछ कहना-सुनना है, बेखटक कहे-सुने।

मैं भी उस दिन उनके पास ही बैठा था। एक नेता टाइप के सज्जन उनसे कह रहे थे, "जो भी चाहता है, बिना कहे-सुने, बिना पूछे-माते अंदर चला आता है, ऊपर चढ़ जाता है। आखिर यह मिनिस्टर का बँगला है, कोई धर्मशाला तो है नहीं। आपको इस पर रोक लगानी चाहिए।"

अनुग्रह बाबू ने प्यार से उनकी ओर ताका, आँखों में वही तैरती हुई मुसकराहट; बोले, "कौन मेरा पराया है, जिसके लिए दरवाजा बंद करूँ। उक्त सज्जन पानी-पानी हो गए।"

जनमानस पर उनका प्रभाव

जीवन के पचास वर्ष साधना और संघर्ष की आँधी के बीच ही उन्होंने गुजारे थे। जनता के गले के वे हार थे। जनतंत्र के पौधे को अपने त्याग, तपस्या से सींचनेवाले वे अनुपम माली थे।

उनके नाम का संक्षिप्त रूप था—'बाबूसाहब'। लाख-लाख व्यक्तियों के हृदय मंदिर में उनकी देव प्रतिमा विराजती थी। वे जनता के थे, जनता उनकी थी। बीच में कहीं कोई दीवार नहीं, कहीं कोई आवरण नहीं।

राजेंद्र बाबू के बाद अनुग्रह बाबू ही बिहार के सबसे बड़े लोकप्रिय नेता थे। उनकी लोकप्रियता का रहस्य हजारों की संख्या में सदा लोगों का आना-जाना, बिहार के सैकड़ों संस्थाओं के प्राण, दर्जनों कॉलेजों के सभापति आदि से ही जाना जा सकता है। और जब वे बीमार पड़े तो राष्ट्रपति से लेकर बिहार का बच्चा-बच्चा चिंतित हो उठा, राष्ट्रपति उन्हें देखने को खास तौर से पटना आए और बिहार के कोने-कोने से लोगों का ताँता लगा रहा।

एक और खंभ गिर गया

राष्ट्रपति डॉ. राजेंद्र प्रसाद ने बिहारविभूति के बारे में एक बार कहा था, "जब किसी बड़े संघटन की जरूरत पड़ी है, मैंने उनका सहारा लिया है, जैसे गया कांग्रेस

और रामगढ़ कांग्रेस के समय और उन्होंने हमेशा अपनी कार्यपटुता प्रमाणित की है। मैंने उनकी सहृदयता, प्रेम और बंधुत्व का लाभ उठाया है।''

उनकी मृत्यु से बिहार की ही नहीं, वरन् सारे देश की महान् क्षति हुई है। उन्होंने जब भी अवसर आया देश का नेतृत्व किया। 1954 ई. में जेनेवा में हुए खाद्य और कृषि सम्मेलन में उन्होंने भारत का नेतृत्व किया था।

गांधीवाद के गिने-चुने कर्मठ सेनानियों में बाबूसाहब का नाम लिया जा सकता है। अपने जीवन की आखिरी संध्या तक आराम को हराम समझते हुए उन्होंने सेवा ही अपना लक्ष्य बनाया।

स्नेह और सौहार्द के तो बाबूसाहब जीवित प्रतिमूर्ति थे। जो कोई भी उनके पास आया, वह कभी उनसे दूर नहीं हुआ। कर्मठ कार्यकर्ता, योग्य प्रशासक, विलक्षण राजनीतिज्ञ; वे सबके अद्भुत सम्मिश्रण थे। बिहार उनको खोकर अपने को रिक्त पाता है।

अपनी संवेदना में श्री प्यारेलाल और डॉ. सुशीला नय्यर ने ठीक ही कहा है, ''बापू का एक और खंभ गिर पड़ा।''

वे अमर रहेंगे!

6 जुलाई, 1957 को बाबूसाहब का पार्थिव शरीर भागीरथी गंगा के पुनीत तट पर चंदन की चिता में देखते-देखते विलीन हो गया। सही है कि भूमि, गगन, पवन, जल और अग्नि से निर्मित उनका शरीर आज हमारे बीच से उठ गया है। पर उससे भी सही यह है कि उनकी विशाल आत्मा का अमर संदेश हमारे बीच से कभी नहीं उठ सकता।

बाबूसाहब सही माने में एक संत थे। कमल के पत्तों की विशेषता होती है—जल में रहकर जल से परे रहना। बाबूसाहब की भी सबसे बड़ी विशेषता यही थी कि वे राजनीति में रहते हुए भी राजनीतिक छलछंदों से सदा दूर रहे। उनका पावन चरित्र, उच्च विचार, निष्कलुष जीवन भारत के लिए एक आदर्श है।

उनके निधन से केवल बिहार ही नहीं, वरन् सारा देश शोकसंतप्त है। पर वे मरकर भी अमर हैं। उनके जीवन का सबसे बड़ा उद्देश्य रहा सत्य, अहिंसा, सेवा और त्याग के लिए प्राण न्योछावर करना, स्वयं कष्ट सह लेना, किंतु दूसरे को लेशमात्र भी कष्ट न देना। विश्वास है, देश उनके इस अमर संदेश को कभी न भूलेगा।

आर्यावर्त्त (पटना)

15 जुलाई, 1957

बिहार के घर-घर में स्वर्गीय अनुग्रह बाबू के लिए शोक
पटना में श्राद्धदिवस के दिन शोकसभा का आयोजन

पटना, 14 जुलाई। सर्वश्री जयप्रकाश नारायण, बलदेव सहाय, विंदेश्वरी प्रसाद वर्मा, बलभद्र प्रसाद, नंदकुमार सिंह, महामाया प्रसाद सिन्हा, बदरीनाथ वर्मा, कृष्णबल्लभ सहाय, महेश प्रसाद सिन्हा, हरिनाथ मिश्र, राजा राधिकारमण प्रसाद सिंह, शार्गंधर सिंह, मुरली मनोहर प्रसाद, सरदार हरिहर सिंह, सिंहेश्वर प्रसाद, रामलखन सिंह यादव, सुलतान अहमद, महावीर प्रसाद, श्यामा प्रसाद सिंह, दुक्खन राम, रजनीधारी सिंह, गोरखनाथ सिन्हा, राय ब्रजराज कृष्ण, अजीज फकीरुद्दीन, बी.सी. डे, टी.एन. बनर्जी, नवाब सैयद मेहदी अली, नगेंद्र नारायण सिन्हा, सचीन सेन, एम.एस.एम. शर्मा तथा जाफर इमाम आदि नेताओं, पत्रकारों और साहित्यिकों ने बिहार विभूति डॉ. अनुग्रह नारायण सिंह के निधन के उपलक्ष्य में आयोजित शोकसभा के संबंध में निम्नलिखित अपील प्रकाशित की है—

बिहारविभूति डॉ. अनुग्रह नारायण सिंह के निधन के उपलक्ष्य में एक सार्वजनिक शोकसभा आगामी मंगलवार, दिनांक 16 जुलाई, 1957 को साढ़े छह बजे सायंकाल पटना विश्वविद्यालय के ह्वीलर सिनेट हॉल में होगी। सर्वसाधारण की उपस्थिति प्रार्थित है।

कंपोस्ट विकास कार्यालय में शोकसभा

कंपोस्ट विकास कार्यालय कृषि विभाग, बिहार (पटना) के कर्मचारियों ने बिहार के वित्त एवं कृषिमंत्री डॉ. अनुग्रह नारायण सिंह के देहावसान पर शोक प्रकट करने के लिए विगत 8 जुलाई को साढ़े तीन बजे दिन में कंपोस्ट विकास पदाधिकारी के सभापतित्व में एक सभा की और स्वर्गीय बाबूसाहब के प्रति श्रद्धांजलियाँ अर्पित कीं।

अंत में सर्वसम्मति से निम्नलिखित प्रस्ताव स्वीकृत हुआ और सभी सदस्यों ने दो मिनट मौन धारण कर स्वर्गीय आत्मा की शांति के लिए प्रार्थना की। कंपोस्ट विकास

कार्यालय, बिहार के कर्मचारीगण स्वतंत्रता संग्राम के वीर सेनानी, महान् नेता एवं बिहार सरकार के वित्त एवं कृषिमंत्री बिहार विभूति डॉ. अनुग्रह नारायण सिंह के देहावसान पर शोक प्रकट करते हैं तथा उनकी दिवंगत आत्मा की शांति के लिए ईश्वर से प्रार्थना करते हुए उनके शोकसंतप्त परिवार के प्रति आंतरिक संवेदना प्रकट करते हैं।

रामगढ़ में शोकसभा

बिहार की आत्मा, स्वतंत्रता संग्राम के बेजोड़ सेनानी, भारतीय स्वातंत्र्य के सुदृढ स्तंभ तथा देश के सुयोग्य नेता डॉ. अनुग्रह नारायण सिंह के असामयिक निधन पर शोक प्रकट करने के निमित्त रामगढ़ में एकत्र जनसमूह ने नगर के कतिपय गण्यमान्य व्यक्तियों द्वारा प्रिय नेता के जीवनवृत्त और त्याग एवं सेवा आदि पर विशदरूपेण प्रकाश डाले जाने के पश्चात् दो मिनट तक मौन धारण कर दिवंगत आत्मा की चिरशांति के निमित्त परमात्मा से प्रार्थना की और शोकसंतप्त परिवार के प्रति संवेदना प्रकट की।

प्रजा समाजवादियों द्वारा श्रद्धांजलि (निज संवाददाता द्वारा)

विगत 13 जुलाई को संध्या 5 बजे बिहटा क्षेत्र प्रजा समाजवादी दल की एक बैठक हुई, जिसकी अध्यक्षता बिहार क्षेत्र प्रजा समाजवादी दल के मंत्री श्री गजेंद्र शर्मा ने की। बैठक में बिहारविभूति डॉ. अनुग्रह नारायण सिंह की अचानक मृत्यु पर शोक प्रकट किया गया एवं उनकी दिवंगत आत्मा की शांति के लिए ईश्वर से प्रार्थना की गई।

प्रभात पुस्तकालय में शोकसभा (निज संवाददाता द्वारा)

गत शुक्रवार को बिहटा (पटना) थानांतर्गत पैनाल ग्राम के प्रभात पुस्तकालय में एक बैठक श्री गजेंद्र शर्मा के सभापतित्व में हुई, जिसमें बिहारविभूति डॉ. अनुग्रह नारायण सिंह की मृत्यु पर शोक प्रकट किया गया।

सरस्वती पुस्तकालय में शोकसभा

विगत 7 जुलाई को श्री सरस्वती पुस्तकालय, दरियापुर (फतुहा) के तत्त्वावधान में कार्यकारिणी समिति एवं यहाँ के ग्राम निवासियों की श्री अनुग्रह नारायण सिंह के निधन पर एक शोकसभा हुई, जिसमें निम्नलिखित प्रस्ताव सर्वसम्मति से स्वीकृत हुआ—

''यह बैठक बाबूसाहब के निधन पर हार्दिक शोक प्रकट करती है। उनके निधन से बिहार का एक उज्ज्वल रत्न खो गया। हम लोग उनकी दिवंगत आत्मा की शांति तथा उनके शोकसंतप्त परिवार को धैर्य बँधाने के लिए ईश्वर से प्रार्थना करते हैं।''

दूसरे प्रस्ताव द्वारा उनके श्राद्ध दिवस पर दरिद्र नारायण को भोजन कराने का निश्चय

हुआ। सभा की अध्यक्षता श्री रामाशीष शर्माजी ने की।

भारतीय समाज कार्य सम्मेलन द्वारा शोकप्रकाश

भारतीय समाज कार्य सम्मेलन तथा हरिजन सेवक संघ की बिहार प्रादेशिक शाखाओं के संयुक्त तत्त्वावधान में आयोजित एक सभा में 10 जुलाई को बिहारविभूति डॉ. अनुग्रह नारायण सिंह के निधन पर शोक प्रकट किया गया। स्व. डॉ. सिंह भारतीय समाज कार्य सम्मेलन की बिहार प्रदेश शाखा के अध्यक्ष थे।

हरिजन छात्रों द्वारा श्रद्धांजलि

आदर्श हरिजन शिक्षा मंदिर, खगौल (पटना) के छात्र-छात्राओं ने देश के एक महान् रत्न एवं प्रतिष्ठित नेता डॉ. अनुग्रह नारायण सिंह के निधन पर एक शोकसभा का आयोजन किया, जिसमें निम्नलिखित प्रस्ताव सर्वसम्मति से स्वीकृत हुआ—

आदर्श हरिजन शिक्षा मंदिर के शिक्षक एवं शिक्षार्थियों की यह सभा बिहार की अनमोल विभूति डॉ. अनुग्रह नारायण सिंह के स्वर्गवास पर हार्दिक शोक प्रकट करती है और उनकी दिवंगत आत्मा की शांति के लिए ईश्वर से प्रार्थना करते हुए उनके शोकसंतप्त परिवार के प्रति आंतरिक संवेदना प्रकट करती है।

आर्यावर्त्त (पटना)

16 जुलाई, 1957

बाबूसाहब की मृत्यु पर शोक

दरभंगा, 15 जुलाई। विगत 7 जुलाई की सायंकाल श्री राजेंद्र पुस्तकालय (गुआलपट्टी, दरभंगा) के भवन में बिहारविभूति डॉ. अनुग्रह नारायण सिंह की आकस्मिक मृत्यु पर वयोवृद्ध पंडित श्री सूर्यनारायण चौधरी की अध्यक्षता में एक शोकसभा का आयोजन किया गया। सभा में प्रस्ताव स्वीकृत कर डॉ. अनुग्रह नारायण सिंह की दिवंगत आत्मा के प्रति श्रद्धांजलि अर्पित की गई और उनकी चिरशांति के निमित्त भगवान् से मौन प्रार्थना की गई।

स्मारक निर्माण का निश्चय

श्री हरिभूषण लखैयार के सभापतित्व में श्री प्रमोदधारी सिंह के निवासस्थान (कदमकुआँ) पर भारतीय नाट्य परिषद् के सदस्यों की सभा हुई, जिसमें डॉ. अनुग्रह नारायण सिंह के देहांत पर शोक प्रकट किया गया। उनका एक स्मारक निर्मित करने का विचार हुआ।

महिलाओं द्वारा शोकप्रकाश

महिला सामाजिक शिक्षा केंद्र, तारणपुर (पटना) के तत्त्वावधान में महिलाओं की एक शोकसभा डॉ. अनुग्रह नारायण सिंह की आकस्मिक मृत्यु पर हुई। सभा में दिवंगत आत्मा की शांति के लिए भगवान् से प्रार्थना की गई तथा शोकसंतप्त परिवार के प्रति संवेदना प्रकट की गई।

ग्रामवासियों में शोक

फुलवारी (पटना) थानांतर्गत तारणपुर ग्राम निवासियों की एक सभा विगत 10

जुलाई को तारणपुर स्कूल भवन में हुई। सभा में उपस्थित व्यक्तियों ने खड़े होकर डॉ. अनुग्रह नारायण सिंह की दिवंगत आत्मा की शांति के लिए ईश्वर से प्रार्थना की तथा उनके शोकसंतप्त परिवार के प्रति संवेदना प्रकट की।

शिलार धर्मपुर में शोकसभा

बिहारविभूति डॉ. अनुग्रह नारायण सिंह के निधन का समाचार पाते ही शिलार धर्मपुर (औरंगाबाद) की जनता की भीड़ एकत्र हुई। एक शोकसभा का आयोजन किया गया। सर्वसम्मति से एक प्रस्ताव पास हुआ, जिसमें बाबूसाहब की दिवंगत आत्मा की शांति के लिए भगवान् से प्रार्थना और शोकसंतप्त परिवार के प्रति संवेदना प्रकट की गई।

ग्राम पंचायत द्वारा शोकप्रकाश (निज संवाददाता द्वारा)

गत शनिवार को कृष्णपुर बैकुंठ (दरभंगा) ग्राम पंचायत के निवासियों की एक सभा श्री नारायण सिंह, वकील के सभापतित्व में हुई। सर्वसम्मति से बिहारविभूति डॉ. अनुग्रह नारायण सिंह, वित्तमंत्री, बिहार सरकार के निधन पर शोकप्रस्ताव स्वीकृत हुआ।

मौन प्रार्थना और श्रद्धांजलि

शकरपुरा (मुंगेर) मनोरंजन केंद्र के तत्त्वावधान में एक शोकसभा श्री शारदा प्रसाद सिंह के सभापतित्व में हुई, जिसमें बिहार सरकार के वित्तमंत्री डॉ. अनुग्रह नारायण सिंह की असामयिक मृत्यु पर हार्दिक शोक प्रकट किया गया। उपस्थित व्यक्तियों ने दिवंगत नेता के प्रति श्रद्धांजलि अर्पित की तथा मृत आत्मा की शांति के लिए परमेश्वर से प्रार्थना की।

महान् विभूति उठ गई

श्री वेणी पुस्तकालय, तारणपुर लखनपार (पटना) के कार्यकर्ताओं की एक सभा पुस्तकालय के अध्यक्ष ठाकुर रामानंद सिंह आजाद की अध्यक्षता में पुस्तकालय के नवनिर्मित भवन में हुई, जिसमें बिहारविभूति डॉ. अनुग्रह नारायण सिंह के निधन पर स्वीकृत शोकप्रस्ताव में कहा गया कि द्वितीय पंचवर्षीय योजनाकाल में ऐसे महान् राष्ट्रसेवी, स्वातंत्र्य संग्राम के अग्रणी सेनानी, नए भारत के निर्माता एवं कुशल शासनाधिकारी का प्रयाण बिहार ही नहीं, बल्कि समस्त देश के लिए महान् क्षति है, जिसकी पूर्ति शायद अब हो नहीं सकती। यह शोकसभा उनके शोकसंतप्त परिवार के प्रति संवेदना प्रकट करती है और ईश्वर से प्रार्थना करती है कि उस दिवंगत महान् आत्मा को शांति प्रदान करे।

डाल्टेनगंज कॉलेज प्रबंध समिति द्वारा शोक प्रकाश

गणेशलाल अग्रवाल कॉलेज (डाल्टेनगंज) की प्रबंध समिति की एक असाधारण बैठक समिति के सभापति के निवासस्थान पर हुई, जिसमें बिहार के भूतपूर्व वित्तमंत्री डॉ. अनुग्रह नारायण सिंह के निधन पर शोक प्रकट किया गया तथा शोकसंतप्त परिवार को सांत्वना देने के लिए भगवान् से प्रार्थना की गई।

आर्यावर्त्त (पटना)

17 जुलाई, 1957

पटना के नागरिकों की सभा में अनुग्रह बाबू को श्रद्धांजलियाँ अर्पित
स्मारक निर्माण का निश्चय
बिहार की राजनीति से जातिवाद दूर किया जाना चाहिए
राज्य के राजनेताओं से श्री जयप्रकाश को अपील

(हमारे कार्यालय प्रतिनिधि द्वारा)

पटना, 16 जुलाई। बिहार के नागरिकों की सभा में आज संध्याकाल बिहारविभूति डॉ. अनुग्रह नारायण सिंह के निधन पर शोक प्रकट किया गया तथा नागरिकों से अपील की गई कि वे आपसी भेदभाव भूलकर एकता का ऐसा ज्वलंत उदाहरण रखें कि प्रांत मजबूत बने।

सभा ने दिवंगत आत्मा की शांति के लिए प्रार्थना की तथा नागरिकों से अपील की कि वे स्वर्गीय डॉ. अनुग्रह नारायण सिंह की स्मृति में अपनी ओर से कोई भव्य स्मारक तैयार करें, जो लोगों को सेवाभाव की प्रेरणा देता रहे।

सभा की अध्यक्षता श्री जयप्रकाश नारायण ने की। उन्होंने कहा कि प्रांत के राजनीतिक और सामाजिक जीवन में जो कीड़ा घुस गया है और इसका जो विकृत रूप हो गया है, उसे यदि किसी प्रकार सुधारा जा सका तो इससे अधिक भव्य स्मारक बाबूसाहब का दूसरा नहीं हो सकता है।

नागरिकों की इस सभा में, जो स्थानीय ह्वीलर सिनेट हॉल में आज संध्याकाल हुई, नगर के सभी दल एवं वर्ग के लोग शामिल थे तथा उन लोगों ने अपनी श्रद्धांजलियाँ अर्पित कीं। सिनेट हॉल नागरिकों से पूरा भर गया था। शोकप्रस्ताव श्री देवव्रत शास्त्री ने पेश किया।

शोकप्रस्ताव

प्रस्ताव में कहा गया कि पटना के नागरिकों की यह सभा आधुनिक बिहार के प्रमुख

निर्माता, देश के सच्चे सेवक, भारतीय स्वाधीनता संग्राम के अग्रगण्य सेनानी, राष्ट्रपिता महात्मा गांधी के अनन्य अनुयायी, बिहार राज्य के वित्त, श्रम एवं कृषिमंत्री बिहारविभूति डॉ. अनुग्रह नारायण सिंह के स्वर्गवास पर शोक प्रकट करती है और दिवंगत आत्मा की शांति के लिए परमात्मा से प्रार्थना करती है।

साथ ही यह सभा बिहारविभूति के शोकसंतप्त परिवार के प्रति हार्दिक संवेदना प्रकट करती है। बिहार सरकार ने बिहारविभूति डॉ. अनुग्रह नारायण सिंह के स्मारक के रूप में पटना में समाजशास्त्रीय अध्ययन प्रतिष्ठान स्थापित करने का जो निर्णय किया है, उसका यह सभा स्वागत करती है तथा सरकार से अनुरोध करती है कि वह उक्त प्रतिष्ठान को स्वर्गीय अनुग्रह बाबू की सेवा और कीर्ति के अनुरूप अधिक-से-अधिक भव्य एवं जनोपयोगी बनाने की समुचित व्यवस्था करे।

राजा राधिकारमण प्रसाद सिंह

इसके पूर्व राजा राधिकारमण प्रसाद सिंह ने अपनी श्रद्धांजलि अर्पित करते हुए कहा कि उन्हें विश्वास है कि अनुग्रह बाबू ने देश की जो सेवा की, वह सदा उनकी याद को ताजा बनाए रहेगी। इसी प्रांत में अनेक आए-गए, लेकिन अनुग्रह बाबू ऐसा व्यक्तित्व पैदा नहीं हुआ। बाबूसाहब में अनेक ऐसे गुण थे, जो उन्हीं के साथ आए तथा गए। बिहार अभी फला-फूला नहीं और इसका एक महान् व्यक्तित्व उठ गया। अभी उनकी आवश्यकता थी।

श्री महेश प्रसाद सिंह

श्री महेश प्रसाद सिंह ने बाबूसाहब के प्रति श्रद्धा प्रकट करते हुए कहा कि विधि की यह कैसी विडंबना है कि अभी हाल में हम लोगों ने बाबूसाहब की जयंती मनाई थी और आज उनके प्रति श्रद्धांजलियाँ अर्पित की जाएँगी। उन्होंने बताया कि किस प्रकार 40 वर्ष पहले अनुग्रह बाबू ने मुजफ्फरपुर और चंपारण से अपना काम शुरू किया। उस समय आजादी का नाम लेना आसान काम नहीं था। श्री महेश प्रसाद सिंह ने कहा कि अनुग्रह बाबू ने संघर्ष के समय भी अपनी महानता का परिचय दिया। मरते दम तक उनका हृदय पवित्र था और परिवार के लोगों को उन्होंने कहा कि किसी का नुकसान मत करना।

श्री महामाया प्रसाद सिंह

श्री महामाया प्रसाद सिंह ने कहा कि बिहार का यह दुर्भाग्य है कि पिछले चार-पाँच महीने के भीतर बिहार की कई विभूतियाँ उठ गईं। बाबूसाहब महान् थे, हमारे नेता थे। उनमें ईमानदारी थी और विरोधियों के प्रति भी उदारता थी। आज उन्हें केवल श्रद्धांजलियाँ

ही दी जा सकती हैं, उनकी आत्मा तभी शांति प्राप्त करेगी, जब हम ईमानदारी के साथ देश की सेवा करते रहे। यदि प्रांत के लोग एकता के सूत्र में बँधे तो यही उनका सबसे बड़ा यादगार रहेगा।

श्री फजलुर रहमान

श्री फजलुर रहमान ने अपनी श्रद्धांजलि अर्पित करते हुए कहा कि हर आदमी से अनुग्रह बाबू का अति सुंदर संबंध था। जो भी उनके पास जाता था, यही समझता था कि बाबूसाहब की रुचि उसी में सबसे अधिक है। बाबूसाहब के हाथ में अधिकार था, लेकिन उनका द्वार सदा सबके लिए खुला रहता था। उनकी याद में अपाहिजों की सेवा का कोई केंद्र खोला जाए।

डॉ. के.के. दत्त

पटना विश्वविद्यालय के इतिहास विभाग के अध्यक्ष डॉ. के.के. दत्त ने कहा कि डॉ. अनुग्रह नारायण सिंह नैतिक शक्ति का कार्य करते थे। उनका जीवन त्यागमय और संकटों से संघर्ष करने का रहा है। उन्होंने बिहार के युवकों में बिहारी संघ के माध्यम से देशप्रेम का भाव भरा, चंपारण में महात्मा गांधी के साथ आजादी के आंदोलन को नया रूप दिया। चंपारण का आंदोलन भारत की आजादी का पहला प्रयोग था, जिसमें काफी सफलता मिली। बाबूसाहब का इसमें काफी बड़ा सहयोग था। 1925 में महात्मा गांधी ने जो एक पत्र लिखा था, उसमें बाबूसाहब के प्रति उन्होंने श्रद्धा प्रकट की थी तथा लिखा था, यदि अनुग्रह बाबू के ऐसे देशभक्तों का झुंड मिल गया तो देश की आजादी दूर नहीं रहेगी। 1942 में भारतीय आंदोलन में डॉ. राजेंद्र प्रसाद ने जो आदेश जारी किया था, उसमें बाबूसाहब का बहुत बड़ा हाथ था।

डॉ. दत्त ने कहा कि वे सच्चे भारतीय राष्ट्रवादी थे। दया-स्नेह आदि उनके विशेष गुण थे। बिहार के अनेक व्यक्ति, जो अनाथ के रूप में पढ़ रहे थे, बाबूसाहब के ही अनुदान पर आगे बढ़े। उन्होंने कहा बाबूसाहब की बड़ी इच्छा थी कि उनकी आत्मकथा प्रकाशित हो। इसकी पूर्ति होनी चाहिए।

श्री कृष्णबल्लभ सहाय

श्री कृष्णबल्लभ सहाय ने अपनी श्रद्धांजलि अर्पित करते हुए कहा कि जिस दिन बाबूसाहब की लाश के चारों ओर उनका सारा परिवार रो रहा था, लोगों को पता नहीं था कि उस दिन सारा बिहार रो रहा था। जब से बाबूसाहब बीमार पड़े, पटना का मामूली आदमी भी उनके चंगा होने की कामना करता था। वे जब मरे, उसके बाद जनता का

जो स्नेह उमड़ा, सबको उसका रूप देखने का मौका मिला।

श्री सहाय ने कहा कि उनका द्वार सदा सबके लिए खुला रहता था। बीमारी की अवस्था में भी वे अपने कर्तव्य के पालन में चुकते नहीं थे। यही उनकी लोकप्रियता का कारण था।

उन्होंने उदाहरणों के आधार पर बताया कि वे किस प्रकार साधारण जीवन बिताते थे और बाबूसाहब को बिहार के कोने-कोने की जितनी जानकारी थी, उतनी किसी दूसरी राजनीतिक नेता को नहीं है। 1934 के भूकंप के समय उन्होंने सारे सूबे को जिस रूप में सहायता पहुँचाई, वह उनकी अपूर्व संघटन शक्ति का परिचायक था। सरकारी काम भी वे तेजी से करते थे और आज यही कहा जा सकता है कि अनुग्रह बाबू तो मर गए, लेकिन वे अमर हैं!

श्री शिवनंदन मंडल

श्री शिवनंदन मंडल ने कहा कि उनका सार्वजनिक जीवन बहुत पुराना था। वे एक महान् पुरुष थे। उनके चले जाने से जो क्षति हुई है, उसकी पूर्ति नहीं हो सकती। उनमें अनेक गुण थे, जो साधारणत: अन्य व्यक्तियों में नहीं पाए जाते। वे साधु पुरुष थे और उन्हें मृत्यु का भय नहीं था। वे जानते थे कि उनकी मृत्यु कब होगी।

श्री शाह उमैर

श्री शाह उमैर, एम.पी. ने कहा कि उनका व्यक्तिगत तथा राजनीतिक संबंध बाबूसाहब से काफी नजदीक का था। बीमार पड़ने के बाद यह साफ हो गया कि वे कितने प्रिय थे और जनता के मन में उनके प्रति कितनी श्रद्धा थी। हमने अपने नेता को नहीं पहचाना, उसे जो ऊँचा स्थान मिलना चाहिए था, वह नहीं मिला। बाबूसाहब महान् होते गए, लेकिन उनके व्यवहार आदि में कोई परिवर्तन नहीं हुआ। आज उनके निधन से सूबा शोक में डूब गया है, इसकी पूर्ति नहीं होनेवाली है।

श्री महेश्वर प्रसाद नारायण सिंह

श्री महेश्वर प्रसाद नारायण सिंह ने अपनी श्रद्धांजलि अर्पित करते हुए कहा कि वे उन लोगों में हैं, जो बाबूसाहब की इज्जत दूर से करते थे। अधिकार पाकर भी वे मदांध नहीं हुए। उनका द्वार सदा सबके लिए खुला रहता था। आज बाबूसाहब की मृत्यु हो गई है और तभी उनका वास्तविक मूल्य समझ में आ रहा है। मंत्री होने के बाद भी उनकी लोकप्रियता ज्यों-की-त्यों बनी रही। जबकि अन्य लोग साधारणत: बदनाम हो जाते हैं।

इसके संबंध में चाहे जो भी कहा जाता हो कि वे जातिवाद करते थे, दलबंदी करते

थे, लेकिन उनके मरने के बाद जनता का जो प्रेम उन्हें मिला, वह अन्यत्र दुर्लभ होगा। पटना गोलीकांड के समय वे अकेले छात्रों की भीड़ में उन्हें शांत करने चले गए। यह हिम्मत की बात थी, क्योंकि उनके साथ सिपाही आदि भी नहीं थे।

श्री बी.सी. डे

श्री बी.सी. डे ने कहा कि उनका जीवन ही जन आंदोलन से शुरू हुआ। उन्होंने उनके जीवन की पिछली घटनाओं के आधार पर बताया कि किस प्रकार उन्होंने वर्तमान बिहार का संघटन किया तथा अपने जीवन को भारतीय आजादी के लिए समर्पित कर दिया था। प्रभुता पाकर भी वे भ्रष्ट नहीं हुए।

वे महान् व्यक्ति थे

श्री इंद्रदीप सिंह (साम्यवादी) ने अपनी श्रद्धांजलि अर्पित करते हुए कहा कि अनुग्रह बाबू ने राज्य के बहुत से युवकों को देशसेवा के लिए प्रेरणा दी थी।

श्री हरनंदन सिंह

श्री हरनंदन सिंह, एडवोकेट ने कहा कि बिहार के राजनीतिक तथा सामाजिक जीवन के निर्माण में अनुग्रह बाबू का जबरदस्त हाथ रहा है। बाबूसाहब में अवगुण बताए जाते थे, लेकिन उनके अवगुण भी गुण ही से दिखते थे।

श्री योगेश्वर झा

श्री योगेश्वर झा, एम.एल.ए. ने अपनी श्रद्धांजलि अर्पित करते हुए कहा कि उनके यहाँ आठों पहर हर विषय पर अष्टयाम चलता रहता था, जिससे लोगों को प्रेरणा मिलती रहती थी। उनके संपर्क में आने से सबका मन निर्मल हो जाता था। बाबूसाहब की योग-तपस्या से हम सबको प्रेरणा लेनी चाहिए। उन्होंने हार्डिंज पार्क को अनुग्रह पार्क बनाने तथा वहाँ से लार्ड हार्डिंज की मूर्ति हटाकर बाबूसाहब की मूर्ति लगाने की माँग की।

प्रधानमंत्री का शोकसंदेश

पटना, 16 जुलाई। भारत के प्रधानमंत्री श्री जवाहरलाल नेहरू ने अपने विदेश प्रवास के समय काहिरा (मिस्र) से बिहार के मुख्यमंत्री के पास डॉ. अनुग्रह नारायण सिंह के निधन पर निम्न शोकसंदेश भेजा है—

आज (12 जुलाई को) अनुग्रह बाबू के आकस्मिक निधन का शोकपूर्ण समाचार मुझे मिला। भारतीय स्वातंत्र्य संग्राम के तथा उसके बाद के कार्य के एक पुराने एवं योग्य

साथी के निधन से मैं अत्यंत दुःखी हूँ। आपके साथ मेरी संवेदना है और आपसे यह प्रार्थना है कि मेरी यह शोकसंवेदना संतप्त परिवार तक पहुँचा दें।

शोकसभा
अनुग्रह बाबू को श्रद्धांजलियाँ

पटना, 16 जुलाई। पटना नगर निगम के पार्षदों ने आज सायंकाल यहाँ अपनी बैठक में बिहारविभूति डॉ. अनुग्रह नारायण सिंह के निधन पर शोक मनाया और उनकी पुनीत स्मृति में अपनी श्रद्धांजलियाँ अर्पित कीं। बैठक की अध्यक्षता नगरपति श्री रजनीधरी सिंह ने की।

अध्यक्ष पद से शोकप्रस्ताव उपस्थित करते हुए नगरपति श्री रजनीधारी सिंह ने यह कहा कि अनुग्रह बाबू के रूप में एक महान् नेता चला गया, जिसने हम लोगों के सामने यह उदाहरण प्रस्तुत किया था कि जनता के सेवकों को अपने स्वास्थ्य तक की चिंता नहीं करनी चाहिए। उन्होंने कहा कि डॉ. सिंह भारतीय स्वातंत्र्य आंदोलन के अग्रनायकों में थे और उन्होंने बिहार मंत्रिमंडल के एक मंत्री के रूप में अपने को अत्यंत कुशल शासक भी सिद्ध किया। नगरपति ने साधारण आदमी के लिए अनुग्रह बाबू के प्रेम और कठिनाइयों में जनता की सहायता करने के लिए उनकी तत्परता की चर्चा भी की।

श्रद्धांजलियाँ अर्पित करनेवाले अन्य व्यक्ति थे—डॉ. दामोदर प्रसाद, श्री मुन्नालाल व्यास तथा डॉ. सुधांशु भट्टाचार्य। सबने खड़े होकर शोकप्रस्ताव स्वीकृत किया। जिसमें यह कहा गया कि डॉ. अनुग्रह नारायण सिंह न केवल एक कुशल शासक ही थे, बल्कि वे एक महान् समाजसेवक और जनता प्रिय नेता भी थे, जिन्होंने मानवसेवा और न्याय के क्षेत्र में महान् गांधीवादी आदर्शों का पालन किया। यह भी कहा गया कि उनके निधन से जो स्थान रिक्त हुआ है, उसकी पूर्ति लंबे अरसे तक नहीं की जाएगी।

अनुग्रह बाबू की स्मृति में समाजशास्त्र अनुसंधान केंद्र की स्थापना

(कार्यालय संवाददाता द्वारा)

पटना, 16 जुलाई। ज्ञात हुआ है कि बिहार मंत्रिपरिषद् ने आज अपनी बैठक में स्वर्गीय अनुग्रह डॉ. अनुग्रह नारायण सिंह के गंगातटवर्ती सरकारी निवासस्थान को 'अनुग्रह नारायण सिंह समाजशास्त्र अनुसंधान केंद्र' के रूप में परिणत कर देने का फैसला किया।

इस अनुसंधान केंद्र के लिए प्रारंभ में सब मिलाकर लगभग 50 हजार रुपए व्यय किए जाएँगे। पता चला है कि इस मास के अंत तक इस केंद्र की प्रारंभिक काररवाई शुरू हो जाएगी।

आर्यावर्त्त (पटना)

18 जुलाई, 1957

बाबूसाहब को श्रद्धांजलियाँ

पटना, 17 जुलाई। बिहारविभूति डॉ. अनुग्रह नारायण सिंह के निधन पर शोक प्रकट करने के लिए आज स्थानीय ह्वीलर सिनेट हॉल में आयोजित सार्वजनिक सभा में अनेक वक्ताओं ने बाबूसाहब के जीवन पर प्रकाश डालते हुए उनके गुणों की चर्चा की। सभा में हुए भाषणों का शेषांश नीचे दिया जा रहा है—

श्री विंदेश्वरी प्रसाद वर्मा, बिहार विधानसभा के अध्यक्ष ने कहा कि जब वे बीमार थे, उन्होंने बताया कि वे अब केवल भगवान् का ही स्मरण कर रहे हैं। उनके निधन पर शोक करना उचित नहीं, यह शरीर का धर्म है। लेकिन देश की जो स्थिति है, उसमें बाबूसाहब की उपस्थिति आवश्यक थी। श्री वर्मा ने कहा कि बाबूसाहब का जीवन गौरवपूर्ण था। जीवन के आरंभ से ही उन्होंने वीरता का परिचय दिया। वे आजन्म श्रद्धा के पात्र रहे। यह राज्य धन्य है, जिसमें ऐसे महापुरुष ने जन्म लिया। श्री जौहर निजामी ने बाबूसाहब के निधन पर मर्शिया पढ़ा। श्री देवव्रत शास्त्री ने शोकप्रस्ताव पेश करते हुए कहा कि बाबूसाहब के स्मारक के रूप में समाजशास्त्र प्रतिष्ठान बन ही रहा है, इसके साथ ही जनता की ओर से भी अलग कोई स्मारक बने। इसके लिए भी प्रयास चल रहा है। नागरिकों का भी यह कर्तव्य है, जिसकी पूर्ति होनी चाहिए।

श्री जयप्रकाश नारायण

सर्वोदयवादी नेता श्री जयप्रकाश नारायण ने अध्यक्ष पद से स्वर्गीय डॉ. अनुग्रह नारायण सिंह के प्रति अपनी श्रद्धांजलि अर्पित करते हुए कहा कि अमरत्व प्राप्त करने की कहानियाँ धर्मग्रंथों में मिलती हैं, लेकिन यदि मनुष्य अमर होता तो भगवान् से यही कहता कि भगवान् हमें उठा ले जा। भगवान् की यह अनुकंपा है कि मानव जीवन क्षणभंगुर है। मृत्यु का दर्शन जीवन के दर्शन से अधिक महत्त्वपूर्ण है और मानव जीवन की सार्थकता मृत्यु में ही मानी जानी चाहिए।

नया अध्याय शुरू हो

उन्होंने कहा कि आज बिहार का राजनीतिक जीवन पतित अवस्था को पहुँच गया है। यदि इसकी शुद्धि नहीं हुई तो पता नहीं हम कहाँ चले जाएँगे। हमें सुधरना है। एक नया अध्याय राजनीतिक क्षेत्र में शुरू होना चाहिए।

सबसे बड़ी श्रद्धांजलि

श्री जयप्रकाश ने कहा कि अनुग्रह बाबू की याद में यदि हम अपनी बुराइयों, स्वार्थों, महत्त्वाकांक्षाओं की तिलांजलि दे दें तो यही सबसे बड़ी श्रद्धांजलि होगी। जातीयता का कीड़ा बिहार को खाए जा रहा है। मौका मिला है कि इसे निकालकर रोगमुक्त हो जाएँ। आज शायद बिहार का कोई सार्वजनिक क्षेत्र नहीं बचा है, जिसमें यह कीड़ा नहीं घुसा हो।

श्री जयप्रकाश ने कहा कि जातीयता का उनके दिल में स्थान नहीं था। स्वार्थवश कुछ लोग उन्हें घेरे रहते थे।

सर्वाधिक भव्य स्मारक

उन्होंने कहा कि अनुग्रह बाबू का सबसे बड़ा स्मारक यही हो सकता है कि राज्य के राजनीतिक जीवन की शुद्धि हो। इससे बड़ा एवं भव्य स्मारक नहीं हो सकता है।

दुर्भाग्य की बात

उन्होंने बिहार सरकार के इस निर्णय का स्वागत किया कि अनुग्रह बाबू का स्मारक बनाया जाए। लेकिन उन्होंने साथ ही एक मनोवृत्ति की ओर संकेत किया कि सब लोग आज पंगु बन गए हैं। वे अपने को असहाय समझने लगे हैं। लोग समझते हैं कि स्वराज्य प्राप्त हो गया, जनता को कुछ नहीं करना है, जो कुछ करना है, जो कुछ करे वह सरकार ही करे। यदि देश के नेता इसे नहीं मिटाते तो देश का भविष्य अंधकारमय है। दुर्भाग्य की बात है कि आज के राजनेता इसी मनोवृत्ति को प्रश्रय देते हैं कि मुझे गद्दी पर बैठा दो, आपको सबकुछ मिल जाएगा। इस मनोवृत्ति से देश का कल्याण नहीं होगा। हमें अपना कर्तव्य नहीं छोड़ना होगा। अनुग्रह बाबू के प्रति यदि हमारी सहानुभूति है तो जनता की ओर से अलग स्मारक बनना चाहिए।

स्वर्गीय डॉ. अनुग्रह नारायण सिंह का स्मारक बनेगा

प्रारंभिक विचार-विमर्श संपन्न

पटना, 17 जुलाई। पटना के नागरिकों की बैठक में आज निश्चय किया गया कि स्वर्गीय डॉ. अनुग्रह नारायण सिंह की याद में 5 लाख रुपए की लागत से एक स्मारक तैयार किया जाए, जो उनकी सेवा तथा त्याग का प्रतीक हो।

आज प्रातः काल श्री बलदेव सहाय, एडवोकेट के निवासस्थान पर राजधानी के गण्यमान्य व्यक्तियों की जो बैठक हुई, उसमें स्मारक की रूपरेखा, उस पर होनेवाला व्यय तथा उक्त धनराशि संग्रह के संबंध में विचार विनिमय किया गया।

आज की बैठक इसीलिए बुलाई गई कि कल डॉ. अनुग्रह नारायण सिंह के निधन पर शोक प्रकट करने के लिए नागरिकों की जो सभा हुई थी, उसमें विचार व्यक्त किया गया कि सरकार डॉ. अनुग्रह नारायण सिंह के स्मारक के लिए जो कुछ कर रही है, वही पर्याप्त नहीं है, नागरिकों की ओर से भी अलग स्मारक बनाया जाना चाहिए।

आज प्रातः काल की बैठक में केवल भूमिका रूप में विचार हुआ। इस संबंध में अंतिम निर्णय कल मुख्यमंत्री डॉ. श्रीकृष्ण सिंह के निवासस्थान पर होगा।

बताया जाता है कि इस स्मारक के लिए जो समिति बननेवाली है, उसमें मुख्यमंत्री ने भी शामिल होना स्वीकार किया है।

स्मारक समिति

ज्ञात हुआ है कि स्वर्गीय डॉ. अनुग्रह नारायण सिंह के लिए जो स्मारक समिति बनेगी, उसके 30 सदस्य होंगे तथा श्री जयप्रकाश नारायण उसके अध्यक्ष होंगे। श्री कृष्णबल्लभ सहाय उसके सचिव तथा श्री बदरीनाथ वर्मा कोषाध्यक्ष होंगे।

अभी तक यह निश्चय नहीं हो पाया है कि समिति में कौन–कौन से लोग शामिल होंगे, लेकिन बताया जाता है कि मुख्यमंत्री के अतिरिक्त बिहार मंत्रिमंडल के दो और

सदस्य श्री वीरचंद पटेल तथा पंडित विनोदानंद झा भी समिति में शामिल होंगे।

कल समिति संघटन के बाद उसकी ओर से बिहार के नागरिकों के नाम अपील की जाएगी, जिससे जल्द-से-जल्द निर्धारित रकम एकत्र की जा सके। आज प्रातः काल श्री बलदेव सहाय, एडवोकेट के निवासस्थान पर जिन प्रमुख व्यक्तियों की बैठक हुई, उसमें सर्वश्री जयप्रकाश नारायण, कृष्णबल्लभ सहाय, आचार्य बदरीनाथ वर्मा, सरदार हरिहर सिंह, विपिनबिहारी वर्मा, देवदत्त शास्त्री, बलदेव सहाय, श्यामा प्रसाद सिंह, महामाया प्रसाद सिंह, महेश्वर प्रसाद नारायण सिंह आदि सम्मिलित थे।

आर्यावर्त्त (पटना)

19 जुलाई, 1957

अनुग्रह स्मारक निर्माण-कार्य को सफल बनाएँ श्री जयप्रकाश का निवेदन स्मारक समिति संघटित

पटना, 18 जुलाई। अनुग्रह स्मारक निधि के अध्यक्ष श्री जयप्रकाश नारायण ने आज एक वक्तव्य प्रसारित कर इस बात की आवश्यकता पर जोर दिया है कि इस निधि के लिए हर क्षेत्र से पैसे उगाहे जाने चाहिए और इसमें साधारण जनों को भी अंशदान कर स्मारक निर्माण के पवित्र लक्ष्य को सफल बनाना चाहिए।

श्री जयप्रकाश ने अपने वक्तव्य में कहा है कि डॉ. अनुग्रह नारायण सिंह के देहावसान ने सारे बिहार को असीम शोकसागर में डुबो दिया है। एक-एक दिन जो बीतता है, वह उनके प्रति उस गहन प्रेम एवं श्रद्धा का ही परिचय देता है, जो उन्हें जनता के हर वर्ग, नीचे से ऊँचे वर्ग तक से मिलती रही थी। आधुनिक समय में ऐसे बहुत थोड़े लोग हुए हैं, जिनके प्रति बिहार उतना ऋणी रहा हो, जितना कि अनुग्रह बाबू के प्रति। वे बिहार के अग्रगण्य निर्माताओं में थे और वर्षों तक बिहार को उनका नेतृत्व मिला। बिहार की भूमि के इस महान् पुत्र के प्रति इस राज्य की जनता ऋणी है। मैं यह अनुभव करता हूँ, और मुझे इसमें कतई संदेह नहीं कि इसमें सारे बिहार राज्य की जनता की भावना ही प्रतिध्वनित हो रही है कि इस ऋण के चुकाने का एक छोटा सा मार्ग यह है कि हम लोग अनुग्रह बाबू की पुनीत स्मृति को जाग्रत् बनाए रखने के लिए उनका एक भव्य स्मारक खड़ा करें। ऐसा स्मारक, जो न केवल उनके सेवामय जीवन का हमें सतत स्मरण कराता रहे, अपितु जो एक ऐसा साधन भी हो, जिसके सहारे उनके महान् आदर्श को, उनके अधूरे कार्य को आगे बढ़ाया जा सके।

इस दृष्टि से ही स्मारक समिति का संघटन किया गया है। मुख्यमंत्री डॉ. श्रीकृष्ण सिंह के निवासस्थान पर आयोजित अपनी पहली बैठक में समिति ने यह निश्चय किया है कि स्मारक निधि के लिए कम-से-कम पाँच लाख रुपए उगाहे जाएँ। समिति की यह

इच्छा है और मैं फिर से यह विश्वास व्यक्त करता हूँ कि मैं केवल जनता की भावना का प्रतिनिधित्व कर रहा हूँ कि यह निधि जनता के सभी वर्गों से संगृहीत की जाए, साधारण जन से भी। अनुग्रह बाबू जनता के प्रेमपात्र थे, और मुझे यह विश्वास है कि बिहार का हर नागरिक इस महान् कार्य में अपना अंशदान करने को उत्सुक भी होगा। समिति शीघ्र ही एक राज्यव्यापी संघटन बनाने की आशा करती है और कार्य को ठीक प्रकार से पूरा करने के लिए अन्य आवश्यक कदम उठाने के लिए तत्पर है। इस बीच, मैं सभी सार्वजनिक प्रतिष्ठानों, राजनीतिक तथा अन्य संघटनों, समाचार संस्थाओं और जनता से यह निवेदन करूँगा कि वे सब अपनी ओर से हमारे द्वारा उठाए गए, इस कार्य में हार्दिक समर्थन एवं सहयोग प्रदान करें।

स्मारक समिति की बैठक

अनुग्रह स्मारक समिति की पहली बैठक आज मुख्यमंत्री डॉ. श्रीकृष्ण सिंह के निवास स्थान पर श्री जयप्रकाश नारायण के सभापतित्व में हुई। बैठक में कल के निश्चयों को स्वीकृत किया गया और स्मारक के लिए एकत्र किए जानेवाले कोष का नाम 'अनुग्रह स्मारक निधि' रखा गया। साथ ही, तय हुआ कि इसको सोसाइटी का रूप दिया जाए तथा सोसाइटी रजिस्ट्रेशन कानून के अनुसार रजिस्ट्री कराई जाए।

श्री जयप्रकाश नारायण समिति के सभापति, श्री कृष्णबल्लभ सहाय प्रधान सचिव तथा आचार्य बदरीनाथ वर्मा कोषाध्यक्ष बनाए गए। इसके अतिरिक्त समिति में 50 अन्य व्यक्तियों को भी सम्मिलित किया गया है। ज्ञातव्य है कि पटना के नागरिकों की बैठक में कल निश्चय किया गया था कि स्वर्गीय डॉ. अनुग्रह नारायण सिंह की याद में 5 लाख रुपए की लागत से एक स्मारक तैयार किया जाए, जो उनकी सेवा तथा त्याग का प्रतीक हो।

स्मारक समिति की अगली बैठक 7 अगस्त को पटना में स्मारक निधि के कार्यालय में होगी। स्मारक निधि कार्यालय अनुग्रह आश्रम नेशनल हॉल, कदमकुआँ में रखने का भी निश्चय हुआ।

स्मारक का रूप अभी स्थिर नहीं किया गया है और वह बाद में तय किया जाएगा। हर जिले के लिए एक-एक जिला संयोजक चुने गए। चंदा वसूलने के उद्देश्य से स्मारक निधि के अध्यक्ष आगामी 8 अगस्त से एक महीने तक दौरा करेंगे। सचिव श्री कृष्णबल्लभ सहाय तथा समिति के अन्य सदस्य भी विभिन्न स्थानों का दौरा करने जा रहे हैं।

समिति के सदस्यों के नाम

अनुग्रह स्मारक समिति में सम्मिलित सदस्यों के नाम निम्नलिखित हैं—

श्री जयप्रकाश नारायण (सभापति), श्री कृष्णबल्लभ सहाय (प्रधान सचिव), श्री देवव्रत शास्त्री (सहायक सचिव), आचार्य बदरीनाथ वर्मा (कोषाध्यक्ष), डॉ. श्रीकृष्ण सिंह, श्री विनोदानंद झा, श्री वीरचंद पटेल, श्री दीपनारायण सिंह, श्री नंदकुमार सिंह, श्री महेश प्रसाद सिंह, श्री हरिनाथ मिश्र, श्री विपिन बिहारी वर्मा, श्री श्यामा प्रसाद सिंह, श्री बनारसी प्रसाद झुनझुनवाला, श्री महेश्वरप्रसाद नारायण सिंह, श्री बलदेव सहाय, श्री पी.आर. दास, श्री सुलतान अहमद, श्री महावीर प्रसाद, श्री शांति प्रसाद जैन, श्री कृष्णकुमार बिड़ला, श्री जहाँगीर गांधी, डॉ. टी.एन. बनर्जी, डॉ. रघुनाथ शरण, डॉ. दुक्खन राम, डॉ. बलभद्र प्रसाद, श्री शार्गंधर सिंह, श्री रजनीधारी सिंह, महाराजाधिराज डॉ. श्री कामेश्वर सिंह, श्री कामाख्या नारायण सिंह, श्री महेश्वर शर्मा, डॉ. सचीन सेन, श्री हरिहर प्रसाद सिंह, श्री जाफर इमाम, श्री गंगाशरण सिंह, श्री रघुवंश प्रसाद सिंह, श्री गौरीशंकर शरण सिंह, श्री लक्ष्मीनारायण, श्री वैद्यनाथ प्रसाद चौधरी, श्री ध्वजा प्रसाद साह, श्री प्रभुनाथ सिंह, श्रीमती सुंदरी देवी, श्री पांडेय नरसिंह सहाय, श्री देवेंद्र प्रसाद सिंह, श्री रामलखन सिंह यादव, श्री बसावन सिंह, श्री इंद्रदीप सिंह, श्री बदरी नारायण, श्री रामदयाल जोशी, श्री शंकरनाथ विद्यार्थी।

अनुग्रह-स्मारकनिर्माणकार्यको सफल बनायें

श्री जयप्रकाशका निवेदन
स्मारक समिति संघटित

पटना, १८ जुलाई। अनुग्रह-स्मारक-निधिके अध्यक्ष श्री जयप्रकाश नारायणने आज एक वक्तव्य प्रसारित कर इस बातकी आवश्यकतापर जोर दिया है कि इस निधिके लिए हर दरवाजेसे पैसे उगाहे जाने चाहिये और इसमें साधारणजनोंको भी संलग्न कर स्मारक-निर्माणके पवित्र लक्ष्यको सफल बनाना चाहिये।

श्री जयप्रकाशने अपने वक्तव्यमें कहा है कि डाक्टर अनुग्रह नारायणसिंहके देहावसानने सारे बिहारको असीम शोक-सागरमें डुबो दिया है। एक-एक दिन जो बीतता है, वह उनके प्रति उस गहन प्रेम एवं श्रद्धाका ही परिचय देता है, जो उन्हें जनताके हर वर्ग-नीचेसे ऊंचे वर्ग तकसे मिलती रही थी। आधुनिक समयमें ऐसे बहुत थोड़े लोग हुए हैं, जिनके प्रति बिहार उतना ऋणी रहा हो, जितना कि अनुग्रह बाबूके प्रति। वे बिहारके अग्रगण्य निर्माताओंमें थे और वर्तमान बिहारको उनका नेतृत्व मिला। बिहारकी भूमिके इस महान् पुत्रके प्रति, इस राज्यकी जनता ऋणी है। मैं यह अनुभव करता हूं—और, मुझे इसमें कतई संदेह नहीं कि इसमें सारे बिहार राज्यकी जनताकी भावना ही प्रतिध्वनित हो रही है—कि इस ऋणके चुकानेका एक छोटा-सा मार्ग यह है कि हमलोग अनुग्रह बाबूकी पुनीत स्मृतिको जाग्रत बनाये रखनेके लिए उनका एक भव्य स्मारक खड़ा करें—ऐसा स्मारक, जो न केवल उनके सेवामय जीवनका हमें सतत-स्मरण कराता रहे, अपितु जो एक ऐसा साधन भी हो, जिसके सहारे उनके महान् आदर्शको, उनके अधूरे कार्यको आगे बढ़ाया जा सके।

इस दृष्टिसे ही स्मारक-समितिका संघटन किया गया है। मुख्यमंत्री डाक्टर श्रीकृष्ण सिंहके निवासस्थानपर आयोजित अपनी पहली बैठकमें समितिने यह निश्चय किया है कि स्मारक-निधिके लिए कमसे कम पांच लाख रुपये उगाहे जायं। समितिकी यह इच्छा है और मैं फिरसे यह विश्वास व्यक्त करता हूं कि मैं केवल जनताकी भावनाको प्रतिध्वनित कर रहा हूं, कि यह निधि जनताके सभी वर्गोंसे संगृहीतकी जाय, साधारणजनसे भी। अनुग्रह बाबू जनताके प्रेम-पात्र थे, और मुझे यह विश्वास है कि बिहारका हर नागरिक इस महान् कार्यमें अपना ...

... कमिटी बनानेका भी निश्चय हुआ और एकप्रत्येक जिलेके लिए एकएक संयोजक चुने गये। चंदा वसूलनेके उद्देश्यसे स्मारक निधिके अध्यक्ष आगामी ८ अगस्तसे एक महीनेतक दौरा करेंगे। सचिव श्रीकृष्ण वल्लभ सहाय तथा समितिके अन्य सदस्यभी विभिन्न स्थानोंका दौरा करने जा रहे हैं।

समितिके सदस्योंके नाम

अनुग्रह स्मारक समितिमें सम्मिलित सदस्योंके नाम निम्नलिखित हैं:—

श्री जयप्रकाश नारायण (सभापति) श्रीकृष्ण वल्लभ सहाय (प्रधान सचिव) श्री देवव्रत शास्त्री (सहायक ...

विधान सभाके अध्यक्षके वेतनमें कटौती

(हमारे कार्यालय प्रतिनिधि द्वारा)

पटना, २० जुलाई। बताया जाता है कि बिहार विधान सभाके अध्यक्ष श्री विन्ध्येश्वरी प्रसाद वर्माने अपने वेतनमें दस प्रतिशत की कटौती करानेका निश्चय किया है। हाल हीमें बिहार मंत्रिमंडलके सदस्योंने भी अपने वेतनमें दस प्रतिशत कटौती करानेका फैसला किया।

कोशिश की जा रही है कि लोगोंका अधिक मिलना जुलना न हो तथा रोगका प्रसार रुके।

सरकारका यह आदेश दो सप्ताहके लिए लागू रहेगा। आशा की गयी है कि इस बीच स्थिति सुधर जायगी और बैंक अपने निर्धारित समयपर काम करने लगेंगे।

राज्यपालके आदेशमें कहा गया है कि चूंकि राजधानीमें शीतज्वरका प्रकोप बढ़ गया है इस लिए बैंकोंके कार्य करनेके समयमें परिवर्तन किया गया है। राज्यपालने इस आदेशको शीघ्र लागू करनेको कहा है। राज्यपालने इसके पहले आदेश जारी करके बैंकोंका जो समय निर्धारित किया था उसे तत्काल स्थगित किया जाता है।

बताया जाता है कि शीतज्वरके कारण बैंकके कर्मचारी भी बहुत बड़ी संख्यामें बीमार हैं तथा काम करनेमें कठिनाई हो रही है।

...ताकी जांचके

स्वास्थ्य केन्द्रोंका स्थान परिवर्तन

पटना, १८ जुलाई। ज्ञात हुआ है कि राज्य सरकारने राष्ट्रिय विस्तार सेवा खण्डोंके ३ जंगम स्वास्थ्य केन्द्रोंको १ जुलाई, १९५७ ई० से एक स्थानसे हटाकर दूसरे स्थानपर रखनेकी स्वीकृति दी है। फलत: कुण्डाहिट (संतालपरगना) का स्वास्थ्य केन्द्र हटकर हजारीबाग जिलान्तर्गत मंडू राष्ट्रिय विस्तार सेवा खंडमें चला गया है और उसका मुख्यालय मांडू है; महुआडांड़ (पलामू) का स्वास्थ्य केन्द्र हटकर रांची राष्ट्रिय विस्तार सेवा खण्डमें चला गया है और इसका मुख्यालय हटिया है; तथा बोरिओ (संताल परगना) का स्वास्थ्य केन्द्र हटकर हजारीबाग जिलान्तर्गत बड़कागांव राष्ट्रिय विस्तार सेवा खण्डमें चला गया है और उसका मुख्यालय केरीडारी है।

नौसेनाके मिस्त्रीकी मृत्यु

लन्दन, १८ जुलाई। भारतीय नौसेनाका प्रमुख मिस्त्री पुरुषोत्तम पेथकरकी, जिनकी उम्र २१ वर्षकी थी, रायल नेवेल अस्पतालमें मृत्यु हो गयी। वह पानीमें तैरनेके एक प्रशिक्षण क्रममें डूबकर बेहोश हो गया और बादमें अस्पताल लाया गया। उसने इस बातका इशारा कर दिया था कि वह खतरेमें है।

—रायटर

पत्रमें परिवर्तनके लिए देना तो एजेंट उस आफीशियल रसीदको लौटा देगा।

आर्यावर्त्त (पटना)

20 जुलाई, 1957

गया जिले की स्थिति

बिहारविभूति डॉ. अनुग्रह नारायण सिंह के निधन के दुःखद समाचार से समस्त जिले में शोकपूर्ण वातावरण उत्पन्न हो गया है। समस्त जिला अपने को अनाथ समझ रहा है। अनुग्रह बाबू राज्य सरकार के मंत्रिमंडल में इस जिले के एकमात्र व्यक्ति थे, जिन्हें लोग अपनी कठिनाई सुनाते थे और उनसे सांत्वना पाते थे! ऐसा लगता है, इस व्यक्ति को खोकर इस जिले ने अपना सबकुछ खो दिया है। सुदूर ग्रामीण अंचलों में भी शोकसभाएँ उनकी आत्मा की शांति के लिए ईश्वर से प्रार्थना की गईं व बाबूसाहब के श्राद्धदिवस पर गया नगर में चार-पाँच हजार दरिद्र नारायणों को भोजन कराया गया।

आर्यावर्त

बिहार विभूति डाक्टर अनुग्रह नारायण सिंहके निधनपर शोक मनानेके लिए गत १६ जुलाईको पटना विश्वविद्यालयके ह्वीलर सिनेट हालमें नागरिकोंकी एक सभा हुई। यह चित्र उसी अवसरपर लिया गया जिसमें अध्यक्ष पदसे भाषण करते हुए श्री जयप्रकाश नारायण दिखाई पड़ रहे हैं।

आर्यावर्त्त (पटना)

28 जुलाई, 1957

बाबूसाहब का स्मारक कैसा और क्या हो?

—श्री विजय कुमार दीक्षित, एम.ए.

नेता वह, जो जनता की नब्ज पहचानकर उसकी आवश्यकताओं से उसी को अवगत कराए तथा उनकी पूर्ति के साधनों पर प्रकाश डाले। पटना के नागरिकों की सार्वजनिक सभा में अध्यक्षीय भाषण देते हुए श्री जयप्रकाश नारायण ने यह अपील की कि बाबूसाहब का एक ऐसा भव्य स्मारक बिहार की जनता द्वारा निर्मित किया जाए, जो न केवल उनके सेवामय जीवन का हमें स्मरण कराता रहे, वरन् एक ऐसा साधन भी हो, जिसके सहारे हम उनके महान् आदर्श को, उनके अधूरे कार्य को आगे बढ़ा सकें। वस्तुतः जयप्रकाश बाबू ने कोई नई बात नहीं कही; हमारी भावनाओं का समुचित तथा विधिवत् प्रकाश मात्र किया। जयप्रकाश बाबू की अपील पर पटना के प्रतिष्ठित नागरिकों, पत्रकारों, सामाजिक कार्यकर्ताओं तथा विभिन्न राजनीतिक दलों के नेताओं ने जो उत्साह दिखाया है, वह प्रशंसनीय है। पटना के नागरिकों ने स्वर्गीय बाबूसाहब के स्मारक के लिए एक समिति भी श्री जयप्रकाश नारायण की अध्यक्षता में संघटित की है, जिसके मंत्री, उपमंत्री तथा कोषाध्यक्ष हैं; क्रमशः श्री कृष्णबल्लभ सहाय, श्री देवव्रत शास्त्री, श्री बदरीनाथ वर्मा। समिति के सदस्यों की नामावली से स्पष्ट है कि समिति बिहार के हर वर्ग के लोगों का प्रतिनिधित्व करती है।

पटना के नागरिकों ने अपनी-अपनी श्रद्धांजलियाँ अर्पित करते हुए बाबूसाहब के स्मारक के संबंध में, जो विभिन्न रायें ह्वीलर सिनेट हॉल में दीं; उन पर समिति को विचार करना होगा, बिना किसी भेदभाव के। बाबूसाहब का स्मारक कैसा बने, कहाँ बने, कैसे बने आदि प्रश्नों पर जाने के पहले समिति के लिए आवश्यक है कि वह शांत चित्त हो, बाबूसाहब के जीवन लक्ष्य के मूल स्रोत को पहचानकर उसी के अनुरूप उनके स्मारक की रूप-रेखा खींचे। बाबूसाहब त्याग और तपस्या की मूर्ति थे। राजनीति उनके लिए

राजनीति ही रही, उसने कूटनीति का बाना नहीं पहना; शासनशक्ति के मद में वे मदांध नहीं हुए। जनतंत्र के नाम पर जनजीवन के साथ खिलवाड़ नहीं किया उन्होंने। अर्थ और वित्त की चक्की वे चलाते रहे, परंतु उनकी सहृदयता, उनकी सहानुभूति, उनका स्नेह, उनका प्रेम अपूर्व रहा। ऊँच-नीच, गरीब-अमीर, शिक्षित-अशिक्षित का कोई बैर-भाव उनके यहाँ नहीं था। वे सबके थे, हर व्यक्ति उनका था। अत्याचार, अनाचार, दुराचार, व्यभिचार के विरुद्ध उन्होंने आवाज उठाई। सबसे बड़ा कार्य उन्होंने, जो किया वह यह है कि बिहार में जनतंत्रीय शासन की नींव उन्होंने ही डाली। वे न होते तो जनतंत्र के नाम पर बिहार में एकतंत्रीय शासन होता।

स्वर्गीय बाबूसाहब स्वयं में एक संस्था थे। अत: उनका स्मारक ऐसा होना चाहिए, जो हमारी भावी पीढ़ी को युग-युगांत तक कर्तव्य-पथ पर सतत अग्रसर होने की प्रेरणा दे; जो उचित-अनुचित, कर्तव्य-अकर्तव्य, हेय-गेय का प्रदर्शन करे, जो हमारी सुप्त धमनियों में उष्ण रक्त का संचार करे। बिहार सरकार उनके नाम पर समाजशास्त्र का इंस्टीट्यूट स्थापित करने का निर्णय कर चुकी है। हम इसका स्वागत करते हैं। परंतु इतने से ही कुछ नहीं होता। बाबूसाहब का सच्चा स्मारक वही होगा, जो बिहार के राजनीतिक, सामाजिक, आर्थिक तथा शैक्षणिक जीवन के उन तत्त्वों को हमेशा के लिए नेस्तनाबूद कर जनतंत्र को पल्लवित और पुष्पित करे।

स्वर्गीय बाबूसाहब के स्मारक के लिए जो समिति संघटित की गई है, वह पाँच लाख रुपए एकत्र कर एक भव्य स्मारक बनवाएगी। हमें विश्वास है कि बिहार का हर नागरिक समिति के इस निर्णय का स्वागत करेगा।

इस समिति में बिहार के हर राजनीतिक दल तथा हर वर्ग के लोग हैं। अत: आवश्यक है कि बिहार के व्यक्ति-व्यक्ति का सहयोग प्राप्त हो, इस समिति को। इस समिति से हमारा निवेदन है कि वह अपना लक्ष्य यहीं तक स्थिर न करे। बाबूसाहब के सच्चे स्मारक की नींव उस दिन पड़ेगी, जिस दिन से बिहार के जनजीवन को नए साँचे में ढालने का प्रयास किया जाएगा। बिहार अपने कारनामों के लिए विख्यात रह चुका है। पिछले कई महीनों से हम यह महसूस कर रहे हैं कि बिहार के ऊपर संकट के बादल मँडरा रहे हैं। कारण, एक ओर बिहार की सबसे बड़ी राजनीतिक संस्था बिहार प्रादेशिक कांग्रेस ने अपनी शक्ति खो दी है। उसने अपनी शक्ति बेच दी है बिहार सरकार के हाथों में, जो व्यक्तिवाद की प्रश्रय देती आ रही है तो दूसरी ओर राजनीतिक संस्थाओं की जड़ें ही अभी तक नहीं जम पाईं। हर चिंतनशील व्यक्ति आज यह अनुभव कर रहा है कि बिहार के जनजीवन तथा उसके विभिन्न स्वरूपों की निर्मातृ बिहार सरकार में कुछ ऐसे अवांछित तत्त्वों ने प्रवेश पा लिया है, जो हमारा रक्त चूस-चूसकर अपना उल्लू सीधा कर रहे हैं। ऐसे तत्त्वों के समूल विनाश की नितांत आवश्यकता है। समिति से हमारा

निवेदन है कि वह एक ओर स्मारक के लिए धन-संग्रह करे तो दूसरी ओर बिहार के पुनरुद्धार के लिए कदम उठाए। समिति अगर तन-मन-धन से इसके लिए प्रयत्नशील हो जाएगी तो उसे लक्ष्य पर पहुँचने में ज्यादा दिन नहीं लगेंगे। इस लक्ष्य की प्राप्ति ही बाबूसाहब का सच्चा स्मारक होगा। अन्यथा, कितनी बड़ी भी इमारत क्यों न बनाई जाए, हम रहेंगे वहीं जहाँ थे और हैं, तथा इतिहास का भावी लिखेगा कि—

बड़े गौर से सुन रहा था जमाना,
हम ही सो गए दास्ताँ कहते-कहते।

□□□